机械类"3+4"贯通培养系列教材

UG NX 12.0 计算机辅助设计

王海涛　著

科学出版社

北　京

内 容 简 介

本书以最新版本 UG NX 12.0 为基础，全面系统地学习三维 CAD 工程应用设计。本书重点学习建模思路、建模方法和建模技巧。全书分为 UG NX 基础知识、草图设计、实体建模、曲线建模、曲面建模、装配设计以及工程图设计 7 个方面内容。本书特色鲜明，每章的应用案例、综合实例，让学习更加趣味生动，帮助读者开拓思路，快速提高 CAD 建模水平，理解掌握灵活多样的建模方法。

本书提供配套数字资源文件，包括书中所有应用案例、综合实例和操作练习的支持文件与结果文件，综合实例的有声教学视频让学习更加直观、高效。

本书是机械类“3+4”贯通培养系列教材，既可作为本科院校、大中专院校与职业院校的计算机辅助设计类课程用书，也可作为从事工程设计专业技术人员三维 CAD 学习参考书以及 UG NX 软件操作使用工具书。

图书在版编目(CIP)数据

UG NX 12.0 计算机辅助设计/王海涛著. —北京：科学出版社，2018.10

机械类“3+4”贯通培养系列教材

ISBN 978-7-03-058536-3

Ⅰ. ①U… Ⅱ. ①王… Ⅲ. ①计算机辅助设计-应用软件-高等学校-教材 Ⅳ. ①TP391.72

中国版本图书馆 CIP 数据核字(2018)第 187280 号

责任编辑：邓 静 张丽花 / 责任校对：彭珍珍

责任印制：赵 博 / 封面设计：迷底书装

科学出版社 出版

北京东黄城根北街 16 号

邮政编码：100717

http://www.sciencep.com

中煤（北京）印务有限公司印刷

科学出版社发行 各地新华书店经销

*

2018 年 10 月第 一 版 开本：787×1092 1/16

2025 年 12 月第五次印刷 印张：14 3/4

字数：368 000

定价：59.00 元

(如有印装质量问题，我社负责调换)

前　言

UG NX 是德国西门子公司的产品全周期数字化开发集成软件，起源于 20 世纪 70 年代美国的 Unigraphics，经过几十年的发展，UG NX 已经成为一款思想成熟、技术先进、用途广泛的 CAD、CAM、CAE 集成软件，广泛应用于机车、船舶、通用机械等工程领域。

本书主要学习 UG NX 工程设计内容，涉及产品工业设计领域和机械设计领域，包括 UG NX 基础知识、草图设计、实体建模、曲线建模、曲面建模、装配设计以及工程图设计 7 个方面内容。

作为一款工程专业技术软件，本课程学习，需要有一定的专业基础，其前修课程是“画法几何与机械制图”和“机械设计”等。经过本课程的学习，为其后续课程“计算机辅助工程(CAE)”和“计算机辅助制造(CAM)”的学习，打下坚实的基础。在产品模型设计的基础上可以进一步进行产品的性能分析、力学模拟、运动仿真、功能检验等，用反馈的信息进一步指导工程设计，完善产品设计。产品模拟仿真之后取其结构信息付诸加工生产，进行机床选择、刀具选择、加工工艺工序设计、刀路轨迹设计，模拟指导完成产品成品的制作。

本书以 UG NX 12.0 中文版为操作平台，以教学模式为编写思路，注重实践操作，书中引入了大量应用案例，加深读者对命令的理解与掌握；每章综合实例的讲解分析，培养读者系统性的建模思路。每章配有思考题和操作题，思考题检验读者对重点内容和难点内容的理解掌握；操作题进一步巩固强化读者对本章学习内容的具体应用。

本书内容详细，体系完整，层次分明，章节结构合理，深度适宜，涵盖了 UG NX 工程设计所涉及使用的绘图命令、操作命令和编辑命令。书中术语规范，语言简练，图表清晰，表述准确。

本书设计教程计划学习 32～48 学时，适用于本科院校、大中专院校、职业技术院校的机电设计、工业设计学习教材，也可作为面向社会三维 CAD 应用培训教材，同样也是工程制图技术人员的参考资料。

本书撰写过程中得到了王进、褚忠、郝国祥、郑少梅、李丽华、李一楠、吕滨江、车清论、徐铁伟的大力支持和帮助，深表感谢。

鉴于作者水平所限，本书难免会有疏漏与不当之处，敬请读者批评指正。

作　者

2018 年 6 月

数字资源下载方法及使用说明

数字资源下载方法：

打开网址 www.ecsponline.com，在页面最上方注册或通过 QQ、微信等方式快速登录，在页面搜索框输入书名，找到图书后进入图书详情页，在“资源下载”栏目中下载。

数字资源使用说明：

数字资源包含全书 7 章的视频和模型文件，每章的文件夹 Chapter 中含有三个子文件夹：Avi、Support、Finish，分别存放每章综合实例的有声教学视频、实例与习题的支持文件和实例与习题的完成文件。第 6 章由于完成文件需要支持文件的资料，二者放置在一个文件夹中。视频文件采用中文命名，模型文件采用英文及数字命名。例如，ZL1 表示“综合实例 1”，AL1-1 表示“应用案例 1-1”，LX1 表示“操作练习 1”。文件名中带有字母 S 的表示支持文件，带有字母 F 的表示完成文件。

请读者注意：数字资源下载后存放的路径和文件夹名不要含有中文，以免各章实例和习题的支持文件和完成文件在打开时报错。

目　录

第 1 章　UG NX 基础知识

UG NX 是一款思想成熟、技术先进、用途广泛的 CAD、CAM、CAE 集成软件，广泛应用于机车、船舶、通用机械等工程领域。本章学习 UG NX 文件管理、鼠标与键盘操作、对象选择、对象与视窗显示、对象显示与隐藏、图层管理、数据测量、首选项设置、文件导出与导入、坐标系概念，以及工作坐标系调整与基准坐标系创建等基础知识和通用管理操作。

1.1　UG NX 软件简介

UG NX 是德国西门子公司的产品全周期数字化开发集成软件。UG NX 起源于 20 世纪 70 年代美国的 Unigraphics，经过几十年的发展，几代人的努力，伴随着计算机技术的飞速发展，UG NX 也经历了从初级到高级，版本不断更新换代，功能逐步扩展，技术逐渐走向成熟的发展历程。

1976 年，CAD/CAM/CAE 系统开发，Unigraphics 产品问世。

1983 年，Unigraphics 进入市场。

1986 年，Unigraphics 引入 Parasolid 实体建模技术。

1989 年，Unigraphics 具备 Parasolid 三维建模核心技术。

1991 年，Unigraphics 开始 CAD/CAM 技术开发。

1993 年，Unigraphics 引入复合建模技术，将实体建模、曲面建模、线框建模、半参数化及参数化建模融为一体。

1995 年，Unigraphics 首次发布 Windows NT 版本。

1996 年，Unigraphics 开发商业 CAD/CAM/CAE 应用软件。

1998 年，并购 Solid Edge 和 EDS 软件。

2000 年，发布新版本 UG 17。

2001 年，并购 SDRC 的 I-DEAS 软件，发布新版本 UG 18，同时提出了产品生命周期管理(PLM)新概念。

2002 年，发布新版本 UG NX 1.0，开始将 I-DEAS 与 UG 融合。

2003 年，发布新版本 UG NX 2.0，Unigraphics 和 I-DEAS 进一步统一。

2004 年，发布新版本 UG NX 3.0，将 I-DEAS 的重要功能移植入 UG。

2005 年，发布新版本 UG NX 4.0，针对产品式样、设计、模拟和制造开发新功能。

2007 年 4 月，UGS 公司发布 UG NX 5.0 数字产品开发软件。

2007 年 5 月，西门子完成对 UGS 公司的收购。

2008 年 6 月，Siemens PLM Software 发布 NX 6.0，建立同步建模技术。

2009 年 10 月，Siemens PLM Software 发布 NX 7.0，引入 HD3D 三维精确描述功能。

2011 年 10 月，Siemens PLM Software 发布 NX 8.0，CAE 功能增强。

2012 年 11 月，Siemens PLM Software 发布 NX 8.5，全面提升 CAD/CAM/CAE 操作灵活性与效率。

2013 年 10 月，Siemens PLM Software 发布 NX 9.0，面向结构、运动、热力学、流体、物理场以及优化设计等工程领域应用。

2014 年 12 月，Siemens PLM Software 发布 NX 10.0，提供设计、工装、加工和质量检验的系统工程方案。

2016 年 8 月，Siemens PLM Software 发布 NX 11.0，显著改进产品开发方式，利用 NX CAD、CAM 和 Simcenter 3D 使设计、工程和制造更加精确与高效。

2017 年 10 月，Siemens PLM Software 发布 NX 12.0，实现产品从概念设计到工程制造过程的学科协调，数据共享以及科学决策。

UG NX 软件的 CAD/CAM/CAE 系统提供了一个基于过程的产品设计环境，使产品开发从设计到加工真正实现数据的无缝衔接。UG NX 面向过程驱动的技术是虚拟产品开发的关键技术，产品的数据模型能够在设计制造全过程的各个环节保持相关，有效地实现了并行工程。该软件不仅具有强大的实体造型、曲面造型、虚拟装配和生成工程图等设计功能，而且，通过有限元分析、机构运动分析、动力学分析和仿真模拟，提高了设计的可靠性。UG NX 可对建立的三维模型直接生成数控代码，用于产品的加工制造，其后处理程序支持多种类型数控机床。另外，UG NX 具备二次开发功能，NX/Open、GRIP、NX/Open API 等开发语言简单易学，灵活实用，便于用户开发专用 CAD 系统。

UG NX 先进技术体现在以下方面：

(1) 具有统一的数据库，实现 CAD/CAM/CAE 各模块之间无需数据交换的自由切换，方便实施并行工程。

(2) 实体造型采用世界领先的 Parasolid 核心建模技术。

(3) 采用线框建模、显式几何建模、实体建模、曲面建模以及参数化建模融为一体的复合建模技术。

(4) 采用孔槽、凸台、倒角、螺纹等特征建模方法，形象直观，参数驱动让编辑修改简便快捷。

(5) 基于产品工艺要求和使用性能理念，开发灵活多变的 B 曲面设计方法。

(6) 工程图设计简捷易行，按 ISO 标准生成实体模型的侧视图、剖视图、放大图等，图纸尺寸、形位公差和文字等标注自由灵活。

(7) UG NX 预留二次开发接口，可以进行专业特色模块制作，具备了按需定制和自我完善的功能。

(8) 用户界面友好，人际交互响应快，菜单栏与工具栏命令操作方便灵活，具有自动推理与记忆功能。

1.2　UG NX 工作界面

打开 UG NX 软件，新建一个 UG 模型文件或打开一个 UG 模型文件，进入 UG NX 工作界面。UG NX 工作界面可分为 7 个区域：标识栏、工具栏、菜单栏、名称栏、资源条、提示栏和绘图区，如图 1-1 所示。

1. 标识栏

标识栏标识了 UG NX 软件版本号及当前的模块环境。如图 1-1 中的标识栏“NX12-建模”表示：所使用的是 UG NX 12.0 版本软件，当前是在建模模块下打开编辑文件。

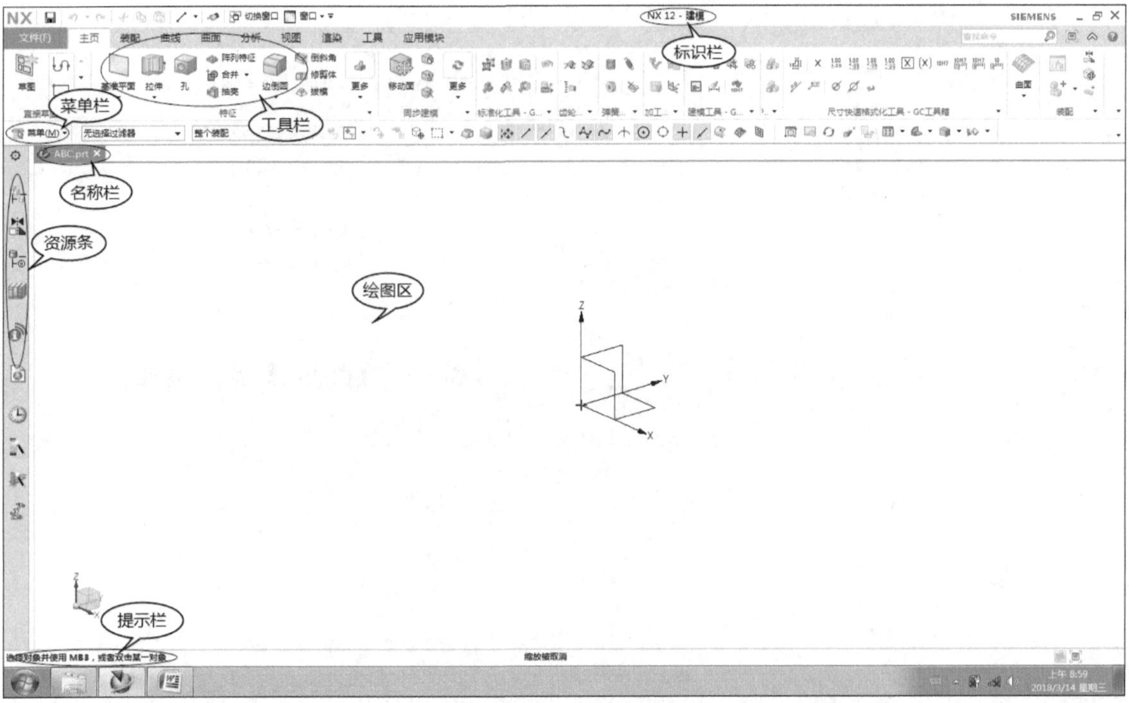

图 1-1　UG NX 工作界面

2. 工具栏

工具栏是放置命令组的区域，这些命令组是为了便于操作放置于桌面上的，每个命令组又由多个命令项组成。命令组在工具栏中可以打开，可以关闭；命令组中的命令项也可以打开或关闭。打开的命令组和命令项都可以根据个人爱好放置于需要的位置。

将鼠标放置于工具栏空白处，右击弹出工具栏调整定制的快捷选项，如图 1-2 所示。其中列举了命令组类的名称，对勾的表示该类命令组均打开；无对勾标记的为该类命令组均处于关闭状态，此时单击鼠标可以按类打开或关闭命令组。

将鼠标放置于某一命令组的空白处，如“曲线”类的“曲线”命令组，右击弹出命令组调整定制快捷选项，如图 1-3 所示。单击“从曲线选项卡中移除”可以关闭该命令组，单击其余选项可以将该命令组放置于视窗上方、下方、左侧或右侧的位置。

将鼠标放置于某一单项命令上，如“曲线”命令组中的“直线”，弹出命令项调整定制快捷选项，如图 1-4 所示，单击“从曲线组中移除”可以关闭该命令，单击其余选项可以将该命令单独放置于视窗的上方、下方、左侧或右侧位置。

在工具栏的任何位置右击，在快捷选项中都含有“定制”，单击弹出【定制】对话框，如图 1-5 所示。在“命令”栏中可以单击选中某一项命令按住鼠标左键拖动添加到工具栏中任何一个命令组中。这样一个命令组中的命令项可以增加，也可以删除，并且可以添加不同命令组中的命令项。如此设置可以让操作者将最常用的命令全部集中于一个命令组中，显示在工具栏上，其余的命令组尽可能地关闭，一方面使桌面整洁明了，另一方面节省了更多的桌面空间，便于绘图。在【定制】对话框的“选项卡/条”栏中可以直接按类打开或关闭一些命令组。在“快捷方式”栏中可以设置命令的快捷键。在“图标/工具提示”栏中可以调整工具栏的显示式样。

图 1-2　工具栏快捷选项

图 1-3　【曲线组】命令组快捷选项

图 1-4　【直线】命令项快捷选项

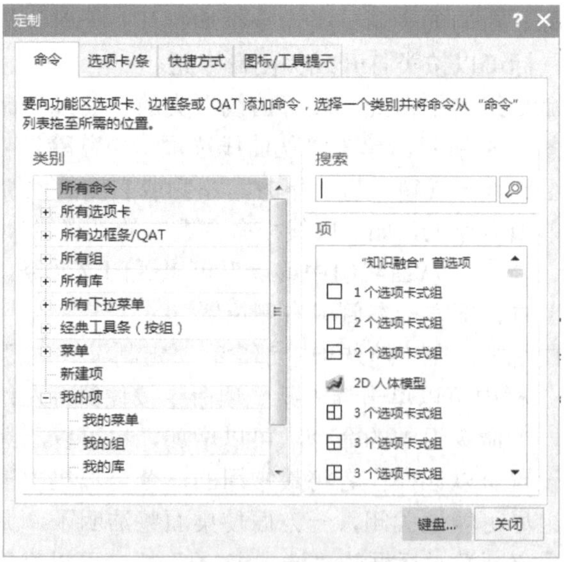

图 1-5　【定制】对话框

3. 菜单栏

菜单栏存放着当前模块下几乎所有 UG NX 命令，包括绘图命令、操作命令、设置命令、编辑命令等。不同的模块环境菜单栏内的命令项是不同的，建模模块有相关的绘图设计、编辑等命令；制图模块有相应的图纸、视图创建等命令；加工制造模块有刀具、机床、工艺设计等命令；运动仿真模块有运动、计算等命令。

UG NX 采用灵活多样的绘图方式，比如，同一个绘图命令、编辑命令，可以从菜单栏中选择，也可以从工具栏中选择，其操作各有利弊。

工具栏的命令放置于桌面上，绘图使用时拾取方便、快捷，但桌面上过多的命令会显得凌乱、不整洁，同时也占用绘图区的空间。操作者假如过多依赖工具栏，换一台计算机绘图会比较被动，因为其桌面不一定放置原来习惯使用的命令组，即使有其放置的位置也不一样，这些命令需要重新调整定制，反而降低绘图效率。

使用菜单栏命令，由于有些命令在若干子菜单下，所以绘图时需要单击多次才能调用到该命令，这样会降低制图效率，但是，菜单栏的命令位置是固定不变的，熟悉之后选取也比较方便，不受人为设置的影响；同时，工具栏可以尽可能地关闭，节省绘图区域的空间，视野开阔，桌面也干净整洁。

因此，对初学者建议尽可能地使用菜单栏的命令进行学习、操作，本书也是以**菜单栏的命令**选取为例进行讲解，当然这些命令都可以从工具栏中调整得到，读者可以根据自己爱好调用选择。

4. 名称栏

名称栏显示所有打开的文件名称，可以切换不同的文件在窗口中显示。如图 1-1 中的名称栏表示当前只打开了一个文件 ABC.prt 在视窗中显示。

5. 资源条

资源条也叫资源栏，通常是以树结构的形式记录了草图绘制、特征设计、部件装配、图纸设计等的对象信息和操作步骤，用户可以直接在其创建过程中和历史记录中进行检查、修改和编辑，实现了工作过程的可追溯性。常用到的选项有部件导航器、装配导航器、约束导航器，在以后章节中会具体学习其使用与操作。

单击资源栏的“角色”按钮，弹出【角色】资源栏，如图 1-6 所示。这是西门子公司针对不同的客户群体制定不同的 UG NX 软件使用体验，分为基本功能和高级功能角色，基本功能角色工作界面工具栏中的命令组少，菜单栏的命令也仅有基本的设计与编辑命令；高级功能角色则具有完整的菜单，涵盖所有命令，功能强大，针对的目标客户群是使用该软件的经验丰富的设计工程师与专家。初期使用 UG NX 软件时，假如发现工作界面简化，菜单栏命令缺失不全，则是系统默认了基本功能角色，需要打开【角色】资源栏，单击“角色高级”选项，调整为具备完整菜单功能的高级角色。

图 1-6 【角色】资源栏

6. 提示栏

在绘图区的下方是提示栏，用于提示下一步做什么，如何做。对于初学者，对一些命令不熟悉操作时，要常看提示栏，这在操作中也可以加深对命令的理解。

7. 绘图区

在中央空白的区域是绘图区，相当于一张大白纸、绘图板，用于绘制图形、创建模型、模拟运动、结果分析等。

1.3　UG NX 基本操作

1.3.1　文件管理

1. 新建文件

单击【菜单】→【文件】→【新建】，弹出【新建】对话框，如图 1-7 所示。按图所示选择文件所属模块，设定单位，输入文件名称，指定文件保存文件夹，单击“确定”按钮，完成新文件的创建。需要注意，文件名称、存放路径以及文件夹名称不要用汉字，UG NX 软件通常不识别中文，使用中文容易造成文件打不开、文件保存过程中数据信息丢失等问题。

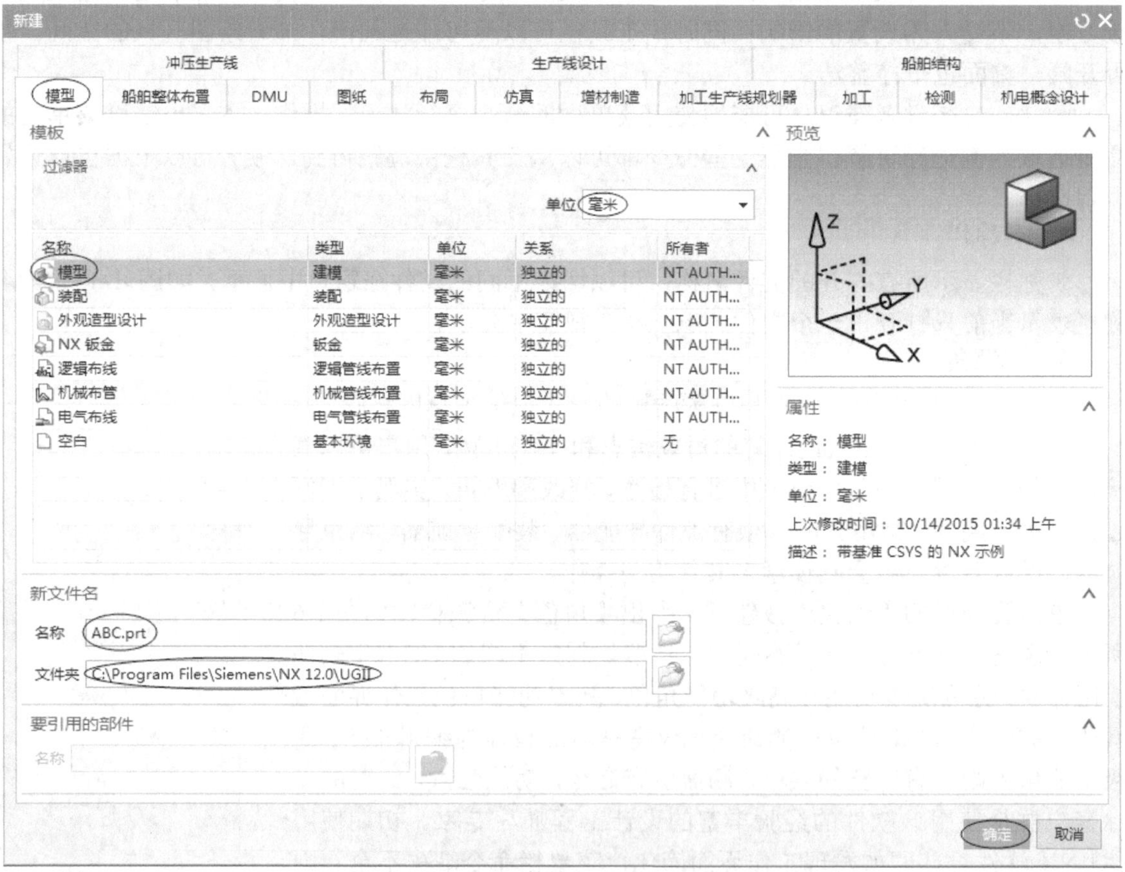

图 1-7　【新建】对话框

【新建】对话框中共有 14 个大的模块可供选择：模型、船舶整体布置、DMU、图纸、布局、仿真、增材制造、加工生产线规划器、加工、检测、机电概念设计、冲压生产线、生产线设计、船舶结构。每个模块下又有若干子模块，比如模型模块下有模型、装配、NX 钣金、逻辑布线等子模块。每个模块是 UG NX 为完成不同的任务要求而开发设计的，比如针对产品设计的模型模块、针对产品加工制造的加工模块以及针对产品的模拟分析的仿真模块，其设计思路、运算方法、表达方式是截然不同的，因此其界面视窗，表现风格，关键是设计、操作、编辑、设置命令都是不同的。

对于 UG NX 初学者主要使用的是模型模块、装配模块和图纸模块，完成产品工业设计、零部件的机械设计与装配以及工程出图等任务。随着 UG NX 软件学习的深入，工程专业领域的拓展与细化，会逐步学习使用加工、仿真以及 NX 钣金、机电概念设计、船舶结构等专业化模块。

2. 保存文件

文件编辑过程中，为防止意外丢失数据，需要及时保存，单击【菜单】→【文件】→【保存】，可以保存文件。需要对文件保存副本，单击【菜单】→【文件】→【另存为】，弹出【另存为】对话框，如图 1-8 所示，选择存放的路径，输入另存为的文件名称与保存的文件类别，单击“OK”按钮保存即可。

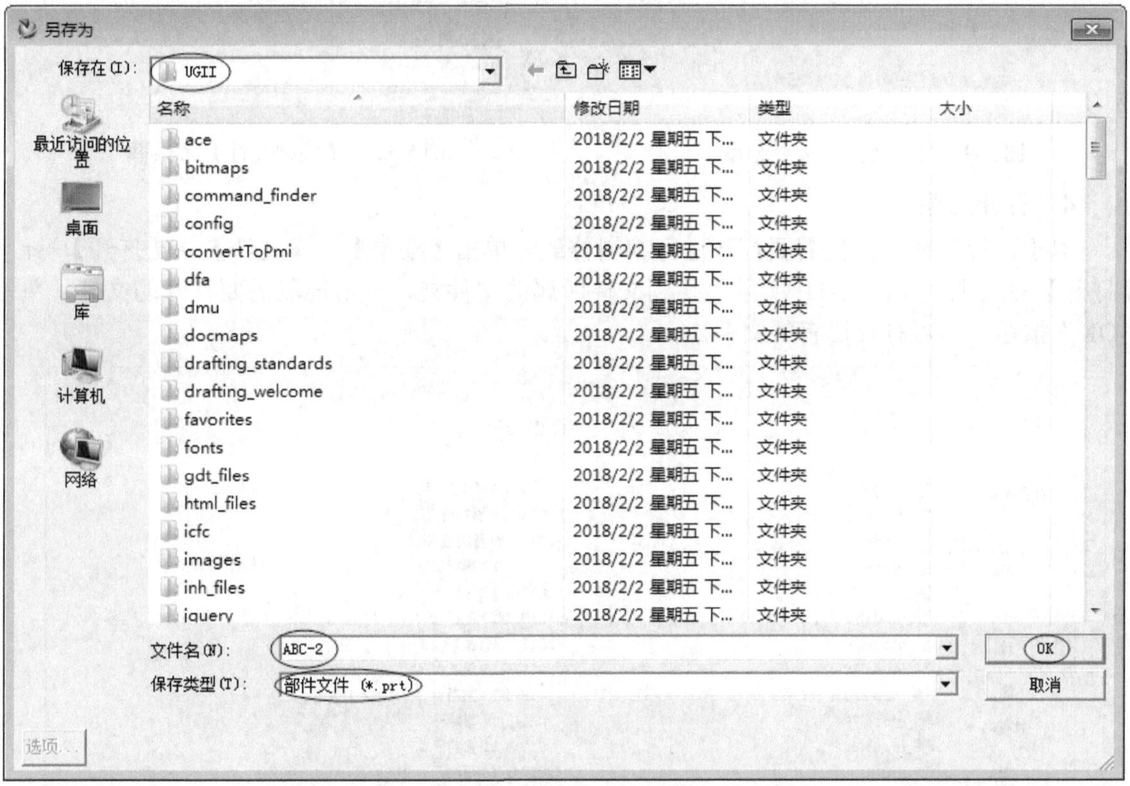

图 1-8　【另存为】对话框

3. 关闭文件

文件编辑后关闭文件，操作比较丰富，可以保存当前进行的编辑后关闭文件，可以不保存当前进行的编辑关闭文件，也可以选择另存为另一个文件名称后关闭文件等。

单击【菜单】→【文件】→【关闭】，弹出关闭文件子菜单选项，如图 1-9 所示，选择一项即可。

通常关闭文件是直接单击名称栏处的叉号 ×，弹出图 1-10【关闭文件】对话框，单击“是-保存并关闭”或“否-关闭”按钮选择保存或是不保存关闭文件。假如该文件的当前编辑已经保存过了，或是文件只打开了还没有进行编辑，此时单击文件名称处的叉号×，则直接关闭文件而不弹出【关闭文件】对话框。

需要注意，这里关闭文件不要错误单击【菜单】→【文件】→【退出】，这是 UG NX 软件的关闭退出。

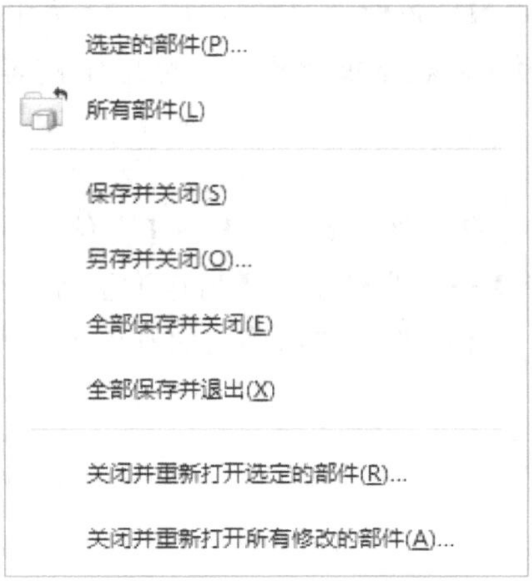

图 1-9　关闭文件子菜单选项

图 1-10　【关闭文件】对话框

4. 打开文件

对于已经存在的文件需要打开进行编辑修改，单击【菜单】→【文件】→【打开】，弹出【打开】对话框，如图 1-11 所示，找到文件所属的文件夹，单击选取需要打开的文件，单击“OK”按钮，即可打开已有的文件。

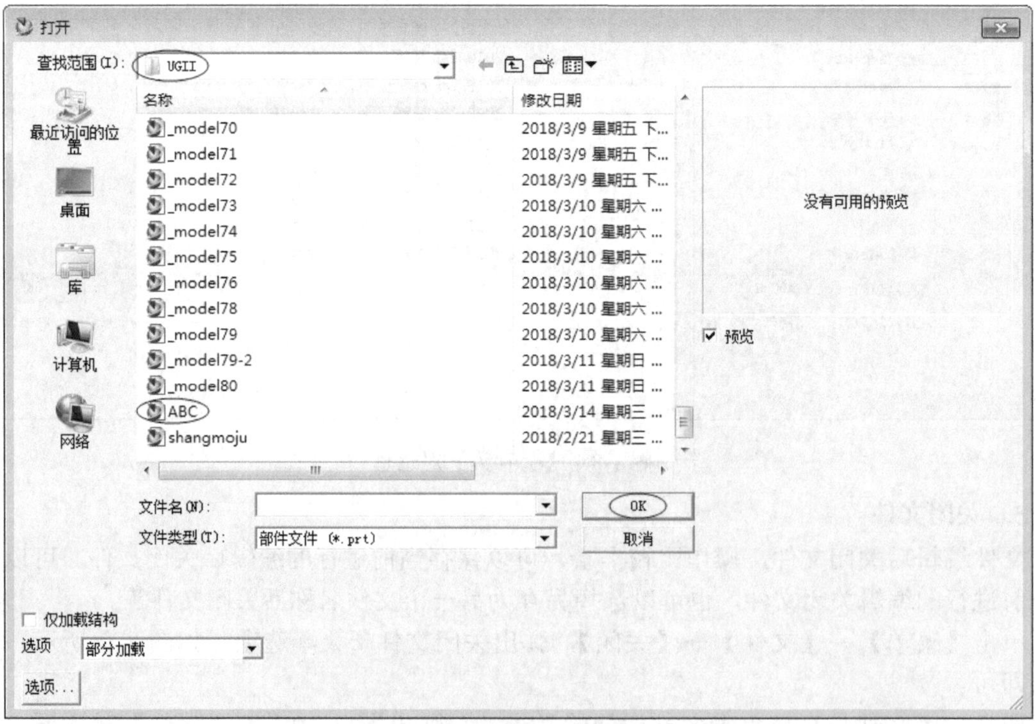

图 1-11　【打开】对话框

UG NX 可以新建多个文件，也可以打开多个文件，但工作界面视窗只能显示一个文件，不同的文件不支持多窗口显示。单击名称栏的文件名称即可切换显示不同的文件。也可以通过工具栏切换，单击工具栏顶部位置的“窗口”按钮，弹出如图 1-12 所示的【窗口】命令选项，表示目前共打开了三个文件，目前显示的是有对勾的第 1 个文件 ABC-1.prt，该文件也是当前处于工作状态和编辑状态的文件，单击其他文件即可切换到窗口显示，变成工作状态、编辑状态。

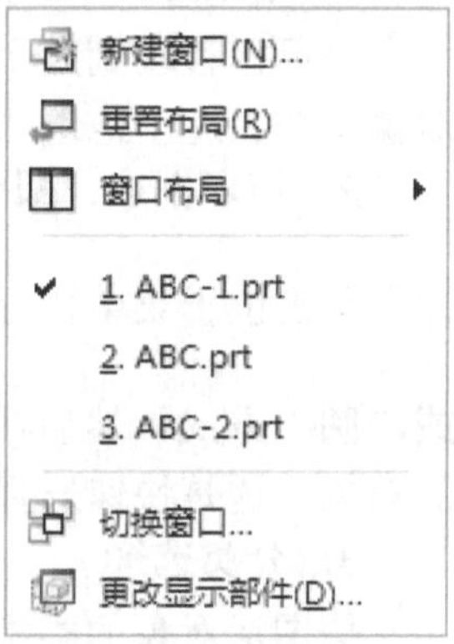

图 1-12　【窗口】命令选项

1.3.2　鼠标与键盘操作

为了软件使用的自由、灵活与快捷，UG NX 赋予了丰富的鼠标与键盘操作功能。

1. 鼠标操作

左键单击选择。单击鼠标左键是一种选择操作，比如选择菜单命令、选择工具栏命令、选择绘制的图形对象等。

单击鼠标左键操作可以说是使用软件过程中进行最多的操作，在本书中命令操作描述中的**“单击”“点击”“双击”**词语均是指对**鼠标左键**的操作。对于鼠标中键和右键的操作会明确指出。

中键单击确定、滚动缩放、拖动旋转。单击鼠标中键滚轮是一种确定操作，相当于按下键盘上的回车(Enter)键。比如打开一个命令操作之后，单击鼠标中键，完成该命令的执行，是相当于单击了这个命令对话框中的“确定”按钮。对鼠标中键滚轮滚动是对视窗的缩放操作，可以对图形对象进行放大、缩小观察。按住鼠标中键滚轮拖动是对视窗的旋转操作，可以对图形对象旋转任意角度进行观察。

右键单击(简称右击)快捷操作。比如右击视窗的空白处是关于显示的一些快捷操作，如窗口显示、方位显示等；选择一个图形对象右击是对该对象的一些快捷操作，如隐藏、删除等，对某个命令右击是对该命令的快捷操作，如关闭、改变放置位置等。快捷操作是针对性地选择了一些最常用的命令集中在一起供用户快捷方便地选择，这些命令通常在菜单栏和工具栏中都可以找到。

中键+右键拖动平移操作。同时按住鼠标的中间滚轮和右键拖动是对视窗的平移操作。该操作使用频繁，可以移动观察视窗之外的图形对象。

左键+中键拖动缩放操作。同时按住鼠标的左键和中间滚轮可以对视窗对象进行放大或缩小操作。该操作基本不用，通常都是通过鼠标中间滚轮进行视窗的缩放操作。

2. 键盘操作

常用的键盘操作有：Enter 键确定操作，相当于单击鼠标中键，也相当于一个命令对话框的“确定”按钮；Tab 键切换不同文本框的参数选择或输入；Esc 键取消操作，比如取消一个命令的选择，取消所有对象的选择等；Shift 键用于取消某一个或几个对象的选择，按住 Shift 键再单击已经选择的某一个或几个对象可以取消其选择；Delete 键删除图形对象；Ctrl 键用于快捷键组合，比如 Ctrl+S 键是对文件的保存，Ctrl+F 键是对视窗的最大化显示，快捷键组合需要在软件使用过程中逐步积累掌握，快捷键组合是可以自定义设置的。

1.3.3　对象选择

对某个或某些图形对象操作编辑时，需要对其选择，选择对象有多种方式。

1. 单个选择

将鼠标移动到某个图形对象上，待其高亮显示时，单击可以对其进行选择，这是对图形对象单个、逐个地选择。

2. 矩形框选、圆或套索圈选

单击位于菜单栏行的“多选手势下拉菜单”箭头，弹出 

，选择“矩形”、“套索”或“圆”方式，然后在视窗中按住鼠标左键拖动可以通过矩形框选、套索圈选或圆圈选其中的对象。这是快速选择多个对象的方法。

3. 分类选择

按图形对象的类型进行选择，如只选择实体、曲面或曲线对象等。单击位于菜单栏行的“类型过滤器”选项，如图 1-13 所示，选择一种类型，如“实体”，这样可以通过鼠标框选或圈选所有的对象，但其中只有实体对象被选中。这是同时选择多个同一类型对象的选择方法。

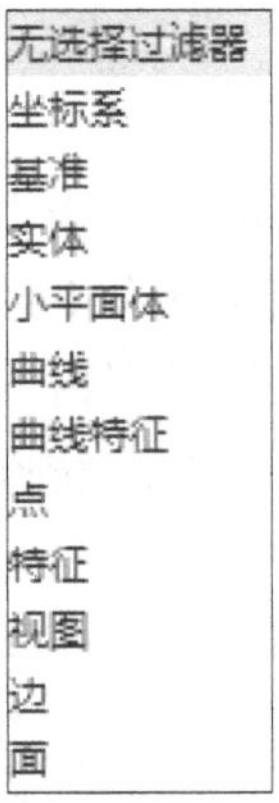

图 1-13　“类型过滤器”选项

4. 多边形选择

单击【菜单】→【编辑】→【选择】→【多边形】，通过单击鼠标绘制多边形来选择其中包含的对象。这同矩形、圆圈、套索选择类似，但多边形选择可以任意灵活地选择众多杂乱分布在一起的某些对象。绘制多边形完成时需要单击鼠标中键确认。

5. 全选、全取消

单击【菜单】→【编辑】→【选择】→【全选】/【全不选】，可以对视窗中所有的对象进行选择或者取消对已选择的所有对象的选择。通常对对象的全部取消选择不用菜单栏操作，而是按键盘的 Esc 键。

1.3.4　对象与视窗显示

对象与视窗显示包括设置对象显示的样式、方位以及视窗的缩放、旋转、平移等。

1. 对象显示

单击【菜单】→【编辑】→【对象显示】，弹出【类选择】对话框，如图 1-14 所示，选择某一对象，单击“确定”按钮后弹出【编辑对象显示】对话框，如图 1-15 所示，可以设置所选择对象的显示颜色、线型、线宽、透明度等，最后单击“确定”按钮完成操作。

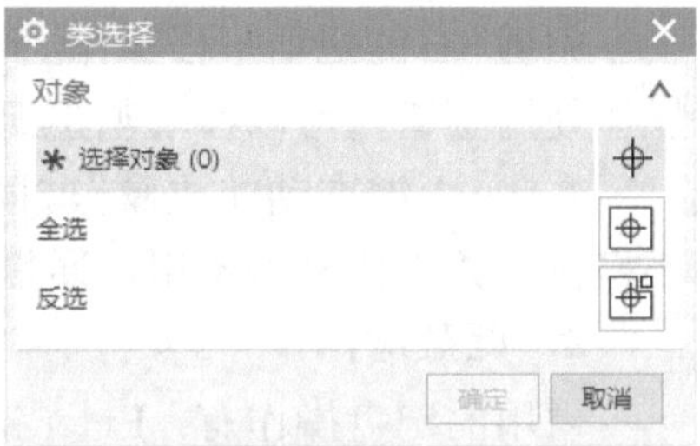

图 1-14　【类选择】对话框

2. 渲染样式

渲染样式是指所创建的对象是以什么样的式样表现出来。鼠标放置于视窗空白处，右击“渲染样式”，弹出“渲染样式”选项，如图 1-16 所示，单击相应选项可以使实体模型或曲面片体变成带边着色、着色、静态线框等式样，最后单击“确定”按钮完成操作。

3. 方位显示

在视窗的空白处右击，单击“定向视图”，弹出“方位显示”选项，如图 1-17 所示，共有 8 种方位可供选择：正三轴测图、正等测图、俯视图、前视图、右视图、后视图、仰视图和左视图。前 2 种是实体状态视图，后 6 种是经过一定方式的投影生成的平面二维视图。该操作经常使用，在视窗方位比较乱时，可以通过视窗空白处右击，单击【定向视图】→【正三轴测图】/【正等测图】进行调整。

图 1-15　【编辑对象显示】对话框

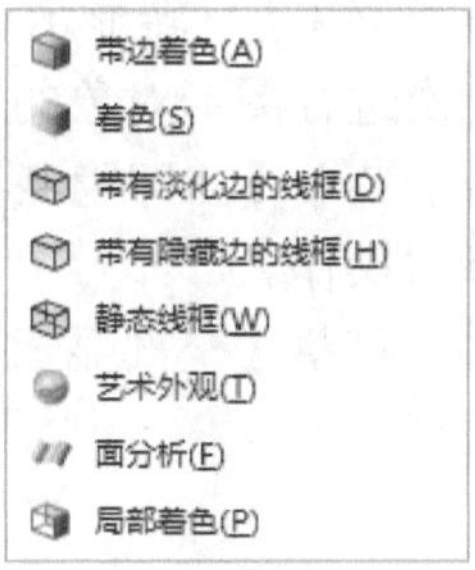

图 1-16　“渲染样式”选项

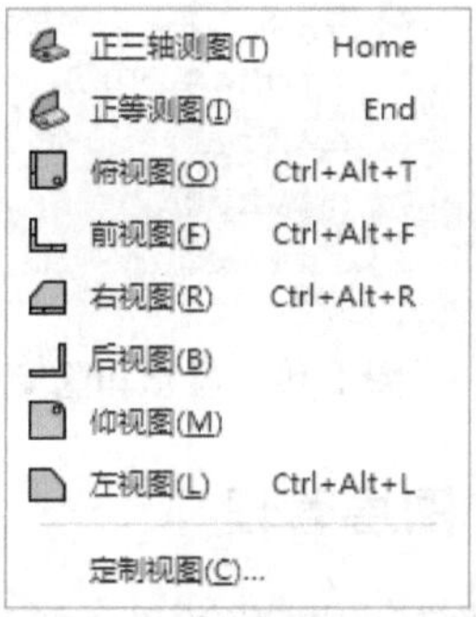

图 1-17　“方位显示”选项

4. 视窗显示

在视窗的空白处右击，弹出“视窗显示”选项，如图 1-18 所示。单击 刷新(S) 针对一些编辑修改之后进行的视窗更新显示；单击 适合窗口(F) 将所有对象在视窗中最大化显示出来；单击 缩放(Z)、 平移(P)、 旋转(O) 分别对视窗进行缩放、平移或旋转操作，该操作基本不用，因为鼠标操作的视窗缩放、平移、旋转更加方便快捷。

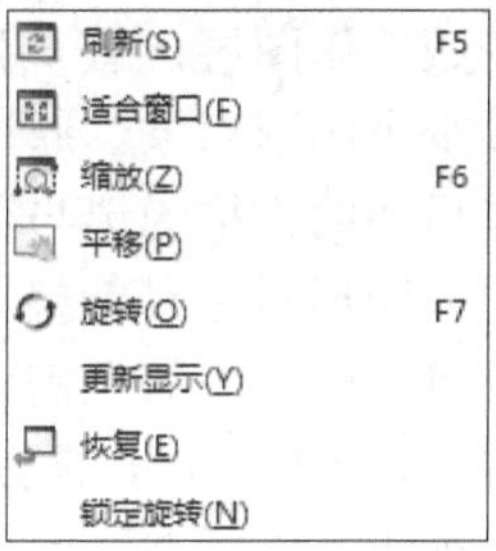

图 1-18　“视窗显示”选项

1.3.5　对象显示与隐藏

对于绘制好的图形，特别是包含许多图形元素的图形，为了便于观察、修改和编辑，经常用到显示与隐藏操作，有选择地隐藏一些图像，显示一些图像，防止对一些图像的误操作。

单击【菜单】→【编辑】→【显示和隐藏】，弹出显示和隐藏子菜单，如图 1-19 所示。

单击子菜单【显示和隐藏】，弹出【显示和隐藏】命令对话框，如图 1-20 所示，这是分类显示与隐藏，可以按实体、小平面体、曲线、基准等类型显示或隐藏对象，单击其后面的加号“+”，该类对象全部显示出来；单击减号“−”，该类对象全部隐藏起来。

单击子菜单【隐藏】或【显示】，弹出图 1-14【类选择】对话框，单击原来显示需要隐藏的对象，单击“确定”按钮，该对象便隐藏起来；或者单击原来隐藏的需要显示出来的对象，单击“确定”按钮后显示出来。

单击子菜单【反转显示和隐藏】，将原来隐藏的对象显示出来，原来显示的对象隐藏起来。这对分批次进行图形对象的修改编辑非常实用。

单击子菜单【立即隐藏】，此时，单击哪个对象，哪个对象立即隐藏，不用经过命令对话框的选择与操作。

单击子菜单【全部显示】，将原来隐藏的所有对象全部显示出来。

图 1-19　显示和隐藏子菜单

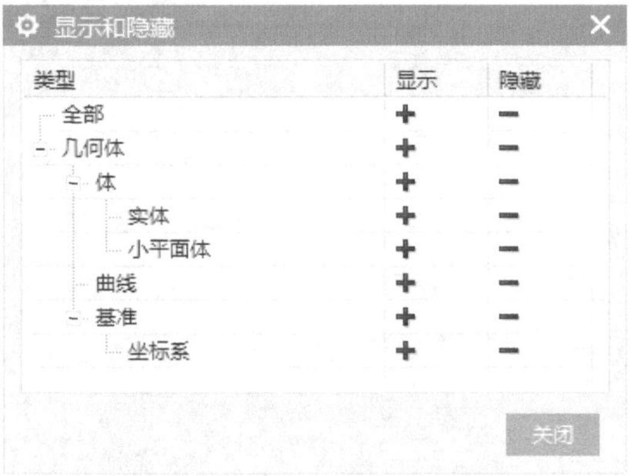

图 1-20　【显示和隐藏】对话框

1.3.6　图层管理

当绘制的图形复杂，模型繁多，元素对象成百上千时，为便于管理、编辑和操作，就要使用图层管理。

1. 图层设置

单击【菜单】→【格式】→【图层设置】，弹出【图层设置】对话框，如图 1-21 所示。名称栏中列有“1”和“61”两个图层，1 图层后标有“工作”，表示该图层是当前的工作图层，当前所做的图形绘制、编辑和修改均是在该图层内完成的。双击“61”图层，则 61 图层变成工作图层，下一步操作则是在 61 图层内进行的。图层后的“对象数”表示该图层内包含多少个图形对象。通过图层前面的方框勾选与否来控制该图层处于打开或关闭状态。通过图层后面的方框勾选与否来控制该图层对象是仅仅显示还是可以被编辑修改。此操作可用于对一些图形对象只希望显示参考不希望被修改的情况，将这些对象放置于同一个图层中设置成仅可见即可。如果需要在一个新的图层内绘制图像，在对话框中的“工作层”栏输入一个图层号，比如“2”，再按 Enter 键即可，这时可以看到列表中多了一个 2 图层，并且该图层目前就处于工作状态，此后绘制的一些图形则放置在了 2 图层内。

这里要明确一个概念，设置一个新图层并非是新建一个图层，因为 UG NX 为每个文件均设置有 256 个图层备用，新建的文件最初均在 61 图层放置了一个基准坐标系供绘图参考，其余图层均为空置状态，供绘图者设置使用。通常将【图层设置】对话框的“显示”栏设置为“含有对象的图层”，那么在列表中仅显示有工作图层和含有图形对象的图层，这样简洁明了。假如将“显示”栏设置为“所有图层”，便可看到在列表中共有 256 个图层陈列其中。

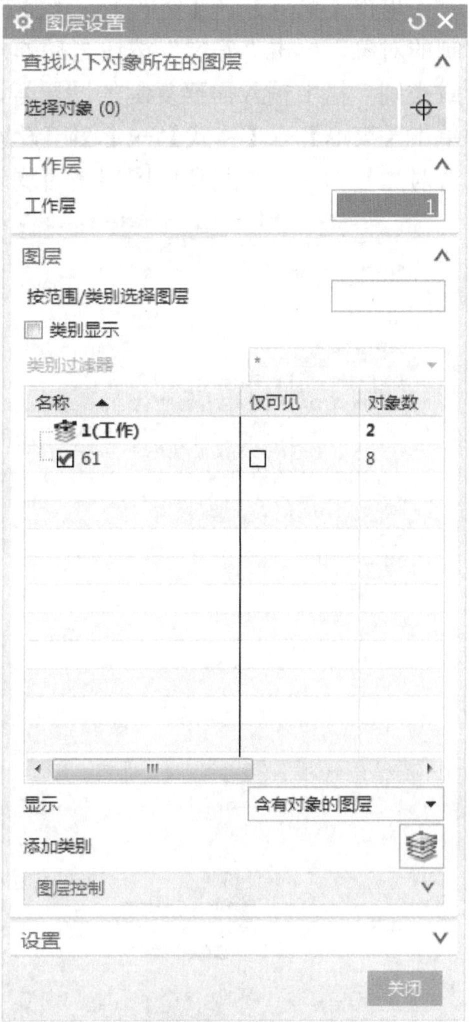

图 1-21　【图层设置】对话框

这里还要理解关闭图层和隐藏对象的关系。当一个图层含有的对象挨个隐藏，与将该图层关闭，外观上这些图形对象都不可见、不可进行编辑与修改，但是隐藏对象其图层仍是打开的状态，还可以在其中绘制新的图像；而关闭图层是不能再在其中绘制图像了。隐藏对象大多是针对图形对象较少、模型文件较为简单的操作；当设计的图形对象繁多、模型文件复杂时，按图层管理操作更为简捷。

2. 图层间移动对象

如果需要在一个图层绘制的图形对象，绘制到了另一个图层，这时就要对该图形对象进行图层间的移动操作。

单击【菜单】→【格式】→【移动至图层】，弹出图 1-14【类选择】对话框，选择需要进行图层移动的对象，单击“确定”按钮之后弹出【图层移动】对话框，如图 1-22 所示，在“目标图层或类别”栏中输入需要移动到的图层号，单击“确定”按钮，完成操作并退出命令。此时可以单击【菜单】→【格式】→【图层设置】，在【图层设置】对话框中，通过打开、关闭图层查看，对象移走的图层是否不再含有移动走的对象，移动到的图层是否多了移动来的对象。

这里初次遇到一个命令对话框的底端有“确定”、“应用”和“取消”三个按钮，如【图层移动】命令。这三个按钮的操作区别在于：单击“确定”按钮是执行对该命令所做的操作并退出命令；单击“应用”按钮是执行所做的操作但不退出命令，该命令仍打开继续等待重复操作；单击“取消”按钮是不执行操作退出命令。通常的一些命令操作只执行一次，所以最后通常是单击“确定”按钮完成操作并退出命令，它相当于先单击“应用”按钮执行操作，再单击“取消”按钮退出命令。

3. 图层间复制对象

如果需要对一些图形对象进行编辑修改，还需要保留副本，可以将这些对象复制到一个新的图层内留作备份，编辑修改原图层的图形对象，这时就要用到图层间对象复制操作。

单击【菜单】→【格式】→【复制至图层】，弹出图 1-14【类选择】对话框，选择需要复制的对象，单击“确定”按钮之后弹出【图层复制】对话框，如图 1-23 所示。在“目标图层或类别”栏中输入需要复制的图层号，单击“确定”按钮，完成操作并退出命令。此时可以单击【菜单】→【格式】→【图层设置】，在【图层设置】对话框中，通过打开、关闭图层查看对象复制到的图层和原图层是否均含有复制的图形对象。

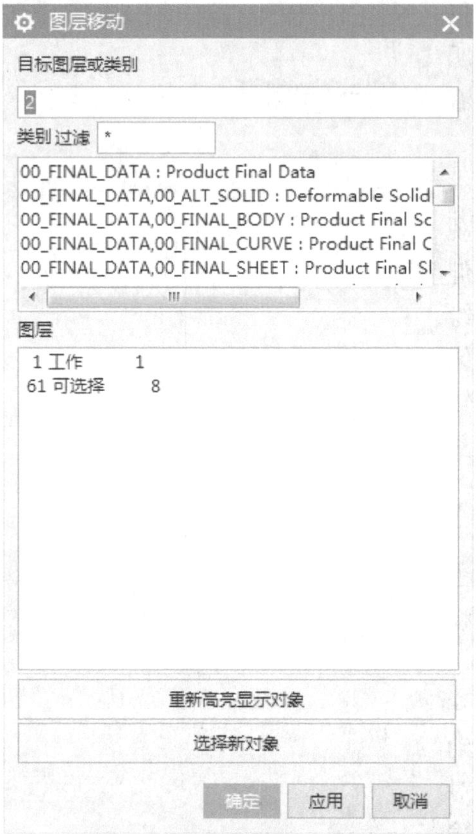

图 1-22　【图层移动】对话框

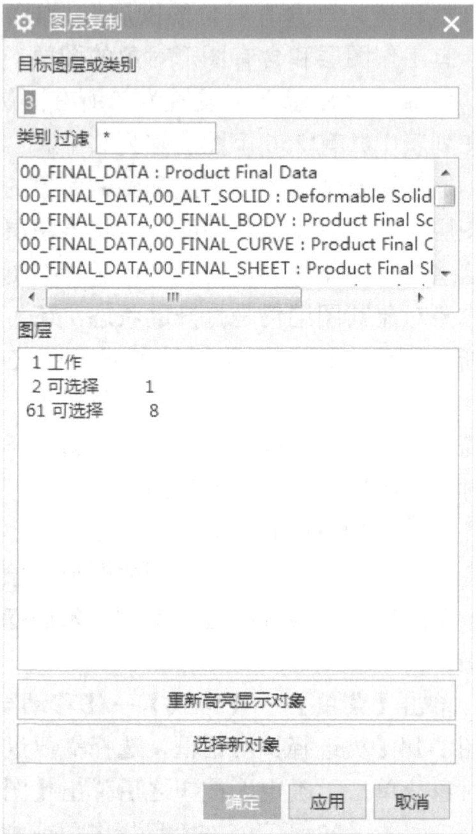

图 1-23　【图层复制】对话框

1.3.7　数据测量

数据测量是对图形元素、对象进行的一些数据信息测量分析。

单击【菜单】→【分析】，弹出数据分析子菜单，如图 1-24 所示。可以测量点、线、面相互之间的距离，测量曲线长度、半径，测量线、面相互之间的角度，测量曲面、实体表面的面积，测量实体的体积，测量实体的质量、质心以及惯性矩等信息。

应用案例 1-1　测量实体质量与质心

打开支持文件 AL1-1S.prt，如图 1-25 所示，测量该实体的质量和质心。

测量一实体模型的质量首先需要赋予其密度。单击【菜单】→【编辑】→【特征】→【实体密度】，弹出【指派实体密度】对话框，如图 1-26 所示。选择该实体，在“实体密度”栏中输入“8400”，即黄铜材料的密度，单击“确定”按钮执行操作并退出命令。

单击【菜单】→【分析】→【高级质量属性】→【高级重量管理】，弹出【重量管理】对话框，如图 1-27 所示。单击上方的“工作部件”，弹出【信息】对话框，如图 1-28 所示，软件自动分析的实体模型的质量、质心、惯性矩等信息全部列于其中。

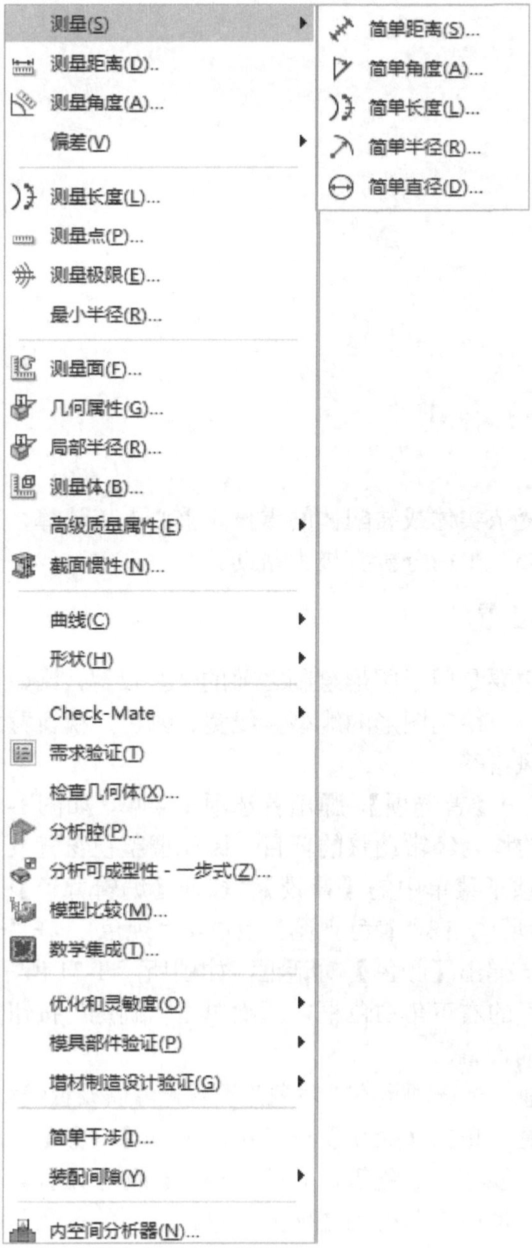

图 1-24　数据分析子菜单

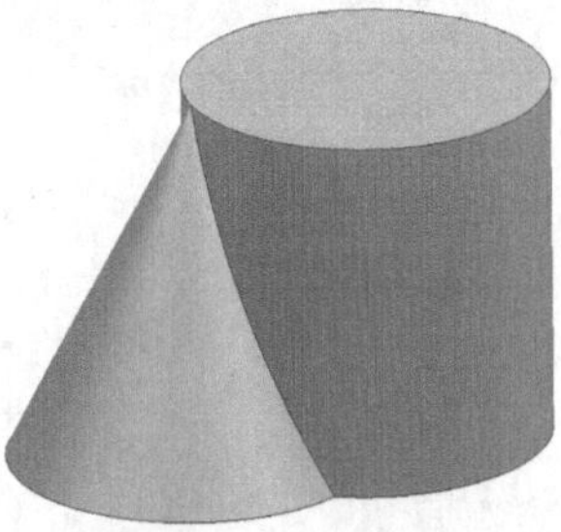

图 1-25　异形体

图 1-26　【指派实体密度】对话框

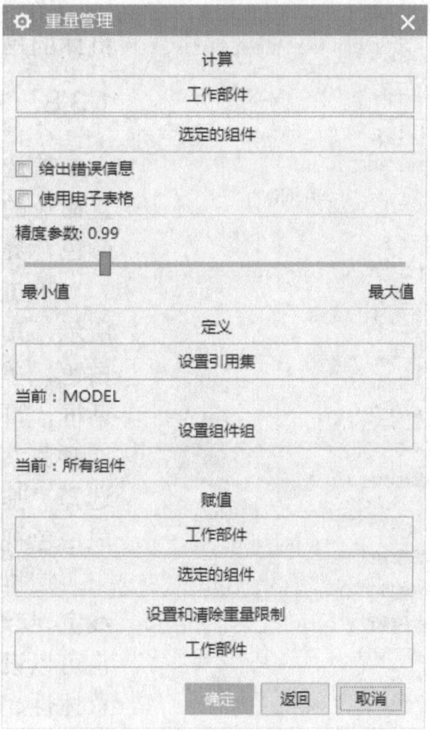

图 1-27　【重量管理】对话框

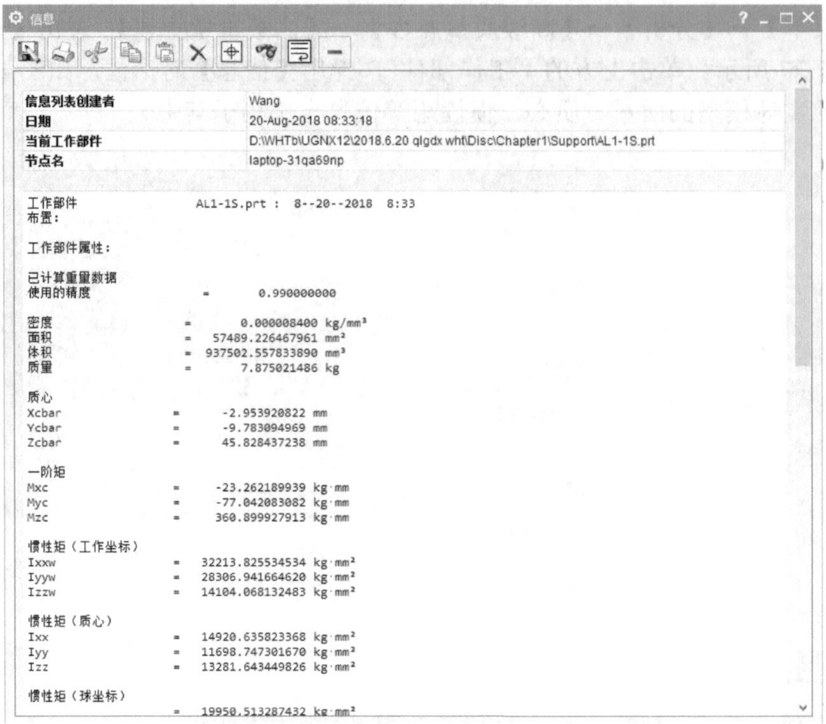

图 1-28　【信息】对话框

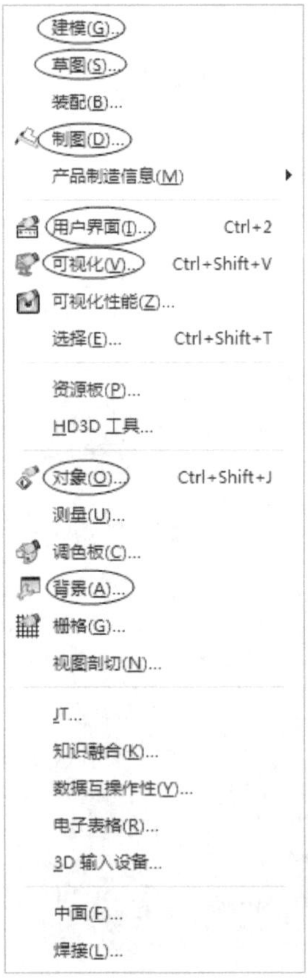

图 1-29　首选项子菜单

该操作免于复杂实体或装配体的重量、重心人工计算，对机体的吊运、安装、平衡分析有极大帮助。

1.3.8　首选项设置

首选项设置主要是用于图形绘制之前的一些设置，比如设置命令的字体大小，绘制图形的线型、线宽、颜色，视窗背景颜色，界面布置风格等。

单击【菜单】→【首选项】，弹出首选项子菜单，如图 1-29 所示，其中圈住的均为经常调整的项目。比如调整视窗背景为白色，单击首选项子菜单中的【背景】，打开【编辑背景】对话框，如图 1-30 所示，在“着色视图”栏单击“纯色”，在“普通颜色”处单击，弹出【颜色】对话框，如图所示 1-31 所示，选择“基本颜色”的右下角白色框，两次单击“确定”按钮完成白色视窗背景的设置。

这里需要注意，首选项也有“对象”设置，可以设置线型、线宽、颜色等信息。单击【菜单】→【编辑】→【对象显示】也可以设置线型、线宽、颜色等，其区别在于，前者设置具有总体性、前提性，是在图形绘制之前的设置，以后绘制图形的线型、线宽、颜色均是依据该首选项的设置；而后者的设置只是针对选择的个别对象进行的编辑修改。

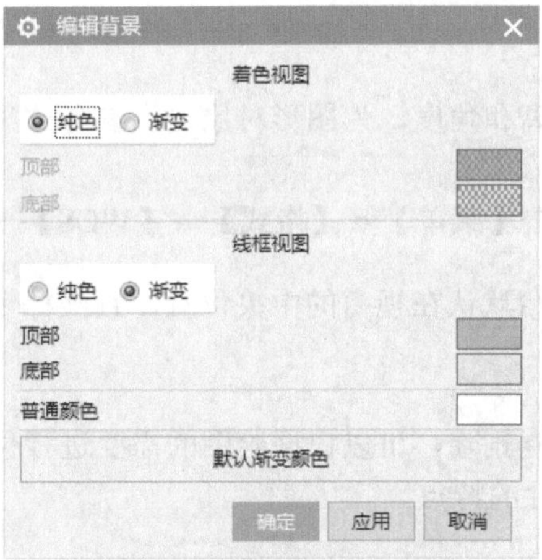

图 1-30　【编辑背景】对话框

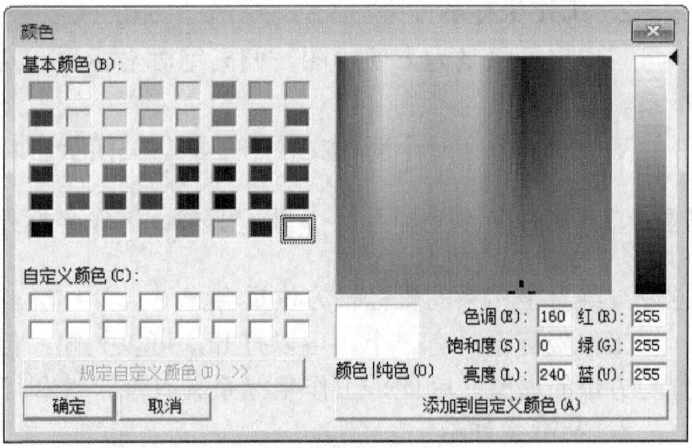

图 1-31　【颜色】对话框

1.3.9　文件导出与导入

文件导出：UG NX 对于完成的文件可以保存成其他格式，支持其他软件打开使用。比如一个实体模型文件通常是保存成*.prt 格式，供 UG NX 软件自身编辑使用，也可以保存成图片格式、PDF 格式、Auto CAD 格式、CATIA 格式等。

文件导入：UG NX 也能够识别并打开非本软件文件，如 Pro/E、CATIA、Auto CAD 等文件。

单击【文件】→【导出】/【导入】，在弹出的子菜单中选择需要导出/导入的格式，根据相应的对话框提示完成操作。

1.4　UG NX 坐标系

1.4.1　UG NX 坐标系概念

坐标系是绘制图形与创建模型的参照，在什么位置绘图，实体模型的长、宽、高尺寸是多少，必须有坐标系才能确定。

UG NX 坐标系种类繁多，CAD 模块有设计坐标系，CAM 模块有加工坐标系，CAE 模块有运动坐标系，UG NX 坐标系看似复杂，实质归纳起来主要有 3 种：绝对坐标系(ACS)、工作坐标系(WCS)和基准坐标系(CSYS)，这 3 种坐标系在不同的模块中充当着设计坐标系、加工坐标系和运动坐标系的角色。

1. 绝对坐标系

绝对坐标系是 UG NX 内部固有的坐标系，是工作坐标系和基准坐标系的参考中心，是为所有图形对象提供参考的坐标系。

在绘图区的左下方有个小坐标系图标 ，其标识的是绝对坐标系的方位，小图标的 X 轴、Y 轴、Z 轴分别代表绝对坐标系的 X 轴、Y 轴、Z 轴方位。绝对坐标系的坐标原点位于视窗的正中央位置。

绝对坐标系既然是所有图形对象和其余坐标系的参考，那么它的位置必然是确定的，方位也是确定的，因此其具有唯一性和不可变性的特点。

2. 工作坐标系

工作坐标系是为方便绘图，偏离绝对坐标系一定距离和角度，为图形对象提供参考的坐标系。

工作坐标系在一个新建文件中是默认关闭状态。单击【菜单】→【格式】→【WCS】→【显示】，这时工作坐标系 

显示出来。工作坐标系初始默认在视窗的中央位置，且坐标轴方位与绝对坐标系的坐标轴方位重合。

工作坐标系只有一个，可以打开，可以关闭，但不能删除，可以根据绘图的需要进行位置与方位的调整。因此，工作坐标系具有唯一性和可变性的特点。

3. 基准坐标系

基准坐标系是在绘图过程中临时插入的基准，为图形对象提供参考。

新建一个文件，系统默认在 61 图层设置了一个坐标系 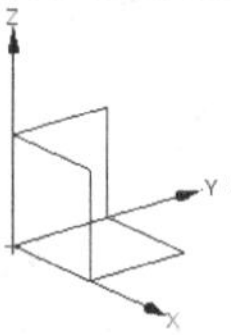

，该坐标系便是基准坐标系，最初默认的基准坐标系其原点位置和坐标轴方位均和绝对坐标系重合。

在绘图过程中，可以根据需要建立不同位置，不同坐标轴方位的基准坐标系，多余的基准坐标系也可以删除。因此，基准坐标系具有多个和可变性的特点。

1.4.2　工作坐标系调整

工作坐标系具有唯一性和可变性特点，可以根据需要改变原点位置和坐标轴的方位，这种改变实际是工作坐标系的调整。

首先打开工作坐标系，单击【菜单】→【格式】→【WCS】→【显示】。

单击【菜单】→【格式】→【WCS】，弹出工作坐标系调整子菜单，如图 1-32 所示，共有 7 种调整方法。

1. 动态

对工作坐标系动态地进行平移或旋转操作，生成新的工作坐标系。

单击【菜单】→【格式】→【WCS】→【动态】，工作坐标系变成激活状态，如图 1-33 所示，在原点处有一个小圆球，绕各坐标轴旋转的圆弧上也各有一个小球，各坐标轴都带有箭头。

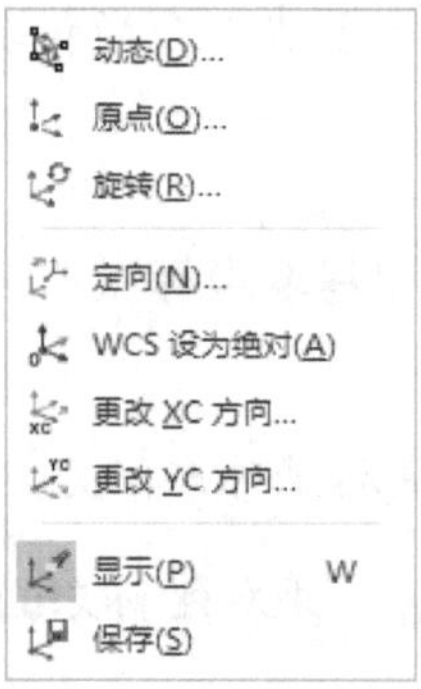

图 1-32　WCS 子菜单

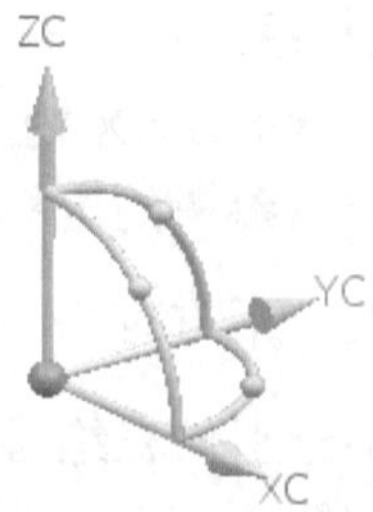

图 1-33　WCS 激活状态

单击原点处的小球，颜色由黄色变成棕黄色，处于激活状态，再单击一个位置，便可动态观察到坐标系原点放置到了单击的新位置上。

单击各坐标轴的箭头，颜色也由黄色变为棕黄色，该坐标轴方向激活，此时，按住鼠标左键拖动，工作坐标系只沿该坐标轴的方向移动，移动的距离可以用鼠标动态控制，也可以在弹出的数值框

中输入“距离”值，按 Enter 键。正值沿坐标轴正向移动，负值沿坐标轴反向移动。数值框的“对齐”值是设定鼠标控制动态移动的步距，比如输入“10”按 Enter 键，这时按住鼠标左键可使工作坐标系沿该坐标轴方向以步距 10mm 进行移动。此时，还可以使激活的坐标轴与某个矢量方向对齐，单击某个基准坐标系的轴、某条实体的边或某条空间直线，都可以使该坐标轴变得与选择的矢量方向平行。

单击绕各坐标轴旋转的小球，颜色由黄色变成棕黄色，绕该坐标轴旋转方向激活，此时，按住鼠标左键拖动，工作坐标系只绕该坐标轴方向旋转，转动的角度可以用鼠标动态控制，也可以在弹出的数值框

中输入“角度”值，按 Enter 键。正值是绕坐标轴正向转动，负值是绕坐标轴反向转动。数值框的“对齐”值是设定鼠标控制动态转动的角度增量，比如输入“30”按 Enter 键，这时按住鼠标左键拖动可使工作坐标系绕该坐标轴方向以角度增量 30° 进行转动。

坐标轴的转动遵循右手旋转法则，伸出右手，大拇指方向指向坐标轴的正向，四指弯曲的方向表示绕该坐标轴旋转的方向，旋转的正向为四指弯曲的方向，旋转的反向为四指弯曲的反向。

工作坐标系也可以双击鼠标进行动态调整。

工作坐标系通过动态的方法调整好后，单击鼠标中键确认完成，在视窗中生成新的工作坐标系。

2. 原点

在原来工作坐标系的基础上，只改变原点位置，三坐标轴方位不变，生成新的工作坐标系。

单击【菜单】→【格式】→【WCS】→【原点】，弹出图 3-1【点】对话框，这是基准点绘制的完整命令对话框，通过绘制空间上的一个点，使工作坐标系的原点放置在此位置，并保持各坐标轴的方向不变，生成新的工作坐标系。基准点的绘制方法详细参见 3.1.1 节。

3. 旋转

原来的工作坐标系绕 X、Y、Z 轴旋转一定角度，生成新的工作坐标系。

单击【菜单】→【格式】→【WCS】→【旋转】，弹出【旋转 WCS】对话框，如图 1-34 所示，按照右手旋转法则，大拇指指向旋转轴的正向，四指弯曲的方向为旋转的正向角度。指定绕着旋转的轴，然后输入旋转的角度值，单击“确定”按钮，完成操作并关闭对话框。

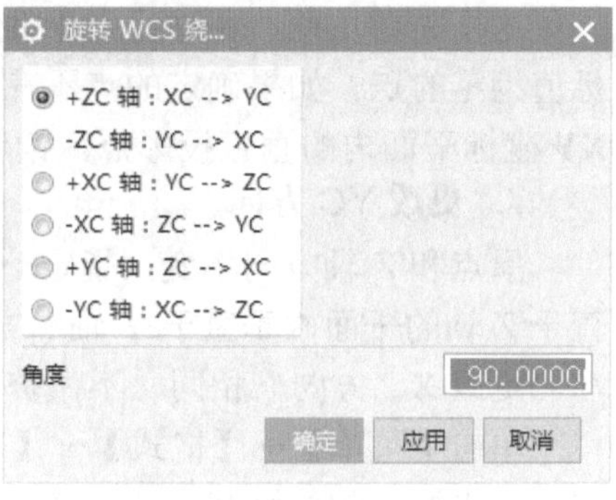

图 1-34　【旋转 WCS】对话框

4. 定向

通过创建一个新的基准坐标系的方法，完成工作坐标系的调整。

单击【菜单】→【格式】→【WCS】→【定向】，弹出【坐标系】对话框，如图 1-35 所示。这与创建新的基准坐标系的操作相同，有 11 种常用的创建方法，详细参见 1.4.3 节。该种方法可以理解为新创建一个基准坐标系，使工作坐标系与之重合，实现工作坐标系的调整。

图 1-35　【坐标系】对话框

5. WCS 设为绝对

使工作坐标系调整为与绝对坐标系重合。

单击【菜单】→【格式】→【WCS】→【WCS 设为绝对】，此时工作坐标系便调整到了与绝对坐标系重合的位置，原点在视窗中央位置，坐标轴的方位也与视窗左下角的绝对坐标系坐标轴方位重合。该命令经常用到，当工作坐标系多次调整后方位变乱，可通过该命令回到绝对坐标系的位置上。

6. 更改 XC 方向

单击【菜单】→【格式】→【WCS】→【更改 XC 方向】，弹出图 3-1【点】对话框，通过基准点的绘制方法确定一个点，详细参见 3.1.1 节。该点与原点连线方向为 X 轴方向，在过原点垂直于 Z 轴的平面内，垂直于 X 轴的方向便是 Y 轴方向，工作坐标系调整完成。实际上就是原来的工作坐标系在 XY 坐标平面内改变了 X 轴与 Y 轴方向，原点和 Z 轴保持不变。

这里需要注意，通过【点】命令绘制的点只识别在原来的 XY 坐标平面内的点，即 Z 坐标值为零的点。如果确定的点不在 XY 坐标平面内，Z 坐标值不为零，则识别的点为该点向 XY 坐标平面内的垂直投影点，读者可以自行试做观察。

7. 更改 YC 方向

原点和 Z 轴方向不变，指定一点，使原点与指定点的连线为 Y 轴方向，那么在过原点垂直于 Z 轴的平面内垂直于 Y 轴的方向便为 X 轴方向，这样调整成新的工作坐标系。操作方法与“更改 XC 方向”相同，不做赘述。

单击【菜单】→【格式】→【WCS】→【保存】，这不是调整工作坐标系的方法，只是标记工作坐标系的位置和方位，在工作坐标系调整过程中，留个记号，作为参考。

1.4.3　基准坐标系创建

单击【菜单】→【插入】→【基准/点】→【基准坐标系】，弹出【基准坐标系】对话框，如图 1-36 所示，在“类型”栏中共有 11 种创建基准坐标系的方法。

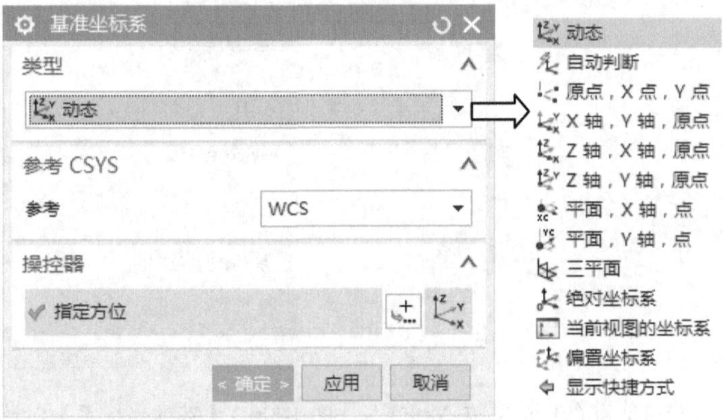

图 1-36　【基准坐标系】对话框

1. 动态

通过动态地平移和旋转操作创建新的基准坐标系，操作与工作坐标系的动态调整方法相同，不做赘述。

2. 原点, X 点, Y 点

该操作时，【基准坐标系】对话框变成图 1-37 式样。首先确定原点，单击“原点”栏的“点对话框”按钮，弹出图 3-1【点】对话框，参考 3.1.1 节操作确定原点；再在“X 轴点”栏单击“点对话框”按钮，弹出图 3-1【点】对话框，绘制 X 轴点；同样方法绘制 Y 轴点。这样一个新的基准坐标系创建完成，原点与 X 轴点连线作为 X 轴，原点、X 轴点、Y 轴点三点确定 XY 坐标平面，在该平面内过原点垂直于 X 轴作为 Y 轴，过原点垂直于 XY 坐标平面为 Z 轴。

这里要注意，绘制的 Y 轴点，不一定就是实际落在 Y 轴上，假如 Y 轴点与原点连线恰好垂直于 X 轴点与原点连线，则 Y 轴点确定就在 Y 轴上。假如 Y 轴点与原点连线不垂直于 X 轴，则以 X 轴为主，过原点自动识别 Y 轴。实际上，Y 轴点的主要作用是与原点、X 轴点一起确定 XY 坐标平面。

3. X 轴, Y 轴, 原点

该操作时，【基准坐标系】对话框变成图 1-38 式样。首先确定原点，单击“原点”栏的“点对话框”按钮，弹出图 3-1【点】对话框确定原点。再在“X 轴”栏，单击“矢量对话框”按钮，弹出【矢量】对话框，如图 1-39 所示，这与基准轴的绘制方法相同，参考 3.1.2 节；同样方法在“Y 轴”栏确定 Y 轴。这样一个新的基准坐标系创建完成，过原点平行于指定的 X 轴方向作为 X 轴，过原点平行于指定的 Y 轴方向与刚才确定的 X 轴确定 XY 坐标平面，在该平面内过原点垂直于 X 轴的方向作为 Y 轴，过原点垂直于 XY 坐标平面的方向作为 Z 轴。

图 1-37　【基准坐标系】对话框(原点, X 点, Y 点)

图 1-38　【基准坐标系】对话框(X 轴, Y 轴, 原点)

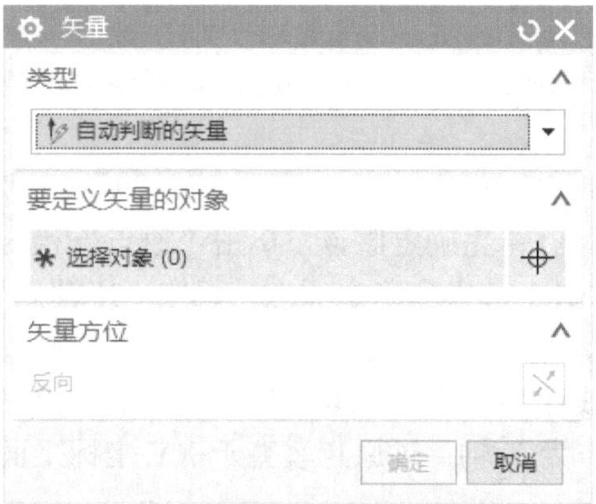

图 1-39　【矢量】对话框

这里同样要注意，最初指定的 Y 轴方向，不一定就是实际生成的基准坐标系的 Y 轴，假如指定的 Y 轴恰好与指定的 X 轴垂直，则指定的 Y 轴就是生成的基准坐标系的 Y 轴方向。假如指定的 Y 轴与指定的 X 轴不垂直，则以 X 轴为主，过原点在 XY 坐标平面内垂直于 X 轴自动识别出 Y 轴。实际上，指定的 Y 轴主要作用是与 X 轴一起在原点处确定 XY 坐标平面。

“Z 轴, X 轴, 原点”和“Z 轴, Y 轴, 原点”的操作方法与 X 轴, Y 轴, 原点相同，不做赘述。

4.　平面, X 轴, 点

该操作时，【基准坐标系】对话框变成图 1-40 式样，首先确定垂直 Z 轴的平面，单击“Z 轴的平面”栏的“平面对话框”按钮，弹出【平面】对话框，这与确定草图平面的操作相同，参考 2.2 节；这实质也是基准平面的创建方法，参见 3.1.3 节。垂直于 Z 轴的平面，即 XY 坐标平面确定后，再在“平面上的 X 轴”栏，单击“矢量对话框”按钮，弹出图 1-39【矢量】对话框，确定 X 轴；再在“平面上的原点”栏，单击“点对话框”按钮，弹出【点】对话框，确定原点。这样一个新的基准坐标系创建完成，最初指定的平面作为 XY 坐标平面，指定的点在 XY 平面内的垂直投影作为原点，在 XY 平面内过原点平行于指定的 X 轴作为基准坐标系的 X 轴，在 XY 平面内过原点垂直于 X 轴的方向作为 Y 轴。

“平面, Y 轴, 点”的方法操作与“平面, X 轴, 点”相同，不做赘述。

5.　三平面

该操作时，【基准坐标系】对话框变成图 1-41 式样，通过依次选择 X 轴的法向平面、Y 轴的法向平面和 Z 轴的法向平面确定 X、Y、Z 轴，依此创建新的基准坐标系。操作时选择的平面可以是现有基准坐标系的坐标面，也可以是实体的表平面。这里仍要注意，如果选择的平面其法线方向不垂直时的自动识别关系。

图 1-40　【基准坐标系】对话框(平面, X 轴, 点)

图 1-41　【基准坐标系】对话框(三平面)

6. 绝对坐标系

按绝对坐标系的原点位置和坐标轴方位新建一个基准坐标系。

7. 当前视图的坐标系

以当前的视窗方位，视窗中心点为原点，水平方向为 X 轴，右侧为正向；竖直方向为 Y 轴，上方为正向，计算机屏幕的平面即为 XY 坐标平面，过原点垂直于 XY 坐标平面的方向为 Z 轴，指向外为正向。新建的基准坐标系可以通过按住鼠标中键旋转观察其位置和方位。

8. 偏置坐标系

以现有的坐标系为参考，该坐标系可以是绝对坐标系、工作坐标系或是已经存在的某一个基准坐标系，通过偏移一定的距离和旋转一定的角度，生成新的基准坐标系。

该操作时，【基准坐标系】对话框变成图 1-42 式样，在“参考”栏中选择工作坐标系“WCS”或是绝对坐标系“绝对坐标系-显示部件”或是基准坐标系“选定坐标系”，以基准坐标系为参考时，需要选择视窗中某一个基准坐标系。然后在“偏置”栏中输入沿 X、Y、Z 轴偏移的距离值，在“旋转”栏中输入绕 X、Y、Z 轴旋转的角度值；最后单击“确定”按钮，完成新的基准坐标系的创建。操作中要注意，相同的偏移距离和旋转角度，选择先平移后旋转，还是先旋转后平移结果是不一样的，请读者在操作中观察。

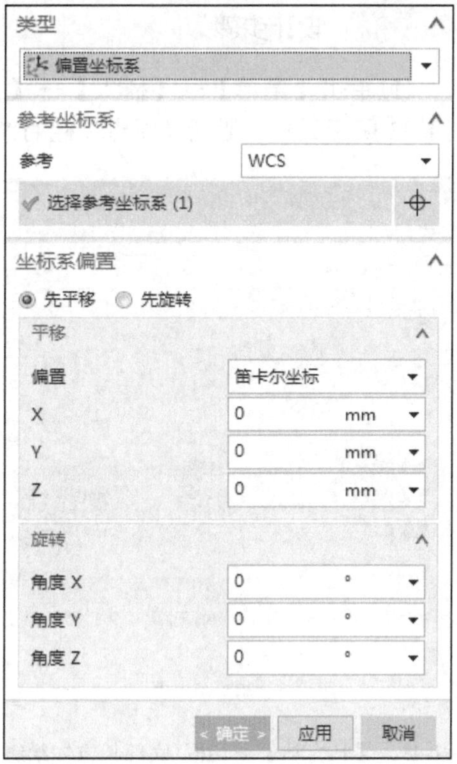

图 1-42　【基准坐标系】对话框(偏置坐标系)

自动判断，不是一种确切的方法，而是随着操作的进行，系统自动识别按这 11 种方法中的哪一种创建基准坐标系。

基准坐标系可以创建，也可以对已经存在的坐标系进行调整。双击基准坐标系可以对其进行动态调整。单击选择基准坐标系，然后右击“编辑参数”，则弹出图 1-36【基准坐标系】对话框，可以通过完整的 11 种创建基准坐标系的方法进行调整；也可以选择基准坐标系后，单击【菜单】→【编辑】→【特征】→【编辑参数】对其进行调整。

绘图过程中对多余的基准坐标系可以删除。单击选中，按 Delete 键，或右击“删除”，均可删除不需要的基准坐标系。

1.5　综 合 实 例

1. 工作坐标系调整应用

设计要求

在长 100mm、宽 100mm、高 20mm 的长方体顶面中央放置一边长为 40mm 的立方体，立方体侧面与长方体侧面均成 45° 夹角。

设计思路

长方体是依据工作坐标系方位创建的，底部长方体可依据原来的工作坐标系创建，然后调整工作坐标系到合适位置，创建顶部立方体。本例题的关键是调整工作坐标系。

设计步骤

(1) 单击【菜单】→【插入】→【设计特征】→【长方体】，弹出【长方体】对话框，按图 1-43 所示设置，激活“原点”栏的“指定点”，选择基准坐标系的原点位置，最后单击“确定”按钮创建底部长方体，如图 1-44 (a) 所示。

图 1-43　【长方体】对话框(底部长方体绘制)

(2) 单击【菜单】→【格式】→【WCS】→【显示】，将工作坐标系显示出来，如图 1-44 (b) 长方体左下角所示的 WCS。

(3) 单击【菜单】→【格式】→【WCS】→【原点】，弹出图 3-1【点】对话框，“类型”栏选择“两点之间”方式，如图 1-45 所示，选择长方体顶面两对角点，单击“确定”按钮，将工作坐标系原点设置在长方体顶面中央位置，如图 1-44 (c) 所示。

(4) 单击【菜单】→【格式】→【WCS】→【旋转】，弹出图 1-34【旋转 WCS】对话框，选择“+ZC 轴：XC-→YC”绕 Z 坐标轴旋转，输入旋转角度“45”，单击“确定”按钮，完成工作坐标的调整，如图 1-44 (d) 所示。

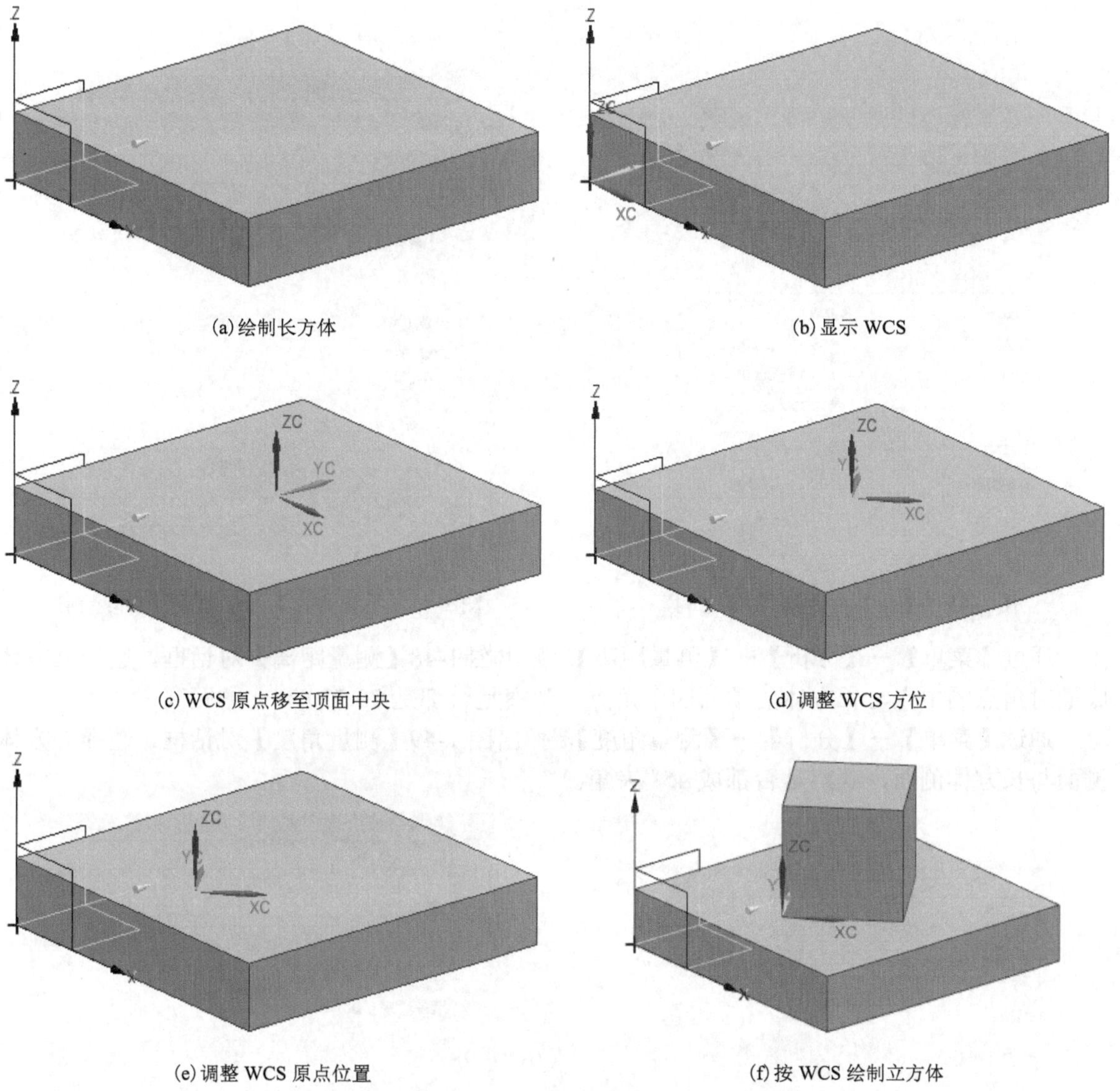

(a) 绘制长方体　(b) 显示 WCS

(c) WCS 原点移至顶面中央　(d) 调整 WCS 方位

(e) 调整 WCS 原点位置　(f) 按 WCS 绘制立方体

图 1-44　长方体、立方体绘制与工作坐标系调整

(5) 双击激活工作坐标系，如图 1-33 所示，进行动态调整。激活 X 轴箭头，在动态对话框中输入距离“-20”，按 Enter 键；然后激活 Y 轴箭头，在动态对话框中输入距离“-20”，按 Enter 键，完成工作坐标系的动态调整，如图 1-44 (e) 所示。

(6) 单击【菜单】→【插入】→【设计特征】→【长方体】，弹出【长方体】对话框，按图 1-46 设置。单击“原点”栏的“点对话框”按钮，弹出图 3-1【点】对话框，按图 1-47 设置，设置新调整的工作坐标系的坐标原点作为立方体的左下角点放置位置，单击“确定”按钮，返回到图 1-46【长方体】对话框，单击“确定”按钮，完成顶部立方体的绘制，如图 1-44 (f) 所示。

图 1-45　【点】对话框(两点之间)

图 1-46　【长方体】对话框(立方体绘制)

通过【菜单】→【分析】→【测量距离】，弹出图 1-48【测量距离】对话框，选择立方体底面对角点的中点与长方体的顶面四个角点，观察是否都是 70.7107mm 的距离。

通过【菜单】→【分析】→【测量角度】，弹出图 1-49【测量角度】对话框，选择立方体侧面与长方体侧面，观察是否都成 45° 夹角。

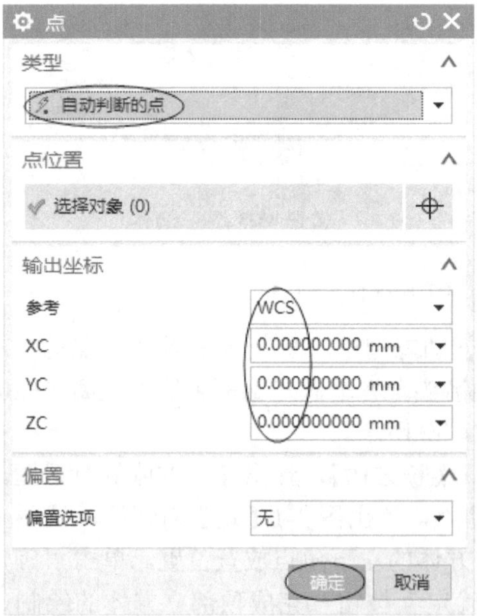

图 1-47　【点】对话框(工作坐标系坐标原点)

图 1-48　【测量距离】对话框

图 1-49　【测量角度】对话框

2. 基准坐标系创建应用

设计要求

图 1-50 为边长 100mm 的立方晶格原子模型，在其体对角线上做直径 10mm 的连杆。

设计思路

新建一个基准坐标系，原点在立方晶格左下角点处，Z 轴为左下角点与右上角点体对角线方向，然后依此为参考创建直径 10mm，长度 173mm 的圆柱体。本例题的关键是基准坐标系的创建。

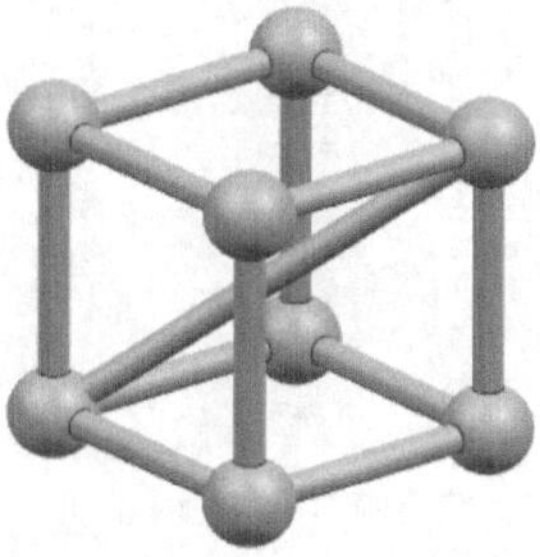

图 1-50　立方晶格

设计步骤

(1) 打开支持文件 ZL2S.prt，如图 1-50 所示，此为立方晶格原子模型。

(2) 单击【菜单】→【插入】→【基准/点】→【基准坐标系】，弹出【基准坐标系】对话框，在“类型”栏中选择“Z 轴, X 轴, 原点”方法，如图 1-51 所示。

(3) 激活“原点”栏，单击“点对话框”按钮，弹出【点】对话框，“类型”栏选择“圆弧中心/椭圆中心/球心”，如图 1-52 所示，选择立方晶格左下角小球，单击“确定”按钮，返回到【基准坐标系】对话框。

图 1-51　【基准坐标系】对话框(Z 轴, X 轴, 原点)

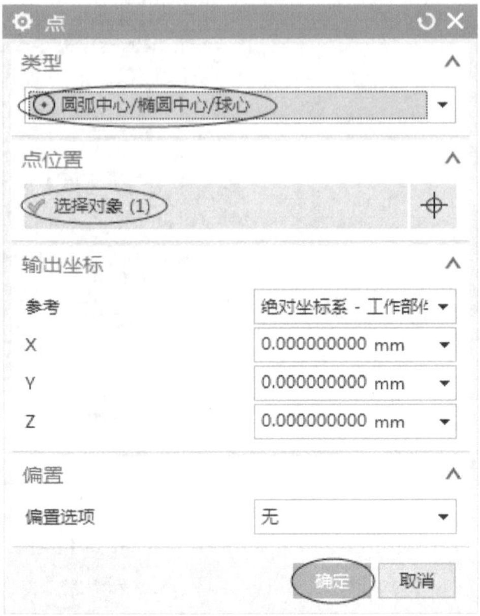

图 1-52　【点】对话框(圆弧中心/椭圆中心/球心)

(4) 在“Z 轴”栏，单击“矢量对话框”按钮，打开【矢量】对话框，“类型”栏选择“两点”，如图 1-53 所示，在“指定出发点”栏和“指定目标点”栏右侧快捷选项下拉菜单中选择“圆弧中心/椭圆中心/球心”，依次选择立方晶格的左下角小球和右上角小球，这样便确定了基准坐标系 Z 轴为立方晶格的体对角线方向。

(5) 在“X 轴”栏，任意选择立方晶格一连杆即可，因为上一步 XY 坐标平面已经确定好，这正是即将创建的圆柱体连杆的底面方位，X 轴的方向对其建模无影响，随意选择让系统自动识别即可。实际上，这随意选择的立方晶格连杆，是其中心轴线向 XY 坐标平面内法向投影识别为 X 轴。创建好的基准坐标系如图 1-54 立方晶格左下角所示。

图 1-53　【矢量】对话框(两点)

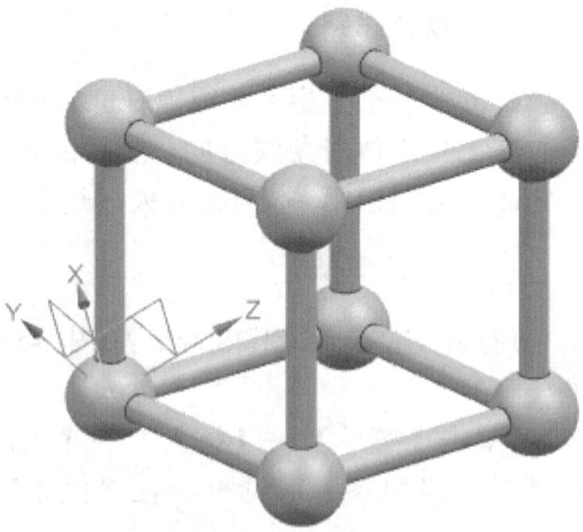

图 1-54　新建基准坐标

(6) 单击【菜单】→【插入】→【设计特征】→【圆柱】，弹出【圆柱】对话框，如图 1-55 所示，激活“指定矢量”栏，选择新建的基准坐标系 Z 轴；激活“指定点”，选择立方晶格左下角小球球心；在“尺寸”栏输入直径“10”，高度“173”，在“布尔”栏选择“合并”，选择立方晶格原子模型，单击“确定”按钮，完成立方晶格体对角线连杆的绘制，如图 1-56 所示。

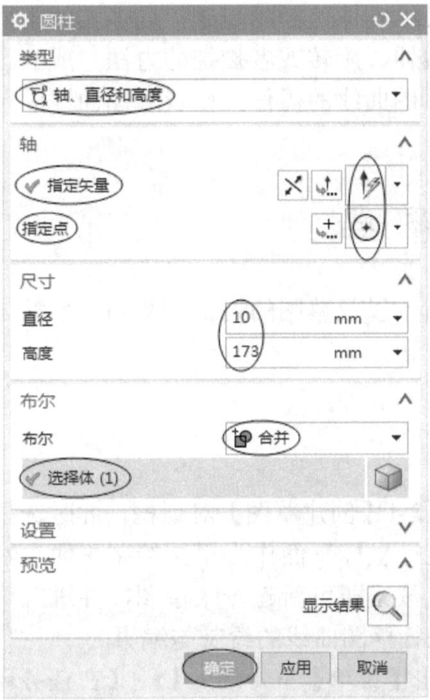

图 1-55　【圆柱】对话框(立方晶格连杆)

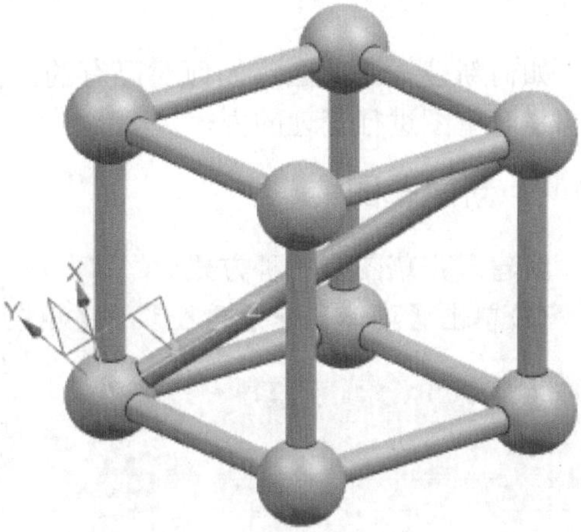

图 1-56　立方晶格体对角线连杆绘制

思考与练习

(1) UG NX 建模状态下有哪几类坐标系？各有什么特点？
(2) 图形对象的显示与隐藏如何操作？
(3) 从工具栏拾取命令有哪些优缺点？
(4) 图层设置对图形对象的绘制与编辑有何作用？
(5) 首选项设置有哪些作用？
(6) 如何进行文件的导入与导出？

第2章 草图设计

草图是在平面内绘制的二维曲线，草图曲线是三维实体建模的基础，许多实体模型，特别是截面形状不规则的实体模型都是通过草图曲线拉伸、旋转或者扫掠的方法生成的。本章学习草图的创建与管理、草图曲线的绘制与编辑、草图曲线的操作，以及草图曲线的尺寸约束与几何约束。

2.1 草图管理

如何新建一张草图，如何对已有的草图进行编辑，以及草图的退出、复制、粘贴与删除等都是对草图进行管理的内容。

2.1.1 新建草图

新建一张草图有3种方式。

(1) 单击【菜单】→【插入】→【草图】，弹出图2-1【创建草图】对话框，此时选择基准坐标系的某一坐标平面作为草图绘制平面，然后单击“确定”按钮即可新建一张草图，并进入草图绘制状态，进行草图曲线的绘制与编辑。

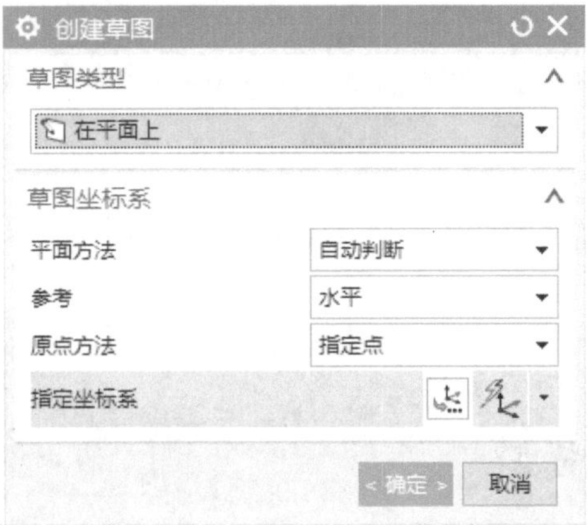

图2-1 【创建草图】对话框

(2) 单击【菜单】→【插入】→【在任务环境中绘制草图】，弹出图2-1【创建草图】对话框，选择基准坐标系的某一坐标平面作为草图绘制平面，单击“确定”按钮新建一张草图。该种方式完全是在草图环境中绘制草图曲线的，工具栏的命令全是针对草图曲线的绘制、编辑与操作。

(3) 单击【菜单】→【插入】→【草图曲线】，根据需要选择一种草图曲线进行绘制，如直线、圆、矩形等。这种方式自动默认工作坐标系WCS的XY坐标平面作为草图的绘制平面，假如WCS的XY坐标平面不适合草图绘制，则需要提前调整WCS的方位，参见1.4.2节。需要注意的是，该种方式草图曲线的绘制与编辑是在立体显示模式下进行的。

2.1.2 退出草图

新建一张草图后，便可以在其中进行草图曲线的绘制与编辑，完成后要退出草图。单击【菜单】→【文件】→【完成草图】，或右击【完成草图】，从草图绘制状态回到建模状态，完成一张草图的绘制。

2.1.3　编辑草图

草图是分张的，一个模型文件可以创建绘制多张草图。编辑已经存在的一张草图最简便的方法是双击该张草图即可进入草图状态，对其进行编辑，重新绘制草图曲线，或对已有的草图曲线进行编辑等。

另一种编辑草图的方法是：单击【菜单】→【编辑】→【草图】，弹出【打开草图】对话框，如图 2-2 所示，其中有 3 张草图 SKETCH_000、SKETCH_001、SKETCH_002，选择其中一张草图，单击“确定”按钮，对其进行编辑。假如建模文件中只有一张草图，则图 2-2 的对话框是不显示的，直接进入该张草图进行编辑。

选中一张草图，右击在弹出的菜单中选择【编辑】，也可以进入草图状态对其进行编辑。

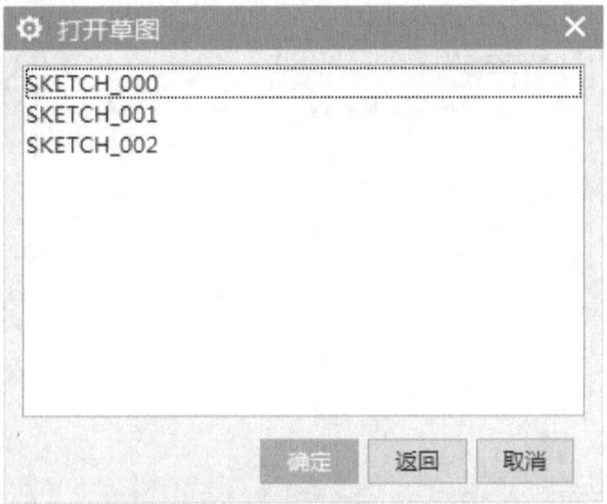

图 2-2　【打开草图】对话框

2.1.4　复制与粘贴草图

可以对整张草图进行复制与粘贴。

应用案例 2-1　复制与粘贴草图

(1) 在基准坐标系 XY 坐标平面内绘制一张草图 SKETCH_000，草图中绘制圆曲线 (参见 2.3.5 节)，如图 2-3 (a) 所示。

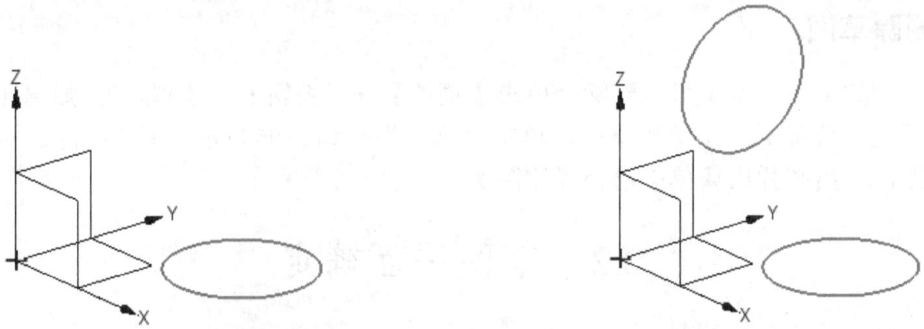

(a) XY 坐标平面内草图　(b) YZ 坐标平面内粘贴草图

图 2-3　复制与粘贴草图

(2) 单击【菜单】→【编辑】→【复制特征】，弹出图 2-4【复制特征】对话框，选择草图 SKETCH_000，单击“确定”按钮，该张草图便被复制。

(3) 单击【菜单】→【编辑】→【粘贴】，弹出图 2-5【粘贴特征】对话框，选择基准坐标系的 YZ 坐标平面作为草图粘贴平面，单击“确定”按钮，完成草图 SKETCH_000 的粘贴，如图 2-3 (b) 所示。该张草图原来在 XY 坐标平面内，复制之后粘贴到了 YZ 坐标平面内。

草图的复制与粘贴也可以通过鼠标右键的快捷方式【复制】与【粘贴】完成。

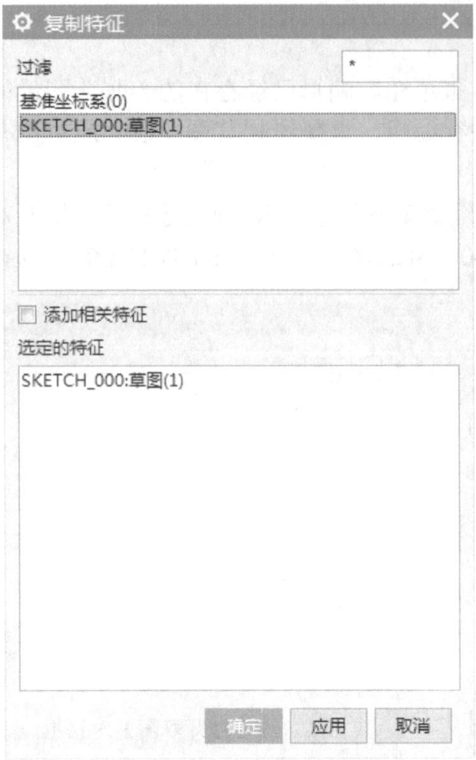

图 2-4　【复制特征】对话框

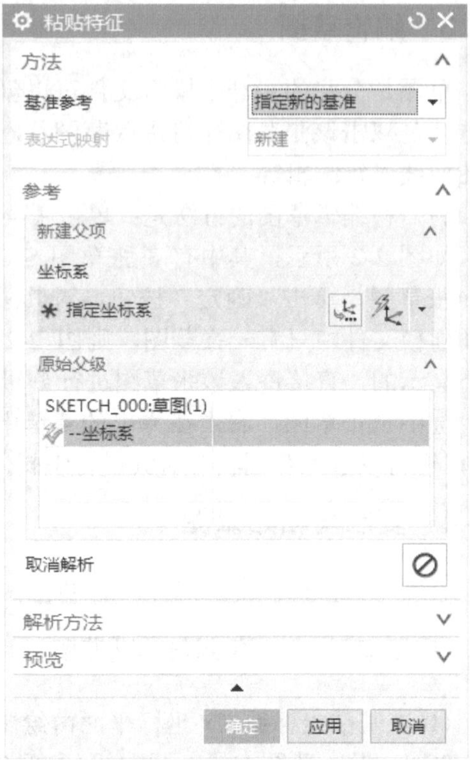

图 2-5　【粘贴特征】对话框

2.1.5　删除草图

一张草图如果不需要了可以删除。单击【菜单】→【编辑】→【删除】，弹出图 1-14【类选择】对话框，选择需要删除的草图，单击“确定”按钮完成该张草图的删除。也可以先选中该张草图，右击在弹出菜单中选择【删除】。

2.2　草图平面确定

一张张草图实质都是平面二维图集，草图曲线是在平面上绘制的，因此绘制草图曲线之前需要确定草图平面。

1. 以现有的平面作为草图平面

单击【菜单】→【插入】→【草图】，弹出图 2-1【创建草图】对话框。选择现有的平面作为草图曲线的绘制平面，比如选择基准坐标系的坐标平面、多面体的表平面、圆柱体的上下底面等。

2. 创建新的平面作为草图平面

假如模型文件中没有合适的平面可以作为草图平面，就需要新创建一个草图平面。在图 2-1 中的“平面方法”栏选择“新平面”，如图 2-6 所示。单击“平面对话框”按钮，弹出图 2-7【平面】对话框，共有 14 种新建平面的方法。

图 2-6 【创建草图】对话框（“新平面”方式）

图 2-7 【平面】对话框

1) 按某一距离

与选择的平面成一定距离的平行平面作为草图平面。如图 2-8(a)所示，选择 XZ 坐标平面，沿 Y 轴平行距离 100mm 的新平面作为草图平面。

2) 成一角度

与选择的平面成一定角度的平面作为草图平面。如图 2-8(b)所示，选择 YZ 坐标平面，绕 Z 轴旋转 45°的新平面作为草图平面。

3) 二等分

选择两个平面中分面作为草图平面，平行平面选择其平行中分面，相交平面选择其角度中分面作为草图平面。如图 2-8(c)所示，选择 XZ、YZ 坐标平面的角度中分面作为草图平面。

4) 曲线和点

通过选择一个点、两个点、三个点、点和曲线、点和平面多种方式创建新平面作为草图平面。图 2-8(d)为选择长方体的三个顶点确定的新平面作为草图平面。

5) 两直线

通过两条直线确定一草图平面。两条直线可以相交、平行，也可以不平行不相交。两条直线相交或平行时，两条直线确定的平面作为草图平面；两条直线不平行不相交时，过一条直线平行于另一条直线的平面作为草图平面。图 2-8(e)为过长方体的两条立边的平面作为草图平面。

6) 相切

选择实体回转面的相切面作为草图平面，回转实体可以是圆柱体、圆锥体、球体等。图 2-8(f)为过圆柱体顶圆边线一点相切于圆柱面的平面作为草图平面。

7) 通过对象

选择直线的法向平面或某一平面作为草图平面。如图 2-8(g)所示，选择长方体的顶边，其法向平面便作为草图平面。

8）点和方向

过一点垂直于某一直线的平面作为草图平面。如图 2-8（h）所示，过长方体的前左侧顶点，垂直于前立面上顶边的平面作为草图平面。

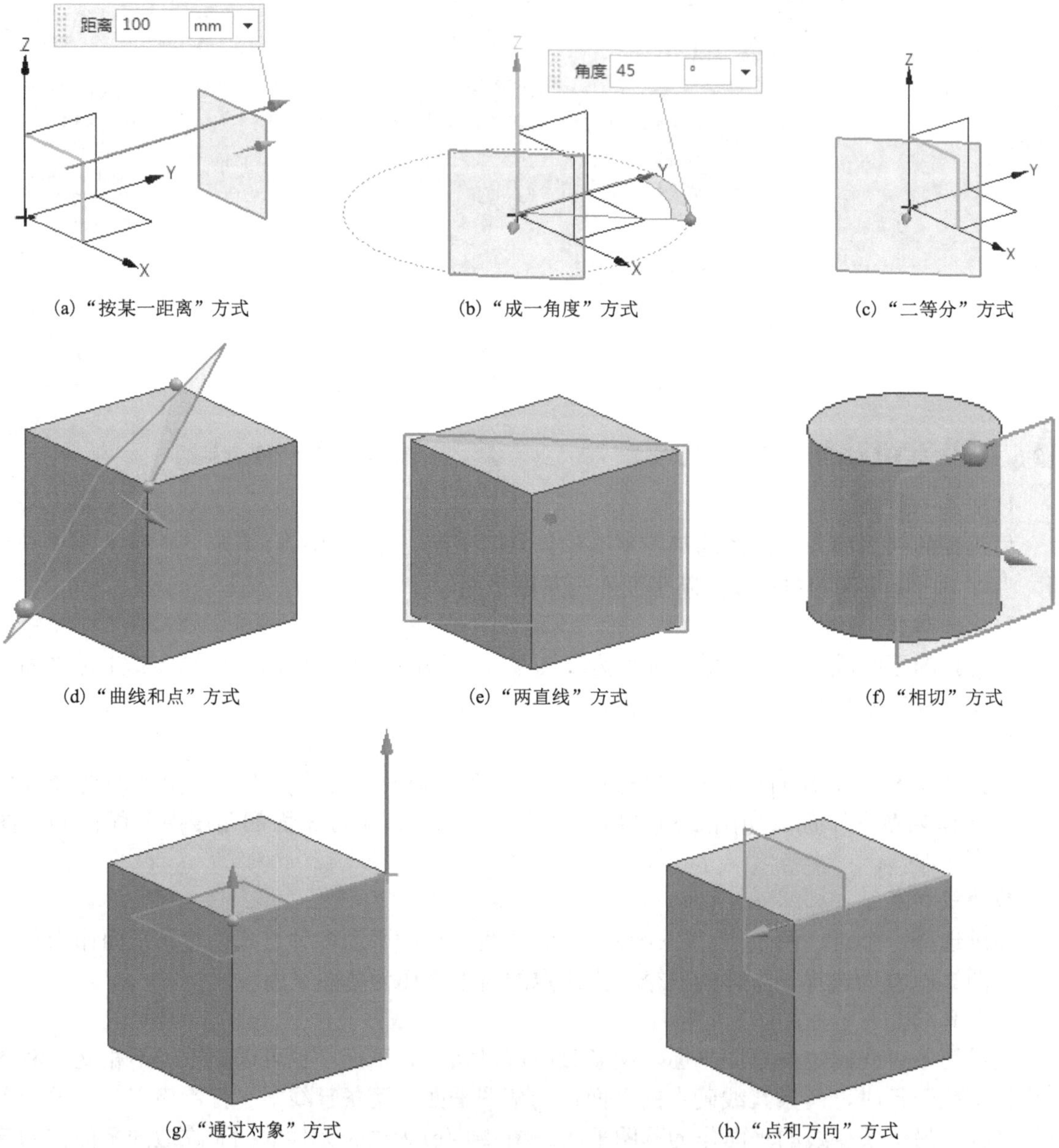

(a)“按某一距离”方式　(b)“成一角度”方式　(c)“二等分”方式

(d)“曲线和点”方式　(e)“两直线”方式　(f)“相切”方式

(g)“通过对象”方式　(h)“点和方向”方式

图 2-8　新创建草图平面

9）曲线上

参见第 3 类方法：通过曲线轨迹确定草图平面。

10）YC-ZC 平面

以工作坐标系的 YZ 坐标平面作为草图平面。

11）XC-ZC 平面

以工作坐标系的 XZ 坐标平面作为草图平面。

12）XC-YC 平面

以工作坐标系的 XY 坐标平面作为草图平面。

13）视图平面

以当前的视图方位，水平方向作为 X 轴，竖直方向作为 Y 轴，XY 轴确定的平面作为草图平面，即当前视图方位显示器屏幕平面作为草图平面。

14）按系数

平面的通用方程为 aX+bY+cZ=d，该平面与工作坐标系或绝对坐标系 X、Y、Z 轴的截距分别为 d/a、d/b、d/c，给定系数 a、b、c、d，则该平面即为草图平面。

3. 通过曲线轨迹确定草图平面

过空间曲线某一位置点创建草图平面，该平面或者垂直于曲线该点的切线，或者垂直于某一矢量，或者平行于某一矢量，或者通过某一轴线。图 2-9 为“基于路径”方式的【创建草图】对话框。选择圆柱体的顶圆作为创建平面的曲线轨迹，图 2-10(a)为过顶圆曲线 50%位置点且垂直于顶圆曲线该点切线的平面作为草图平面；图 2-10(b)为过顶圆曲线 30%位置点且垂直于基准坐标系 X 轴的平面作为草图平面；图 2-10(c)为过顶圆曲线 30%位置点且平行于基准坐标系 Z 轴的平面作为草图平面；图 2-10(d)为过顶圆曲线 30%位置点且通过基准坐标系 Y 轴的平面作为草图平面。

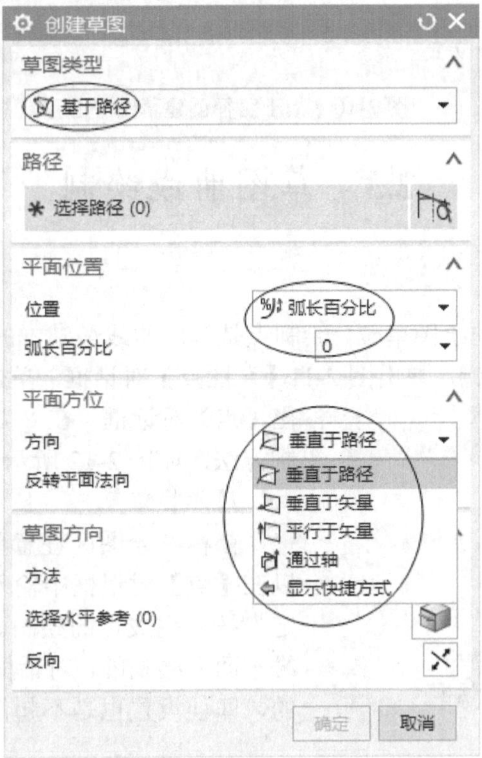

图 2-9 【创建草图】对话框（“基于路径”方式）

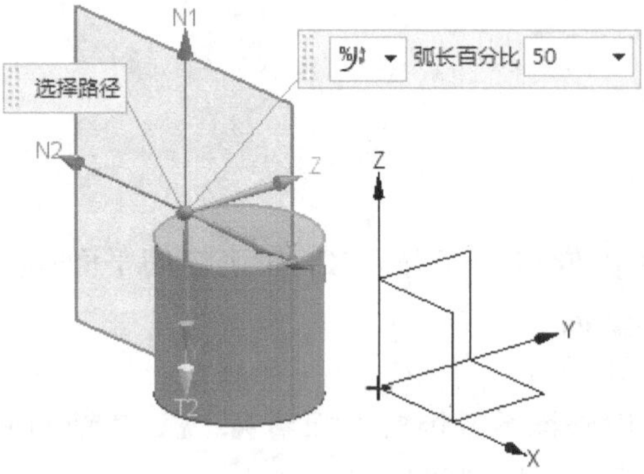

(a)“垂直于路径”方式

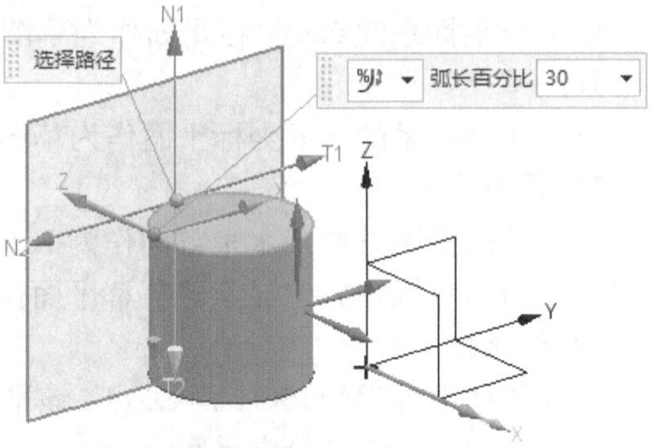

(b)“垂直于矢量”方式

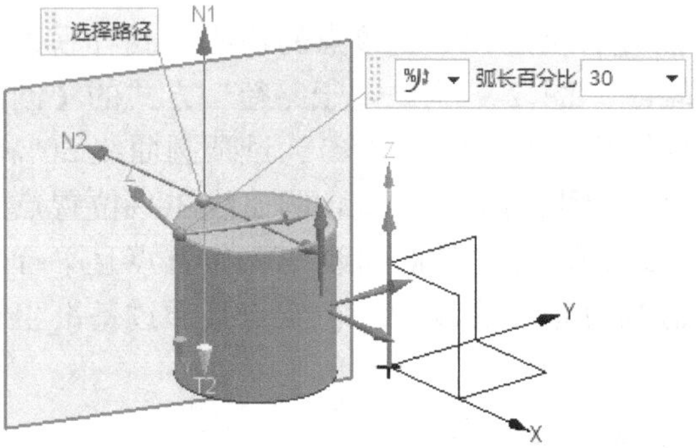

(c)“平行于矢量”方式

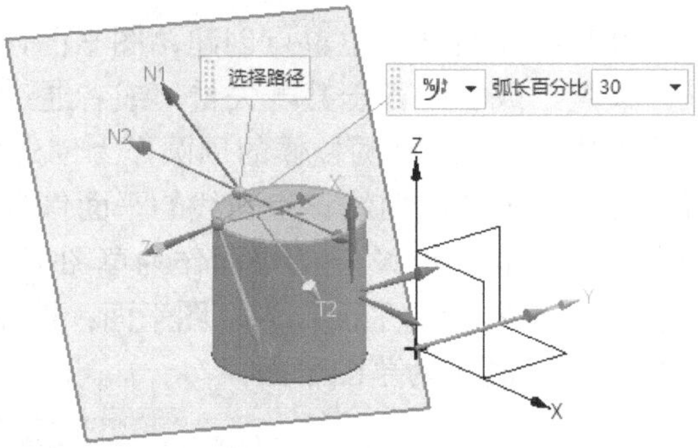

(d)“通过轴”方式

图 2-10　基于路径创建草图平面

2.3　草图曲线绘制

2.3.1　点

点是草图曲线中最小的绘图单位，绘制点是草图曲线最基本的操作。单击【菜单】→【插入】→【草图曲线】→【点】，弹出图 2-11【草图点】对话框，单击“点对话框”按钮，弹出【点】对话框，在“类型”栏中共有 13 种点的绘制方法，如图 2-12 所示。

图 2-11　【草图点】对话框

1) 光标位置

鼠标在绘图区任意单击拾取位置绘制点，也可以在【点】对话框中输入 X、Y 坐标值，单击“确定”按钮完成点的绘制。需要注意，草图点是在二维平面内绘制的，对话框中的 Z 坐标是不需要设置的，即使设置也是不起作用的。

2) 现有点

单击拾取现有的点，在现有的点的位置上绘制草图点，绘制的点与现有点重合。

3) 端点

在现有的线的端点上绘制草图点，绘制的点与线的端点重合，该线可以是直线、圆弧、样条曲线。绘制时单击拾取该线段即可，离拾取位置近的端点自动被识别。

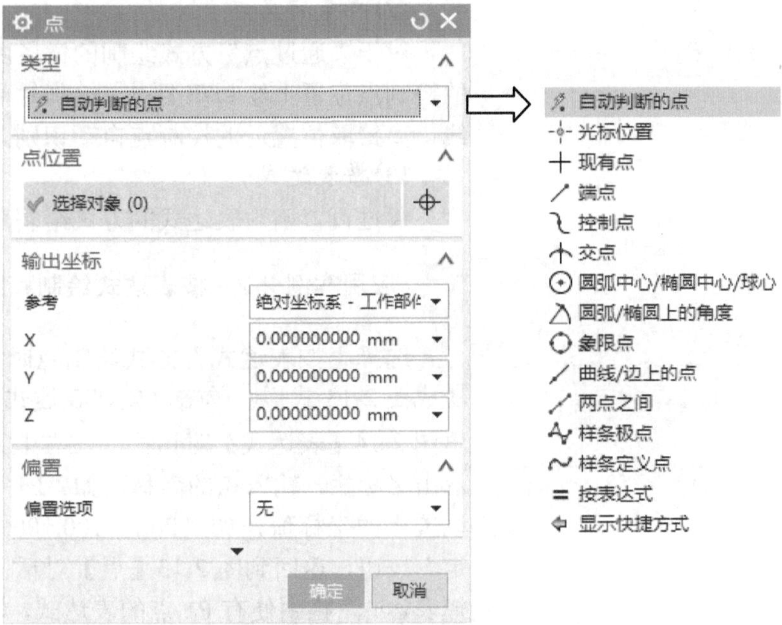

图 2-12 【点】对话框

4) 控制点

在现有线的端点或中点位置绘制草图点，该线可以是直线、圆弧、样条曲线。绘制时单击拾取该线段，离拾取位置近的端点或中点自动被识别。

5) 交点

在线段交点的位置上绘制草图点，依次单击拾取两条交线，其交点自动识别。

6) 圆弧中心/椭圆中心/球心

在圆弧、圆、椭圆曲线的圆心位置上绘制草图点。绘制时单击拾取该线段，其圆心位置自动识别。需要注意，假如选择了圆球，则是在其球心向该草图平面垂直投影的位置上绘制点。

7) 圆弧/椭圆上的角度

在圆弧、圆或椭圆的一定角度位置上绘制草图点，在对话框中输入的角度是控制该点与圆心的连线半径与过圆心平行于 X 轴的水平线之间的夹角。

8) 象限点

在圆、圆弧或椭圆的象限点的位置上绘制草图点。象限点是指圆、圆弧或椭圆与过圆心平行于 X、Y 轴的水平线、垂直线相交的四个点。

9) 曲线/边上的点

在线段的某个位置上绘制草图点，该位置可以通过线段总长百分比的方式确定，也可以通过离端点实际长度的方式确定。

10) 两点之间

通常是在两个点的中点位置绘制草图点，当然可以设置为两点之间任意百分比位置的点。选择的两个点可以是曲线的端点、圆心点、单独的草图点等。

11) 样条极点

对于“根据极点”的方式绘制的样条曲线，在其控制的极点位置上绘制草图点。绘制时

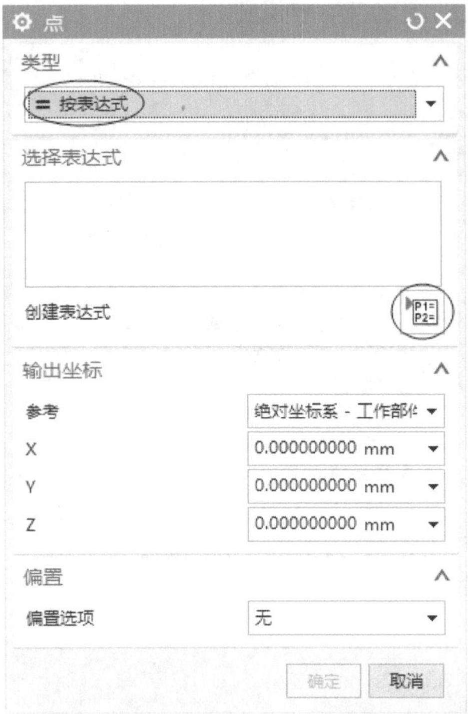

图 2-13　【点】对话框（“按表达式”方式）

单击拾取样条曲线，离拾取位置近的极点自动识别。

12）样条定义点

对于“通过点”方式绘制的样条曲线，在其通过的控制点位置上绘制草图点。绘制时单击拾取样条曲线，离拾取位置近的控制点自动识别。

13）按表达式

通过设置函数表达式的方式绘制草图点。

应用案例 2-2　按表达式绘制草图点

选择“按表达式”方式绘制点时，【点】对话框变成图 2-13 式样，单击“创建表达式”按钮，弹出图 2-14【表达式】对话框，在右上方的第 2 行中，双击名称栏，输入点的名称，如“P1”；双击公式栏，设置点的坐标值，如“Point(100,100,0)”，单击“确定”按钮，返回到图 2-13【点】对话框，此时在“选择表达式”栏中便有 P1 点的表达式，如图 2-15 所示，单击“确定”按钮，返回到图 2-11【草图点】对话框，单击“关闭”按钮，完成 P1 点(100,100,0)的绘制，如图 2-16 所示。

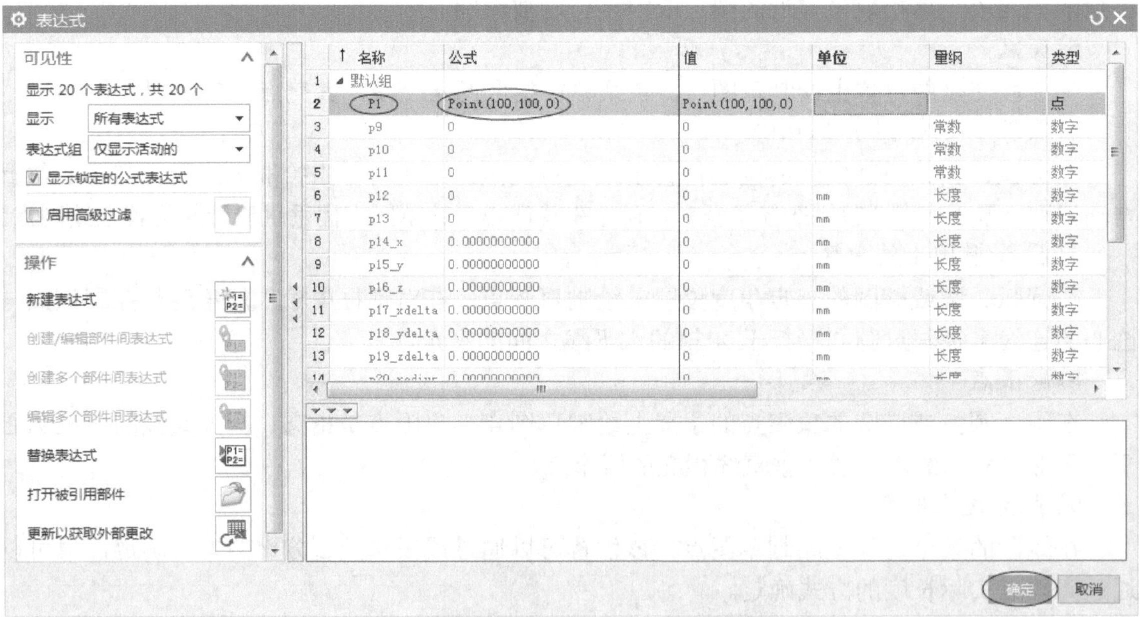

图 2-14　【表达式】对话框

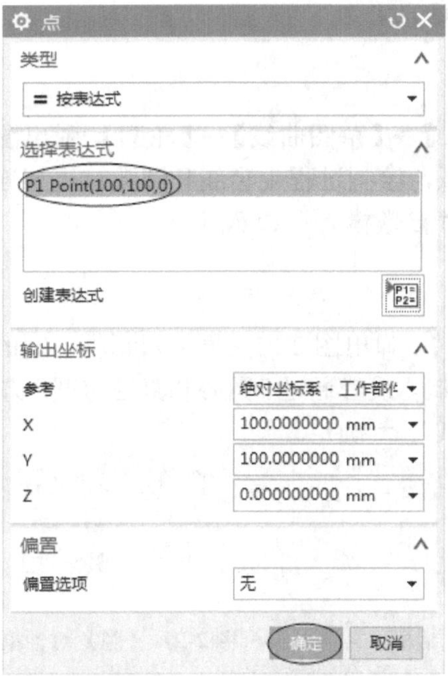

图 2-15　【点】对话框(选择表达式)

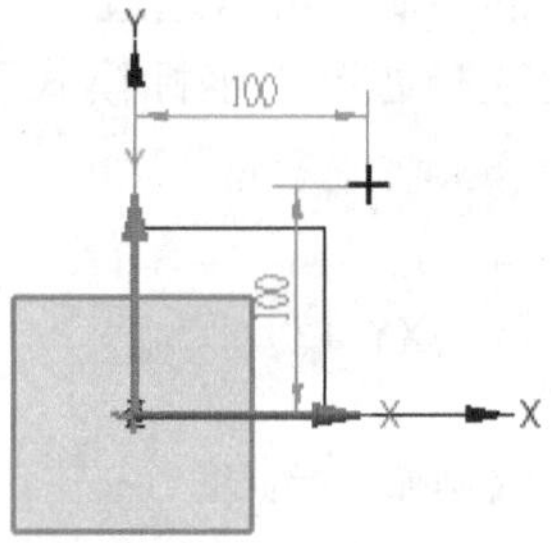

图 2-16　Point(100, 100, 0)绘制

2.3.2　直线

通过两个点绘制一条直线。单击【菜单】→【插入】→【草图曲线】→【直线】，弹出图 2-17【直线】对话框，两个点可以通过“坐标模式”XY，即直角坐标模式，在浮动的对话框中输入坐标值，按 Enter 键确定；或者通过“参数模式”，即极坐标模式，在浮动的对话框中输入直线的长度和与 X 轴的角度值，按 Enter 键确定。当然两个点也可以用鼠标在绘图区任意单击拾取。

如图 2-18 直线的绘制，左侧端点通过坐标模式，输入的坐标值(20,20)，右侧端点通过参数模式，输入的直线长度“30”，角度“30”。

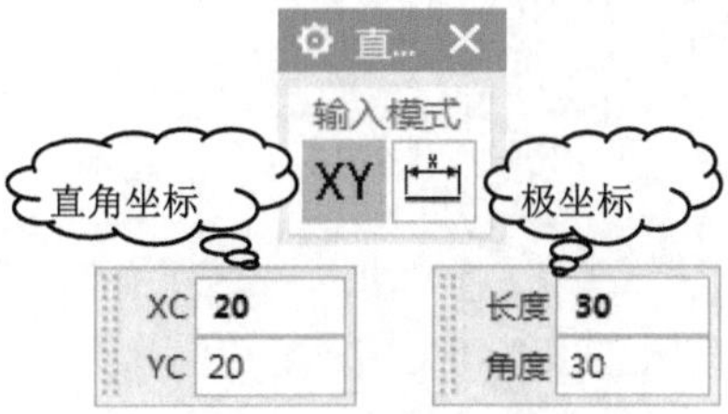

图 2-17　【直线】对话框

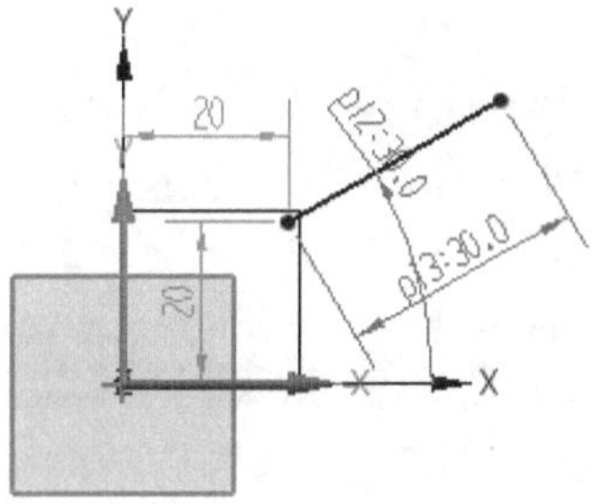

图 2-18　直线绘制

2.3.3　圆弧

单击【菜单】→【插入】→【草图曲线】→【圆弧】，弹出图 2-19【圆弧】对话框。有两种绘制圆弧的方法：通过“三点定圆弧”，或者通过“中心和端点定圆弧”，各点的选

择可以通过“坐标模式” XY 或者“参数模式”确定。

2.3.4　连续曲线

连续绘制直线和圆弧曲线。单击【菜单】→【插入】→【草图曲线】→【轮廓】，弹出图 2-20【轮廓】对话框。选择绘制直线，选择绘制圆弧，绘制过程中直线和圆弧首尾相连。绘制直线和圆弧时点的选择通过“坐标模式” XY 或者“参数模式”确定。

2.3.5　圆

单击【菜单】→【插入】→【草图曲线】→【圆】，弹出图 2-21【圆】对话框。圆的绘制类似于圆弧的绘制，可以通过“三点定圆”方法绘制，或者通过“圆心和直径定圆”方法绘制，点的选择通过“坐标模式” XY 或者“参数模式”确定。

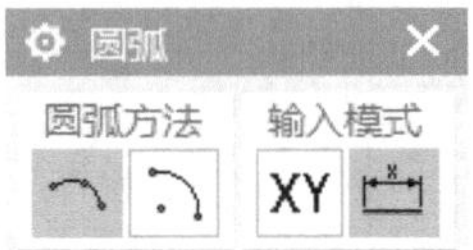

图 2-19　【圆弧】对话框

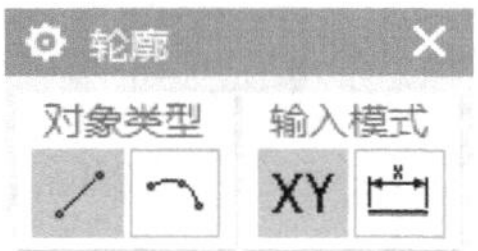

图 2-20　【轮廓】对话框

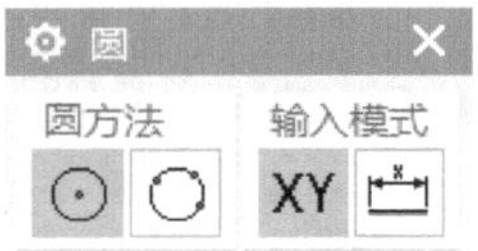

图 2-21　【圆】对话框

2.3.6　椭圆

单击【菜单】→【插入】→【草图曲线】→【椭圆】，弹出图 2-22【椭圆】对话框。单击“点对话框”按钮，弹出图 2-12【点】对话框，通过 13 种点的绘制方法确定椭圆圆心，再在【椭圆】对话框中输入大半径值和小半径值，单击“确定”按钮完成椭圆绘制。对话框中“封闭”勾选与否确定绘制整椭圆还是部分椭圆，输入旋转角度是设置椭圆的方位，角度值是其长半径偏离水平方向的角度，逆时针方向为角度正值，顺时针方向为角度负值。如图 2-23 为圆心选择坐标原点，大半径 30mm，小半径 20mm，旋转角度为 0° 的整椭圆。

图 2-22　【椭圆】对话框

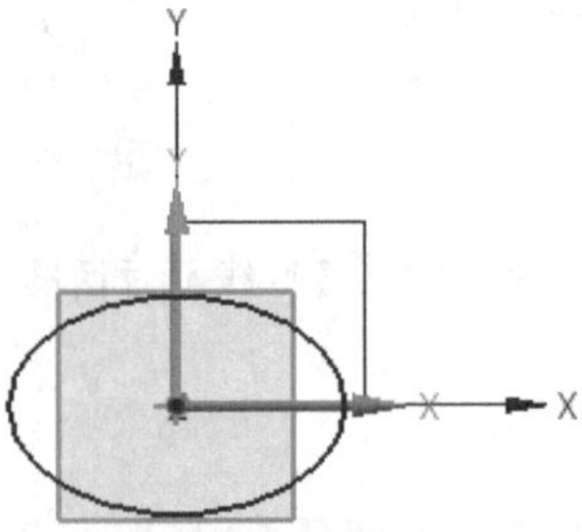

图 2-23　椭圆绘制

2.3.7　矩形

单击【菜单】→【插入】→【草图曲线】→【矩形】，弹出图 2-24【矩形】对话框。可以“按 2 点”“按 3 点”“从中心”3 种方式绘制矩形，点的选择通过“坐标模式”XY或者“参数模式”确定。

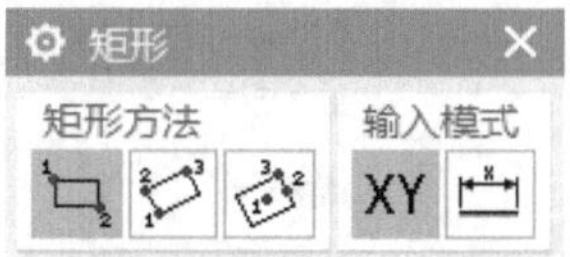

图 2-24　【矩形】对话框

2.3.8　多边形

单击【菜单】→【插入】→【草图曲线】→【多边形】，弹出图 2-25【多边形】对话框。

输入多边形的边数，输入控制多边形大小的内切圆半径值或者外接圆半径值或者边长值，输入多边形方位角度，然后单击拾取多边形放置位置或者单击“点对话框”按钮，弹出图 2-12【点】对话框，通过 13 种点的绘制方法确定多边形中心点位置。多边形绘制完成之后单击“关闭”按钮，退出命令。

如图 2-26 为中心选择坐标原点，内切圆半径 50mm，旋转角度为 0° 的六边形。

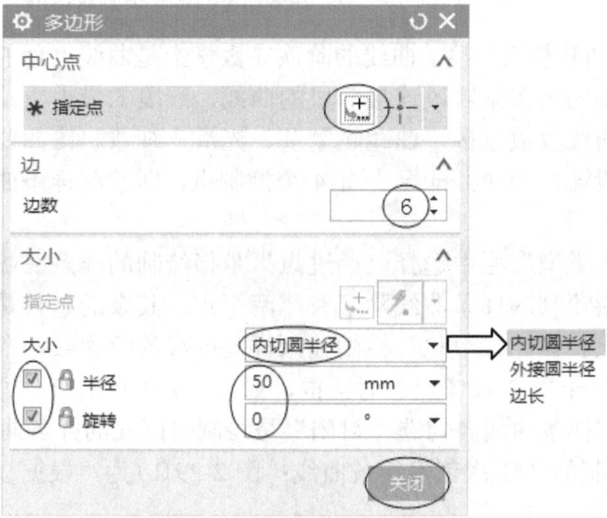

图 2-25　【多边形】对话框

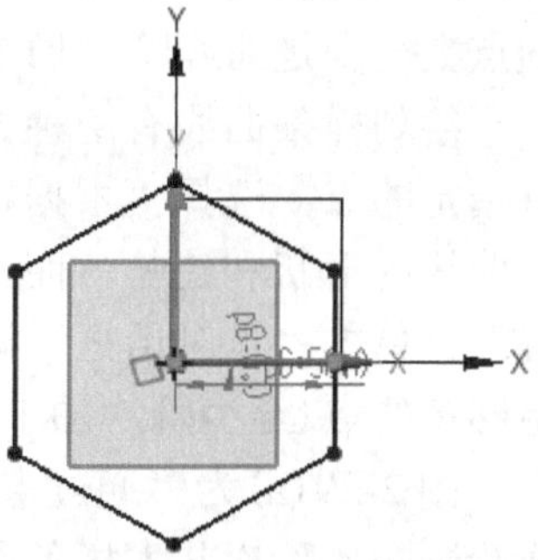

图 2-26　六边形绘制

2.3.9　二次曲线

单击【菜单】→【插入】→【草图曲线】→【二次曲线】，弹出图 2-27【二次曲线】对话框，通过两个端点和控制点模拟绘制二次方程曲线。端点和控制点可以通过鼠标在绘图区单击拾取，也可以单击“点对话框”按钮，打开图 2-12【点】对话框，通过 13 种点的绘制方法确定。二次曲线对话框中的 Rho 值可以设置二次曲线控制点的灵敏度，在 0～1 选择，通常设置为 0.5，数值越大，控制点对曲线的控制越灵敏。

2.3.10　艺术样条

单击【菜单】→【插入】→【草图曲线】→【艺术样条】，弹出【艺术样条】对话框，如图 2-28 所示。

图 2-27　【二次曲线】对话框

图 2-28　【艺术样条】对话框

UG NX 的样条曲线是按阶次控制其复杂程度。曲线的阶次在数学上是曲线方程的最高幂指数，这里可以简单将样条曲线理解为由多条线段连接而成的曲线，线段的最少数量即为样条曲线的阶次。曲线的阶次越高，曲线段数越多，曲线越复杂、光滑、细致。比如要绘制 3 阶次的样条曲线，则至少由 3 条线段连接而成，即至少有 4 个控制点，即绘制样条曲线的控制点数至少是曲线阶次加 1 个。

绘制样条曲线有两种方法，在“类型”栏中选择“通过点”是指绘制的样条曲线经过所有指定的点；选择“根据极点”是指绘制的样条曲线除了首尾两个点，其余的点只是控制样条曲线的形状和趋势，而不在曲线上。在“参数化”栏中输入样条曲线的阶次数，在“点位置”栏单击“点对话框”按钮，打开图 2-12【点】对话框，通过 13 种点的绘制方法确定足够多的点(至少阶次加 1 个点)绘制样条曲线。勾选“封闭”是绘制封闭式的样条曲线。

图 2-29(a)为“通过点”方式绘制的 3 阶次艺术样条曲线；图 2-29(b)为“根据极点”方式绘制的 4 阶次艺术样条曲线。

(a) “通过点”方式绘制 3 阶次样条曲线　　(b) “根据极点”方式绘制 4 阶次样条曲线

图 2-29　样条曲线绘制

2.4　草图曲线编辑与操作

2.4.1　快速修剪

单击【菜单】→【编辑】→【草图曲线】→【快速修剪】，弹出【快速修剪】对话框，如

图 2-30 所示。

最初，“要修剪的曲线”栏处于激活状态，单击拾取需要修剪的线段即可完成修剪。快速修剪命令具有快速性和智能性的特点，单击拾取需要修剪的线段时，自动识别与其最近的相交线作为边界线进行修剪。该命令操作方便快捷，不需要先激活“边界曲线”栏选择边界曲线，直接激活“要修剪的曲线”栏选择需要修剪的曲线即可完成修剪。

2.4.2　快速延伸

单击【菜单】→【编辑】→【草图曲线】→【快速延伸】，弹出【快速延伸】对话框，如图 2-31 所示。

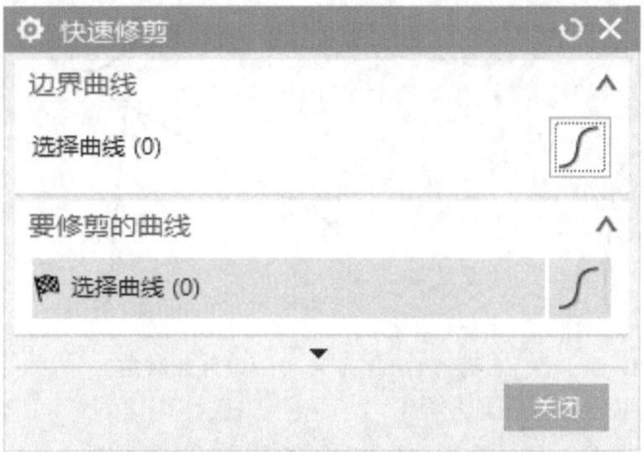

图 2-30　【快速修剪】对话框

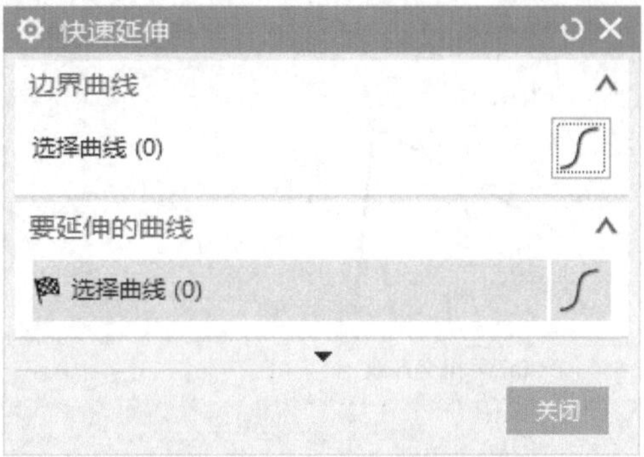

图 2-31　【快速延伸】对话框

快速延伸命令设计思路和操作与快速修剪相同，不做赘述。

应用案例 2-3　快速修剪与延伸操作

(1) 新建一张草图，按图 2-32 (a) 样式绘制 4 条线段。

(2) 打开图 2-30【快速修剪】对话框，单击 1 处线段和 2 处线段，这两处线段便以最近的相交线为边界被修剪掉，如图 2-32 (b) 所示。

(3) 打开图 2-31【快速延伸】对话框，单击图 2-32 (a) 的 1 处线段，该处线段便以最近能够相交的曲线为边界进行延伸，如图 2-32 (c) 所示。

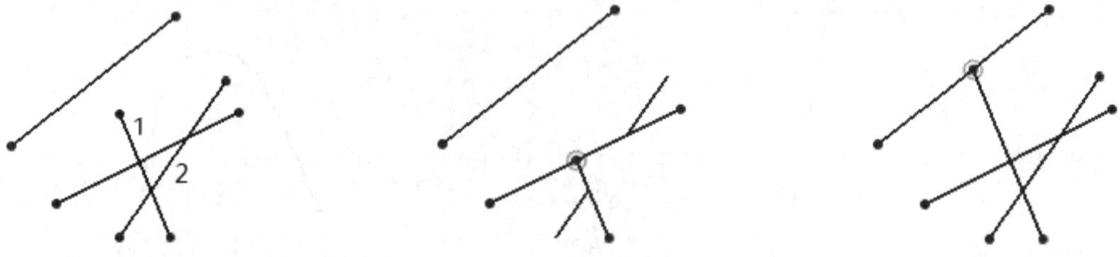

(a) 未执行修剪与延伸线段　(b) 执行快速修剪线段　(c) 执行快速延伸线段

图 2-32　快速修剪与延伸操作

2.4.3　圆角

生成两条相交线的圆角曲线，也可以理解成对两条角边线进行倒圆角处理。单击【菜单】→【插入】→【草图曲线】→【圆角】，弹出图 2-33【圆角】对话框。选择需要生成圆角曲线

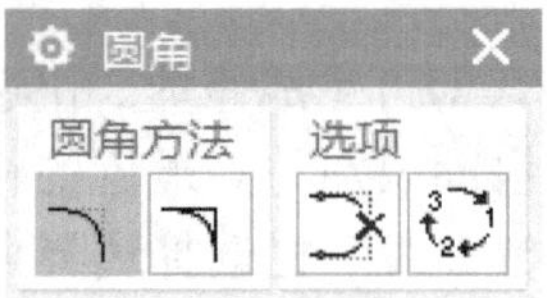

图 2-33　【圆角】对话框

的两条相交线，然后在浮动的对话框 输入半径值，按 Enter 键即可生成圆角曲线。

需要注意，圆角曲线命令丰富多样，选择两条相交曲线后，根据需要可以移动鼠标位置生成内侧圆角、外侧圆角、左侧圆角和右侧圆角。

图 2-34(b)～(e)分别为对图 2-34(a)两条相交线生成的半径为 10mm 的内侧、外侧、左侧和右侧圆角。生成圆角曲线通常是将原来的角边线删除掉，如果需要保留，则选择【圆角】对话框的“取消修剪” 方法。图 2-34(f)为对图 2-34(a)两条相交线生成的半径为 10mm 的内侧圆角同时保留角边线。

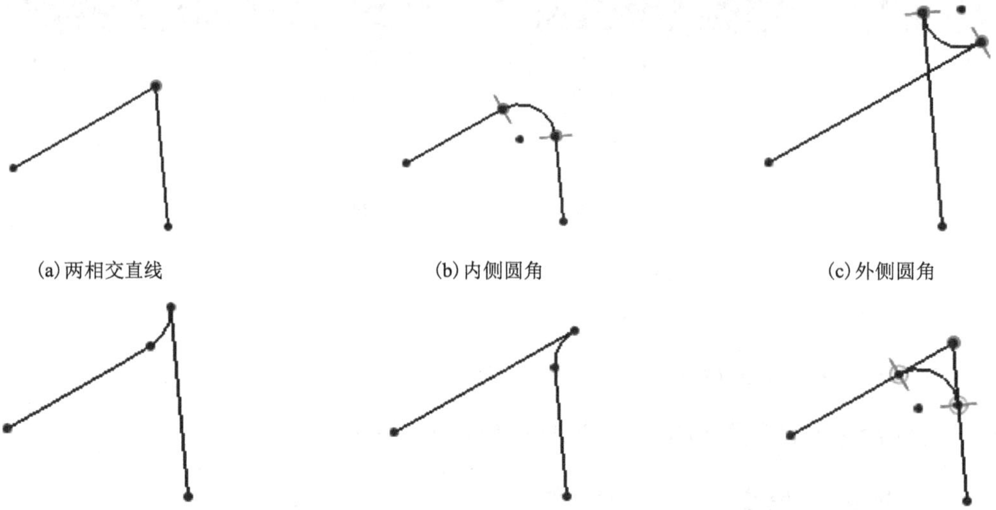

(a) 两相交直线　(b) 内侧圆角　(c) 外侧圆角

(d) 左侧圆角　(e) 右侧圆角　(f) 不删除角边线圆角

图 2-34　圆角制作

【圆角】对话框中的“删除第三条曲线”选项 ，是针对三条相交曲线生成圆角的情况，如图 2-35(a)、(b)所示，生成圆角同时相切于三条曲线，不需要输入半径值，三条曲线选择时要最后选择中间的曲线，即把中间曲线作为第三条曲线，生成圆角后删除。

(a) 圆角制作前三条直线相交　(b)“删除第三条曲线”制作圆角

图 2-35　按三条边制作圆角

【圆角】对话框中的“创建备选圆角”选项 ，是生成反向圆角曲线，可认为通常的角边线生成的圆角为正向圆角曲线。图 2-36(a)～(d)分别为对图 2-34(a)生成的半径为 10mm 的反向内侧圆角、反向外侧圆角、反向左侧圆角和反向右侧圆角。

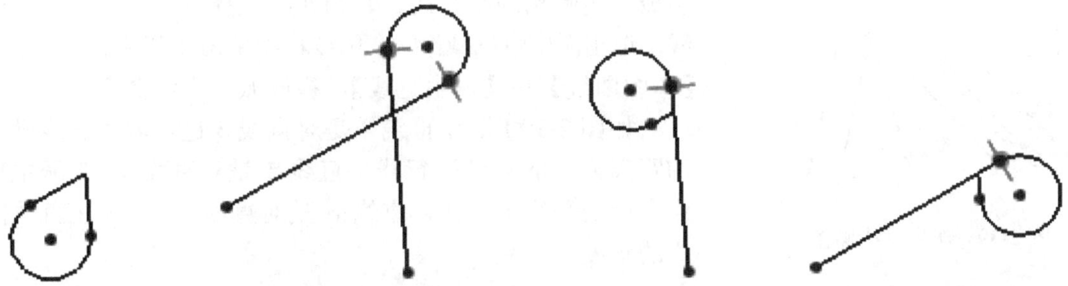

(a) 反向内侧圆角　(b) 反向外侧圆角　(c) 反向左侧圆角　(d) 反向右侧圆角

图 2-36　反向圆角制作

2.4.4　倒斜角

单击【菜单】→【编辑】→【草图曲线】→【倒斜角】，弹出【倒斜角】对话框，如图 2-37 所示。可按“对称”方式、“非对称”方式、“偏置和角度”方式进行倒斜角，与圆角命令相同，选择两条相交线后可以移动鼠标位置生成内侧倒斜角、外侧倒斜角、左侧倒斜角和右侧倒斜角。

图 2-37　【倒斜角】对话框

图 2-38(a)～(d)，便是对图 2-34(a) 两条相交线生成的偏置距离为 10mm 的内侧倒斜角、外侧倒斜角、左侧倒斜角和右侧倒斜角。勾选“修剪输入曲线”与否确定倒斜角后原来的角边线是否删除。

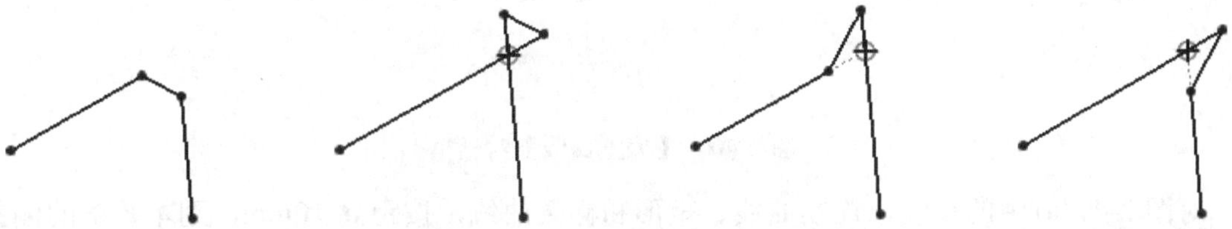

(a) 内侧倒斜角　(b) 外侧倒斜角　(c) 左侧倒斜角　(d) 右侧倒斜角

图 2-38　倒斜角制作

2.4.5　派生直线

对一条直线进行派生直线操作是按一定距离生成直线的平行线；对两条直线进行派生直线操作是生成其中分线，两直线平行，生成的是平行中分线，两条直线相交生成的是角度中分线。

单击【菜单】→【编辑】→【草图曲线】→【派生直线】，该命令没有对话框，激活状态是菜单栏的图标变成蓝色。选择一条直线，然后移动鼠标选择合适的位置单击即可生成其平行线，距离控制也可在选择直线后，在浮动的对话框 偏置 20 输入偏置距离，按 Enter 键

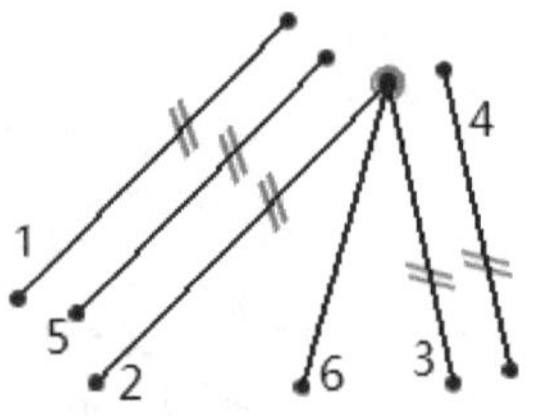

图 2-39　派生直线操作

生成一定距离的平行线。假如连续选择两条直线则生成其中分线。退出派生直线操作时，需要再次单击【菜单】→【编辑】→【草图曲线】→【派生直线】，释放派生直线命令。

如图 2-39 所示，直线 4 是对直线 3 进行派生直线操作生成的距离为 10mm 的平行线，直线 5 是对直线 1、2 派生直线操作生成的平行中分线，直线 6 是对直线 2、3 派生直线操作生成的角度中分线。

2.4.6　偏置曲线

按一定距离复制一条或多条平行曲线。操作对象可以是直线，也可以是曲线，可以是开放的曲线，也可以是封闭的曲线。

单击【菜单】→【编辑】→【草图曲线】→【偏置曲线】，弹出【偏置曲线】对话框，如图 2-40 所示。选择要偏置的曲线，输入距离值，输入复制的副本数，单击“确定”按钮即可完成对曲线的偏置操作。

图 2-40　【偏置曲线】对话框

对图 2-41(a) 中的直线、连续曲线、矩形和样条曲线，按距离 10mm，副本数 1 的偏置曲线操作，结果如图 2-41(b) 所示。

(a) 偏置曲线操作前　　(b) 偏置曲线操作后

图 2-41　偏置曲线操作

2.4.7　阵列曲线

按一定规律对曲线进行多重复制。

单击【菜单】→【编辑】→【草图曲线】→【阵列曲线】，弹出【阵列曲线】对话框，如图 2-42 所示。首先选择需要阵列复制的曲线；然后选择按“线性”方式阵列复制还是按“圆形”方式阵列复制；“方向 1”栏选择线性阵列复制的矢量方向可以选择坐标轴，也可以选择直线。如果是圆形阵列复制，这里需要选择旋转点；间距的方式有 3 种，根据需要输入数量(阵列复制后曲线的总数)、节距或跨距。对于线性阵列可以是一维方向的阵列复制，也可以是二维方向的阵列复制。如果对曲线进行二维方向的阵列复制，则勾选“使用方向 2”，选择阵列复制的另一矢量方向或直线，再输入另一方向曲线的数量、节距或跨距。

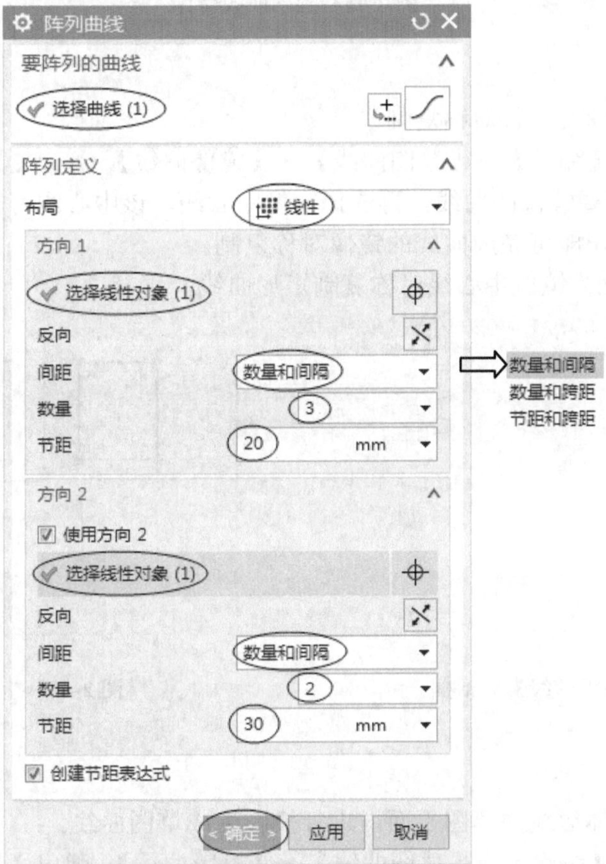

图 2-42　【阵列曲线】对话框

图 2-43 (a) 为对最左侧圆进行二维方向的线性阵列复制，方向 1 选择直线 1，间距 20mm，复制后总数为 3，方向 2 选择直线 2，间距 30mm，复制后总数为 2。

图 2-43 (b) 为对最右侧圆进行圆形阵列复制，旋转点选择两线段的交点，复制后的总数为 6，角度间距为 60°。

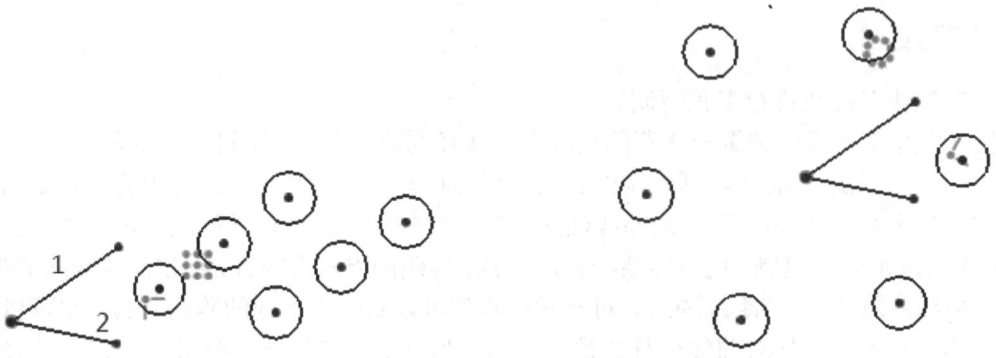

(a) 线性阵列操作　　(b) 圆形阵列操作

图 2-43　阵列曲线操作

2.4.8　镜像曲线

按镜像中分线对曲线进行对称复制。

单击【菜单】→【编辑】→【草图曲线】→【镜像曲线】，弹出【镜像曲线】对话框，如图 2-44 所示。选择需要镜像的曲线，再选择镜像中心线，该中心线可以是矢量轴也可以是直线，单击“确定”按钮即可完成曲线的镜像对称复制。

图 2-45 为以 Y 轴为镜像中心线对称复制矩形曲线。

图 2-44　【镜像曲线】对话框

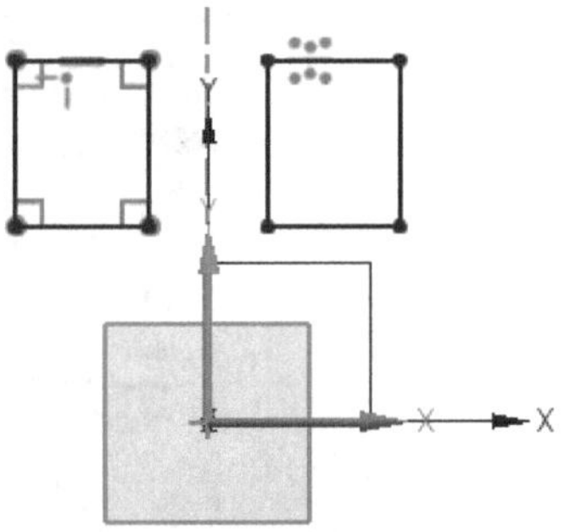

图 2-45　镜像曲线操作

2.4.9　投影曲线

将空间曲线或实体边线向草图平面内进行投影生成草图曲线。

单击【菜单】→【编辑】→【草图曲线】→【投影曲线】，弹出【投影曲线】对话框，如图 2-46 所示。

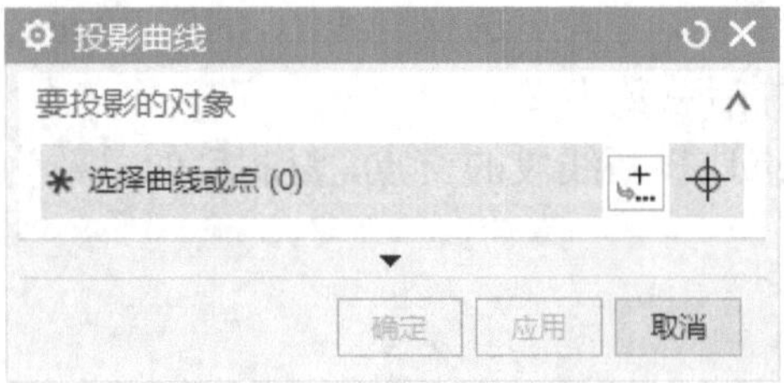

图 2-46　【投影曲线】对话框

在草图状态下，选择需要投影的空间曲线或实体边线，单击“确定”按钮即可完成这些曲线在草图平面内的投影。

应用案例 2-4　投影曲线操作

(1) 打开支持文件 AL2-4S.prt，如图 2-47(a) 所示，实体模型为一个圆盘。

(2)单击【菜单】→【编辑】→【草图】，打开图2-1【创建草图】对话框，选择基准坐标系XY坐标平面作为草图绘制平面。单击“确定”按钮进入草图绘制状态。

(3)右击视窗空白处，选择【定向视图】→【正三轴侧图】，圆盘调成立体视图状态。

(4)单击【菜单】→【编辑】→【草图曲线】→【投影曲线】，弹出图2-46【投影曲线】对话框，选择圆盘实体模型的顶圆和六个孔的顶圆，单击“确定”按钮，完成曲线的投影。

(5)单击【菜单】→【文件】→【完成草图】，退出草图状态返回到建模模块。

(6)将鼠标放置于圆盘实体，待其高亮显示时右击，在弹出的菜单中选择“隐藏”，隐藏圆盘实体。

图2-47(b)便为圆盘顶面圆边线和六个孔的顶圆边线向基准坐标系XY坐标平面内投影生成的草图曲线。

(a)圆盘　　(b)圆盘顶圆及六孔顶圆投影曲线

图2-47　投影曲线操作

2.5　草 图 约 束

确定草图元素几何形状和相互之间的位置关系，像尺寸多大，位置在哪里，对象元素之间是平行还是垂直等。草图约束分为尺寸约束和几何约束。

2.5.1　尺寸约束

确定草图曲线形状尺寸和位置尺寸。

单击【菜单】→【插入】→【草图约束】→【尺寸】，弹出尺寸约束子菜单，如图2-48所示，确定草图曲线的线性、角度、径向和周长尺寸。

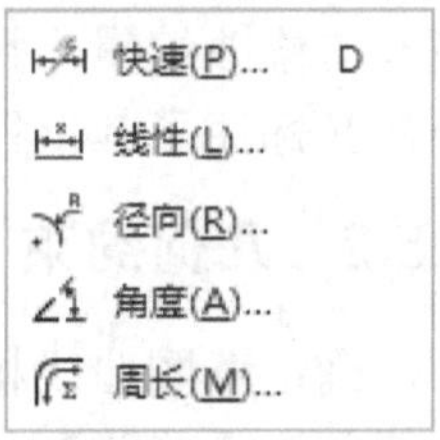

图2-48　尺寸约束子菜单

在尺寸约束子菜单中选择“线性”打开【线性尺寸】对话框，如图2-49所示，选择两个点(直线)，然后在“方法”栏选择需要标注的尺寸类型(水平、竖直、点到点等)，拖动鼠标将尺寸放置于合适的位置单击，在弹出的动态对话框中输入尺寸值，然后按Enter键，完成线性尺寸约束。

在尺寸约束子菜单中选择“径向”打开【径向尺寸】对话框，如图2-50所示，选择圆弧或圆，然后在“方法”栏选择标注半径尺寸或直径尺寸，拖动鼠标将尺寸放置于合适的位置单击，可以在弹出的动态对话框中输入尺寸值，按Enter键，完成径向尺寸约束。

图 2-49　【线性尺寸】对话框

图 2-50　【径向尺寸】对话框

在尺寸约束子菜单中选择“角度”打开【角度尺寸】对话框，如图 2-51 所示，选择两条角边线，拖动鼠标将尺寸放置于合适的位置单击，在弹出的动态对话框中输入角度值，按 Enter 键，完成角度尺寸约束。

尺寸约束具有驱动作用，草图曲线随着尺寸的改动而变化。尺寸标注后可以双击进行编辑修改，同时草图曲线也随着改动。

【尺寸约束】对话框中如果勾选“参考”时，尺寸由蓝色变成灰色，尺寸只能参考查看不能双击修改编辑。尺寸如果呈现红色，表示有尺寸重复或不一致的冲突，比如标注了圆的直径，又标注了其半径等，需要编辑修改或删除多余的尺寸。

2.5.2　几何约束

确定草图曲线相互之间特定的位置关系。

单击【菜单】→【插入】→【草图约束】→【几何约束】，弹出【几何约束】对话框，如图 2-52 所示。在“设置”栏中共有 24 种几何约束可以选择，勾选后在约束栏中显示其约束符号，方便几何约束的选取。表 2-1 为几何约束的种类及含义。

图 2-51　【角度尺寸】对话框

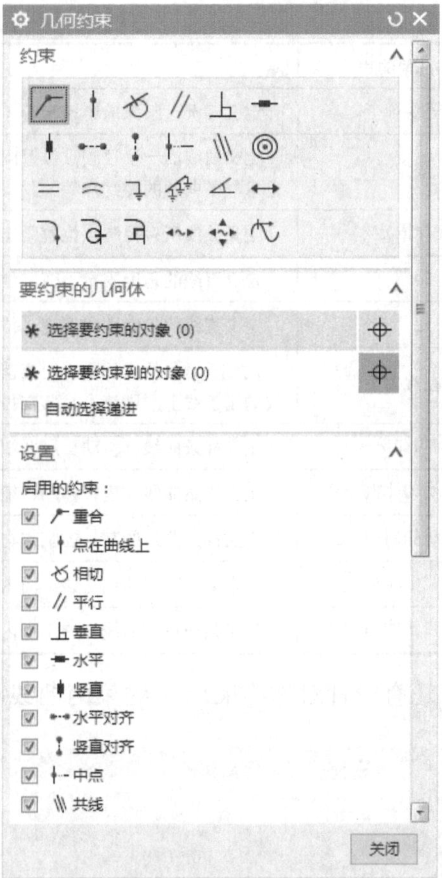

图 2-52　【几何约束】对话框

表 2-1　几何约束种类及含义

几何约束	含　义
重合	定义两对象的点重合，如单独的点、线端点、线中点、圆心等
点在曲线上	定义一对象的点按最短距离(沿垂直方向)落到曲线上或其延长线上
相切	定义两对象相切，如直线、曲线与圆、圆弧相切，圆弧之间相切等
平行	定义两直线平行
垂直	定义两直线垂直
水平	定义直线成水平线(与 X 轴平行)
竖直	定义直线成竖直线(与 Y 轴平行)
水平对齐	定义两个或多个点呈水平对齐，即这些点的连线与 X 轴平行
竖直对齐	定义两个或多个点呈竖直对齐，即这些点的连线与 Y 轴平行
中点	定义一对象的点按最短距离落在曲线的垂直中分线上
共线	定义两直线共线
同心	定义两圆、圆弧圆心重合
等长	定义两曲线长度相等

续表

几何约束	含　义
等半径	定义两圆、圆弧的半径相等
固定	定义曲线的一个控制点位置固定不变，其余控制点可以变化。控制点可以是曲线端点、中点、圆心点、艺术样条曲线的控制点等
完全固定	定义曲线所有控制点位置固定不变。通常作为参考的对象，不希望发生变动的对象施加“固定”约束
定角	定义直线的角度固定不变，位置和长度可以变化
定长	定义直线的长度固定不变，位置与角度可以变化
点在线串上	定义一对象的点按最短距离落在空间曲线向草图平面的投影曲线上，假如点按垂直方向只能落到投影线的延长线上，则该点是落在投影线最近的端点上
均匀比例	定义样条曲线在移动首尾两端点时，曲线整体缩放、转动但形状保持不变
非均匀比例	定义样条曲线在进行移动、缩放、旋转操作时都是整体发生变化的
曲线的斜率	定义样条曲线的某一控制点与直线的斜率相等
与线串相切	约束某一草图曲线与该平面内通过投影曲线或相交曲线生成的草图曲线相切
垂直于线串	约束某一草图曲线与该平面内通过投影曲线或相交曲线生成的草图曲线垂直

还有一种对称约束，约束两曲线对象相对于中心线呈对称关系。

图 2-53　【设为对称】对话框

单击【菜单】→【插入】→【草图约束】→【设为对称】，弹出【设为对称】对话框，如图 2-53 所示。依次选择需要设为对称的两条曲线和对称中心线，完成对称的设置，两条曲线变得大小相等且相对中心线互为对称。设为对称的两条曲线需要同是两条直线、两个圆、两段圆弧或两个点。“设为参考”勾选与否是指对称约束后是否将中心线设为参考线。

如图 2-54(a) 所示，对草图曲线施加“设为对称”约束，设置两段圆弧相对于直线为中心线呈对称关系，效果如图 2-54(b) 所示，系统默认按上方的圆为参考设置对称。假如希望按下方的圆弧为参考设置对称，则首先对下方的圆施加“完全固定”约束，然后再执行“设为对称”约束，效果如图 2-54(c) 所示。

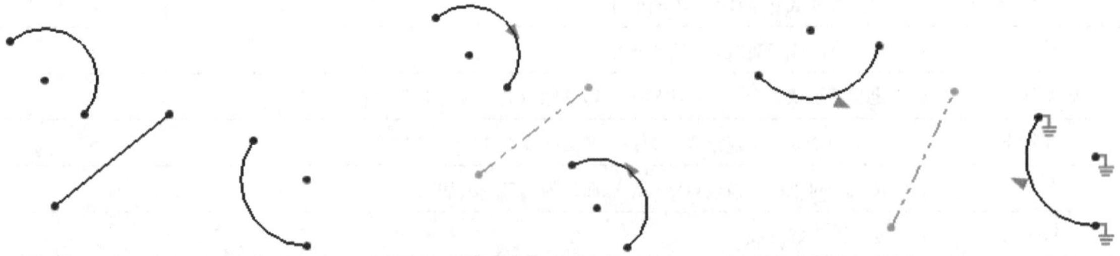

(a) “设为对称”操作前　(b) 参考上方圆弧“设为对称”操作　(c) 参考下方圆弧“设为对称”操作

图 2-54　“设为对称”操作

应用案例 2-5 几何约束应用

(1) 在草图状态下任意绘制一直线和一圆，如图 2-55(a) 所示。通过几何约束使圆的圆心点落到直线的中点上。

(2) 单击【菜单】→【插入】→【草图约束】→【几何约束】，打开图 2-52【几何约束】对话框，在“约束”栏中选择“中点”约束，激活“选择要约束的对象”，选择圆的圆心，激活“选择要约束到的对象”，选择直线，这时圆的圆心落到了直线的垂直中分线上，如图 2-55(b) 所示。

(3) 在打开的【几何约束】对话框中，选择“约束”栏的“点在曲线上”约束，激活“选择要约束的对象”，选择圆的圆心，激活“选择要约束到的对象”，选择直线，这时圆的圆心落到了直线的中点上，如图 2-55(c) 所示。

同样的位置关系，可以通过不同的几何约束方法完成。比如应用案例 2-5，也可以通过点与点的“重合”约束实现圆的圆心落到直线的中点上的位置关系要求。

打开图 2-52【几何约束】对话框，选择“设置”栏的“重合”约束，激活“选择要约束的对象”，选择圆的圆心，激活“选择要约束到的对象”，选择直线的中点，圆的圆心直接落到了直线的中点上，如图 2-55(c) 所示。

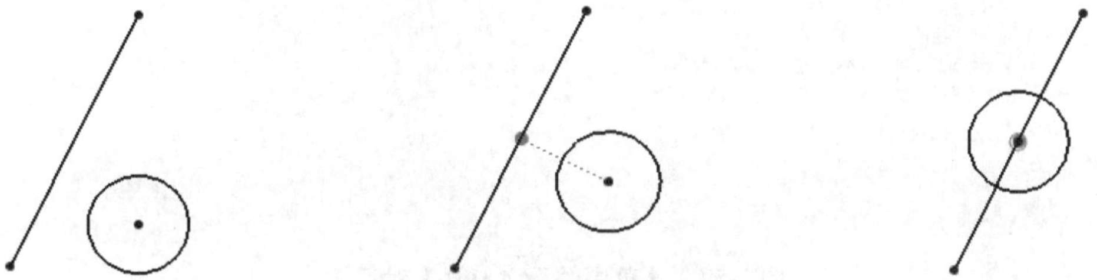

(a) 任意绘制圆与直线　(b) 圆心与直线执行“中点”约束　(c) 圆心与直线执行“点在曲线上”约束

图 2-55 几何约束应用

草图约束体现了自由灵活的绘图思路，开始可以任意大小，任意位置自由绘制草图曲线，然后通过尺寸约束确定其大小和位置、通过几何约束确定其相互之间的位置关系。

2.5.3 约束管理

单击【菜单】→【工具】→【草图约束】，弹出草图约束管理子菜单，如图 2-56 所示。

图 2-56 草图约束管理子菜单

(1) 显示草图约束：激活时呈现蓝色，将约束标记显示出来。再次单击释放掉，草图约束标记不显示。

(2) 显示草图自动尺寸：激活时符号呈蓝色，草图绘制过程中自动标注的尺寸显示出来。再次单击释放掉，草图绘制过程中自动标注的尺寸不显示。

(3) 自动判断约束和尺寸：定义哪些位置关系和尺寸在绘图过程中自动识别，是否创建要看“创建自动判断”约束是否被激活以及“连续自动标注尺寸”是否被激活。

(4) 创建自动判断约束：激活时符号呈蓝色，再次单击释放掉。

与“自动判断约束和尺寸”配合使用。激活时，在草图绘制过程中，通过“自动判断约束与尺寸”定义的位置关系被自动识别和创建。

(5) 连续自动标注尺寸：激活时符号呈蓝色，再次单击释放掉。激活时，在草图曲线绘制时，曲线的形状尺寸与位置尺寸自动识别并创建。

(6) 自动约束：是所有图形绘制完成后将几何约束自动添加上的，该命令不常用，添加几何约束的前提是该种位置关系必须已经存在，否则是添加不上的。

(7) 草图关系浏览器：其对话框如图 2-57 所示，打开显示所有的几何约束和尺寸约束，可以查看浏览，也可以选中右击在弹出的菜单中选择“删除”。

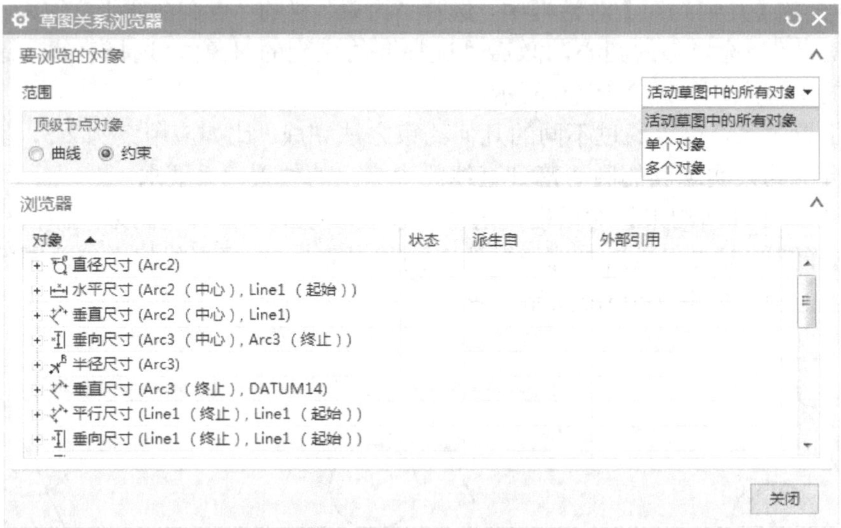

图 2-57　【草图关系浏览器】对话框

(8) 转换至/自参考对象：其对话框如图 2-58 所示，选中“参考曲线或尺寸”，是将草图曲线转变为参考曲线，参考曲线以灰色的双点画线样式显示，比如中心线、辅助线等，只起到参考对照的作用，不再参与草图曲线编辑与后续的拉伸、回转、扫掠等操作。选中“活动曲线或驱动尺寸”，是将参考曲线再变回到草图曲线状态，可以进行编辑以及后续的拉伸、旋转、扫掠等操作。操作的对象可以是标注的尺寸，变成参考对象的尺寸呈灰色，只能参考查看，不能进行编辑与驱动。

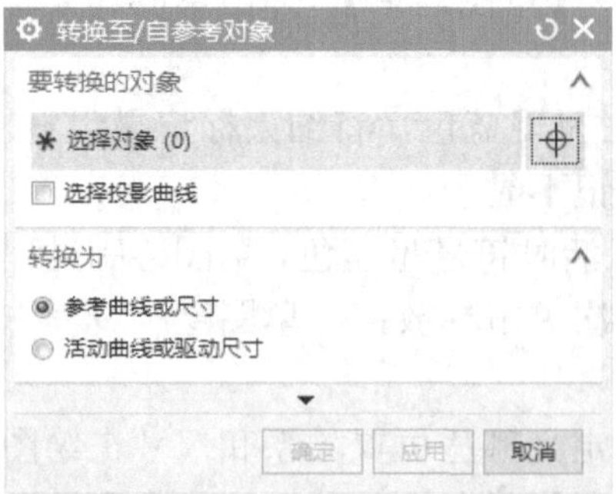

图 2-58　【转换至/自参考对象】对话框

2.6 综 合 实 例

1. 密封盖板截面草图曲线绘制

设计要求

参照图 2-59 所示尺寸绘制密封盖板截面草图曲线。

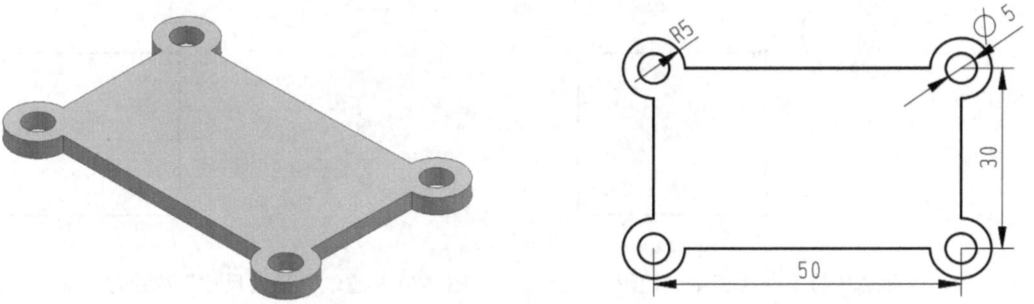

(a) 密封盖板实体模型　　(b) 密封盖板截面曲线

图 2-59　密封盖板

设计思路

通过草图曲线任意绘制一个矩形和 8 个圆，通过尺寸约束定义圆与矩形的形状尺寸，通过几何约束完成圆与矩形边线的位置关系。

设计步骤

(1) 确定草图绘制平面。

单击【菜单】→【插入】→【草图】，弹出图 2-1【创建草图】对话框，选择基准坐标系的 XY 坐标平面为草图绘制平面，单击“确定”按钮，进入草图绘制状态。

(2) 关闭草图曲线自动标注尺寸功能。

单击【菜单】→【工具】→【草图约束】→【连续自动标注尺寸】，释放【连续自动标注尺寸】命令选择，在草图曲线绘制过程中不自动标注尺寸。

(3) 任意绘制 8 个圆和 1 个矩形曲线。

单击【菜单】→【插入】→【草图曲线】→【圆】，弹出图 2-21【圆】对话框，任意绘制 8 个圆。

单击【菜单】→【插入】→【草图曲线】→【矩形】，弹出图 2-24【矩形】对话框，任意绘制 1 个矩形。

绘制的圆与矩形曲线如图 2-60 所示。

(4) 通过尺寸约束确定 4 个圆直径 10mm，4 个圆直径 5mm。

单击【菜单】→【插入】→【草图约束】→【尺寸】→【径向】，弹出图 2-50【径向尺寸】对话框。选择 1 个圆，单击并在弹出的对话框中输入直径值“10”，按 Enter 键，完成第一个圆直径的定义。同样方法定义第 2、3、4 个圆直径为 10mm，定义第 5、6、7、8 个圆直径为 5mm。完成尺寸约束后单击“关闭”按钮，退出【径向尺寸】命令，草图变成图 2-61 式样。

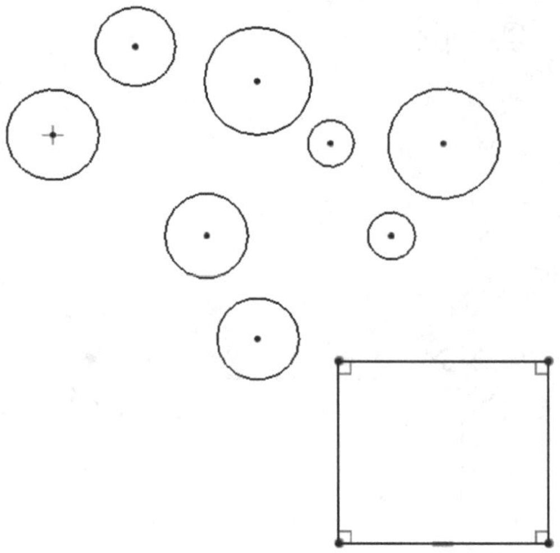

图 2-60　任意绘制的 8 个圆和 1 个矩形

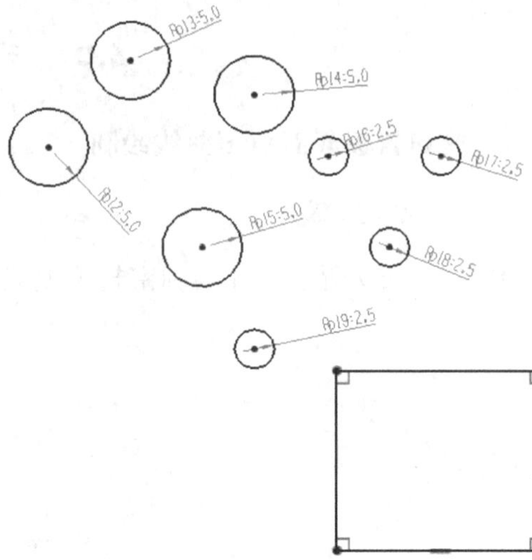

图 2-61　通过“径向尺寸”约束定义 8 个圆直径

(5) 通过尺寸约束确定矩形长 50mm，宽 30mm。

单击【菜单】→【插入】→【草图约束】→【尺寸】→【线性】，弹出图 2-49【线性尺寸】对话框。选择矩形的水平边，单击并在弹出的对话框中输入长度“50”，按 Enter 键，完成长边的尺寸定义。同样的方法定义矩形的立边尺寸为 30mm。最后单击“关闭”按钮，退出【线性尺寸】命令，草图变成图 2-62 式样。

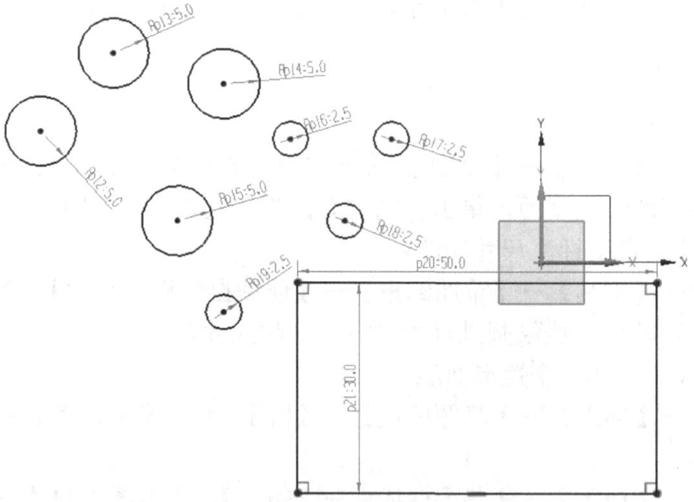

图 2-62　通过“线性尺寸”约束定义矩形长宽尺寸

(6) 通过几何约束将直径 10mm 的圆放置于矩形的角点上。

单击【菜单】→【插入】→【草图约束】→【几何约束】，弹出图 2-52【几何约束】对话框。选择“设置”栏的“重合几何”约束，激活“选择要约束的对象”，选择一个直径 10mm 圆的圆心，然后激活“选择要约束到的对象”，选择矩形的一个角点，此时该圆圆心移动到了矩形角点位置上。

同样的方法将另外 3 个直径 10mm 圆的圆心移动到矩形其余 3 个角点位置上。最后单击“关闭”按钮，退出【几何约束】对话框，草图变成图 2-63 式样。

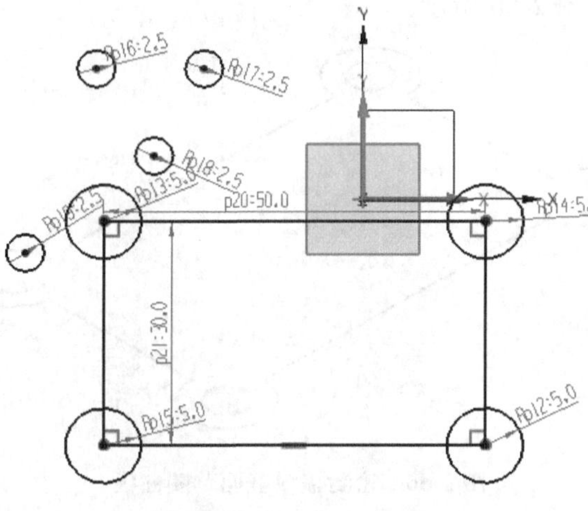

图 2-63 通过“重合几何”约束定义 4 个大圆圆心与矩形角点重合

(7) 修剪多余的线段。

单击【菜单】→【编辑】→【草图曲线】→【快速修剪】，弹出图 2-30【快速修剪】对话框。单击矩形角点圆内的矩形边线和矩形四个角内部的圆弧线，最后单击“关闭”按钮，退出【快速修剪】命令，草图变成图 2-64 式样。

(8) 通过几何约束将直径 5mm 圆与直径 10mm 圆的圆心重合。

单击【菜单】→【插入】→【草图约束】→【几何约束】，弹出图 2-52【几何约束】对话框。选择“设置”栏的“重合几何”约束，激活“选择要约束的对象”，选择一个直径 5mm 圆的圆心，然后激活“选择要约束到的对象”，选择矩形一个角点上直径 10mm 圆的圆心，此时小圆圆心移动到了大圆圆心位置，即大小圆圆心重合。

同样方法将另外 3 个直径 5mm 圆的圆心移动到矩形其余 3 个角点直径 10mm 圆的圆心位置上。最后单击“关闭”按钮，退出【几何约束】对话框，草图变成图 2-65 式样。

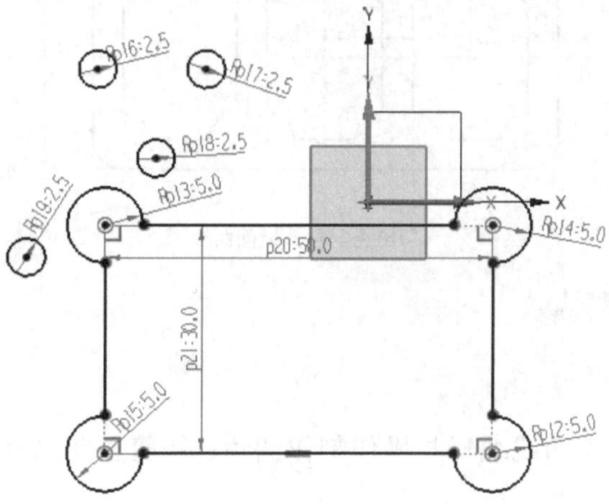

图 2-64 修剪多余的线段

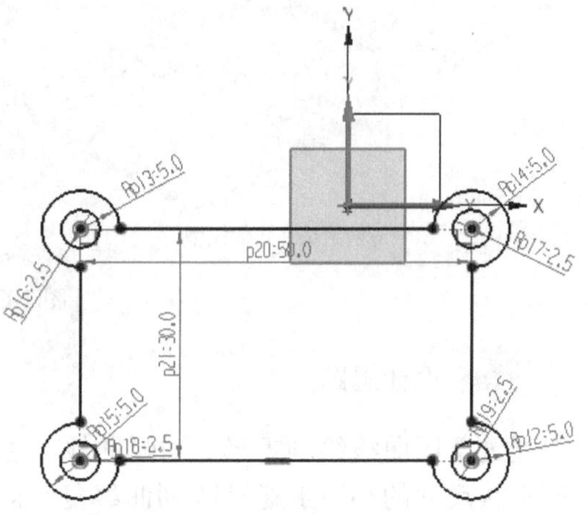

图 2-65 通过“重合几何”约束定义 4 个小圆圆心与矩形角点重合

(9) 完成草图。

单击【菜单】→【文件】→【完成草图】，退出草图状态，返回到建模状态，密封盖板截面草图曲线绘制完成，如图 2-66 所示。

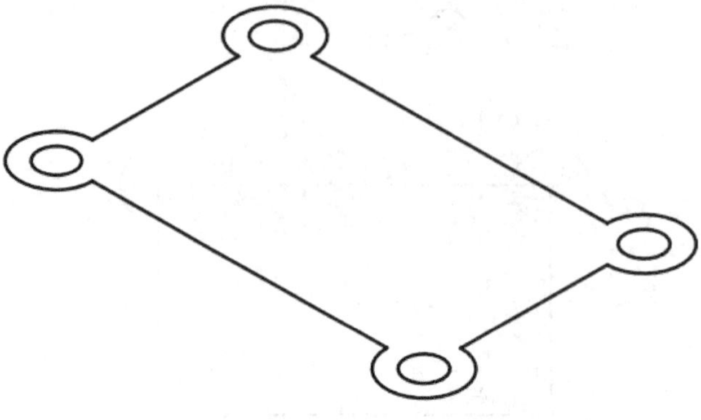

图 2-66　密封盖板截面草图曲线

进一步可以对草图曲线拉伸操作生成密封盖板实体模型。单击【菜单】→【插入】→【设计特征】→【拉伸】，弹出【拉伸】对话框，选择草图，输入“开始”距离 0，“结束”距离 3mm，单击“确定”按钮，完成密封盖板的建模，如图 2-59 (a) 所示。

本综合例题是为了加深对尺寸约束和几何约束的理解，实际草图曲线绘制过程中不需要这么复杂的，尺寸和位置关系的确定尽可能在绘图过程中一步到位，而不是先把图形杂乱无章地勾勒出来，再通过尺寸约束和几何约束定义调整。

2. 密封垫片截面草图曲线绘制

设计要求

参照图 2-67 所示尺寸绘制密封垫片截面草图曲线。

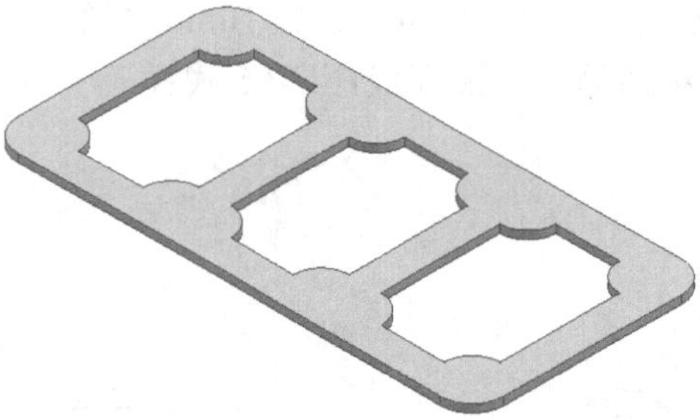

(a) 密封垫片实体模型

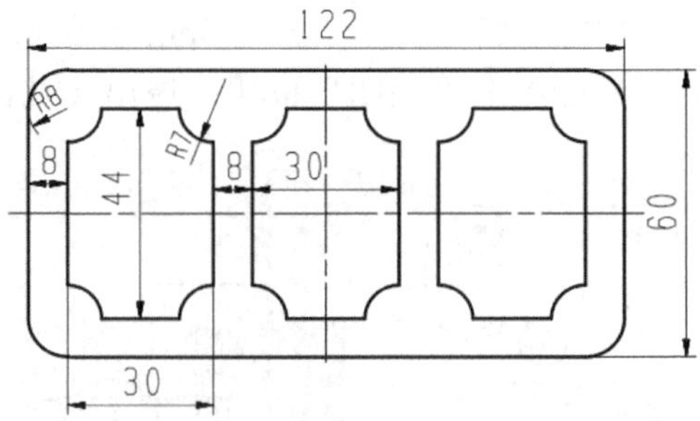

(b) 密封垫片截面曲线

图 2-67　密封垫片

设计思路

通过草图曲线绘制矩形、圆弧曲线，通过草图曲线编辑与操作制作圆角、修剪多余线段，相同形状尺寸的小矩形通过阵列曲线复制而成。

设计步骤

(1) 确定草图绘制平面。

单击【菜单】→【插入】→【草图】，弹出图 2-1【创建草图】对话框。默认基准坐标系的 XY 坐标平面为草图绘制平面，单击“确定”按钮，进入草图绘制状态。

(2) 绘制外框矩形。

单击【菜单】→【插入】→【草图曲线】→【矩形】，弹出图 2-24【矩形】对话框，“按 2 点”方式绘制矩形，单击坐标原点为矩形第一个角点，然后在动态对话框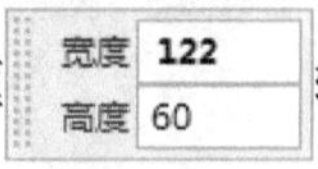

输入宽度“122”，高度“60”，按 Enter 键，单击鼠标中键完成外框矩形绘制，如图 2-68 所示。

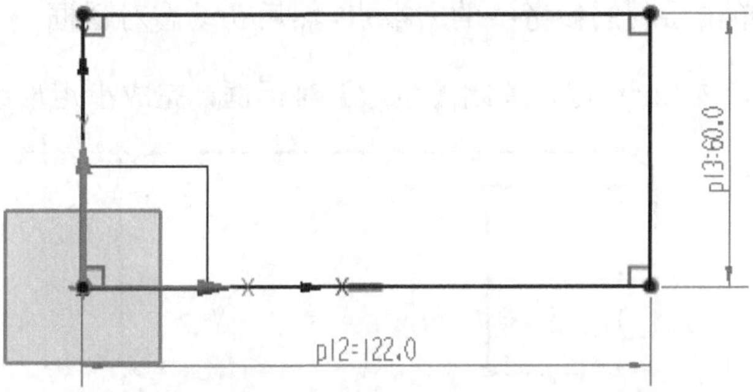

图 2-68　绘制外框矩形

(3) 制作外框矩形圆角。

单击【菜单】→【插入】→【草图曲线】→【圆角】，弹出图 2-33【圆角】对话框，在动态对话框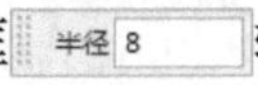

输入“8”，按 Enter 键，然后单击矩形 4 个角点，关闭【圆角】对话框，完成外框矩形圆角制作，如图 2-69 所示。

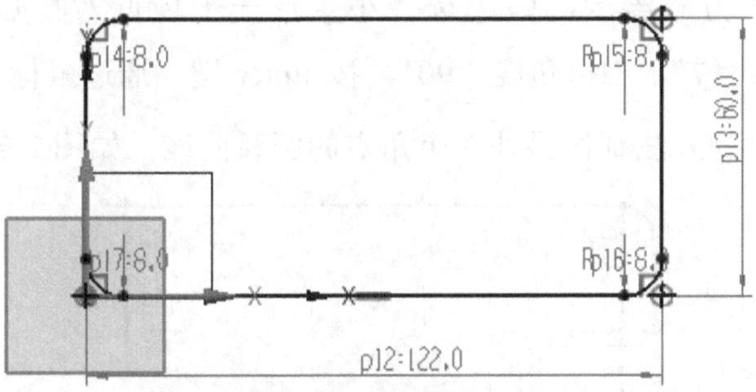

图 2-69　外框矩形圆角制作

(4) 绘制内部小矩形。

单击【菜单】→【插入】→【草图曲线】→【直线】，弹出图 2-17【直线】对话框，选择矩形左边线中点，然后在动态对话框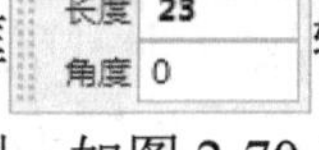

输入长度“23”，角度“0”，按 Enter 键，关闭【直线】对话框，完成参考线绘制，如图 2-70 所示。

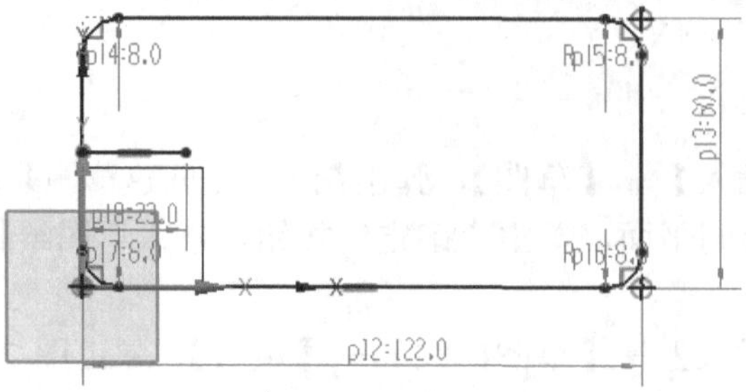

图 2-70　绘制参考线

单击【菜单】→【插入】→【草图曲线】→【矩形】，弹出图 2-24【矩形】对话框，“从中心”方式绘制矩形，单击绘制的参考线的右端点，然后在动态对话框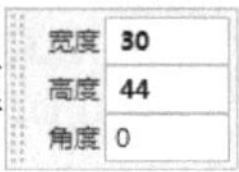

输入宽度“30”，高度“44”，角度“0”，按 Enter 键，关闭【矩形】对话框，完成小矩形绘制，如图 2-71 所示。

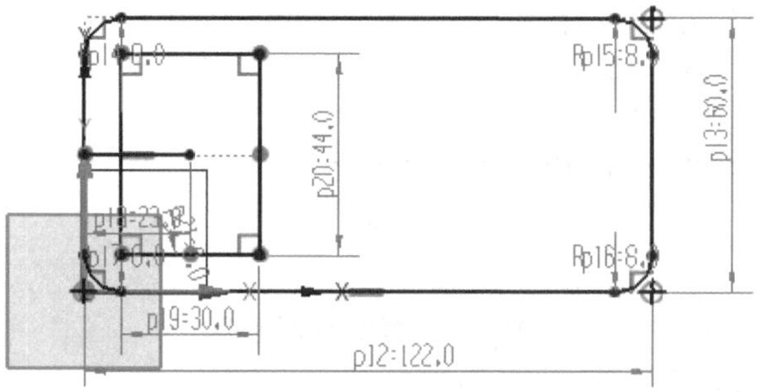

图 2-71　绘制内部小矩形

(5) 绘制小矩形圆弧曲线。

单击【菜单】→【插入】→【草图曲线】→【圆弧】，弹出图 2-19【圆弧】对话框，通过“中心和端点定圆弧”方式绘制圆弧，选择小矩形一个顶点为圆心，然后在动态对话框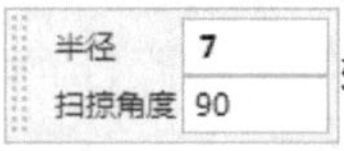

输入半径“7”，扫掠角度“90”，按 Enter 键，通过鼠标确定合适的位置单击完成圆弧曲线绘制。同样的方法制作另外 3 个角点的圆弧曲线，如图 2-72 所示。

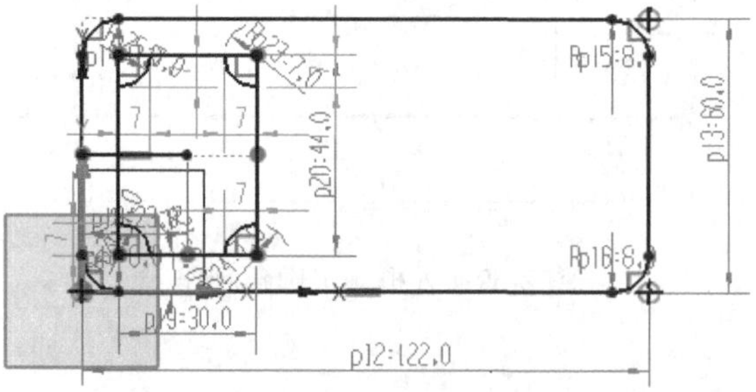

图 2-72　绘制小矩形顶点圆弧曲线

(6) 修剪多余线段。

单击【菜单】→【编辑】→【草图曲线】→【快速修剪】，弹出图 2-30【快速修剪】对话框，选择需要修剪的多余线段，修剪后的曲线如图 2-73 所示。

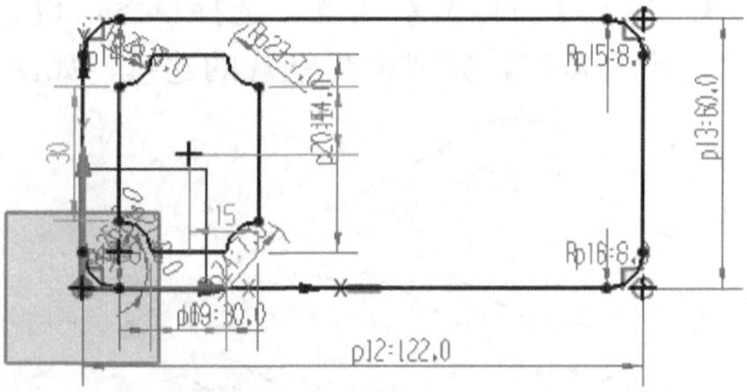

图 2-73　修剪多余线段

(7) 阵列复制内部小矩形。

单击【菜单】→【编辑】→【草图曲线】→【阵列曲线】，弹出图 2-42【阵列曲线】对话框，选择小矩形曲线作为阵列的曲线，在“选择线性对象”栏选择 X 坐标轴，在“数量”栏输入“3”，“节距”栏输入“38”，单击“确定”按钮完成小矩形的阵列复制，如图 2-74 所示。

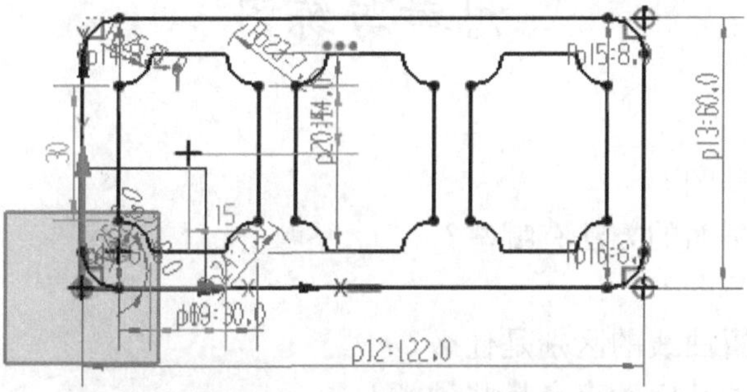

图 2-74　阵列复制小矩形

(8) 删除草图点。

选择草图曲线绘制过程中生成的草图点，右击在弹出的菜单中选择“删除”，如图 2-75 所示。

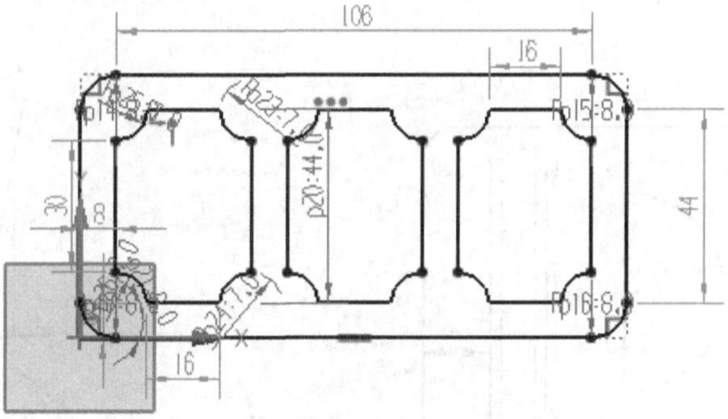

图 2-75　删除草图点

(9) 完成草图。

单击【菜单】→【文件】→【完成草图】，退出草图绘制状态，返回到建模状态，密封垫片截面草图曲线绘制完成，如图 2-76 所示。

进一步对垫片截面草图曲线拉伸操作可以生成垫片实体模型。单击【菜单】→【插入】

→【设计特征】→【拉伸】，弹出【拉伸】对话框，选择草图，设置“开始”距离为 0，“结束”距离为 1mm，单击“确定”按钮，完成密封垫片的建模，如图 2-67(a)所示。

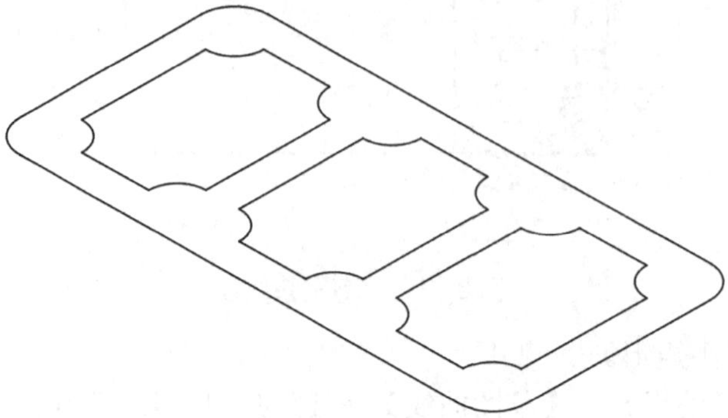

图 2-76　密封垫片截面草图曲线

思考与练习

1．思考题

(1)如何新建一张草图？

(2)新建草图绘制平面的方法有哪些？

(3)如何编辑一张草图？

(4)派生直线和偏置曲线的区别是什么？

(5)草图曲线绘制的几何约束有哪些种类？

(6)创建自动判断约束和自动约束操作有何区别？

2．操作题

(1)绘制垫片截面草图曲线，尺寸如图 2-77 所示。

(2)绘制叶片截面草图曲线，尺寸如图 2-78 所示。

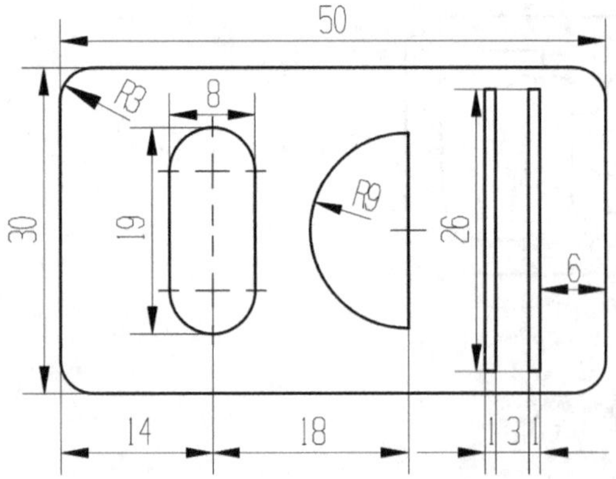

图 2-77　垫片截面草图曲线

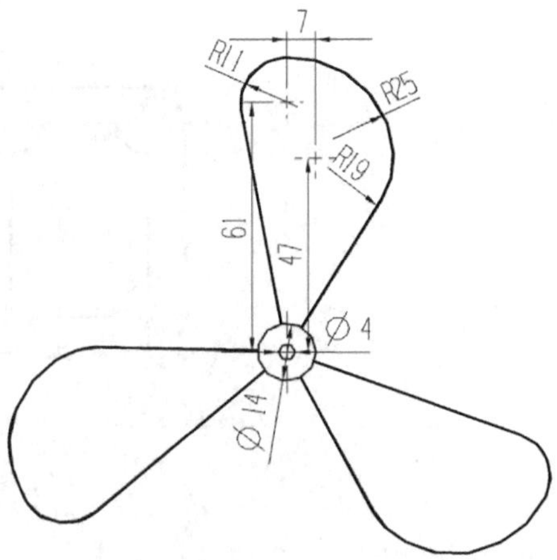

图 2-78　叶片截面草图曲线

第 3 章 实 体 建 模

实体建模是 UG NX 的核心技术，是高效快捷、自由灵活、复杂多样建模思想的集中体现。本章学习建模设计的基准特征、基于增材减材操作的布尔运算、快速建模的基本体素特征、实体的附着特征、基于曲线自由建模的扫描特征、实体与特征的操作与编辑等内容。

3.1 基 准 特 征

基准特征是图形绘制过程中使用的参考，包括基准点、基准轴、基准平面和基准坐标系 4 类基准。

3.1.1 基准点

单击【菜单】→【插入】→【基准/点】→【点】，弹出【点】对话框，如图 3-1 所示，这是基准点绘制的完整对话框，在“类型”栏中包含了 14 种绘制方法，这比平面草图点的 13 种绘制方法(参见 2.3.1 节)多了一种“面上的点”绘制方法，该方法是只在指定的面上绘制点，该面可以是平面，也可以是曲面，可以是单独的空间曲面，也可以是实体的表面。图 3-2 为“面上的点”方式的【点】对话框，可以直接在一个面上单击点，此时在“U/V 向参数”栏中动态显示该点在面上的位置，U 通常表示水平方向，V 通常表示竖直方向，参数以 0～1 表示 0～100%的位置；不用单击拾取，在该栏内输入点的位置参数，按 Enter 键也可以指定一个点，最后单击“确定”按钮，完成一个点的绘制。其余绘制点的方法与草图点的绘制相同，不做赘述。

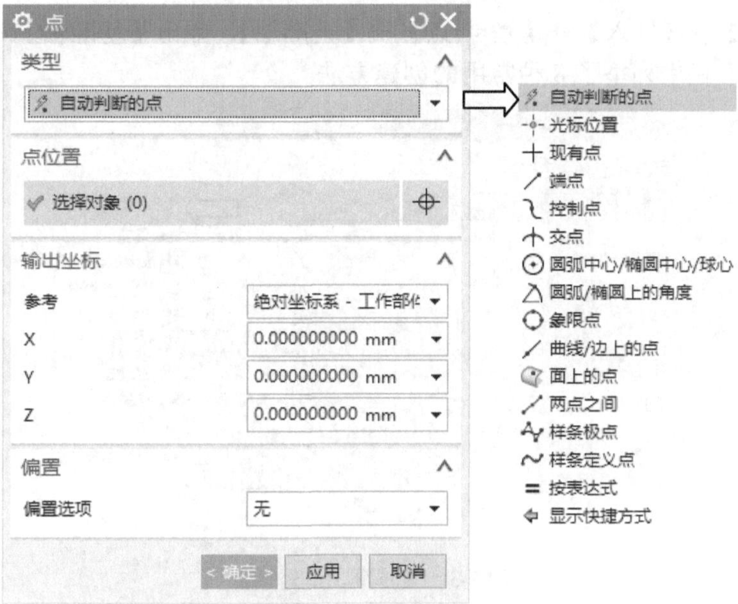

图 3-1 【点】对话框

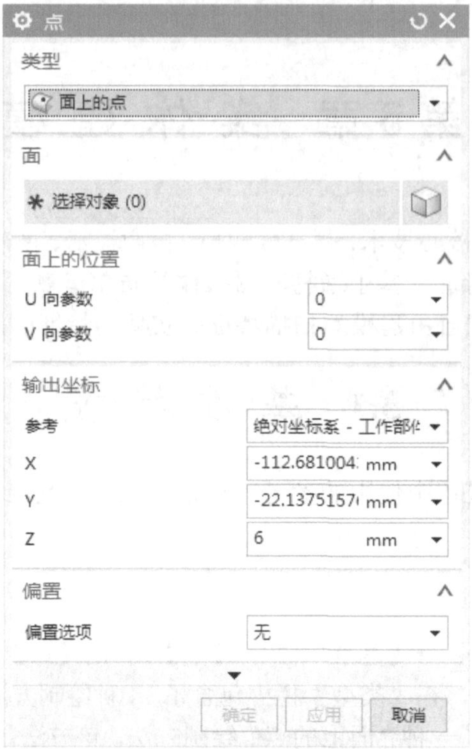

图 3-2　【点】对话框(面上的点方式)

当绘制的点有具体的坐标值时，可以在【点】对话框的“输出坐标”栏中直接输入坐标(X, Y, Z)，按 Enter 键指定。

3.1.2　基准轴

单击【菜单】→【插入】→【基准/点】→【基准轴】，弹出【基准轴】对话框，如图 3-3 所示，在“类型”栏中列举了 8 种常用的创建方法。

图 3-3　【基准轴】对话框

1．交点

“交点”应翻译成“交线”，按两平面的交线作为基准轴的方向，该平面可以是坐标平面、基准平面或实体的表平面。

2. 曲线/面轴

按坐标轴、直线或回转曲面的轴线方向作为基准轴的方向。直线可以是草图绘制的直线、空间直线或是实体的直边线；回转曲面可以是圆柱面、圆锥面、球面等。

3. 曲线上矢量

指定一条曲线，该曲线可以是直线或曲线，过该曲线某一点，该点位置可以根据实际长度距离或百分比位置控制，然后，或者切线方向，或者平行于某一矢量方向，或者垂直于某一矢量的方向，作为基准轴的方向。

4. XC 轴/YC 轴/ZC 轴

以工作坐标系的 X 坐标轴、Y 坐标轴或 Z 坐标轴作为基准轴的方向。

5. 点和方向

指定一点，过该点平行于或垂直于某一矢量，如草图绘制的直线、空间直线、实体的直边线等，该方向作为基准轴的方向。

6. 两点

指定两个点，该两点的连线方向作为基准轴的方向。

以上基准轴的正反向可以单击对话框中的“反向”按钮调整。

3.1.3 基准平面

单击【菜单】→【插入】→【基准/点】→【基准平面】，弹出【基准平面】对话框，如图 3-4 所示，其操作方法与草图平面的创建相同，共有 14 种创建方法，参见 2.2 节。

图 3-4　【基准平面】对话框

3.1.4 基准坐标系

基准坐标系含义与操作在第 1 章中已经学习，其创建方法参见 1.4.3 节。

3.2　基本体素特征

为方便快速实体建模，UG NX 设计了最常使用的基本体素特征：长方体、圆柱体、圆锥体和球体，通过输入参数可以直接创建实体。

3.2.1　长方体

单击【菜单】→【插入】→【设计特征】→【长方体】，弹出【长方体】对话框，如图 3-5 所示，在“类型”栏中可以选择 3 种绘制长方体的方法。

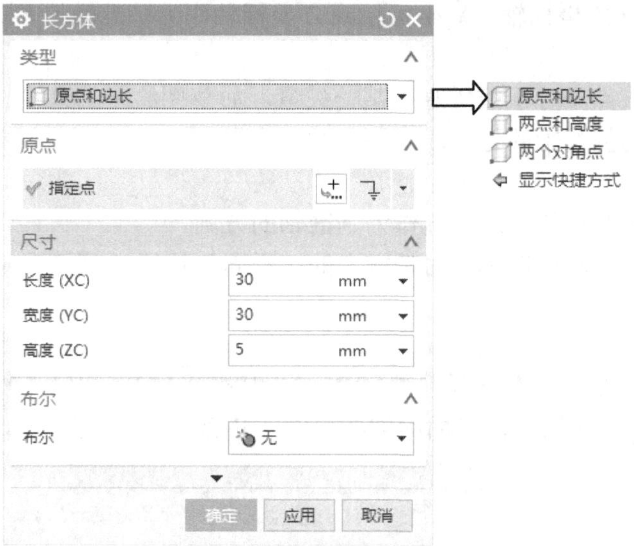

图 3-5　【长方体】对话框

1．原点和边长

原点是指正视长方体时的后立面左下角点，指定该点的位置，再在对话框中输入长方体的长度、宽度和高度数值，便可绘制长方体。

2．两点和高度

指定长方体的底面两对角点，再在对话框中输入高度值，便可绘制长方体。对话框中的“原点”为后立面左下角点，“从原点出发的点”为前立面右下角点。

使用这种方法要注意，指定的两点其 X 或 Y 坐标值不能相同，否则，长方体的长度或宽度为零，无法绘制长方体，此时会弹出提示框，如图 3-6(a)、(b)所示。

3．两个对角点

通过指定长方体的两个体对角点绘制长方体。对话框中的“原点”为后立面左下角点，“从原点出发的点”为前立面右上角点。

使用这种方法仍要注意，除 X、Y 坐标值不能相同，指定两点的 Z 坐标值也不能相同，否则，长方体的高度方向没有高度差，无法绘制长方体，此时也会弹出提示框，如图 3-6(c)所示。

长方体的绘制关键是点的选择，确定原点或对角点时，可以在视窗中直接单击选取，也可以在对话框中单击“点对话框”按钮，弹出图 3-1【点】对话框，通过基准点完整的 14 种方法确定(参见 3.1.1 节)。

(a) X 坐标值相同　　(b) Y 坐标值相同　　(c) Z 坐标值相同

图 3-6 【长方体】提示框

3.2.2 圆柱体

单击【菜单】→【插入】→【设计特征】→【圆柱】，弹出【圆柱】对话框，如图 3-7 所示，在“类型”栏中可以选择两种绘制圆柱体的方法。

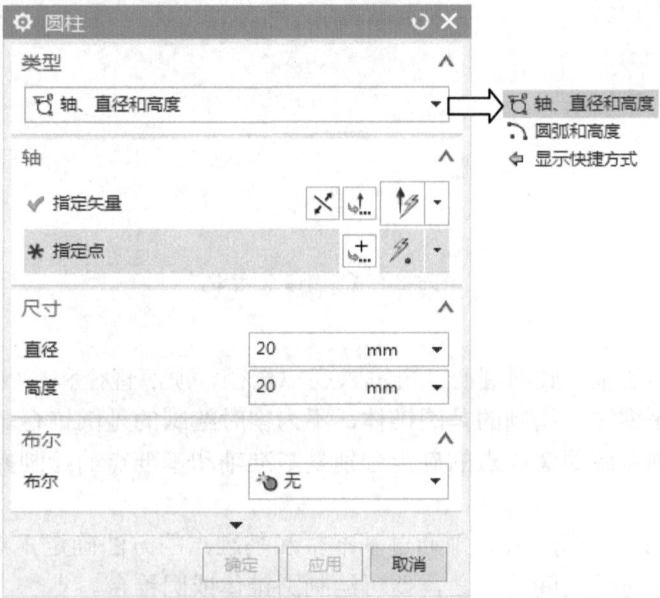

图 3-7 【圆柱】对话框

1. 轴、直径和高度

确定圆柱体的中心轴向和底面圆心位置，输入直径和高度值，便可绘制圆柱体。

确定圆柱体的中心轴时，激活对话框的“指定矢量”栏，单击“矢量对话框”按钮，弹出图 1-39【矢量】对话框，这与 3.1.2 节确定基准轴的操作相同，不做赘述。

确定圆柱体底面圆心点时，激活“指定点”栏，单击弹出图 3-1【点】对话框，通过基准点的绘制方法确定。

2. 圆弧和高度

选择现有的圆弧，以其直径为圆柱体的直径，圆弧的圆心为圆柱体的底面圆心，再输入圆柱体的高度，便可绘制圆柱体。

3.2.3 圆锥体

单击【菜单】→【插入】→【设计特征】→【圆锥】，弹出【圆锥】对话框，如图 3-8 所示，在“类型”栏中有 5 种绘制圆锥体的方法。

图 3-8　【圆锥】对话框

1. 直径和高度

确定圆锥体的中心轴、底面圆心，再输入底部直径、顶部直径和高度，便可绘制圆锥体。当输入的顶部直径是零时，绘制的是圆锥体，不为零时绘制的是圆锥台。

圆锥体的中心轴和底面圆心点的确定分别是基准轴和基准点的绘制操作。

2. 直径和半角

圆锥体的中心轴、底面圆心分别通过基准轴和基准点的方法确定，然后输入底部直径、顶部直径和中心轴与母线之间的半角，便可绘制圆锥体或圆锥台。

3. 底部直径，高度和半角

圆锥体的中心轴、底面圆心分别通过基准轴和基准点的方法确定，然后输入底部直径、高度和中心轴与母线之间的半角，便可绘制圆锥体或圆锥台。

4. 顶部直径，高度和半角

圆锥体的中心轴、顶面圆心分别通过基准轴和基准点的方法确定，然后输入顶部直径、高度和中心轴与母线之间的半角，便可绘制圆锥体或圆锥台。

5. 两个共轴的圆弧

选择共轴的两个圆弧，该圆弧可以是整圆，也可以是部分圆弧，分别作圆锥台的顶圆和底圆，圆弧之间的距离作为圆锥台高度，这样可以绘制一个圆锥台。

3.2.4 球体

单击【菜单】→【插入】→【设计特征】→【球】，弹出【球】对话框，如图 3-9 所示，在“类型”栏中有两种绘制球体的方法。

1. 中心点和直径

按基准点的方法绘制球心点，再输入直径值便可绘制球体。

2. 圆弧

选择一整圆或部分圆弧，以圆弧圆心作为球心，圆弧直径为球体直径，绘制球体。

图 3-9 【球】对话框

3.3 布尔运算

布尔运算是对相交实体之间进行的合集、差集与交集运算。

3.3.1 合并

两相交的实体合并为一个实体。

单击【菜单】→【插入】→【组合】→【合并】，弹出【合并】对话框，如图 3-10 所示。

3.3.2 相减

两个实体相交，从实体中减去与之相交的部分。

单击【菜单】→【插入】→【组合】→【相减】，弹出【求差】对话框，如图 3-11 所示。

图 3-10 【合并】对话框

图 3-11 【求差】对话框

3.3.3　相交

生成两个相交实体的公共部分，即重合的实体。

单击【菜单】→【插入】→【组合】→【相交】，弹出【相交】对话框，如图 3-12 所示。

布尔运算是针对相交的实体之间的运算操作，相交通常是指实体相交，不可是线相交或点相交，但合并运算是允许面相交的。如果两实体不相交，或相交的是点或线，或对于相减、相交操作的面相交，都会弹出【警报】提示框，如图 3-13 所示。

图 3-12　【相交】对话框

图 3-13　【警报】提示框

应用案例 3-1　布尔运算操作

绘制两个相交的长方体和圆柱体，然后进行布尔运算操作。

(1) 绘制长方体。参照 3.2.1 节在任意位置绘制边长均为 100 mm 的长方体。

(2) 绘制圆柱体。参照 3.2.2 节绘制直径 50mm、高 150mm 的圆柱体，轴向选择基准坐标系 Y 轴，圆柱底面圆心点选择长方体左侧顶边中点位置。

绘制完成的长方体和圆柱体如图 3-14 所示。

(3) 合并操作。打开图 3-10【合并】对话框，激活“目标”栏，选择长方体；激活“工具”栏，选择圆柱体；单击“确定”按钮，完成合并操作，两实体在侧面的相交线消失，变成一个实体，如图 3-15 所示。

由于是合并操作，相交的两实体哪个作为目标体，哪个作为工具体不影响运算结果。

(4) 相减操作。打开图 3-11【求差】对话框，激活“目标”栏，选择图 3-14 中的长方体；激活“工具”栏，选择图 3-14 中的圆柱体，单击“确定”按钮，完成相减操作，在长方体中减去了与圆柱相交的部分，如图 3-16 所示。假如目标体选择圆柱体，工具体选择长方体，相减运算结果为图 3-17。相减操作的目标体和工具体选择要区分开来，目标体就是操作后要保留的实体，工具体是操作后去掉的实体。

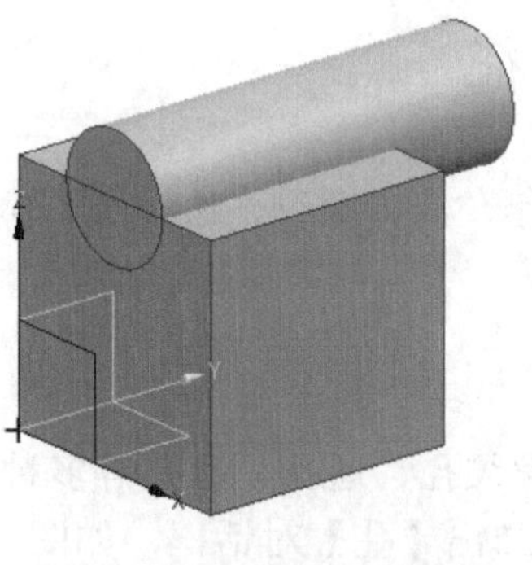

图 3-14　长方体与圆柱体

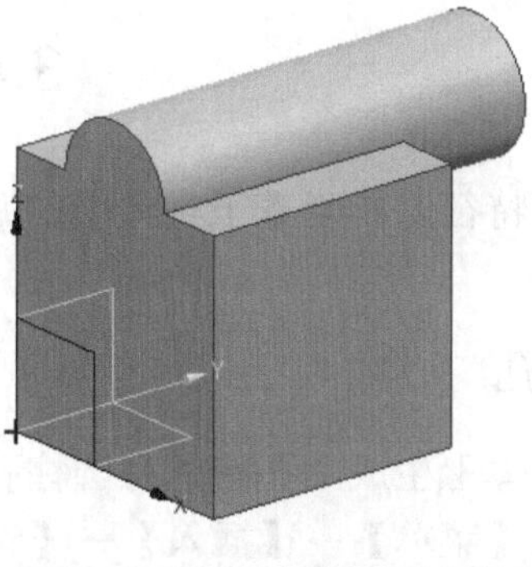

图 3-15　长方体与圆柱体合并

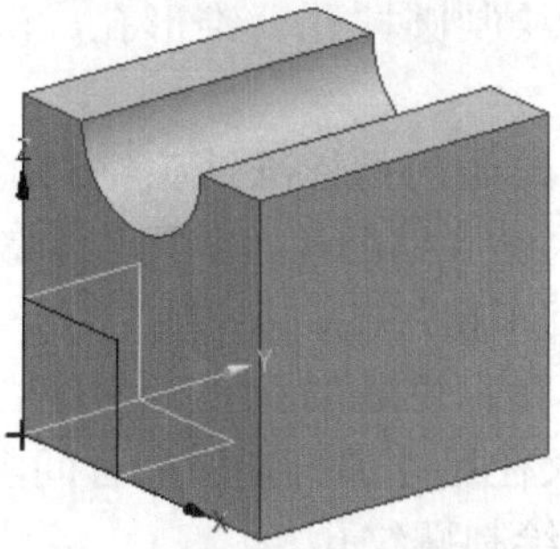

图 3-16　长方体与圆柱体求差

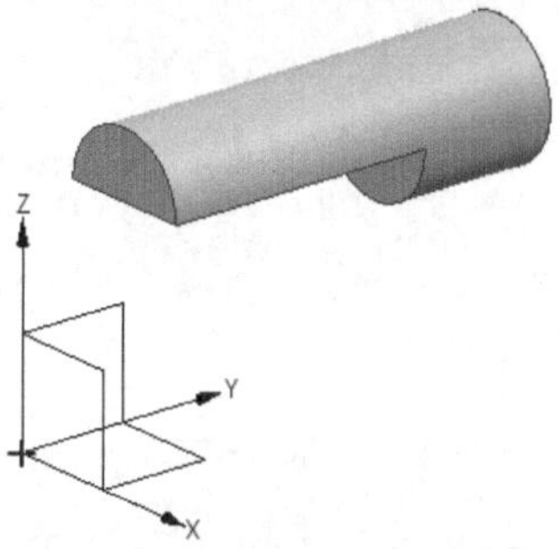

图 3-17　圆柱体与长方体求差

(5) 相交操作。打开图 3-12【相交】对话框，激活“目标”栏，选择图 3-14 中的长方体；激活“工具”栏，选择圆柱体；单击“确定”按钮，完成相交操作，只保留了两实体相交的部分，如图 3-18 所示。

对于相交操作，两个实体哪个作为目标体，哪个作为工具体不影响运算结果。

(6) 制作镶块。打开图 3-12【相交】对话框，激活“目标”栏，选择图 3-14 中的长方体；激活“工具”栏，选择圆柱体，在“设置”栏选择“保存目标”，单击“确定”按钮，完成相交操作退出命令。

再打开图 3-11【求差】对话框，激活“目标”栏，选择长方体；激活“工具”栏，单击刚才相交操作生成的半圆柱体，在“设置”栏选择“保存工具”，单击“确定”按钮，完成相减操作退出命令。

图 3-19 为操作结果，生成了长方体的半圆柱凹槽和与之对应的半圆柱镶块。

布尔运算中保存目标体、保存工具体的操作经常使用，操作简便，节省步骤。

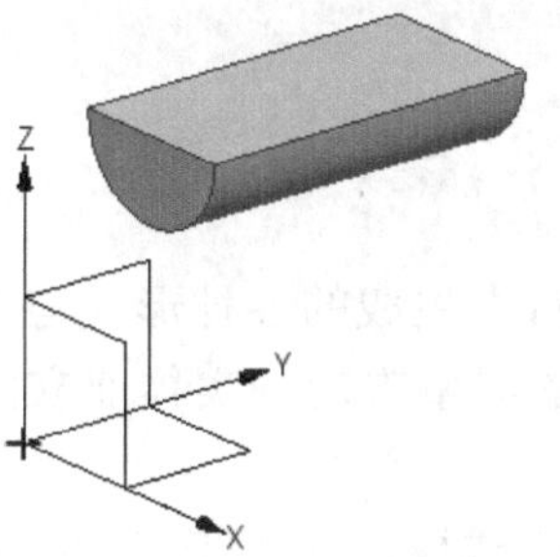

图 3-18　长方体与圆柱体交集

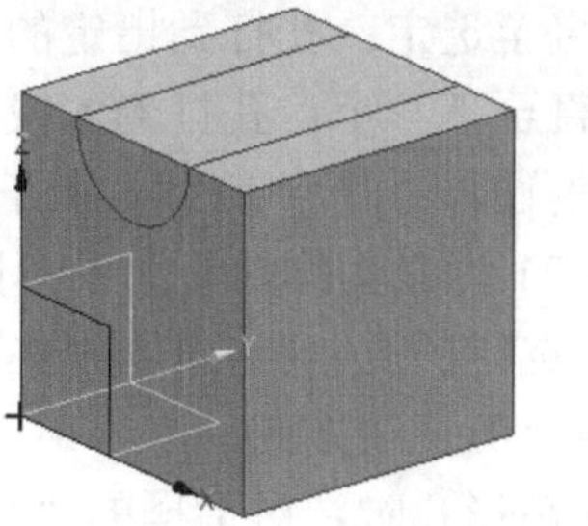

图 3-19　长方体上制作半圆柱镶块

3.4　附 着 特 征

附着特征是指附着于实体上的几何造型，如孔、凸起、槽、螺纹、边倒圆、倒斜角、拔模等。

3.4.1　孔

在实体上生成的孔特征有圆柱孔、锥孔、沉头孔、螺纹孔、通孔、盲孔等多种形式。

单击【菜单】→【插入】→【设计特征】→【孔】，弹出【孔】对话框，如图 3-20 所示。

图 3-20　【孔】对话框

在“类型”栏中有 5 种类型的孔可以绘制。

(1) 常规孔：绘制圆柱孔、锥形孔、沉头孔和埋头孔。

(2) 钻形孔：绘制的是标准钻头钻出的孔。相比较，常规孔可以是钻头钻的孔，也可以是铣刀铣削的孔，也可以是车刀车出的孔。

(3) 螺钉间隙孔：生成的孔是专门配合螺栓使用的，是根据螺栓大径尺寸加一定的配合间隙生成的。

(4) 螺纹孔：绘制螺纹孔。

(5) 孔系列：对多个实体组合一起打孔。

在“位置”栏中，确定打孔的位置。单击“绘制截面”按钮，进入草图绘制环境，通过草图绘制点的方法在选定的草图平面上绘制一个或多个点确定打孔的位置，草图绘制点参考 2.3.1 节。

在“方向”栏中，确定打孔的方向，通常选择“垂直于面”。当需要打斜孔时，则选择“沿矢量”，单击“矢量对话框”按钮，弹出图 1-39【矢量】对话框，通过 3.1.2 节基准轴的绘制方法确定打孔的方向。

在“成形“栏中，选择生成的孔是“简单孔”、“沉头”、“埋头”或“锥孔”，不同形式的孔其尺寸栏会有所区别，根据需要输入不同的参数值。

在“深度限制”栏中有 4 种设置。

(1) 值：按输入的深度值打孔。

(2) 直至选定：孔打到指定的位置。

(3) 直至下一个：孔打到本段实体结束的位置。

(4) 贯通体：贯穿整个实体打孔。

图 3-21 为在实体的顶面上草图绘制点，然后在该点位置上生成的各种形式与深度限制的孔。直至选定的孔，指定的位置在选定的面处；斜孔指定的矢量方向为实体前立面左下角点与右上角点的连线方向。

绘制钻形孔时，对话框的“形状和尺寸”栏变成图 3-22 式样，在“等尺寸配对”栏中，选择“Exact”时，可以在“大小”列表中选择需要的钻头尺寸。假如所需尺寸超出了列表中数值时，单击“Custom”，可以在“直径”栏中手工输入钻头直径，“Custom”是用户定制的意思。

绘制螺钉间隙孔时，对话框的“形状和尺寸”栏变成图 3-23 式样，在“螺丝规格”栏中选择螺栓型号，在“等尺寸配对”栏中选择一种配合方式，配合方式分 3 种。

(1) Close (H12)：紧配合，配合公差等级为 IT12 级。

(2) Normal (H13)：适中配合，配合公差等级为 IT13 级。

(3) Loose (H14)：松配合，配合公差等级为 IT14 级。

3 种配合方式选择后，对应着螺栓规格，打孔的直径尺寸便自动识别，“直径”栏也是灰色的不可改动。

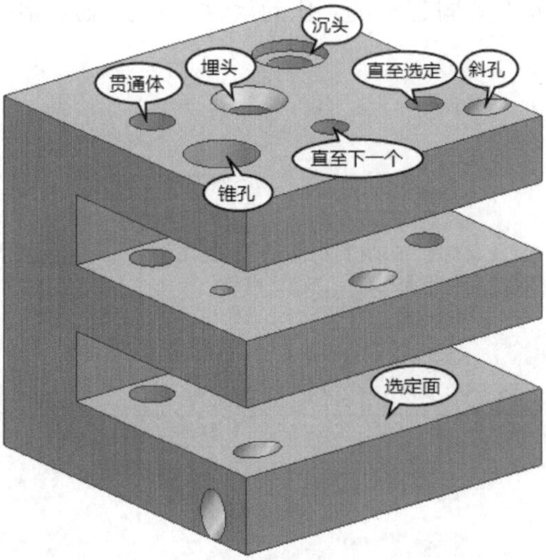

图 3-21 各种类型孔的绘制

假如这 3 种配合方式决定的孔的尺寸均不理想，则在“等尺寸配对”栏中，选择“Custom”，然后在“直径”栏中输入孔的尺寸值。

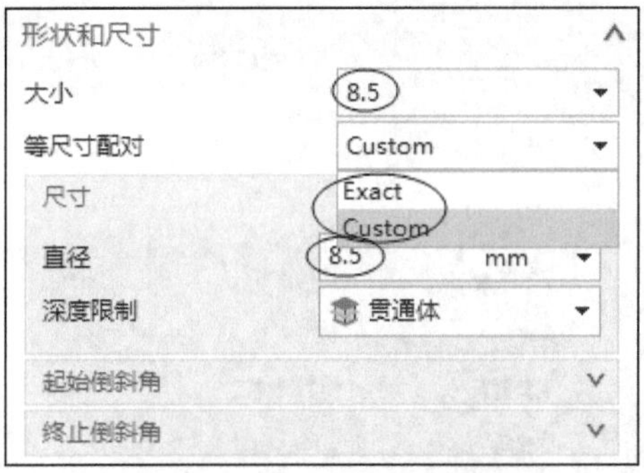

图 3-22 钻形孔参数设置

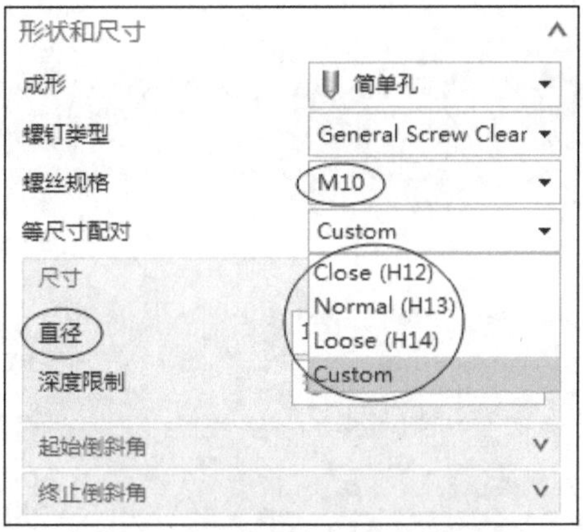

图 3-23 螺钉间隙孔参数设置

绘制螺纹孔时，对话框的“形状和尺寸”栏变成图 3-24 式样，可以选择螺纹规格，设置螺纹深度，选择左旋、右旋等。

【孔】对话框的“类型”栏选择“孔系列”时，其中的“规格”栏如图 3-25 所示。该方式相当于对一系列叠放在一起的板一起打孔，通过螺栓紧固起来。可以对第一块板、中间的一系列板、最后一块板分别设置不同的孔形状和尺寸。

单击“起始”栏，设置第一块板的螺栓孔尺寸，选择螺栓规格、配合方式等。

单击“中间”栏，设置中间一系列板的尺寸，通常勾选“匹配起始孔的尺寸”，也可以不勾选，设置不同的尺寸，如图 3-26 所示。

单击“端点”栏，设置最后一块板的孔形状和尺寸。最后一块板可以是光孔，这些板是通过螺栓和螺母紧固在一起的；最后一块板也可以是螺纹孔，这些板是由螺栓拧到最后一块板上紧固起来的。孔的尺寸可以匹配起始孔的尺寸，也可以设置其他的尺寸，如图 3-27 所示。

图 3-24　螺纹孔参数设置

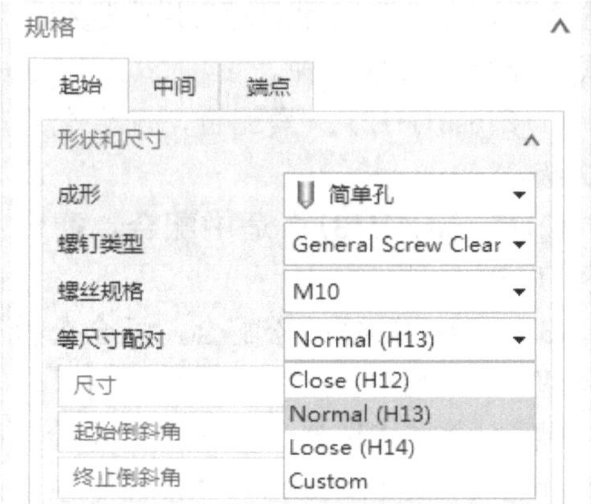

图 3-25　孔系列起始孔参数设置

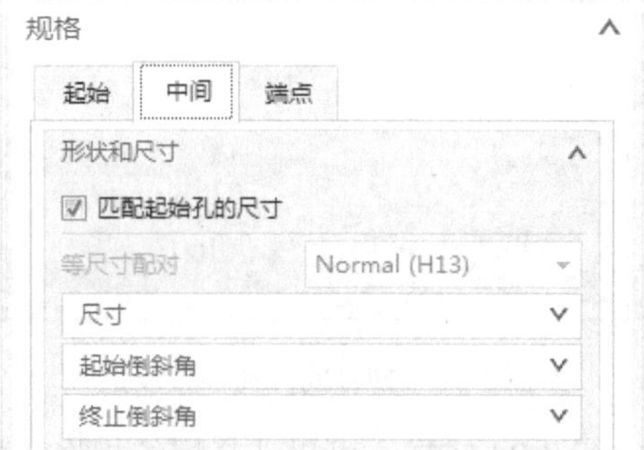

图 3-26　孔系列中间孔参数设置

图 3-27　孔系列端点孔参数设置

3.4.2　凸起

在实体的表平面上按截面曲线生成凸台或者凹槽。

单击【菜单】→【插入】→【设计特征】→【凸起】，弹出【凸起】对话框，如图 3-28 所示。选择生成凸台或者凹槽的截面曲线，选择凸起的平面，输入偏置的距离值，设置拔模的角度，单击“确定”按钮即可生成凸台或者凹槽，输入的距离为正值生成凸台，为负值生成凹槽。在“几何体”栏有 4 种生成凸台或凹槽的方式可选。

(1)截面平面：即凸台或凹槽截面曲线是在凸台顶部或凹槽底部平面内绘制的。

(2) 凸起的面：即凸台或凹槽截面曲线是在凸起平面内绘制的，通过设置偏置值确定凸台高度或凹槽深度。

(3) 基准平面：即凸台或凹槽的高度不是通过设置偏置值，而是通过选择一个基准平面作为凸台顶面或凹槽底面。

(4) 选定的面：即凸台或凹槽的高度通过选择一个实体表平面作为凸台顶面或凹槽底面。

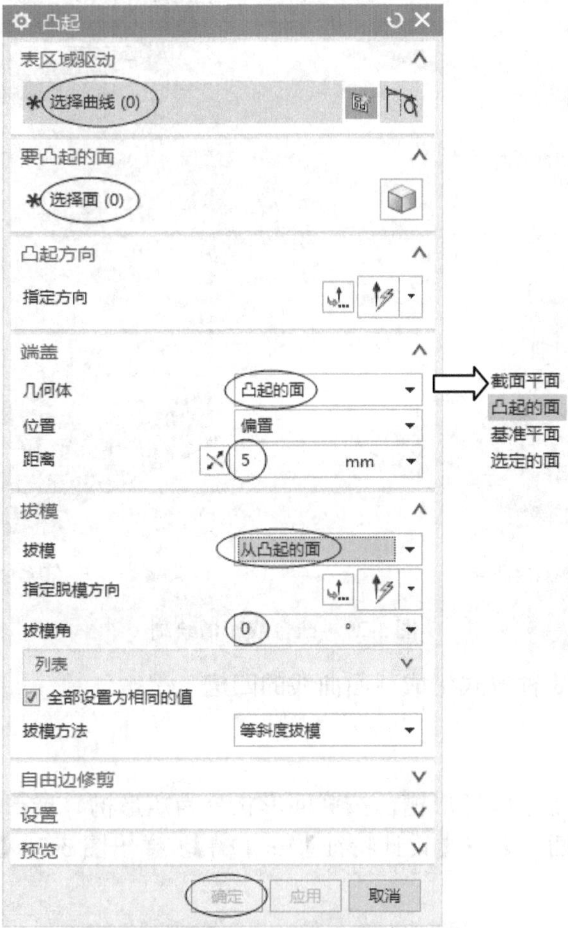

图 3-28　【凸起】对话框

应用案例 3-2　绘制凸台和凹槽

(1) 打开支持文件 AL3-2S.prt，如图 3-29 (a) 所示，这是事先绘制好的凸台截面曲线，矩形、任意封闭曲线和椭圆曲线是在实体的大平面上绘制的，圆曲线是在基准坐标系 CSYS1 的 XY 坐标平面内绘制的。

(2) 打开图 3-28【凸起】对话框，矩形凸台通过“凸起的面”方式生成，偏置距离为 5mm；异形凸台是以实体顶面为“选定的面”生成的凸台；圆形凸台是按“截面平面”方式生成的；椭圆凸台是选择 CSYS2 的 XY 坐标平面为“基准平面”生成的凸台。各截面曲线生成的凸台如图 3-29 (b) 所示。

(3) 上述凸台在生成过程中，均设置 10° 的拔模斜度，如图 3-29 (c) 所示。

(4) 对于矩形凸台，假如输入的偏置值为−5mm，则生了矩形凹槽，如图 3-29 (d) 所示。

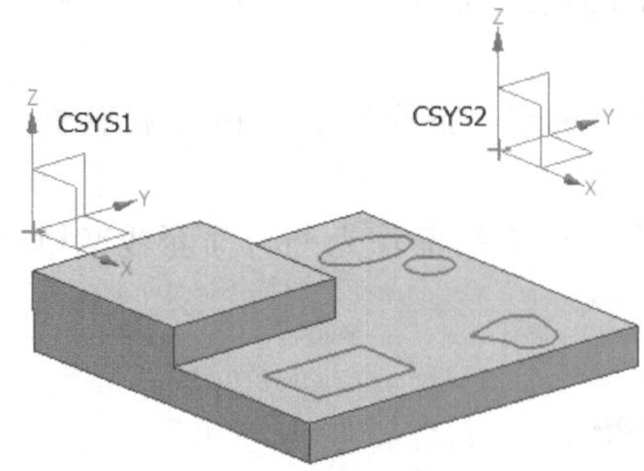

(a) 绘制凸台或凹槽截面曲线

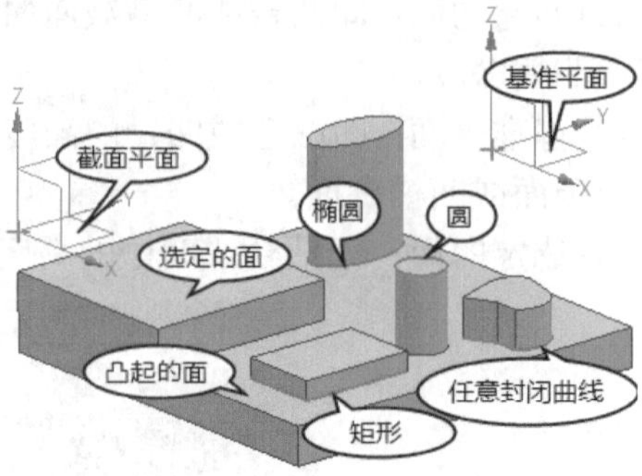

(b) 绘制凸台

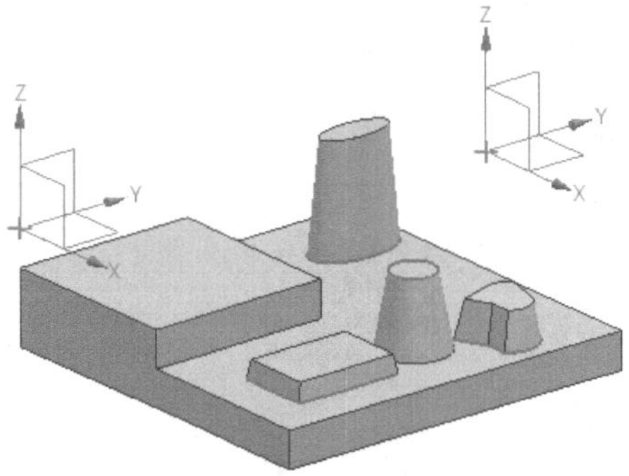

(c) 绘制带拔模斜度凸台

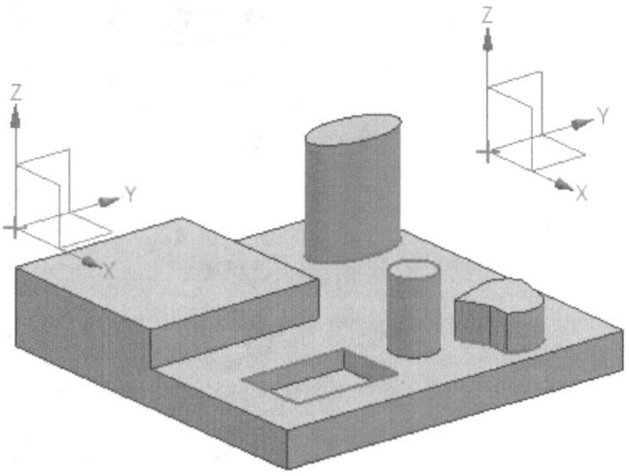

(d) 绘制矩形凹槽

图 3-29　凸台或凹槽绘制

请读者试着按其他 3 种方式生成截面曲线的凹槽。

3.4.3　槽

在圆柱面或圆锥面上生成环形槽，按截面形状分为矩形槽、球形端槽和 U 形槽。

单击【菜单】→【插入】→【设计特征】→【槽】，弹出图 3-30【槽】对话框，可选择生成一种类型的槽。

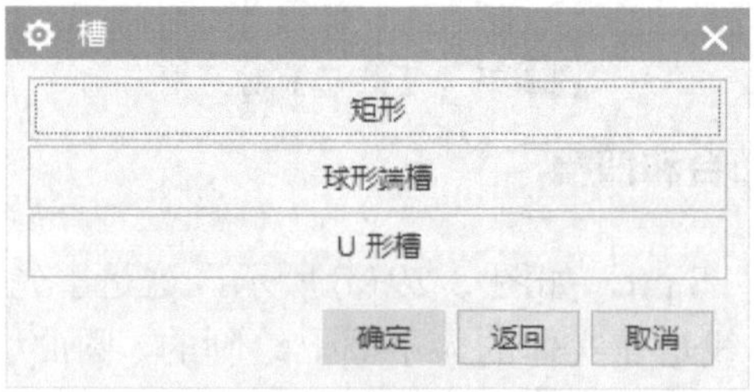

图 3-30　【槽】对话框

应用案例 3-3　圆柱杆上绘制环形槽

(1) 在任意位置绘制一直径 40mm，高度 60mm 圆柱杆，如图 3-31 (a) 所示。要求在其中间位置绘制矩形槽。

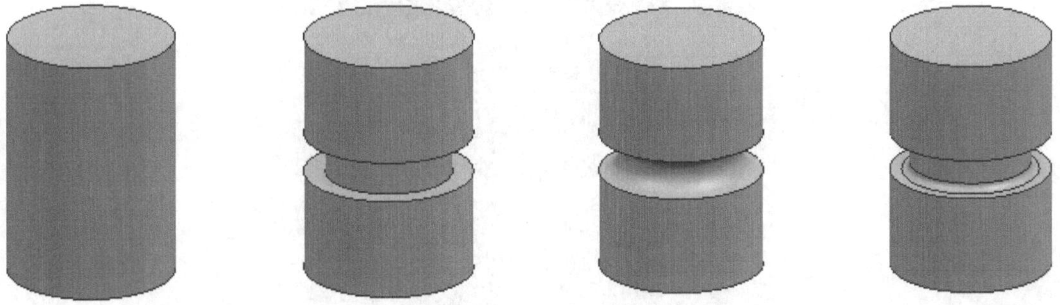

(a) 圆柱杆　(b) 矩形槽　(c) 球形槽　(d) U 形槽

图 3-31　槽绘制

(2) 单击【菜单】→【插入】→【设计特征】→【槽】，弹出图 3-30【槽】对话框，选择“矩形”，弹出图 3-32【矩形槽】放置面对话框，选择圆柱体圆柱面，弹出图 3-33【矩形槽】参数对话框，按图中参数输入槽直径和宽度，单击“确定”按钮，弹出图 3-34【定位槽】对话框，选择圆柱体上底圆边线作为目标边，选择槽轮廓上边线作为工具边，此时自动测出两边之间的距离，并标注在弹出的图 3-35【创建表达式】对话框中，将数值修改成 25，单击“确定”按钮，完成槽的绘制，如图 3-31 (b) 所示。

图 3-31 (c) 为在圆柱杆上绘制的球形槽，图 3-31 (d) 为 U 形槽，请读者自行操作练习。

图 3-32　【矩形槽】放置面对话框

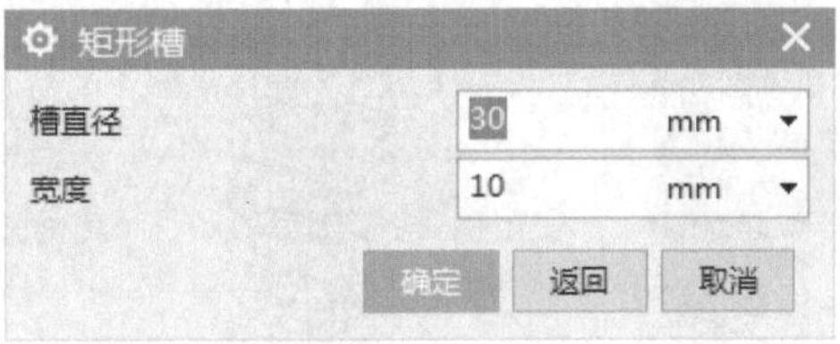

图 3-33　【矩形槽】参数对话框

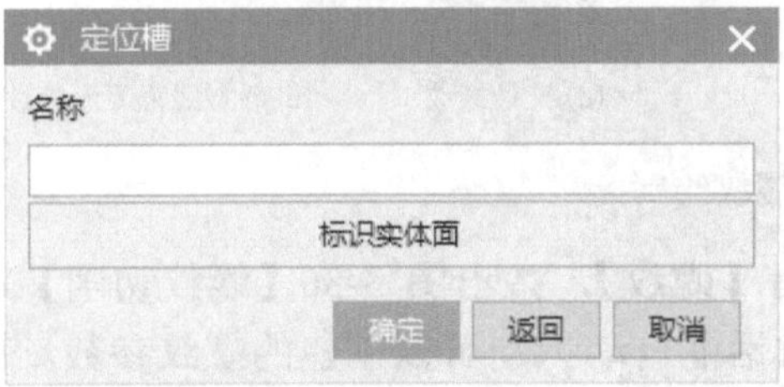

图 3-34　【定位槽】对话框

图 3-35　【创建表达式】对话框

3.4.4　螺纹

在圆柱形外表面或内表面上生成螺纹特征，可以绘制螺栓杆或螺纹孔。

单击【菜单】→【插入】→【设计特征】→【螺纹】，弹出图 3-36【螺纹切削】对话框。螺纹类型可以选择“符号”或“详细”，“符号”螺纹是在实体上只以虚线标识螺纹的位置，“详细”螺纹是按螺纹的实际形状显示，比较直观。

图 3-36　【螺纹切削】对话框(详细)

应用案例 3-4　绘制 M14×2 螺纹

(1)绘制直径 14mm，高 50mm 的圆柱杆，如图 3-37(a)所示，在圆柱杆上绘制螺纹。

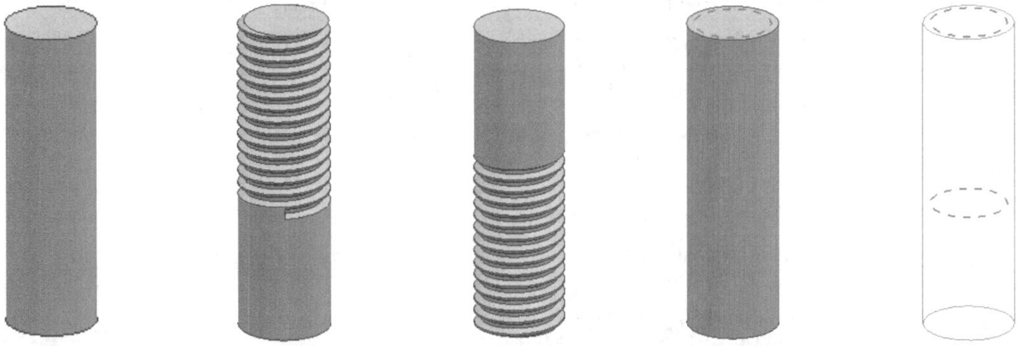

(a)圆柱杆　(b)上端螺纹　(c)下端螺纹　(d)符号螺纹　(e)静态线框显示螺纹位置

图 3-37　圆柱面上螺纹绘制

(2)单击【菜单】→【插入】→【设计特征】→【螺纹】，弹出图 3-36【螺纹切削】对话框，选择螺纹类型为“详细”，选择圆柱面，此时对话框自动识别可以创建的螺纹参数。自动识别的参数通常为标准粗牙公制螺纹，假如要绘制非标的细牙螺纹，则在“小径”和“螺距”栏修改数值；假如绘制的是英制螺纹需要修改“角度”为 55°；假如不是整个圆柱面上绘制螺纹则在“长度”栏修改数值，螺纹的旋向可选择“左旋”或“右旋”。参数设置好后，单击“确定”按钮完成螺纹绘制。图 3-37(b)为绘制的标准的 M14×2 右旋公制粗牙螺纹，螺纹长 30mm。

假如上述绘制的螺纹应从底部开始绘制 30mm 长，则在参数不变的情况下，在单击“确定”按钮之前，单击“选择起始”按钮，弹出图 3-38【螺纹切削】起始面对话框，单击圆柱杆底面作为螺纹起始面，对话会变成图 3-39 式样，观察自动识别的螺纹生成方向是否正确，螺纹生成的方向应指向圆柱杆实体方向，如果不正确，单击对话框的“螺纹轴反向”即可，此时返回到图 3-36【螺纹切削】对话框，单击“确定”按钮完成另一侧螺纹的绘制，如图 3-37(c)所示。

当选择符号螺纹类型时，【螺纹切削】对话框变成图 3-40 式样，按图示进行设置，绘制的螺纹特征如图 3-37(d)所示，将显示调成静态线框模式时可看出螺纹的位置和长度，如图 3-37(e)所示。

对于非标螺纹绘制符号螺纹时，参数无法从列表中找到，则勾选“手工输入”，此时，对话框中所有的数值均可根据需要输入。

图 3-38 【螺纹切削】起始面对话框

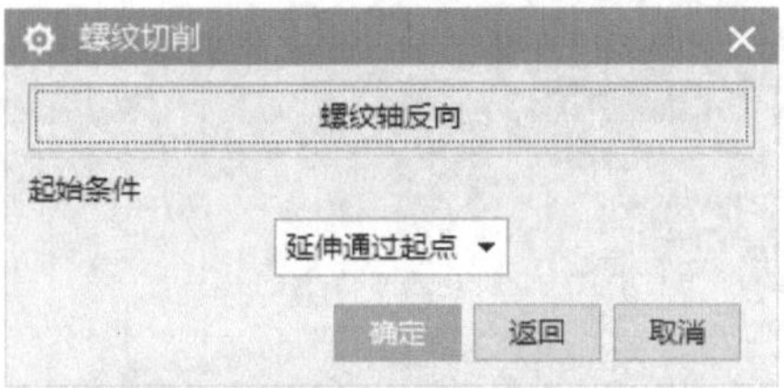

图 3-39 【螺纹切削】方向对话框

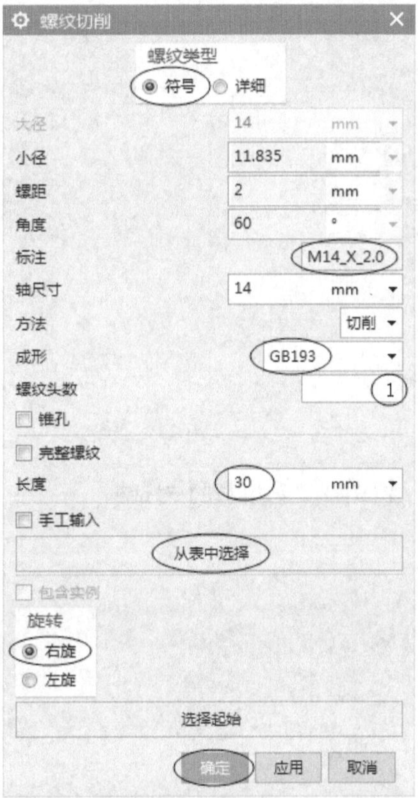

图 3-40 【螺纹切削】参数对话框(符号)

3.4.5 边倒圆

边倒圆是对实体的边倒圆角处理。

单击【菜单】→【插入】→【细节特征】→【边倒圆】，弹出图 3-41【边倒圆】对话框，通常输入倒圆半径，选择实体的边线，即可完成边倒圆操作。

3.4.6 倒斜角

倒斜角是对实体的锐边倒斜角处理。

单击【菜单】→【插入】→【细节特征】→【倒斜角】，弹出图 3-42【倒斜角】对话框，按“对称”、“非对称”或“偏置和角度”方式输入参数值，选择实体的边线，即可完成边倒斜角操作。

“非对称”方式生成倒斜角时，如图 3-43 所示，“距离 1”和“距离 2”是边线分别沿各自的面向内移动一定距离生成倒斜角，单击“反向”按钮可以切换“距离 1”和“距离 2”所在移动的面。

“偏置和角度”方式生成倒斜角时，如图 3-44 所示，“距离”值使边线在一侧面向内移动一定的距离，“角度”值是倒斜角面与该侧面之间的夹角，单击“反向”按钮可以切换“距离”所在移动的面。

图 3-41　【边倒圆】对话框

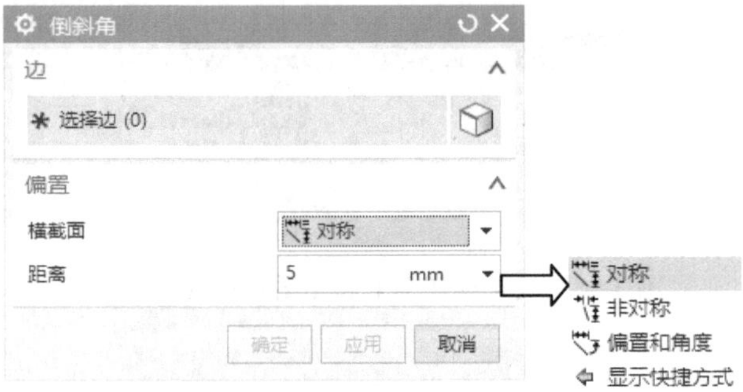

图 3-42　【倒斜角】对话框

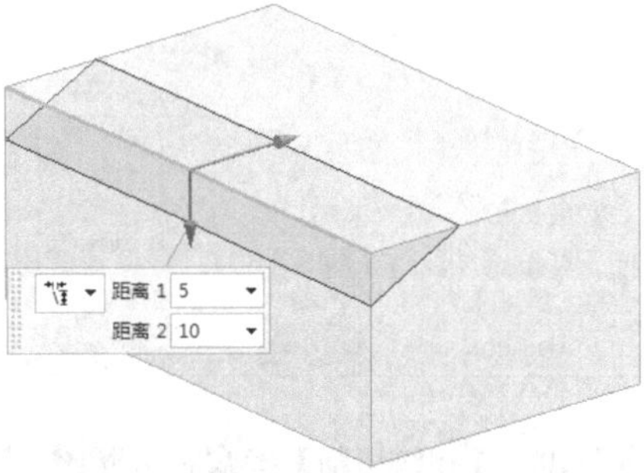

图 3-43　“非对称”方式倒斜角

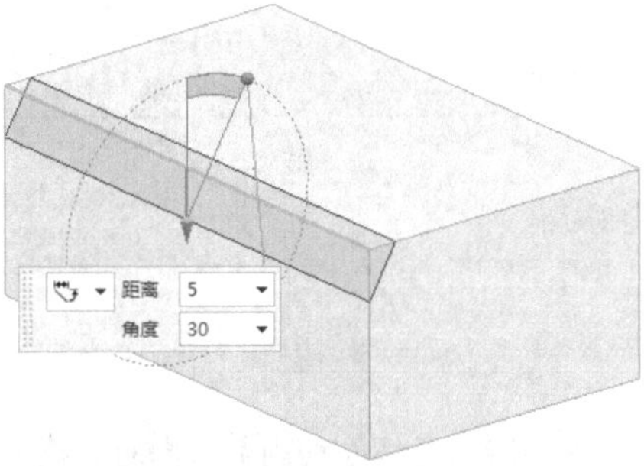

图 3-44　“偏置和角度”方式倒斜角

3.4.7　拔模

对于制造模具的成形零件，为了顺利起模，通常在起模方向上设置拔模斜度。

单击【菜单】→【插入】→【细节特征】→【拔模】，弹出图 3-45【拔模】对话框。

在“类型”栏选择“面”，这是按面进行拔模。

如图 3-46 所示，对长方体拔模，激活“指定矢量”，选择基准坐标系的 Z 轴作为拔模方向；激活“选择固定面”，选择长方体顶面固定；激活“要拔模的面”，选择立方体前立面，设置拔模角度，单击“确定”按钮，生成长方体的前立面拔模。选择多个与固定面相邻的面作为拔模面可同时完成多个面的拔模。

在“类型”栏中选择“边”，则是按边进行拔模。

如图 3-47 所示，激活“指定矢量”，选择基准坐标系的 Z 轴作为拔模方向；激活“固定边”，选择长方体顶面左侧边，设置拔模角度，单击“确定”按钮，生成长方体的左侧面拔模，如

图 3-48 所示。在“固定边”栏选择顶面多条边固定时，可同时完成多个面的拔模。

图 3-45 【拔模】对话框(面)

图 3-46 长方体按面拔模

图 3-47 【拔模】对话框(边)

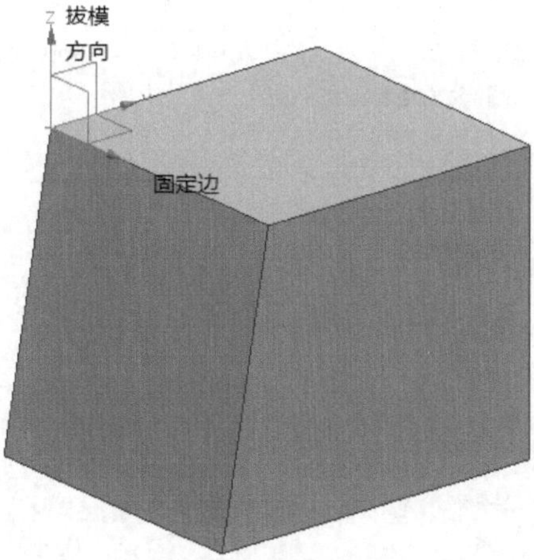

图 3-48 长方体按边拔模

3.5 扫 描 特 征

扫描特征是按曲线扫描运动轨迹生成的实体特征，可分为拉伸特征、旋转特征和扫掠特征。

3.5.1　拉伸特征

拉伸特征是曲线沿某一矢量方向运动生成的实体特征。

单击【菜单】→【插入】→【设计特征】→【拉伸】，弹出【拉伸】对话框，如图 3-49 所示。

选择图 3-50 所示 XY 坐标平面内的矩形四边为截面线，选择 Z 坐标轴为拉伸方向，输入拉伸的起始距离和终止距离，可生成长方体。

选择图 3-51 的 XY 坐标平面内的圆为截面线，选择 Z 坐标轴为拉伸方向，输入拉伸的起始距离和终止距离，可生成圆柱体。此操作再加上拔模一定的角度可生成图 3-52 所示的圆锥体或圆锥台。

选择图 3-53 中的曲线，选择 Z 坐标轴为拉伸方向，输入拉伸的起始距离和终止距离，同时设定一定的偏置值，可生成异形的实体。

图 3-49　【拉伸】对话框

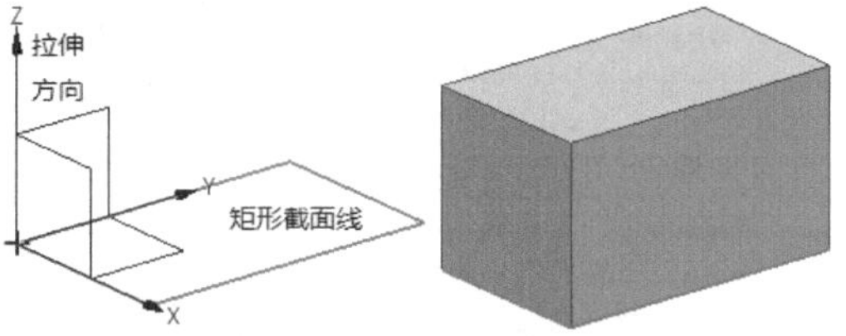

图 3-50　矩形拉伸生成长方体

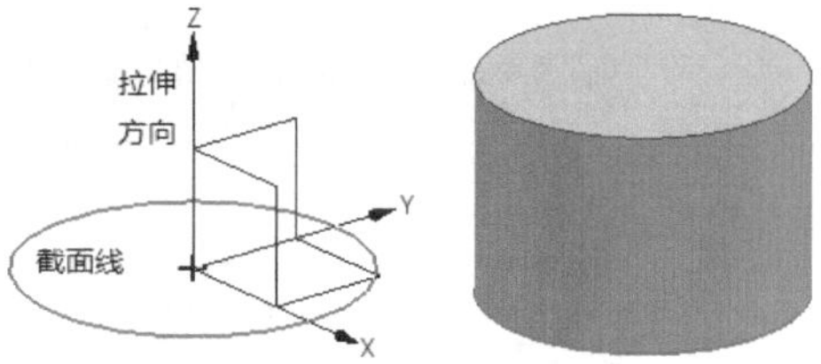

图 3-51　圆拉伸生成圆柱体

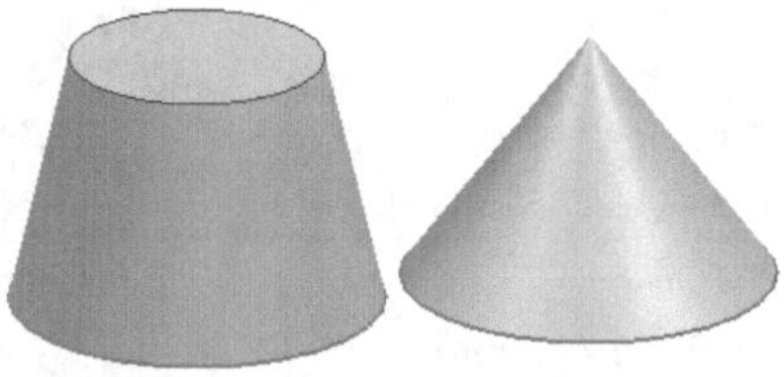

图 3-52　圆拉伸加拔模生成圆锥台或圆锥体

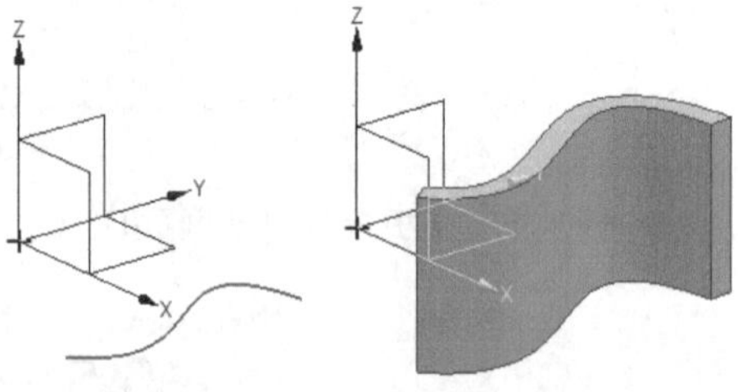

图 3-53　非封闭曲线拉伸加偏置生成实体

因此拉伸特征可以生成基本体素特征中的长方体、圆柱体、圆锥体、圆锥台，以及异形的实体特征。非封闭曲线拉伸加偏置可生成实体。

拉伸命令功能完善，操作灵活，使用广泛，是实体建模中使用最多的命令之一。

3.5.2　旋转特征

旋转特征是曲线绕某一矢量方向旋转生成的实体特征。

单击【菜单】→【插入】→【设计特征】→【旋转】，弹出【旋转】对话框，如图 3-54 所示。

如图 3-55 所示，选择矩形四边为截面线，选择立边为旋转轴，输入旋转角度 0°～360°，可生成圆柱体。

如图 3-56 所示，选择直角三角形三条边为截面线，选择直角边为旋转轴，输入旋转角度 0°～360°，可生成圆锥体。

如图 3-57 所示，选择直角梯形四条边为截面线，选择直角立边为旋转轴，输入旋转角度 0°～360°，可生成圆锥台。

如图 3-58 所示，选择过原点 XY 坐标平面内的圆为截面线，选择 Y 坐标轴为旋转轴，输入旋转角度 0°～360°，可生成球体。

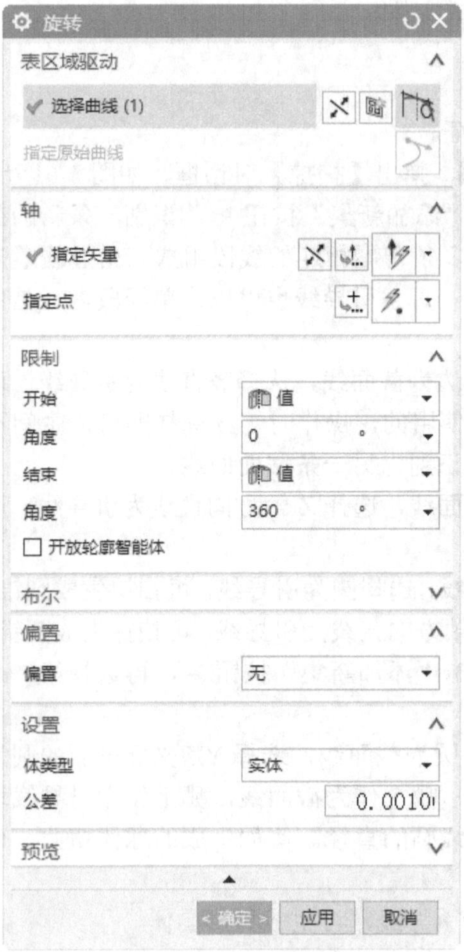

图 3-54　【旋转】对话框

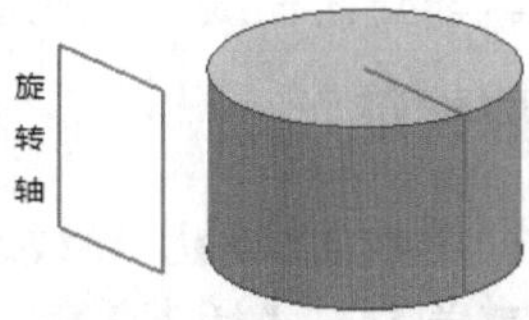

图 3-55　矩形旋转生成圆柱体

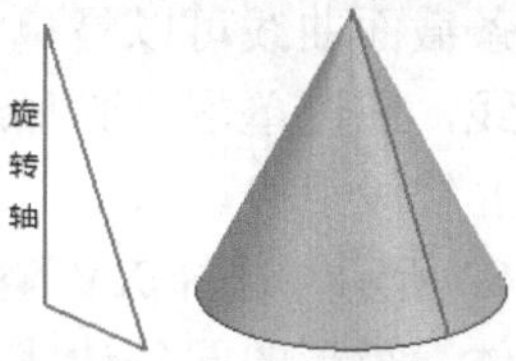

图 3-56　直角三角形旋转生成圆锥体

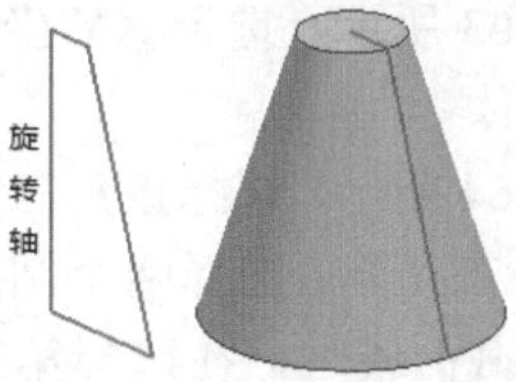

图 3-57　直角梯形旋转生成圆锥台

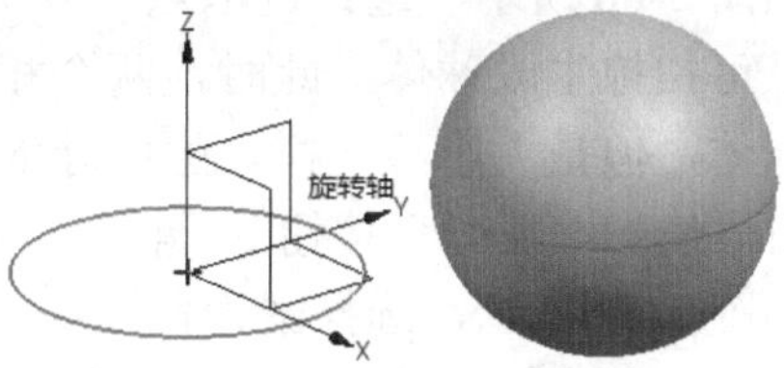

图 3-58　圆旋转生成球体

如图 3-59 所示，选择异形曲线为截面线，选择 Z 坐标轴为旋转轴，输入旋转角度 0° ～360°，可生成异形实体。假如输入角度 0° ～90°，同时偏置一定的厚度也可生成实体，如图 3-60 所示。

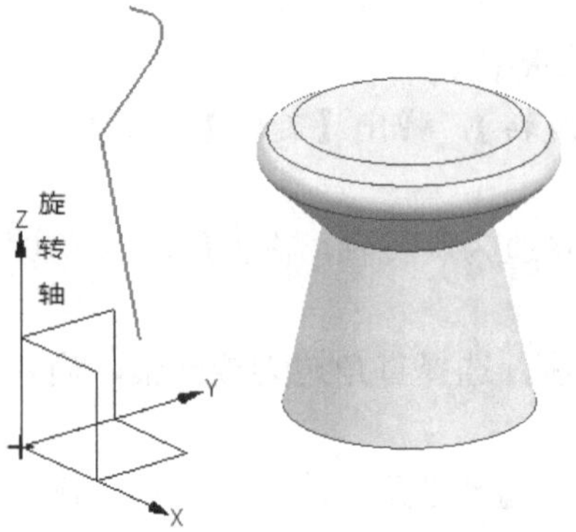

图 3-59　异形曲线旋转生成异形实体

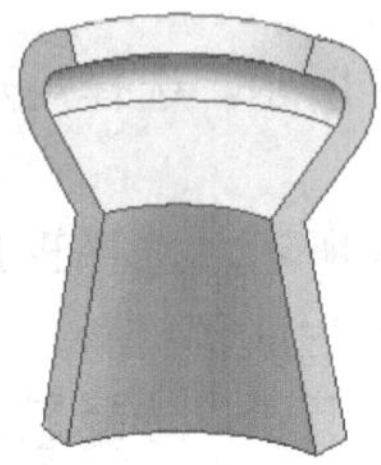

图 3-60　非封闭曲线非整周旋转加偏置生成实体

因此，旋转特征可以生成基本体素特征中的圆柱体、圆锥体、圆锥台、球体，以及异形的实体特征。非封闭曲线非整周旋转加偏置可以生成实体。

3.5.3　扫掠特征

扫掠特征是截面线沿引导线运动生成的实体特征。

单击【菜单】→【插入】→【扫掠】→【扫掠】，弹出【扫掠】对话框，如图 3-61 所示。

生成扫掠特征的截面线可以是多条曲线，单击“添加新集”按钮，识别一条新的截面曲线。每一条截面曲线可以是单线段，也可以是由多条首尾相连的线段组成。引导线最多可以是 3 条曲线，通过单击“添加新集”按钮识别。每条引导线也可以是单线段，或是由多条首尾相连的线段组成。

如图 3-62 所示，选择 XY 坐标平面内的矩形四边为截面线，选择竖直线为引导线，可扫掠生成长方体。矩形的四条边线是作为一条截面线使用的，操作时连续选择即可，中间不能单击“添加新集”按钮，否则，下一条曲线会被识别为另一条截面曲线。

如图 3-63 所示，选择 XY 坐标平面内的圆为截面线，选择 Z 轴方向直线为引导线，可扫掠生成圆柱体。

如图 3-64 所示，选择直角三角形三条边为截面线，选择圆为引导线，可扫掠生成圆锥体。

如图 3-65 所示，选择两个圆为截面线，选择 Z 轴方向直线为引导线，可扫掠生成圆锥台。选择两个圆截面线时，在选择第二条时，需要先单击“添加新集”按钮，再选择第二个圆截面线。

如图 3-66 所示，选择过原点 XY 坐标平面内的圆为截面线，选择 YZ 坐标平面的圆为引导线，可扫掠生成球体。此时，两个相互垂直的圆，哪个作为截面线，哪个作为引导线均可生成球体，但是大小不一样，生成球的直径是截面线圆的直径。假如生成的球体扭曲，可以单击引导线的“反向”按钮调整。

如图 3-67 所示，选择圆为截面线，选择曲线为引导线，可生成异形实体。

因此，扫掠特征可以生成所有的基本体素特征长方体、圆柱体、圆锥体、圆锥台、球体，以及异形的实体特征。

图 3-61　【扫掠】对话框

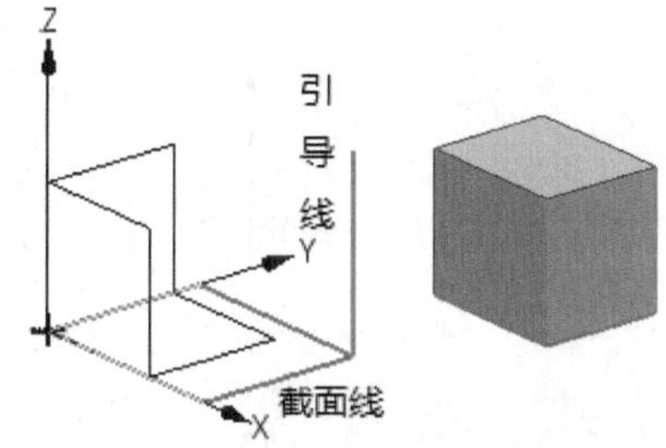

图 3-62　矩形扫掠生成长方体

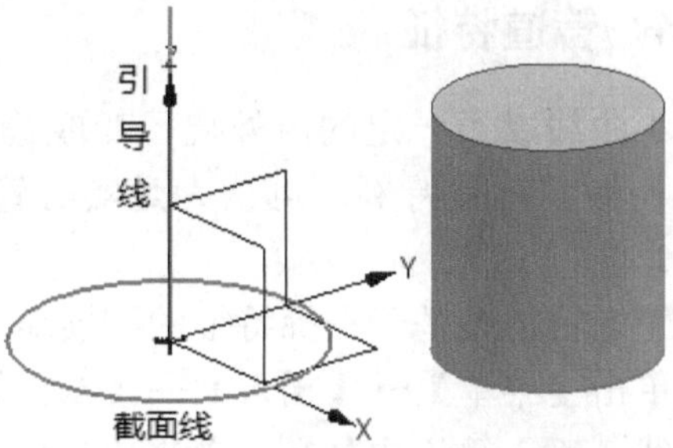

图 3-63　圆扫掠生成圆柱体

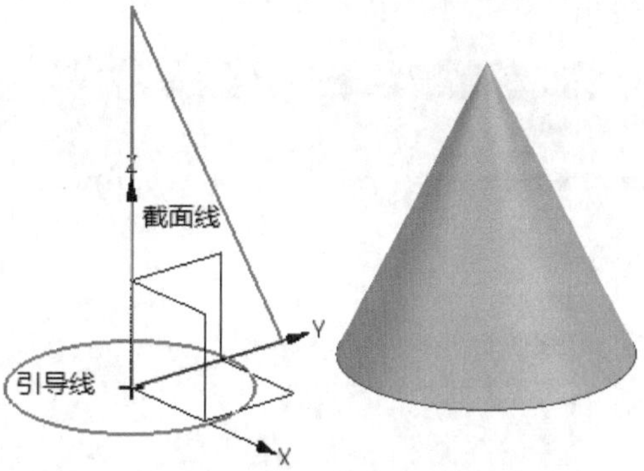

图 3-64　直角三角形扫掠生成圆锥体

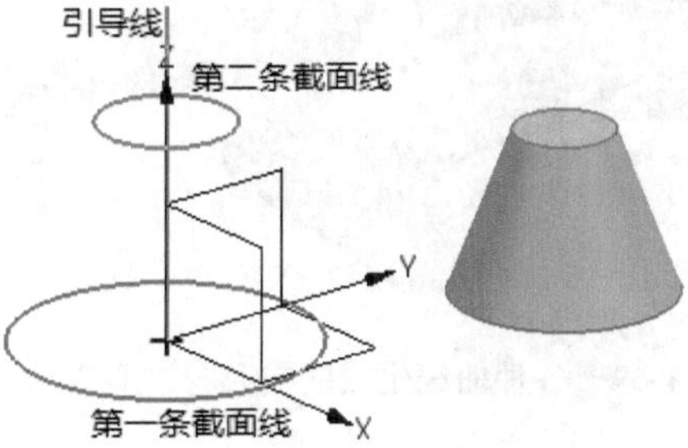

图 3-65　两同轴圆扫掠生成圆锥台

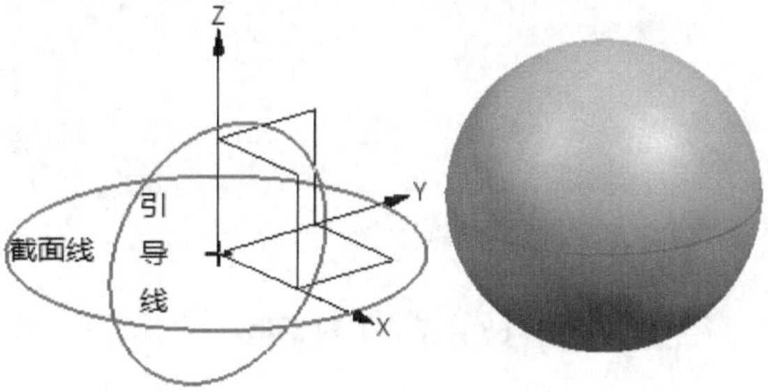

图 3-66　两垂直的同心圆扫掠生成球体

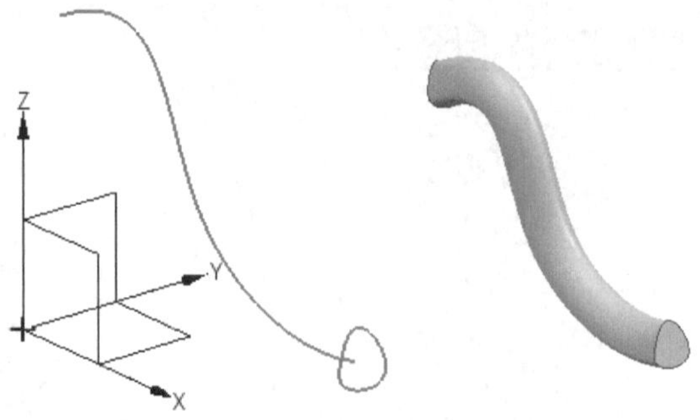

图 3-67　异形曲线扫掠生成异形实体

3.5.4　管道特征

将曲线赋予一定的内外直径变成管道。直线生成的是直管道，曲线生成的是弯曲管道。当内径为零时是特例，可认为是实心管道。管道特征可做细长杆、弯曲的导线、变形的钢筋等。

管道特征是基于扫掠特征的扩展命令，可认为是扫掠特征的特例。

单击【菜单】→【插入】→【扫掠】→【管】，弹出【管】对话框，如图 3-68 所示。选择曲线，输入管道内外径，单击“确定”按钮即可生成管道，选择的曲线可以是多段首尾相连的线段，但相连处不能是拐角，需要圆角过渡。图 3-69 为各种曲线赋予不同的内外径生成的管道。

图 3-68　【管】对话框

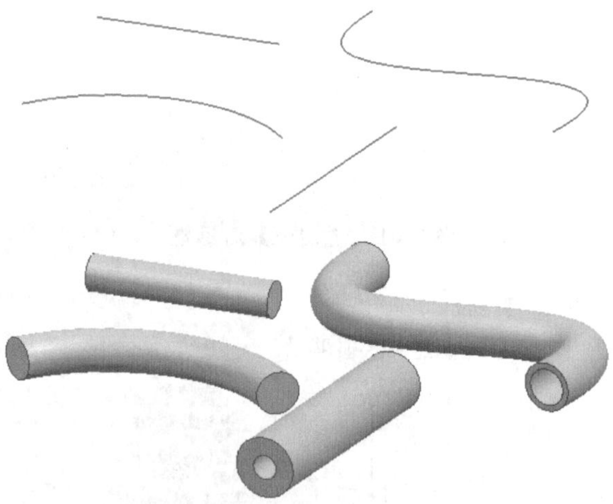

图 3-69　各种曲线生成的实心与空心管道

3.6　实体与特征操作、编辑

对已有的实体与特征通过一系列操作或编辑可以生成新的实体与特征。

3.6.1 移动对象

移动对象是对选择对象按照一定方式的移动或者多重复制。

单击【菜单】→【编辑】→【移动对象】，弹出【移动对象】对话框，如图 3-70 所示。选择“移动原先的”是移动对象，选择“复制原先的”是复制对象。复制的个数在“非关联副本数”栏中输入。移动或复制都是按照一定方式进行的，经常使用 8 种方式，在“运动”栏中选择。

1. 距离

选择对象沿某一矢量方向按一定距离移动或者多重复制。

图 3-71 为选择小圆锥体沿 Y 轴方向按设置的距离复制 2 个对象。

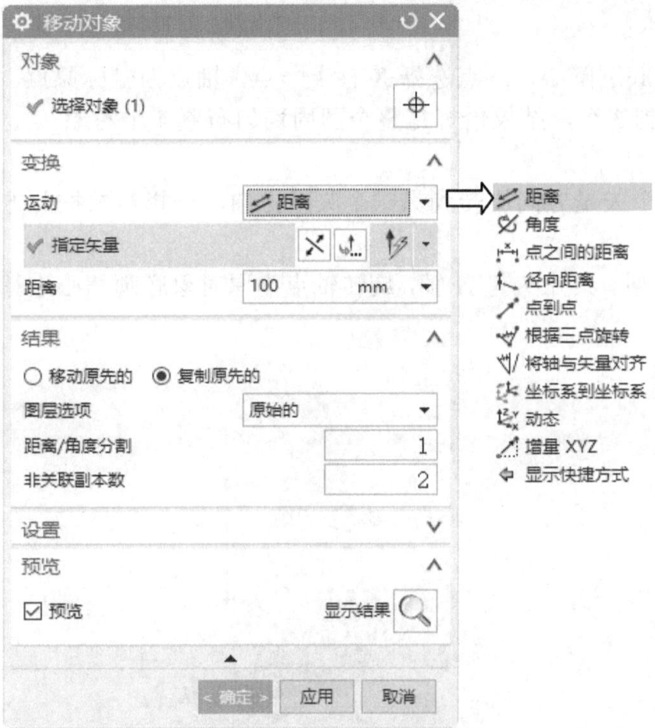

图 3-70 【移动对象】对话框

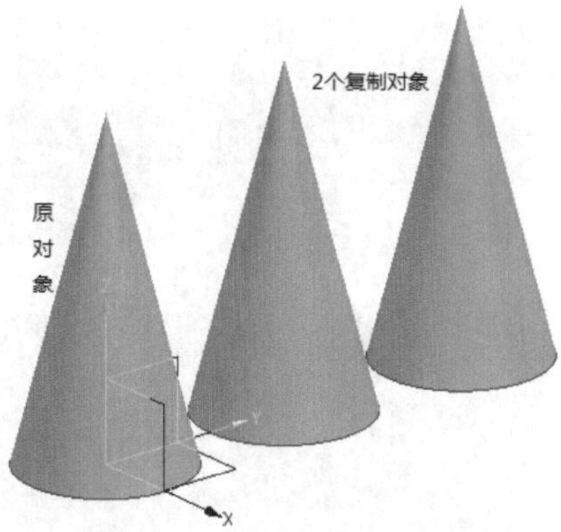

图 3-71 按“距离”复制对象

2. 角度

选择对象绕某一矢量按一定角度旋转移动或者旋转多重复制。

图 3-72 为选择小圆锥体绕 Z 轴，以坐标原点为旋转点按 60° 角度增量复制 5 个对象。

3. 点到点

选择对象按指定的两个点之间的坐标值增量进行移动或者多重复制。

如图 3-73 所示，指定的出发点为原对象的底圆圆心，目标点为坐标原点，原对象是按其坐标值增量，即两点连线方向等距离复制。

4. 根据三点旋转

这实际是旋转一定角度的方式，旋转的角度是起点与轴点连线，终点与轴点连线，两线之间的夹角，选择对象按此角度旋转移动或者多重复制。

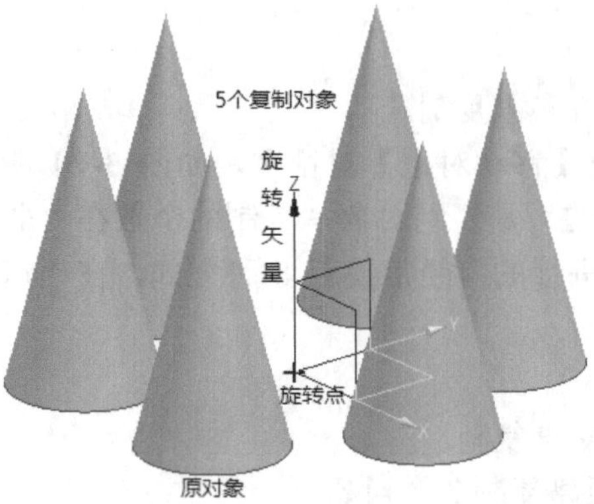

图 3-72　按“角度”复制对象

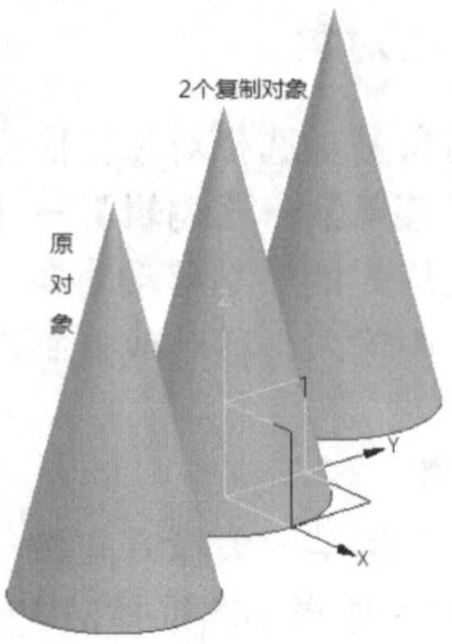

图 3-73　按“点到点”复制对象

如图 3-74 所示，起点选择原对象底圆圆心，终点选择 X 轴上一点，轴点为坐标原点，实际旋转角度为 90°，这样将原对象复制 3 个，结果恰好是整个圆周均匀布置 4 个对象。

5. 将轴与矢量对齐

这也是旋转的一种方式，是从一个矢量方向旋转到另一个矢量方向，选择对象按此方位旋转移动或者多重复制。

图 3-75 为将原对象按起始矢量 Z 轴，终止矢量 X 轴，旋转轴点为原对象底圆圆心进行的复制。

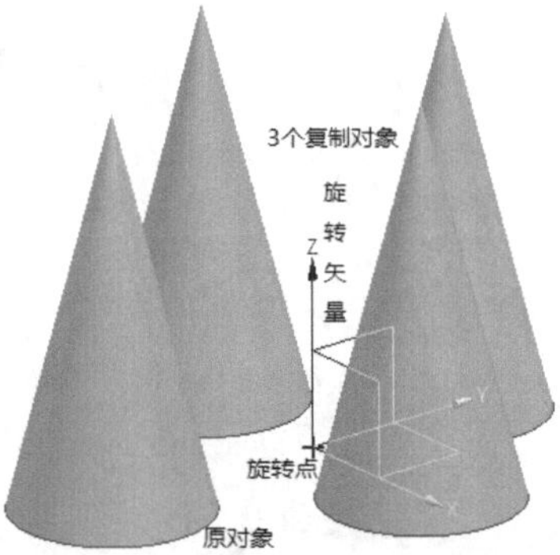

图 3-74　按“根据三点旋转”复制对象

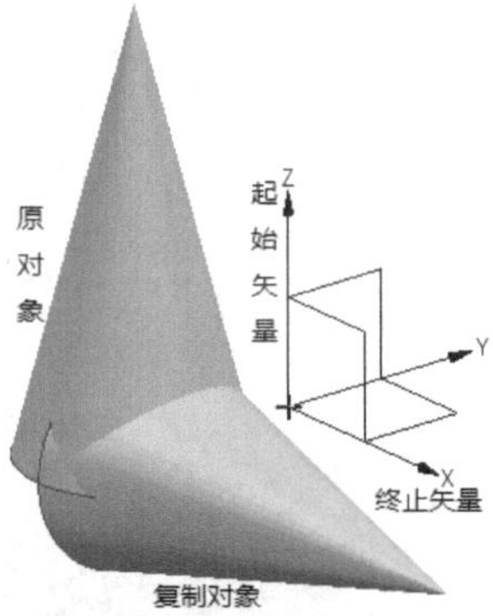

图 3-75　按“将轴与矢量对齐”复制对象

6. 坐标系到坐标系

选择对象按两个基准坐标系之间的相对位置关系移动或者多重复制。

如图 3-76 所示，原对象由起始坐标系的方位复制到目标坐标系的方位。操作时选择坐标系，要整体选择，即三个坐标轴均高亮显示时选择，不要在一个坐标平面高亮显示时选择，此时选择的只是一个坐标面，其结果是不一样的。

7. 动态

选择对象按动态工作坐标系的调整方法移动或者多重复制。

如图 3-77 所示，此时相当于激活了工作坐标系，可以移动原点位置，可以沿坐标轴移动一定的距离，也可以绕坐标轴旋转一定的角度，原对象按此方式动态移动或复制。

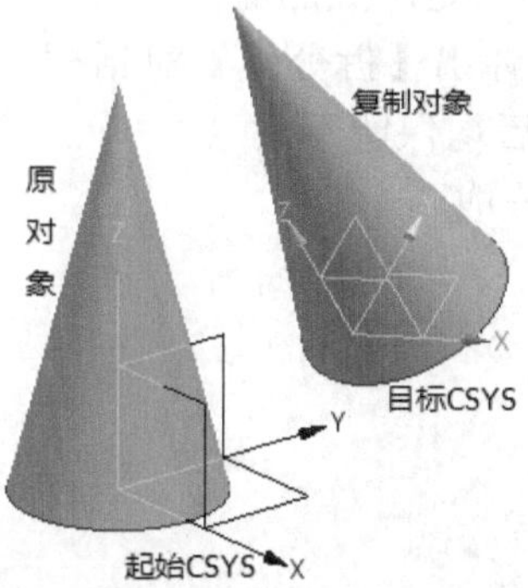

图 3-76 按“坐标系到坐标系”复制对象

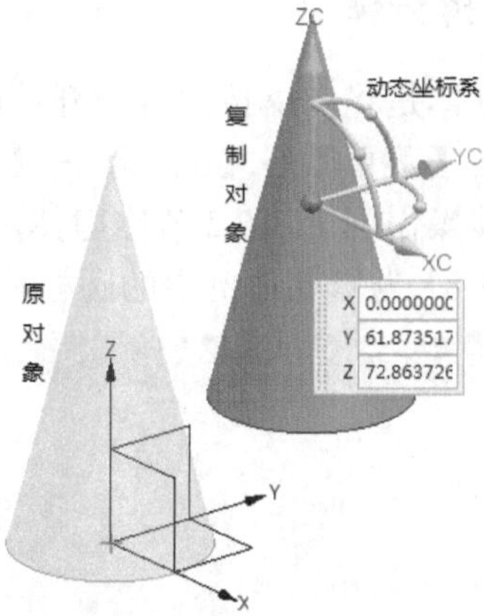

图 3-77 按“动态”复制对象

8. **增量 XYZ**

选择对象按工作坐标系或绝对坐标系三坐标值的增量移动或者多重复制。

3.6.2 修剪体

修剪体是将实体按面进行修剪，保留一部分，去掉一部分。此面可以是平面或曲面，平面可以是实际绘制的平面、坐标平面、基准平面或实体的表平面；曲面可以是实际绘制的曲面，也可以是实体的表面。

单击【菜单】→【插入】→【修剪】→【修剪体】，弹出【修剪体】对话框，如图 3-78 所示，激活“目标”栏，选择需要修剪的实体；激活“工具”栏，选择修剪面，假如该面目前没有，则选择“新建平面”，单击“新建平面”按钮，通过基准平面的 14 种方法绘制修剪面，修剪的部分是保留还是去除，可以单击“反向”按钮调整，最后单击“确定”按钮完成操作。

图 3-79 为两圆柱体分别按曲面和 YZ 坐标平面进行的修剪。

图 3-78 【修剪体】对话框

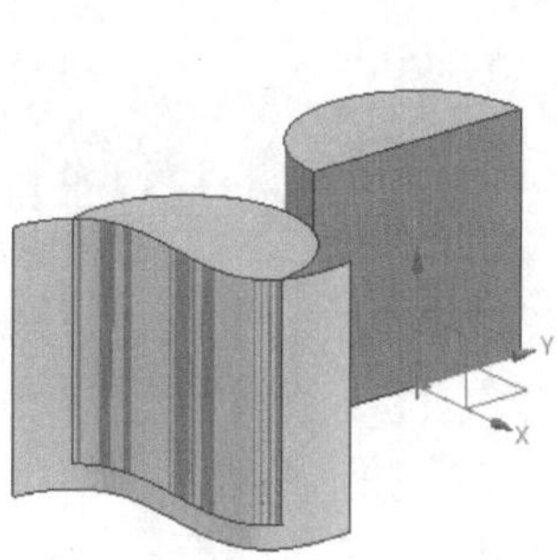

图 3-79 按曲面和平面修剪圆柱体

3.6.3 拆分体

拆分体是将实体按面拆分开。此面与修剪体的面相同，是广义的面。

单击【菜单】→【插入】→【修剪】→【拆分体】，弹出【拆分体】对话框，如图 3-80 所示。其操作同于 3.6.2 节修剪体，区别在于实体拆分之后均保留不去除。

图 3-81 为修剪体例中的圆柱体分别按曲面和平面拆分成两半。

图 3-80 【拆分体】对话框

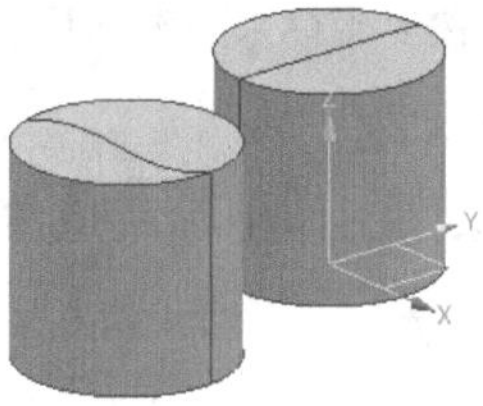

图 3-81 按曲面和平面拆分圆柱体

3.6.4 替换面

替换面是针对实体的修剪和延伸操作，将实体按面进行修剪或延伸，此面同于修剪体的面，是广义的面。

单击【菜单】→【插入】→【同步建模】→【替换面】，弹出【替换面】对话框，如图 3-82 所示。

图 3-82 【替换面】对话框

应用案例 3-5 实体的修剪与延伸

(1) 打开支持文件 AL3-5S.prt，如图 3-83 (a) 所示。将实体按曲面为边界进行修剪或延伸。

(2)打开图 3-82【替换面】对话框，激活“原始面”栏，选择长方体的后立面为要进行修剪或延伸的面；激活“替换面”栏，选择左侧曲面作为边界，单击“确定”按钮完成长方体的延伸，如图 3-83(b)所示。

在上述操作中，激活“替换面”后，如果选择右侧的曲面为边界，则进行的是修剪操作，如图 3-83(c)所示。

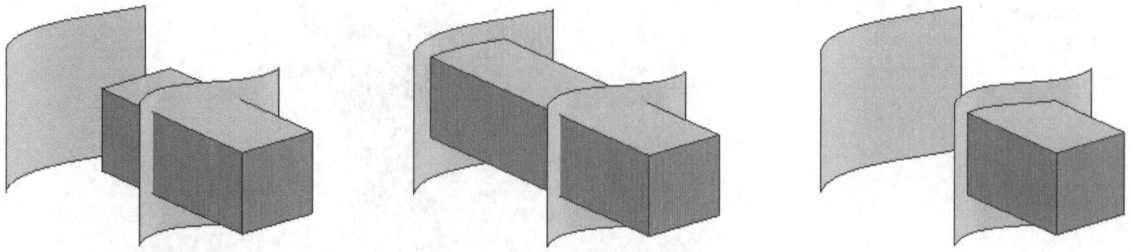

(a)长方体与两边界曲面　　(b)长方体延伸　　(c)长方体修剪

图 3-83　替换面操作

3.6.5　抽壳

抽壳是将实体变成具有一定厚度的空心壳体。

单击【菜单】→【插入】→【偏置/缩放】→【抽壳】，弹出【抽壳】对话框，如图 3-84 所示，选择实体上抽壳后要移除的面，设置壳体的厚度，单击“确定”按钮完成操作。移除的面可以选择一个面、多个面，也可以选择实体所有的外表面。

图 3-85 是移除圆锥台的顶面，移除长方体的左侧面与前侧面生成的壳体。

图 3-84　【抽壳】对话框

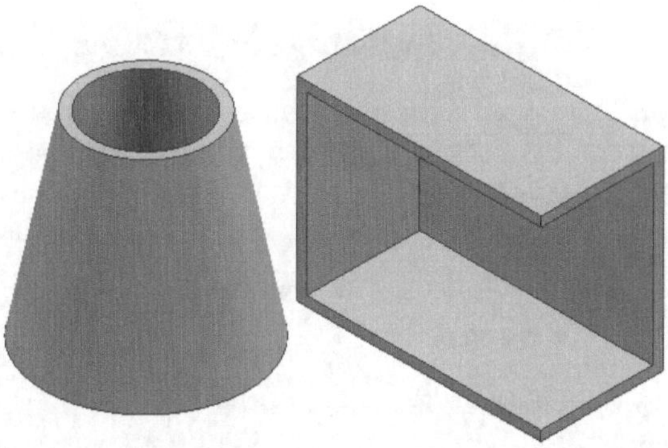

图 3-85　圆锥台和长方体抽壳

3.6.6　镜像几何体

镜像几何体是将实体按平面进行镜像对称复制。

单击【菜单】→【插入】→【关联复制】→【镜像几何体】，弹出【镜像几何体】对话框，如图 3-86 所示，激活“要镜像的几何体”栏，选择要镜像复制的实体；激活“镜像平面”栏，选择一个平面，可以是基准平面、坐标平面或某一个实体的表平面；假如镜像平面目前没有，则单击“新建平面”按钮，通过基准平面的 14 种方法绘制镜像平面，最后单击“确定”按钮完成操作。

如图 3-87 所示，圆锥台分别是按 XZ 坐标平面和圆锥台自身顶面为镜像平面进行的对称复制。

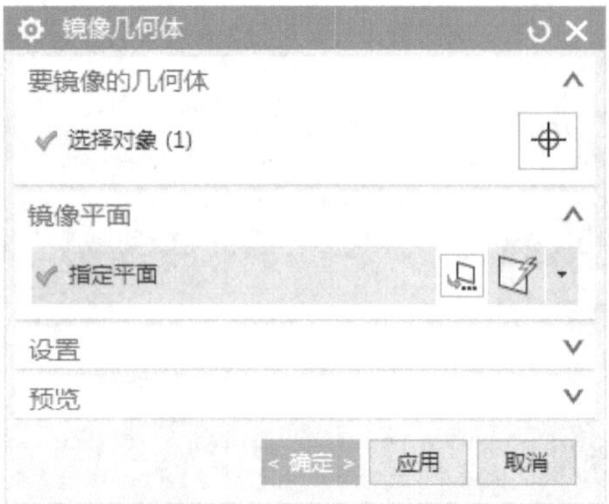

图 3-86 【镜像几何体】对话框

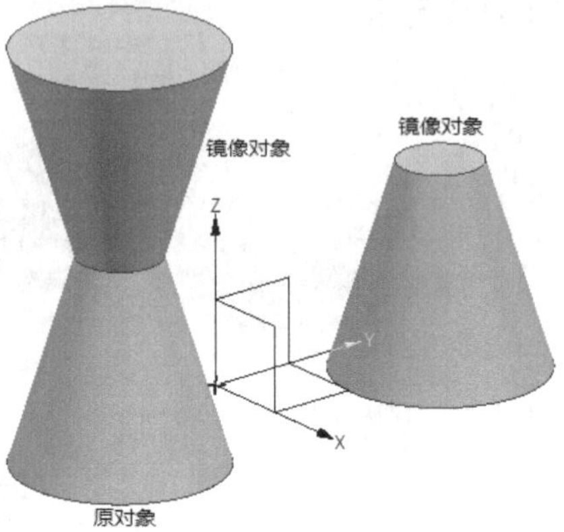

图 3-87 圆锥台镜像复制

3.6.7 镜像特征

镜像特征是将特征对象按平面进行镜像对称复制。这里的特征可以是某个实体，也可以是实体上的几何造型，如凸起、凹槽、孔等，是更为广义的对象。

单击【菜单】→【插入】→【关联复制】→【镜像特征】，弹出【镜像特征】对话框，如图 3-88 所示，其操作同于镜像几何体。

图 3-89 为圆盘上的孔按 XZ 坐标平面进行的镜像复制。该孔是不能通过镜像几何体命令操作的。但是 3.6.6 节中的圆锥台镜像复制也是可以通过镜像特征命令完成的。

图 3-88 【镜像特征】对话框

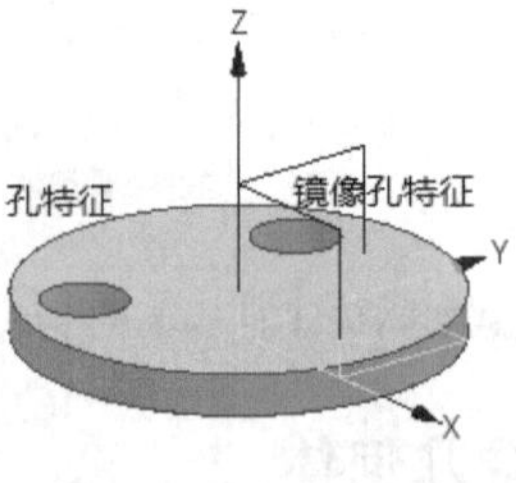

图 3-89 凸台镜像复制

3.6.8 阵列几何特征

阵列几何特征是对实体对象按规律进行多重复制。

单击【菜单】→【插入】→【关联复制】→【阵列几何特征】，弹出【阵列几何特征】对话框，如图 3-90 所示，通常选择线性阵列和圆形阵列方式进行复制。阵列复制的间距参数设置有 3 种方式选择。

1. 数量和间距

这里的数量是指经复制后加上原来的总共的对象数。间距是指按多大的距离增量(线性阵列)或角度增量(圆形阵列)进行复制。

2. 数量和跨距

数量是复制后总共的对象数，跨距是指在多大的距离(线性阵列)或角度(圆形阵列)范围内均匀地复制这些对象数。跨距为节距乘以对象的间隔数。

3. 节距和跨距

节距是指按多大的距离增量(线性阵列)或角度增量(圆形阵列)进行复制。跨距是指在多大的距离(线性阵列)或角度(圆形阵列)范围内均匀地复制这些对象数，那么对象数就是跨距除以节距加 1 个。

线性阵列可以同时按两个方向进行多重复制，且两个方向可以不垂直，此时需要选择“使用方向 2”，然后输入该方向上阵列复制的相关参数。

图 3-91(a)为圆球沿 X 轴和 Y 轴两个方向进行的线性阵列复制。

图 3-91(b)为圆球绕 Z 轴，以坐标原点为旋转点，按 60° 角度增量进行的圆形阵列复制。

图 3-90　【阵列几何特征】对话框

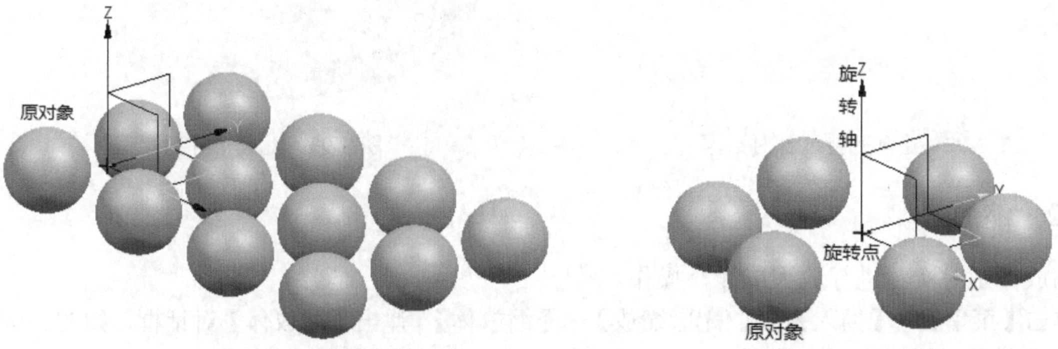

(a) 线性阵列复制　　(b) 圆形阵列复制

图 3-91　圆柱体阵列复制

3.6.9　阵列特征

阵列特征是将特征对象按规律进行多重复制。与镜像特征相同，这里的特征可以是某个实体，也可以是实体上的几何造型，如凸起、凹槽、孔等，是广义的对象。

单击【菜单】→【插入】→【关联复制】→【阵列特征】，弹出【阵列特征】对话框，如

图 3-92 所示，其操作与阵列几何特征相同。

图 3-93 为圆盘上的孔进行的圆形阵列复制。该孔是不能通过阵列几何特征命令操作的。但是 3.6.8 节中的圆球阵列复制也是可以通过阵列特征命令完成的。

图 3-92　【阵列特征】对话框

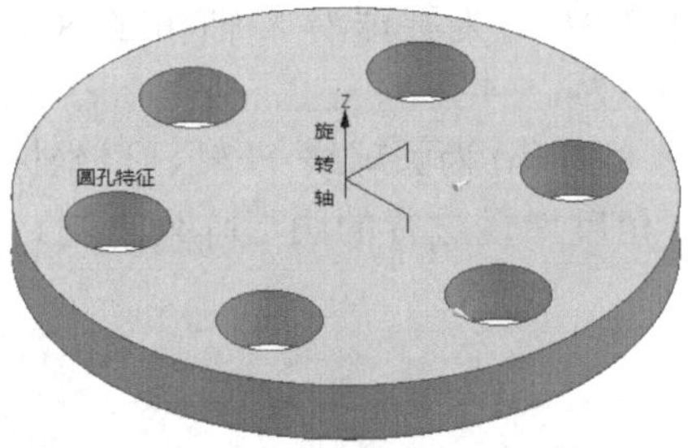

图 3-93　孔圆形阵列

3.6.10　缩放体

缩放体是对实体进行放大或缩小操作。

单击【菜单】→【插入】→【偏置/缩放】→【缩放体】，弹出【缩放体】对话框，如图 3-94 所示。按要求选择需要缩放的实体，选择缩放基点，输入缩放比例，比例因子大于 1 是放大操作，比例因子小于 1 是缩小操作。在“类型”栏中有 3 种缩放方式可以选择。

(1) 均匀：实体在 X、Y、Z 轴三个方向上，同时执行相同的缩放比例。

(2) 轴对称：对于回转实体，如圆柱体、圆锥体等，其在回转轴的方向和垂直于回转轴的方向，可以执行不同的缩放比例。

(3) 不均匀：实体在 X、Y、Z 轴三个方向上，可以分别执行不同的缩放比例。

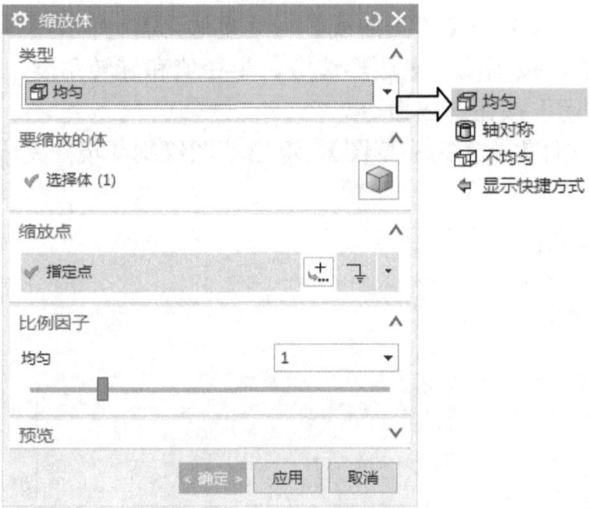

图 3-94　【缩放体】对话框

3.6.11　实体与特征编辑

通常双击某一实体或特征可弹出其原来创建时的对话框，对其参数和选项进行编辑。也可以在实体或特征上高亮显示时右击“编辑参数”。也可以选择实体或特征后，单击【菜单】→【编辑】→【特征】→【编辑参数】进行编辑。比如，双击圆柱体，对其原来的建模参数重新编辑，可改变其轴向矢量，改变其底圆圆心位置，改变直径和高度尺寸等；再如，双击螺纹特征可以重新编辑其螺距、螺纹长度、旋向等参数。

3.7　综 合 实 例

1. M12 六角头螺栓实体建模

设计要求

查询《机械设计手册》，M12 为标准公制粗牙螺纹，螺距 1.75mm，螺栓参数尺寸如图 3-95 所示。

设计思路

通过草图绘制正六边形，然后拉伸生成六棱柱主体。通过圆锥体特征与六棱柱相交车削螺栓六角头棱角。通过附着特征对螺杆倒斜角，创建螺纹。

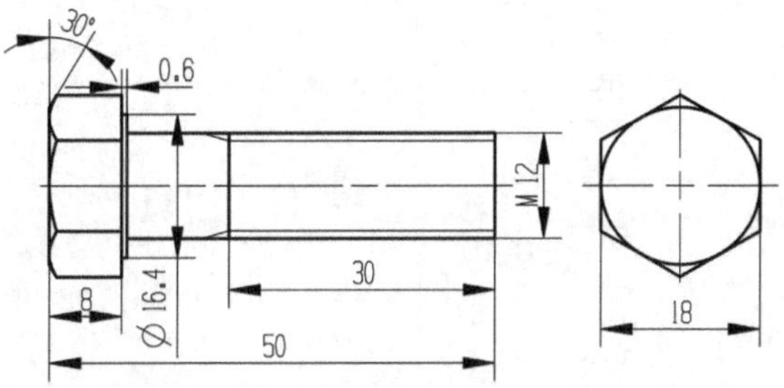

图 3-95　M12 六角头螺栓

设计步骤

(1) 草图绘制正六边形。

新建一模型文件，单击【菜单】→【插入】→【草图】，弹出图 2-1【创建草图】对话框，选择基准坐标系的 XY 坐标平面为草图绘制平面，单击“确定”按钮，进入草图绘制环境。

单击【菜单】→【插入】→【草图曲线】→【多边形】，弹出图 3-96【多边形】对话框，“中心点”选择坐标原点，按图输入多边形边数、半径值和旋转角度，绘制内切圆直径 18mm 的正六边形，单击“关闭”按钮退出命令。

单击【菜单】→【文件】→【完成草图】，退出草图绘制环境，完成正六边形的草图绘制，如图 3-97 所示。

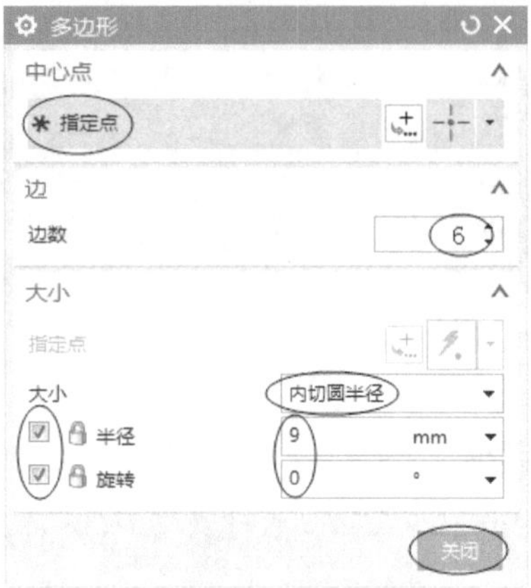

图 3-96　【多边形】对话框

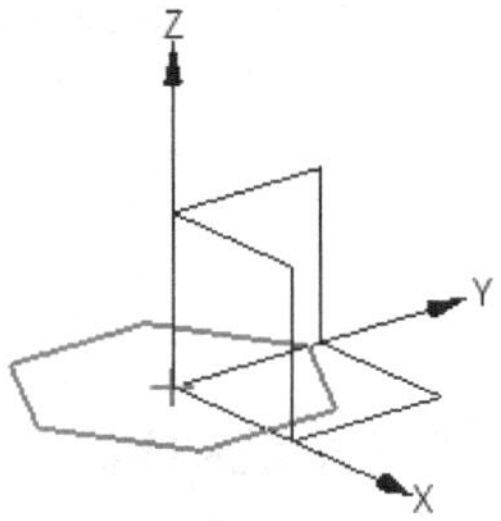

图 3-97 正六边形草图绘制

(2) 六边形拉伸成六棱柱。

单击【菜单】→【插入】→【设计特征】→【拉伸】，弹出【拉伸】对话框，如图 3-98 所示，激活“选择曲线”栏，选择绘制的正六边形；激活“指定矢量”栏，选择 Z 轴，再按图输入拉伸的开始与结束距离值，单击“确定”按钮，完成六棱柱的绘制，如图 3-99 所示。

图 3-98　【拉伸】对话框(绘制六棱柱)

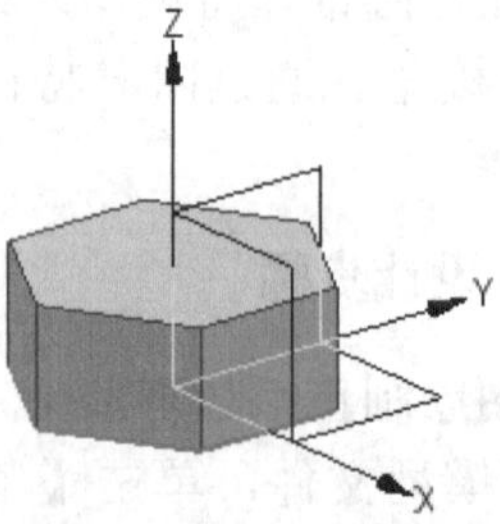

图 3-99　六边形拉伸生成六棱柱

(3) 六棱柱车削棱角。

单击【菜单】→【插入】→【设计特征】→【圆锥】，弹出【圆锥】对话框，如图3-100所示，激活“指定矢量”栏，选择Z轴；激活“指定点”栏，选择坐标原点，按图设置其余参数与选项，单击“确定”按钮，完成六棱柱顶部棱角的车削，如图3-101所示。

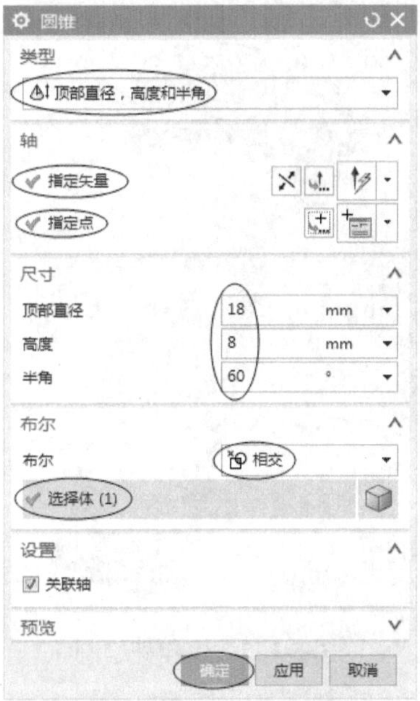

图3-100 【圆锥】对话框

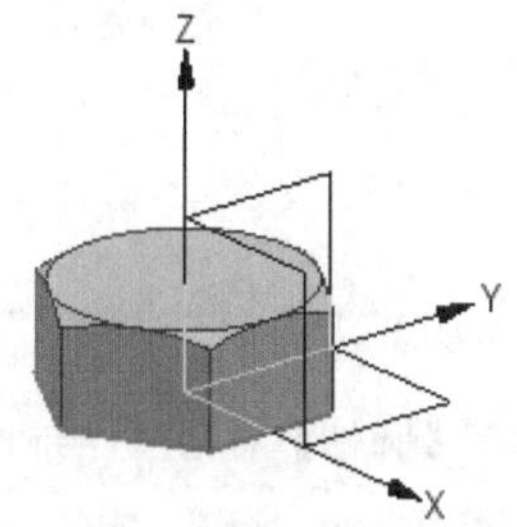

图3-101 六棱柱车削棱角

(4) 绘制螺栓头凸垫。

单击【菜单】→【插入】→【设计特征】→【圆柱】，弹出【圆柱】对话框，如图3-102所示。圆柱体“指定矢量”选择基准坐标系Z轴反向，“指定点”选择坐标原点，其余参数按图设置，单击“确定”按钮，完成螺栓头凸垫绘制，如图3-103所示。

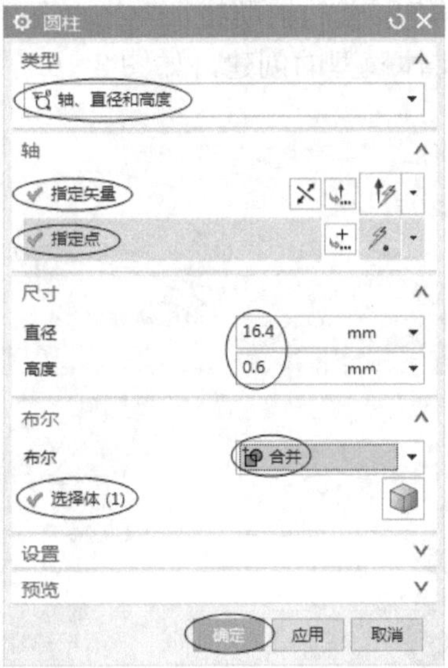

图3-102 【圆柱】对话框(绘制螺栓头凸垫)

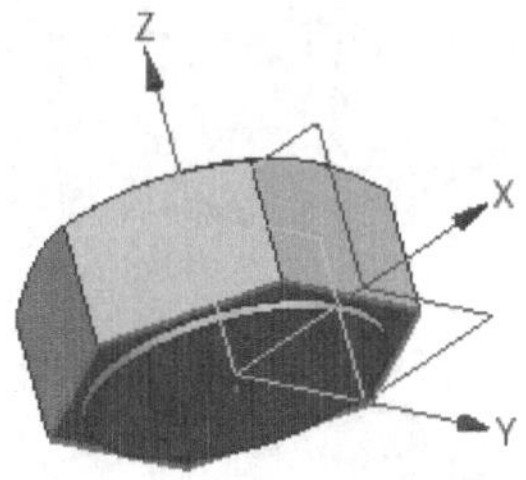

图3-103 螺栓头凸垫绘制

(5) 绘制螺栓杆。

打开【圆柱】对话框，按图 3-104 设置，圆柱体“指定矢量”选择基准坐标系 Z 轴反向，“指定点”选择凸垫底圆圆心，绘制的螺栓杆如图 3-105 所示。

图 3-104　【圆柱】对话框(绘制螺栓杆)

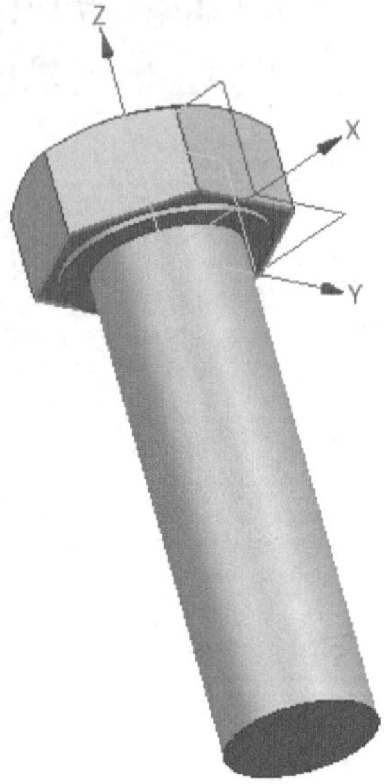

图 3-105　螺栓杆绘制

(6) 绘制螺纹。

单击【菜单】→【插入】→【设计特征】→【螺纹】，弹出【螺纹切削】对话框，如图 3-106 所示，选择螺栓杆圆柱面，此时自动识别螺纹参数，默认绘制右旋粗牙螺纹，将螺纹“长度”改为 30mm，单击“确定”按钮，完成螺纹绘制，如图 3-107 所示。

(7) 隐藏辅助特征。

单击【菜单】→【编辑】→【显示和隐藏】→【显示和隐藏】，弹出图 1-20【显示和隐藏】对话框，单击“草图”和“基准”后面的减号“ ━ ”，将所有的辅助特征草图和基准隐藏，只显示实体特征，单击“确定”按钮，完成 M12 螺栓实体模型的创建，如图 3-108 所示。

图 3-106　【螺纹切削】对话框

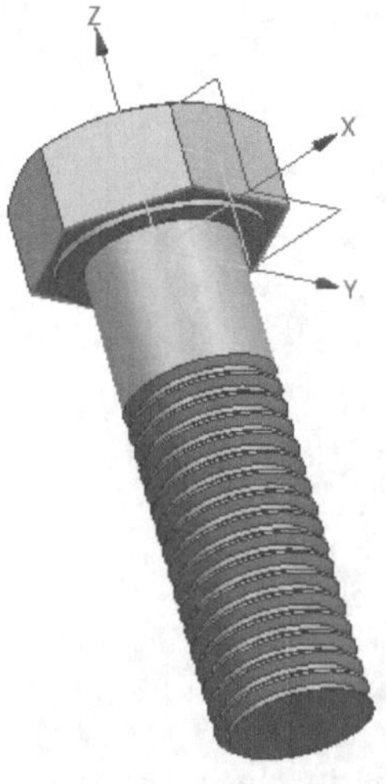

图 3-107　螺纹绘制

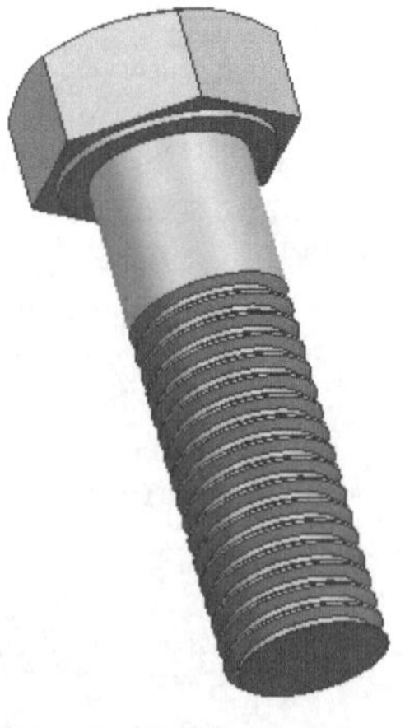

图 3-108　隐藏辅助特征的螺栓

2. 对接器实体建模

设计要求

对接器是管道系统在线检测常用的壳体零件，按图3-109工程图尺寸绘制对接器实体模型。

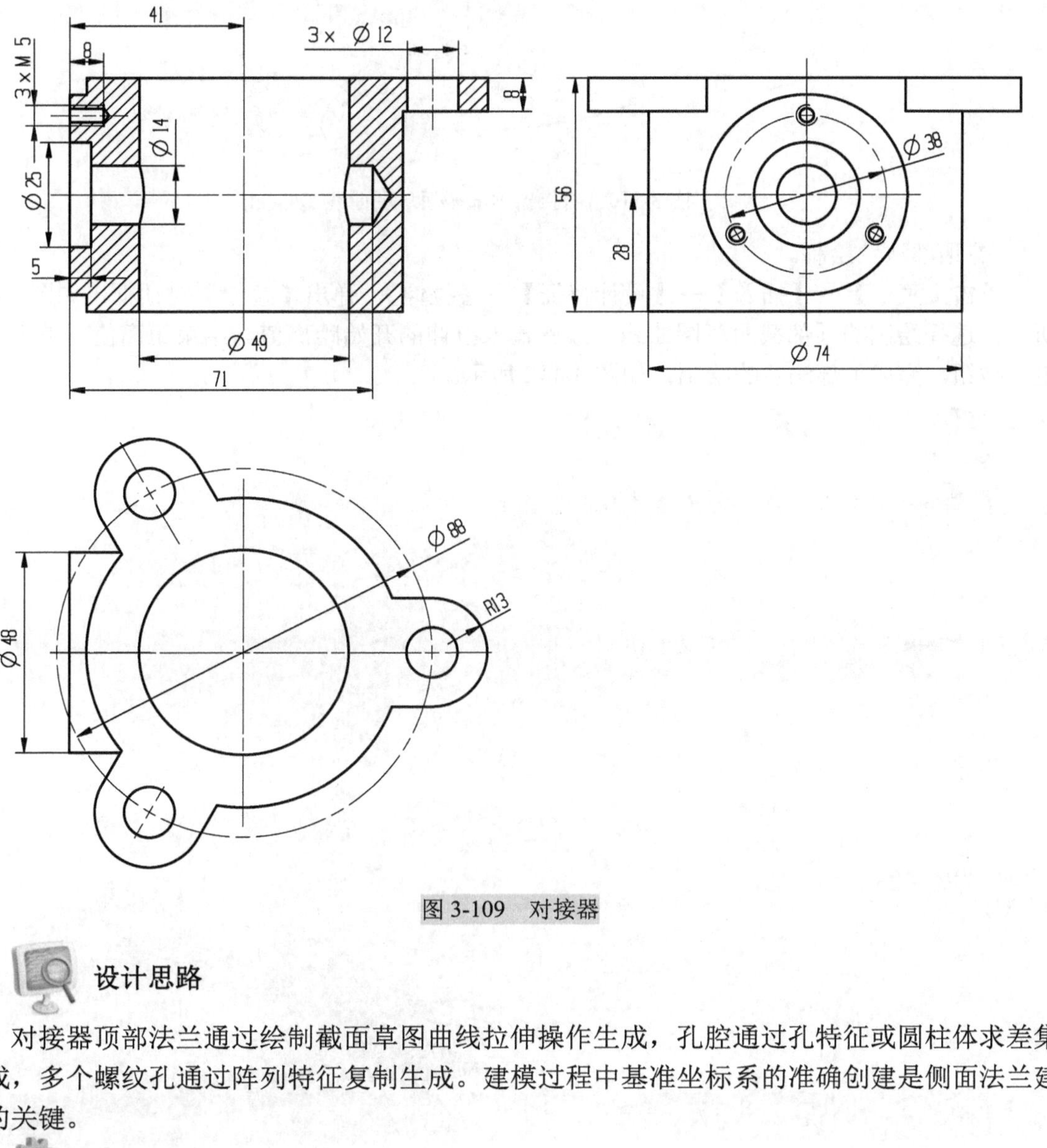

图3-109 对接器

设计思路

对接器顶部法兰通过绘制截面草图曲线拉伸操作生成，孔腔通过孔特征或圆柱体求差集完成，多个螺纹孔通过阵列特征复制生成。建模过程中基准坐标系的准确创建是侧面法兰建模的关键。

设计步骤

(1)草图绘制对接器顶部截面曲线。

通过第2章草图曲线绘制、操作以及编辑命令完成对接器顶部截面曲线的绘制，如图3-110所示。绘制过程请读者参考2.3节和2.4节自行完成，主要用到圆、直线绘制命令、修剪命令、阵列曲线命令。本例也可以直接打开支持文件ZL2S.prt，进行下一步操作。

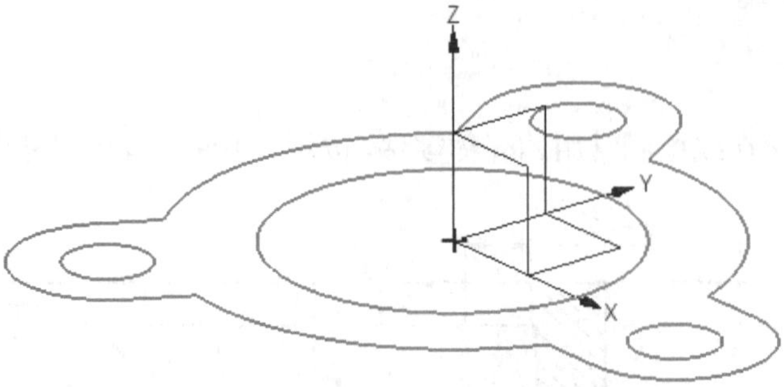

图 3-110　对接器顶部截面草图曲线

(2) 顶部法兰绘制。

单击【菜单】→【插入】→【设计特征】→【拉伸】，弹出【拉伸】对话框，如图 3-111 所示，选择绘制的顶部截面草图曲线，按图输入拉伸的开始距离值与结束距离值，单击“确定”按钮，完成顶部法兰的绘制，如图 3-112 所示。

图 3-111　【拉伸】对话框(绘制对接器顶部法兰)

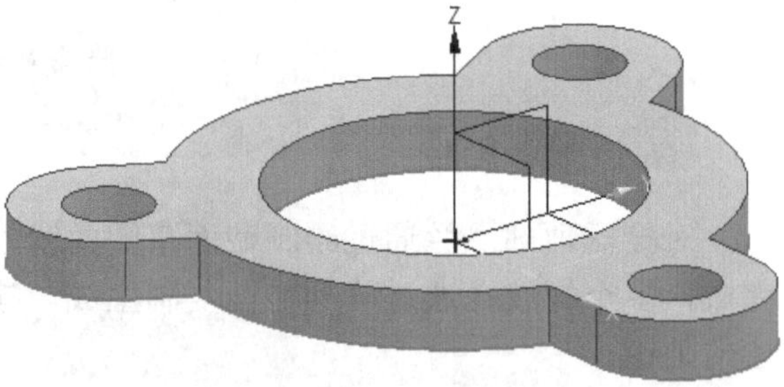

图 3-112　对接器顶部法兰绘制

(3) 对接器本体绘制。

单击【菜单】→【插入】→【设计特征】→【圆柱】，弹出【圆柱】对话框，如图 3-113 所示。圆柱体“指定矢量”选择基准坐标系 Z 轴反向，“指定点”选择坐标原点，其余参数按图设置，单击“应用”按钮，绘制图形如图 3-114 所示。此时，仍保留【圆柱】对话框，“指定矢量”仍然选择基准坐标系 Z 轴反向，“指定点”仍然选择坐标原点，其余参数按图 3-115

设置，单击“确定”按钮，完成对接器本体外缺体绘制，如图 3-116 所示。

图 3-113　【圆柱】对话框(绘制对接器本体外缸体)

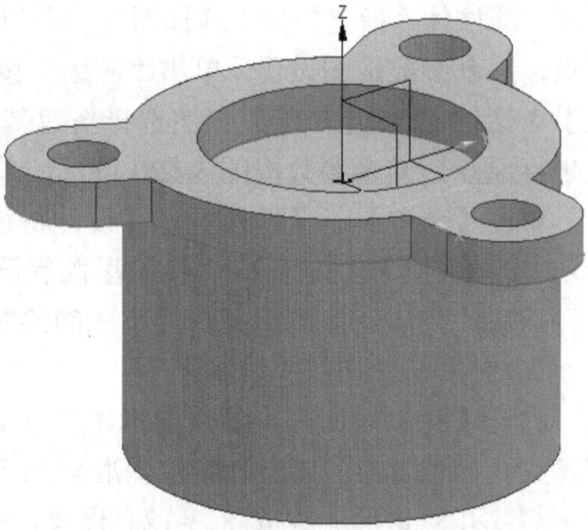

图 3-114　对接器本体外缸体绘制

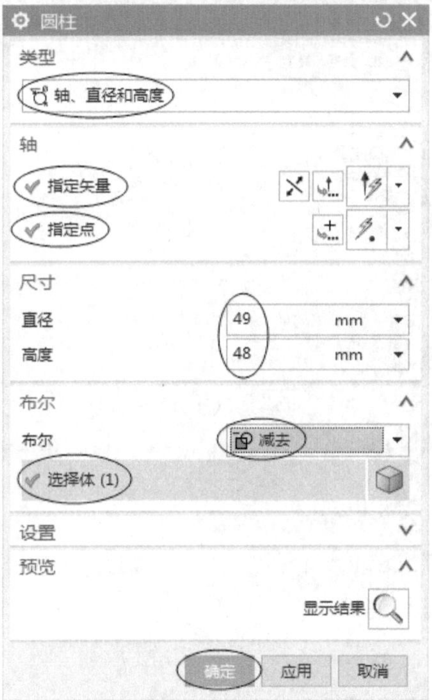

图 3-115　【圆柱】对话框(绘制对接器本体通孔)

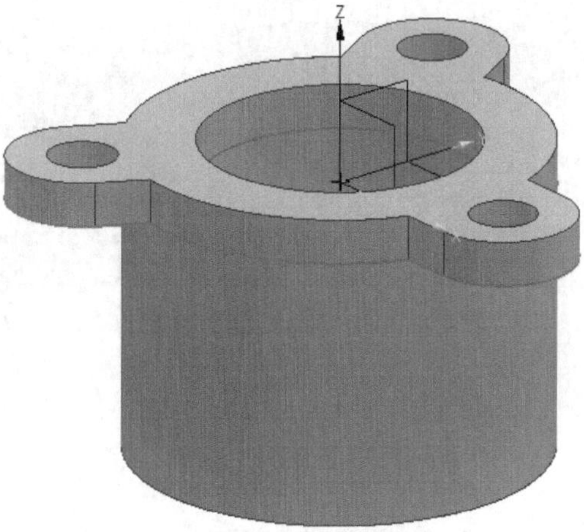

图 3-116　对接器本体绘制

(4) 建立新的基准坐标系。

单击【菜单】→【插入】→【基准/点】→【基准坐标系】，弹出图 1-36【基准坐标系】对话框，选择“动态”方式，单击动态坐标系的 X 轴，在浮动的对话框中输入距离值“−41”，按 Enter 键；再激活 Z 坐标轴，在浮动对话框中输入距离值“−20”，按 Enter 键，单击“确定”按钮完成新的基准坐标系的建立，如图 3-117 所示。

(5) 侧面法兰孔绘制。

单击【菜单】→【插入】→【设计特征】→【圆柱】，弹出【圆柱】对话框，如图 3-118 所示。圆柱体“指定矢量”选择新建的基准坐标系 X 轴，“指定点”选择新的基准坐标系坐标原点，其余参数按图设置，单击“应用”按钮，绘制图形如图 3-119 所示。此时，仍保留【圆柱】对话框，“指定矢量”仍然选择新建基准坐标系 X 轴，“指定点”仍然选择新建基准坐标系坐标原点，其余参数按图 3-120 设置，单击“确定”按钮，绘制图形如图 3-121 所示。

单击【菜单】→【插入】→【设计特征】→【孔】，弹出【孔】对话框，选择如图 3-122 所示。选择刚才绘制的ϕ25 的孔的里侧底圆圆心为绘制孔的圆心点，其余按图设置，单击“确定”按钮，完成对接器侧面法兰小孔的绘制，如图 3-123 所示。

(6) 侧面法兰螺纹孔绘制。

打开【孔】对话框，参数选择如图 3-124 所示。单击“绘制截面”按钮，通过草图绘制螺纹孔的位置点，该点为新建基准坐标系的点 (0, 0, 19)，也即绝对坐标系的点 (−41, 0, −1)，绘制螺纹孔对话框参数按图 3-124 设置，单击“确定”按钮完成一个螺纹孔的绘制，螺纹孔是以符号螺纹形式显示的，如图 3-125 所示。

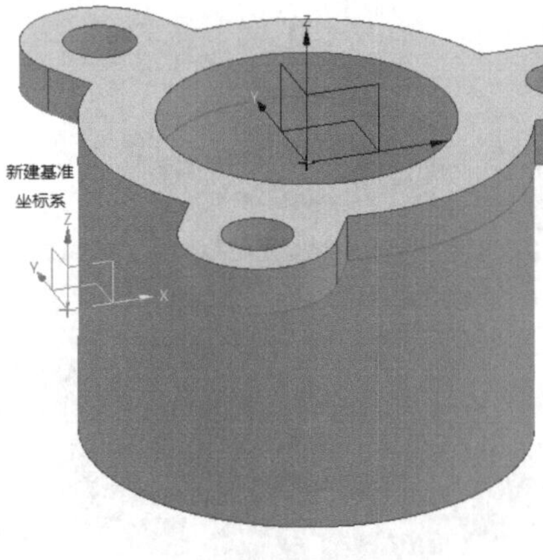

图 3-117　新基准坐标系建立

图 3-118　【圆柱】对话框(绘制侧面法兰)

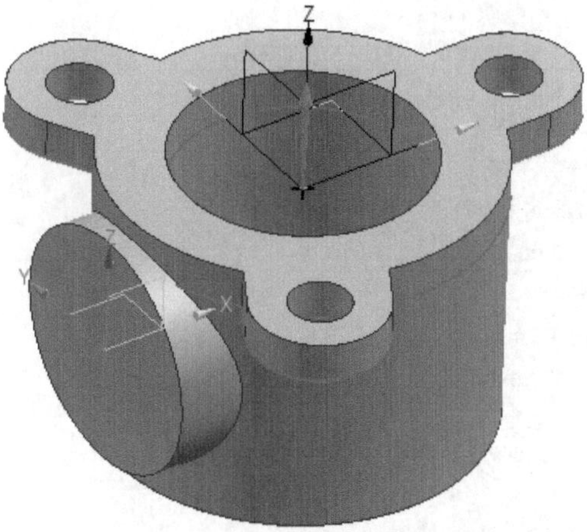

图 3-119 对接器侧面法兰绘制

图 3-120 【圆柱】对话框(绘制对接器侧面法兰大孔)

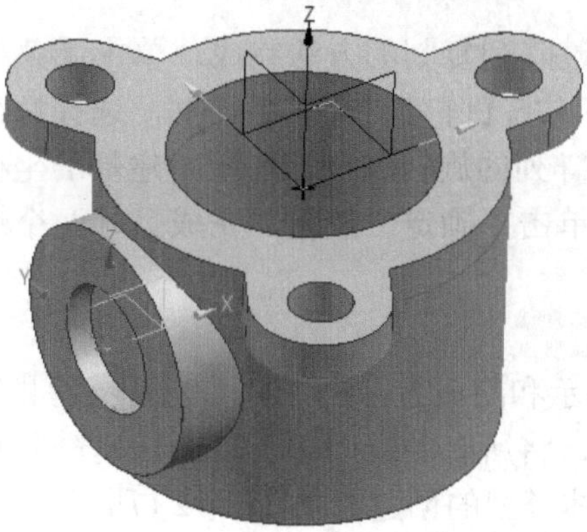

图 3-121 对接器侧面法兰大孔绘制

图 3-122 【孔】对话框(对接器侧面法兰小孔绘制)

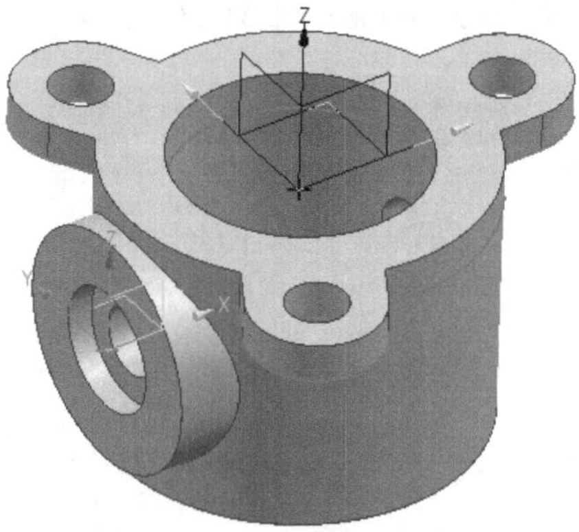

图 3-123　对接器侧面法兰小孔绘制

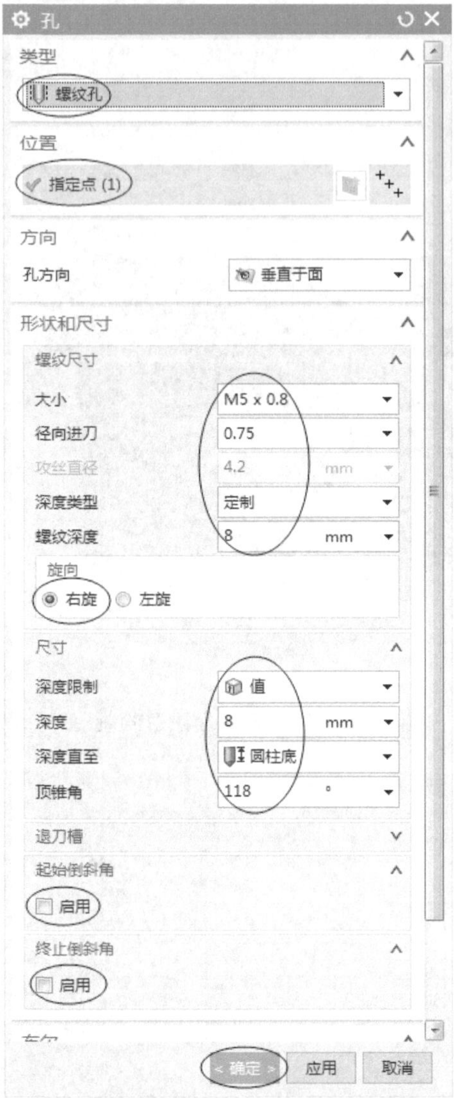

图 3-124　【孔】对话框（对接器侧面法兰螺纹孔绘制）

其余两个螺纹孔可用同样的方法绘制，也可以通过阵列复制的方法完成。单击【菜单】→【插入】→【关联复制】→【阵列特征】，弹出图 3-126【阵列特征】对话框，选择螺纹孔为阵列复制对象，选择新建基准坐标系的 X 轴为圆形阵列的旋转矢量，选择新建基准坐标系的坐标原点为圆形阵列旋转点，其余参数按图设置，单击“确定”按钮，完成另外两个螺纹孔的复制，如图 3-127 所示。

(7) 隐藏辅助特征。

单击【菜单】→【编辑】→【显示和隐藏】→【显示和隐藏】，弹出图 1-20【显示和隐藏】对话框，单击“草图”和“基准”后面的减号“ ━ ”，将所有的辅助特征草图和基准隐藏，只显示实体特征，单击“确定”按钮，完成对接器实体模型的创建，如图 3-128 所示。

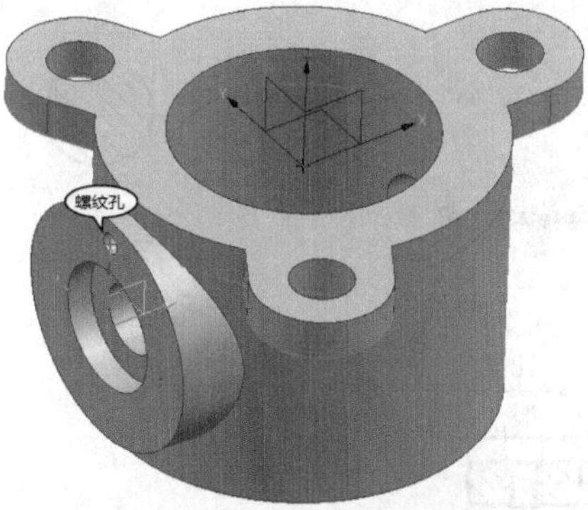

图 3-125　对接器侧面法兰螺纹孔绘制(1 个)

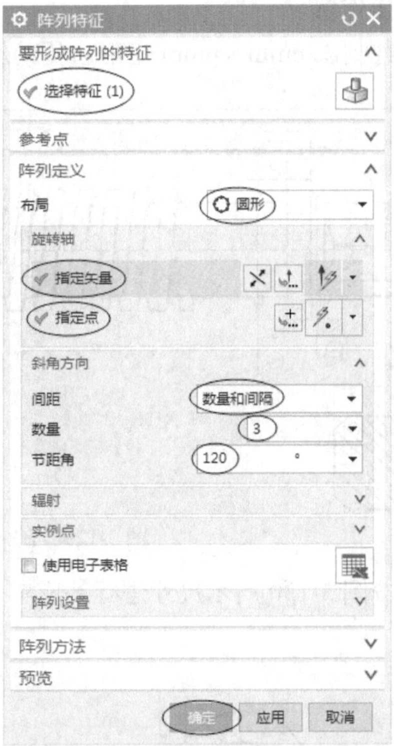

图 3-126　【阵列特征】对话框(阵列复制侧面法兰螺纹孔)

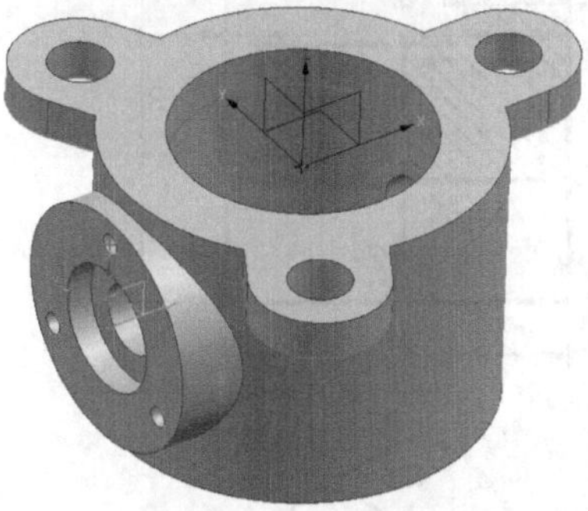

图 3-127　对接器侧面法兰螺纹孔复制(3 个)

图 3-128　对接器实体模型(隐藏辅助特征)

思考与练习

1. 思考题

(1) 实体建模有哪几类基本体素特征?
(2) 基准轴的确定有哪些方法?
(3) 扫描特征包括哪几种操作?
(4) 孔特征操作有哪些类型?
(5) 如何进行实体的修剪与延伸?
(6) 绘制圆锥台可通过哪些方法完成?

2．操作题

(1)绘制ϕ26mm×6mm 矩形齿传动丝杠，参数如图 3-129 所示，支持文件 LX1S.prt。

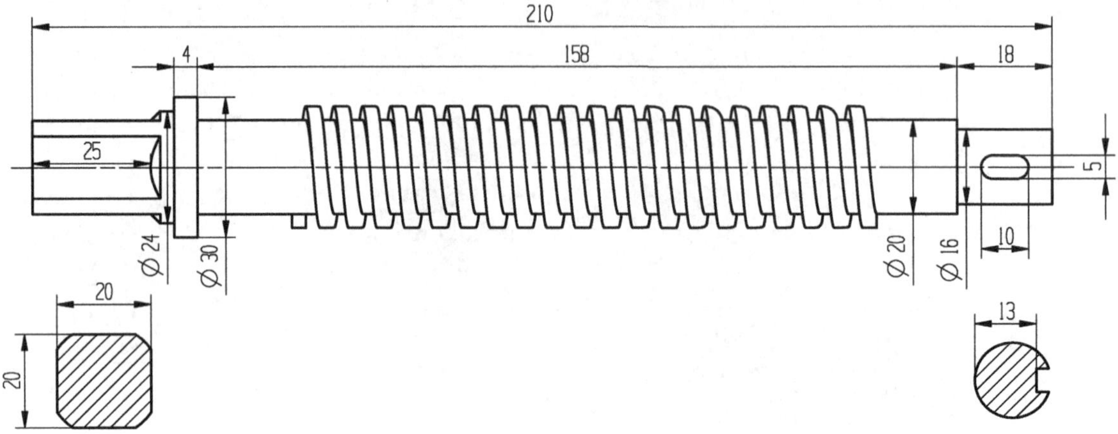

图 3-129　ϕ26mm×6mm 矩形齿传动丝杠

(2)按图 3-130 所示尺寸进行基座实体建模。

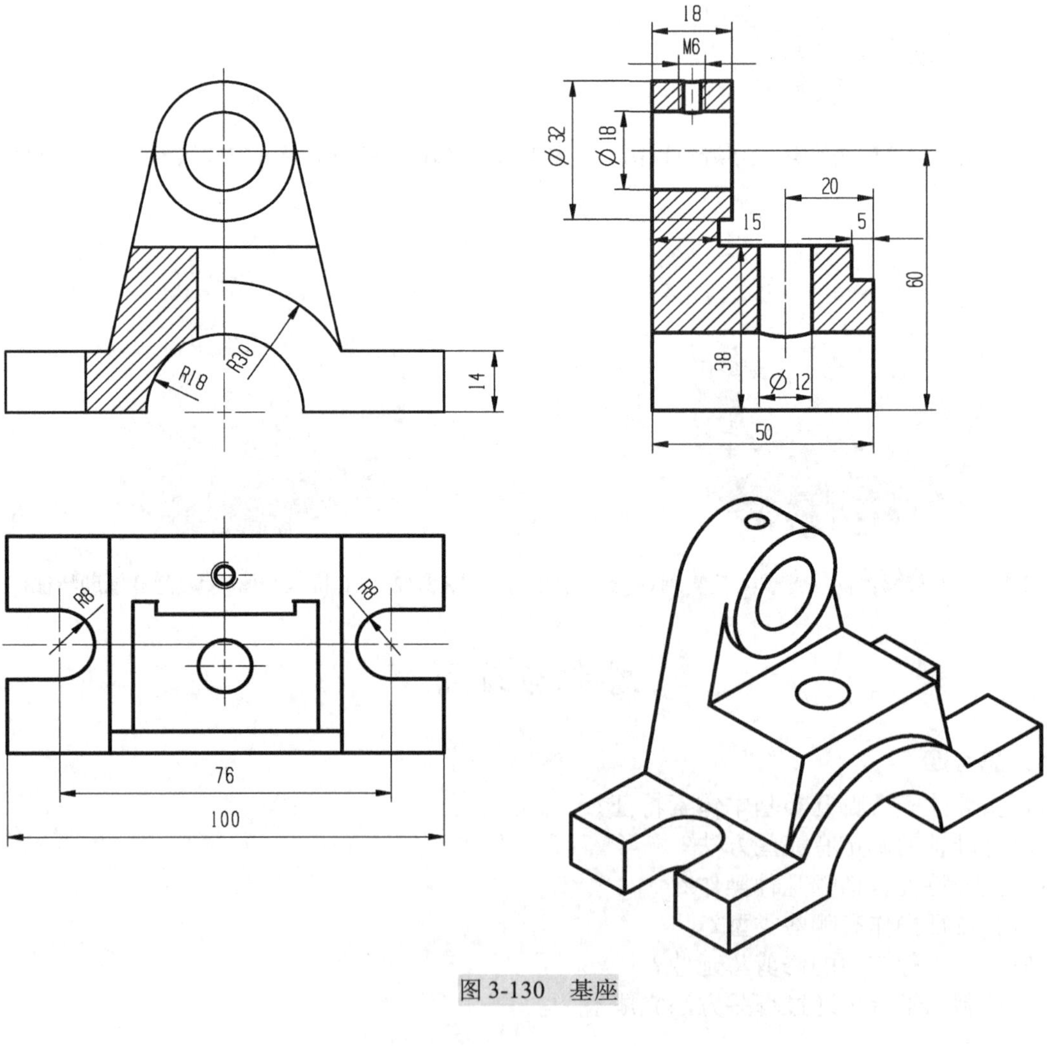

图 3-130　基座

第 4 章　曲 线 建 模

空间曲线是可以在三维方向任意绘制的曲线，既是参与实体建模和曲面建模的边界特征，又是工程设计中强有力的辅助特征。本章学习空间曲线的绘制、操作与编辑。

4.1　空间曲线绘制

4.1.1　点与点集

点是空间曲线的最小绘图单位，绘制点是空间曲线的最基本操作。

单击【菜单】→【插入】→【基准/点】→【点】，弹出图 3-1【点】对话框，绘制方法与 3.1.1 节基准点的绘制相同，不做赘述。

绘制点集是按照一定方式创建多个点。

单击【菜单】→【插入】→【基准/点】→【点集】，弹出图 4-1【点集】对话框，在“类型”栏中可以选择绘制点集的方法。

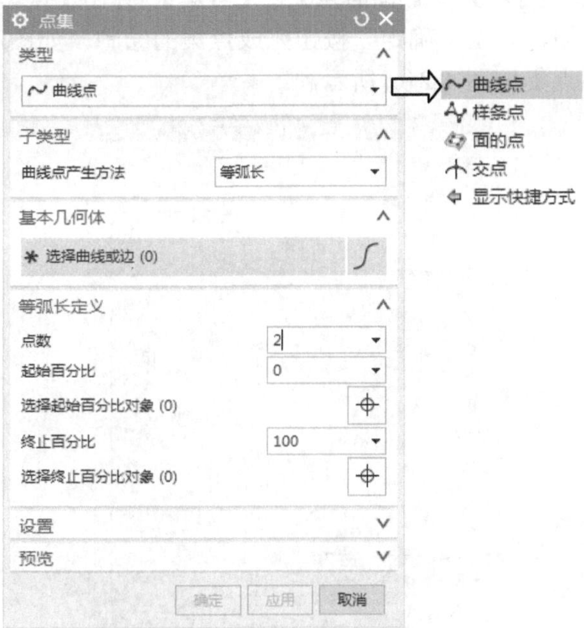

图 4-1　【点集】对话框

1．曲线点

在曲线上创建点集，该曲线可以是草图曲线、空间曲线、直线、艺术样条曲线或实体的边线。在其“子类型”栏中通常使用以下 3 种创建点集的方式。

(1) 等弧长：按输入的点数均分曲线创建点集，相邻点的曲线弧长相等。输入曲线的起止点百分比位置可以确定创建点集的范围。

(2) 增量弧长：按输入的弧长创建点集。

(3) 曲线百分比：按整条曲线弧长百分比位置创建点集。

2. 样条点

在样条曲线上(草图或空间艺术样条曲线)，按其通过的点或控制样条曲线的极点创建点集。

3. 面的点

在面上创建点集，该面可以是平面、曲面、实体的表面。在其“子类型”栏中单击选择“阵列”，按水平方向(U)输入的点数与竖直方向(V)输入的点数，创建点集。输入水平方向和竖直方向的起止点位置可以确定创建点集的范围。在“子类型”栏中选择“面百分比”，是按曲面水平方向与竖直方向的百分比位置绘制点，单击“添加新集”按钮创建多个点。

4. 交点

生成曲线与曲线、曲线与平面、曲线与曲面之间的交点集。

应用案例 4-1　绘制点集

在高 60mm，直径 40mm 的圆柱体圆柱面上，竖直方向 0～60%范围、圆周方向 0～50%范围内，绘制 4 行 5 列共 20 个点。

(1) 打开图 3-7【圆柱】对话框，在任意位置绘制直径 40mm、高度 60mm 的圆柱体，如图 4-2(a)所示。

(2) 单击【菜单】→【插入】→【基准/点】→【点集】，弹出【点集】对话框，按图 4-2(b)设置，选择圆柱体圆柱面，单击“确定”按钮完成点集的绘制，如图 4-2(a)圆柱体圆柱面上的点集，隐藏圆柱体后点集如图 4-2(c)所示。

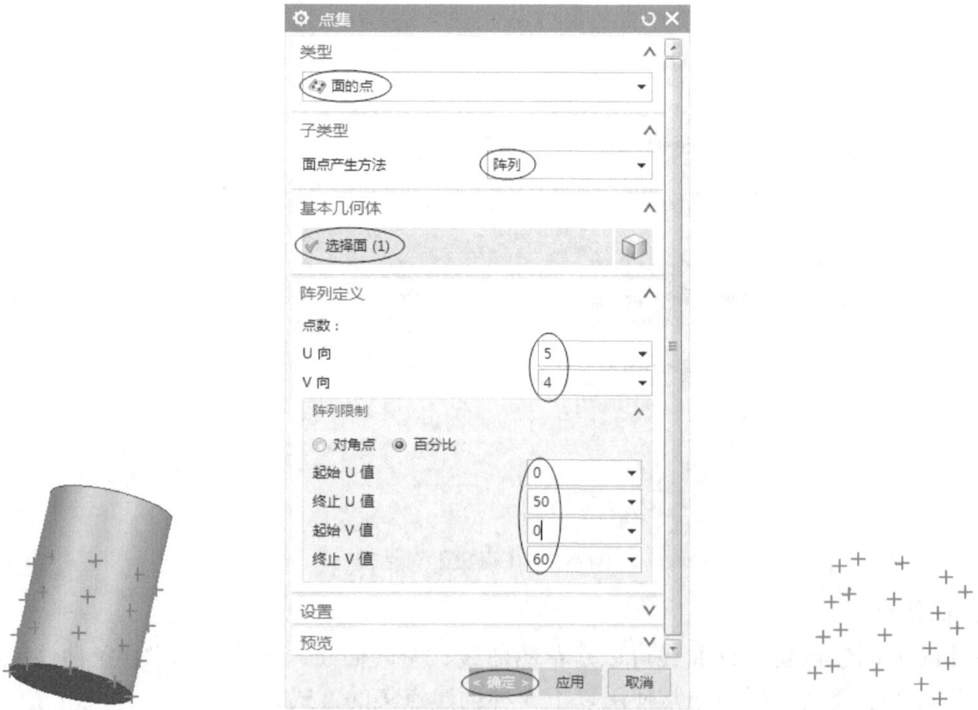

(a)　　(b)　　(c)

图 4-2　圆柱体圆柱面上点集绘制

4.1.2　直线

单击【菜单】→【插入】→【曲线】→【直线】，弹出图 4-3【直线】对话框，分别单击“起点”和“终点或方向”栏中的“点对话框”按钮，通过基准点的绘制方法确定直线的起点和终点绘制直线。如果需要在某一特定平面上绘制直线，在确定起点和终点之前选择“支持平面”栏中的“自动平面”，按基准平面的创建方法确定直线绘制的平面。

4.1.3　圆弧与圆

单击【菜单】→【插入】→【曲线】→【圆弧/圆】，弹出图 4-4【圆弧/圆】对话框，在“类型”栏中可选择绘制方式。绘制圆弧的点可单击“点对话框”按钮，按基准点的绘制方法确定。在“支持平面”栏中可以选择现有的平面，也可以通过基准平面的创建方法新绘制一个平面作为圆弧/圆的绘制平面。在“大小”栏中可以输入圆弧半径值。在“限制”栏中可以输入圆弧的起始与终止角度值，确定圆弧的绘制范围。勾选“整圆”可以绘制圆，去掉勾选绘制的是部分圆弧。

图 4-3　【直线】对话框

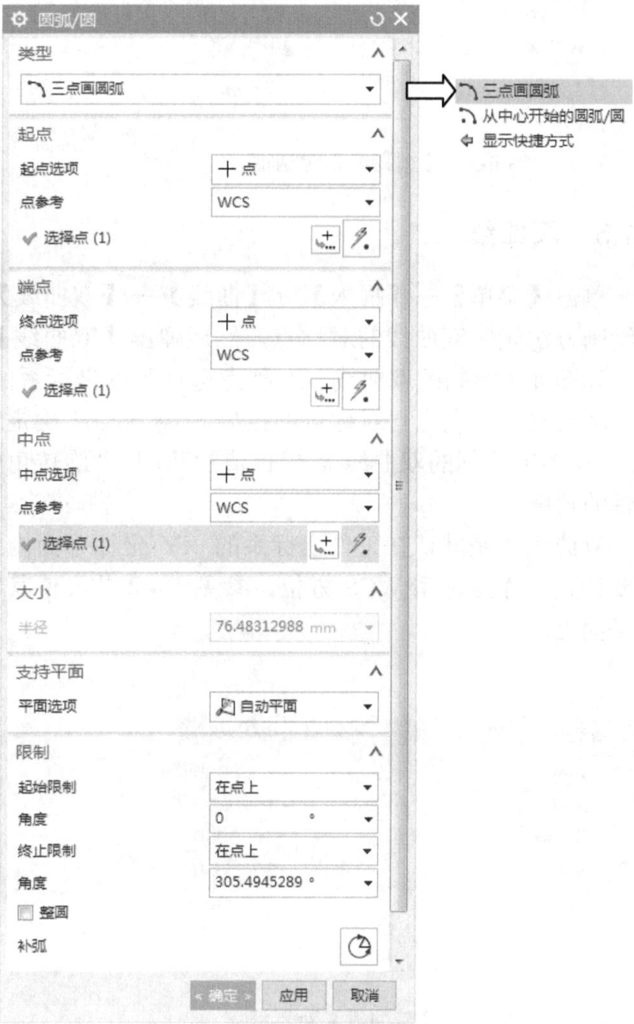

图 4-4　【圆弧/圆】对话框

4.1.4　抛物线

单击【菜单】→【插入】→【曲线】→【抛物线】，弹出图 3-1【点】对话框，按基准点的绘制方法确定抛物线的顶点位置，然后弹出【抛物线】对话框，如图 4-5 所示。

如图 4-6 绘制的抛物线，顶点位置选择基准坐标系的坐标原点，参数按图 4-5 设置，“焦距”确定抛物线的开口大小，“最小 DY”和“最大 DY”是决定绘制的抛物线 Y 坐标值的范围，“旋转角度”是抛物线中轴线相对于工作坐标系 X 轴的角度。

抛物线是默认在工作坐标系的 XY 坐标平面内绘制的，假如需要在其他平面内绘制，需要调整工作坐标系 WCS 方位，参见 1.4.2 节，使其 XY 坐标平面恰好落在需要绘制抛物线的平面上。

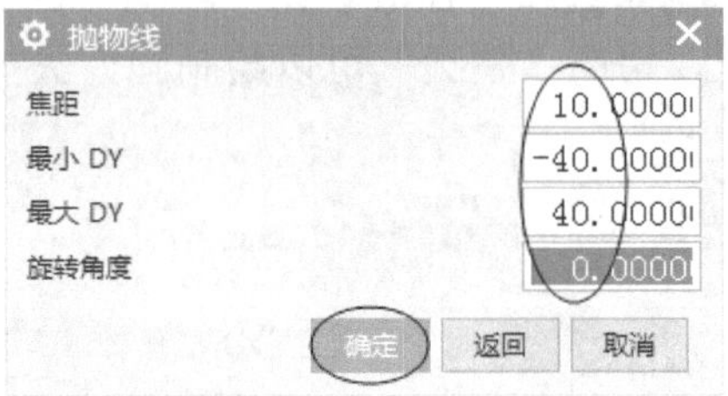

图 4-5　【抛物线】对话框

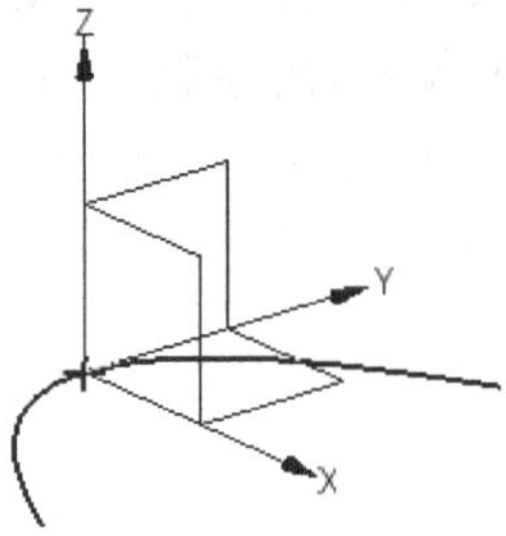

图 4-6　抛物线绘制

4.1.5　双曲线

单击【菜单】→【插入】→【曲线】→【双曲线】，弹出图 3-1【点】对话框，按基准点的绘制方法确定双曲线的对称点，然后弹出【双曲线】对话框，如图 4-7 所示。

如图 4-8 绘制的双曲线，对称点选择基准坐标系的坐标原点，参数按图 4-7 设置，“实半轴”确定双曲线顶点与对称点的距离，“虚半轴”确定双曲线开口大小，“最小 DY”和“最大 DY”是确定绘制的双曲线 Y 坐标值的范围，“旋转角度”是双曲线中轴线相对于工作坐标系 X 轴的角度。

双曲线也是默认在工作坐标系的 XY 坐标平面内绘制的，假如需要在其他平面内绘制，需要调整工作坐标系 WCS 方位，参见 1.4.2 节，使其 XY 坐标平面恰好落在需要绘制双曲线的平面上。

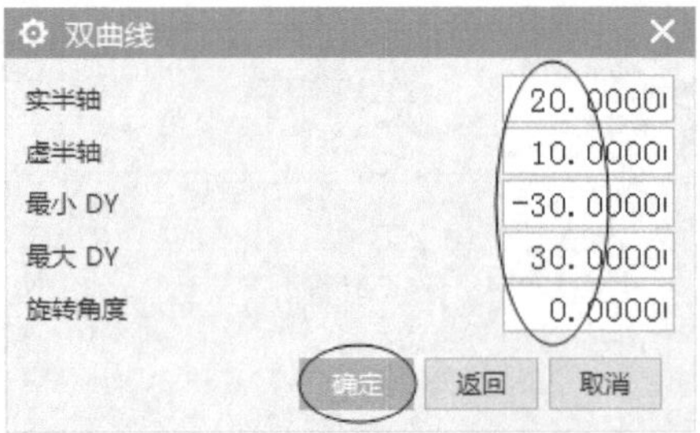

图 4-7　【双曲线】对话框

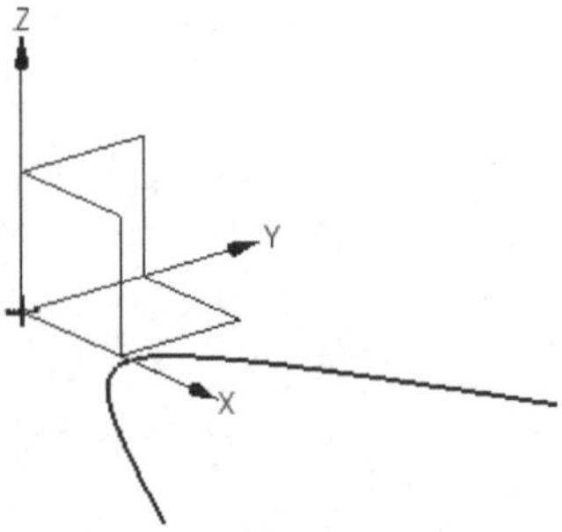

图 4-8　双曲线绘制

4.1.6 规律曲线

绘制X、Y、Z坐标值分别按一定规律变化的曲线。单击【菜单】→【插入】→【曲线】→【规律曲线】，弹出图4-9(a)【规律曲线】对话框，其中X、Y、Z规律通常选择“恒定”“线性”“根据方程”3种方式。

(1)恒定：曲线的该坐标值是确定的值，恒定不变，其值在对话框中输入。

(2)线性：曲线的该坐标值呈线性变化规律，线性起止值在对话框中输入。

(3)根据方程：曲线的该坐标值是按方程式规律变化的，其方程式在【菜单】→【工具】→【表达式】中设置。

【规律曲线】“坐标系”栏可以选择现有的基准坐标系，或者新创建一个基准坐标系作为曲线绘制的参考，不选择基准坐标系时则曲线默认以工作坐标系为参考。

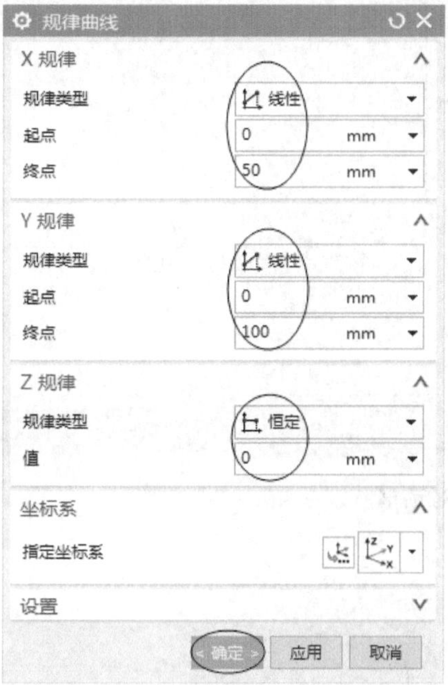

(a)

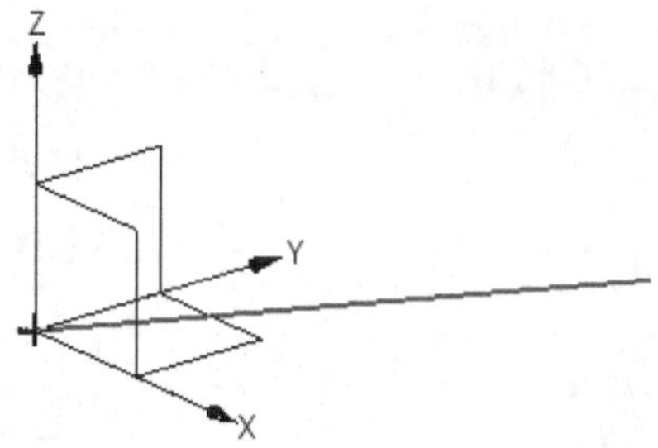

(b)

图4-9 线性规律曲线绘制

应用案例4-2 规律曲线绘制

(1)在工作坐标系的XY坐标平面内绘制斜线，X坐标值范围为0～50mm，Y坐标值范围为0～100mm，Z坐标值为0。

打开【规律曲线】对话框，按图4-9(a)设置X、Y坐标值为线性变化规律，Z坐标值恒定为0，单击“确定”按钮，完成斜线的绘制，如图4-9(b)所示。

(2)在工作坐标系的XY坐标平面内绘制y=100cos$x$的余弦曲线，X坐标值设为一个周期0～360°线性变化，Y坐标值由方程式100cos$x$决定，Z坐标值为0。

该曲线的Y坐标值按方程式规律变化，因此，其方程式需要在【表达式】对话框中设置。

单击【菜单】→【工具】→【表达式】，弹出图4-10【表达式】对话框，首先在“名称”栏中输入系统变量“t”，在“公式”栏中输入1，这一步是设置系统变量为t，t在0～

1 范围内变化，t 是 Y 坐标值变化的自变量，Y 坐标值要设置成 t 的函数。然后再单击对话框左侧“新建表达式”按钮，在“名称”栏中输入“yt”，在“公式”栏中输入“100*cos(360*t)”，这便定义了 Y 坐标值是系统变量 t 的函数。单击“确定”按钮，完成 Y 坐标值方程式的设置。

打开【规律曲线】对话框，按图 4-11(a) 设置，单击“确定”按钮，完成余弦曲线的绘制，如图 4-11(b) 所示。

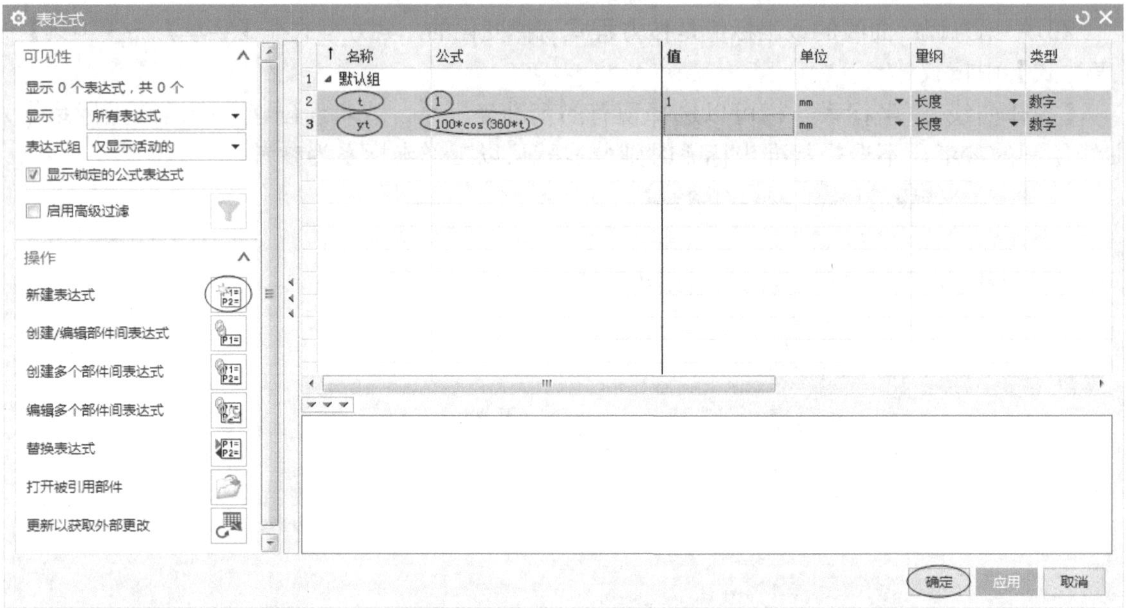

图 4-10　【表达式】对话框

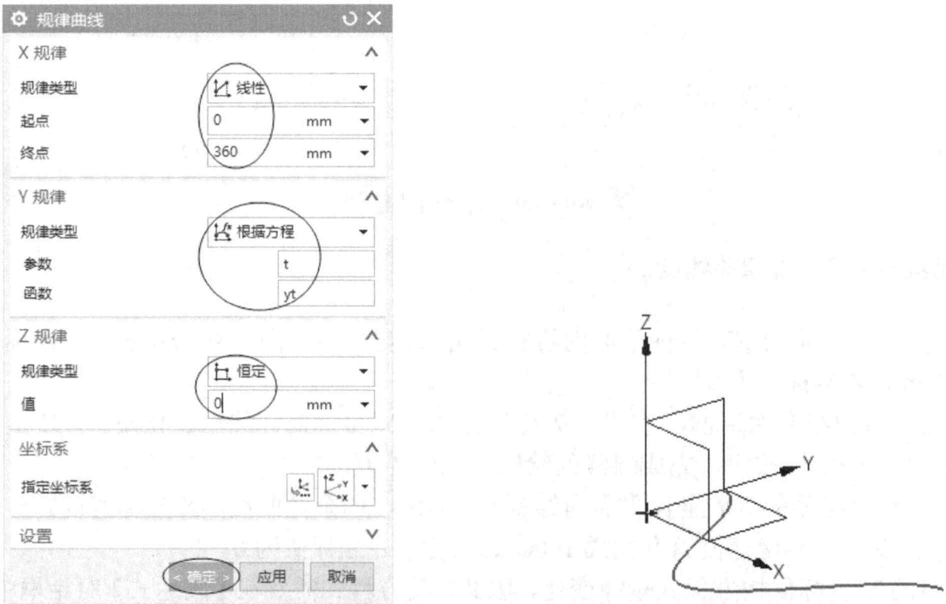

(a)　　(b)

图 4-11　余弦规律曲线绘制

4.1.7　螺旋线

根据轴向、半径/直径、螺距以及长度等参数绘制多种样式的螺旋线。

单击【菜单】→【插入】→【曲线】→【螺旋】，弹出图 4-12(a)【螺旋】对话框。可以设置螺旋线的半径/直径、螺距、长度、旋向等参数，其中半径/直径和螺距可以按规律曲线控制。角度是设置螺旋线起点与圆心点的连线同 X 轴之间的夹角，通常是 0。有两种绘制螺旋线的方法，在“类型”栏中选择。

(1)沿矢量，是以选定的基准坐标系的 Z 轴方向作为螺旋线的轴向，该基准坐标系可以选择已经存在的基准坐标系，也可以单击“坐标系对话框”按钮创建新的基准坐标系。

(2)沿脊线，是以选择的曲线作为螺旋线的轴向，该曲线可以是草绘曲线、空间曲线、直线、圆弧、样条曲线或实体边线等。

应用案例 4-3　螺旋线绘制

(1)绘制螺距和直径均为恒定值的螺旋线。

打开【螺旋】对话框，按图 4-12(a)设置，单击“确定”按钮，完成直径 80mm，螺距 12mm，长度 10 圈的右旋螺旋线，如图 4-12(b)所示。

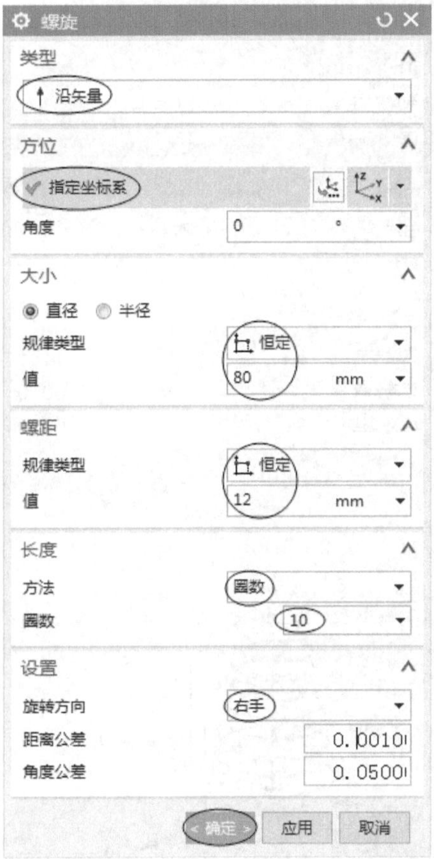

(a)

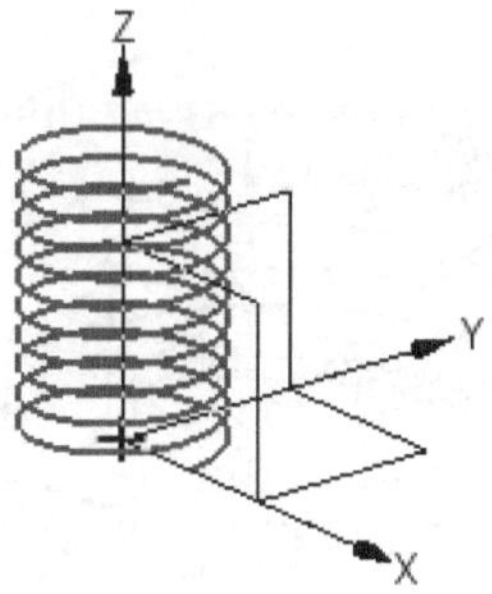

(b)

图 4-12　直径与螺距恒定的螺旋线绘制

(2) 绘制直径恒定，螺距线性变化的螺旋线。

打开【螺旋】对话框，按图 4-13 (a) 设置，单击“确定”按钮，完成直径 80mm，螺距为 0～12mm 线性变化，长度 10 圈的右旋螺旋线，如图 4-13 (b) 所示。

(3) 绘制直径线性变化，螺距恒定的螺旋线。

打开【螺旋】对话框，按图 4-14 (a) 设置，单击“确定”按钮，完成直径 80～40mm 线性变化，螺距 12mm，长度 10 圈的右旋螺旋线，如图 4-14 (b) 所示。

(a)

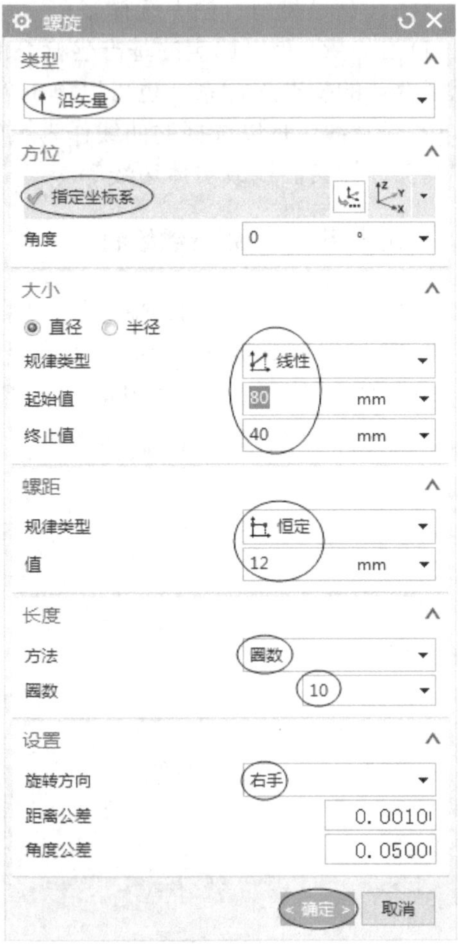

(a)

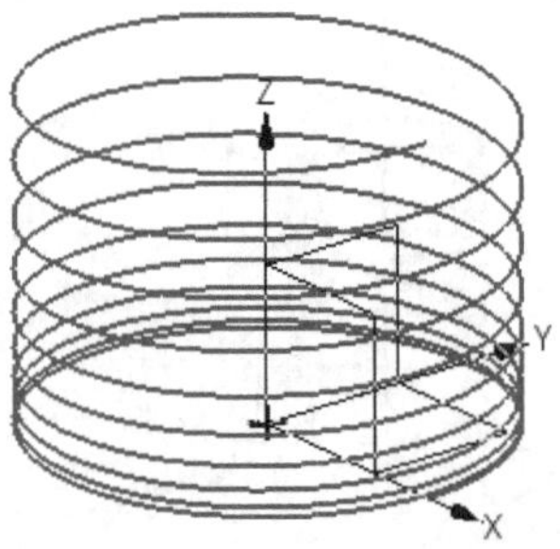

(b)

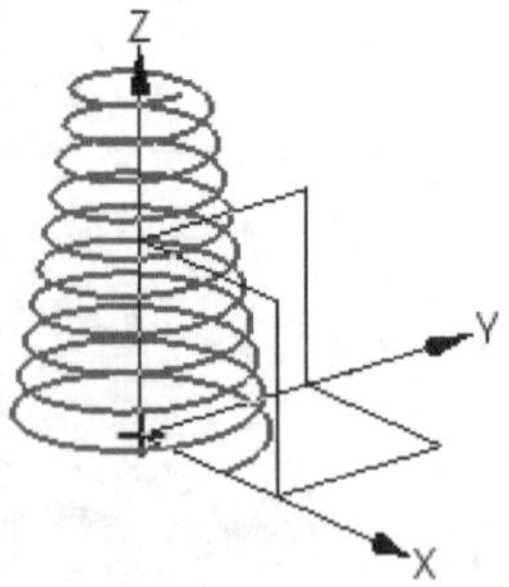

(b)

图 4-13　直径恒定，螺距线性变化的螺旋线绘制

图 4-14　直径线性变化，螺距恒定的螺旋线绘制

(4) 绘制环形弹簧线。

首先，通过【圆弧/圆】命令在工作坐标系的 XY 平面内绘制直径 80mm 的圆，圆心位置任选；然后，打开【螺旋】对话框，按图 4-15(a) 设置，单击“确定”按钮，完成直径 18mm，螺距 12mm，右旋的环形螺旋线，如图 4-15(b) 所示。

(a)　　(b)

图 4-15　环形螺旋线绘制

4.1.8　曲面上的曲线

在曲面上绘制曲线，该曲面可以是平面、曲面或实体的表面。

单击【菜单】→【插入】→【曲线】→【曲面上的曲线】，弹出图 4-16(a) 所示【曲面上的曲线】对话框，首先激活“选择面”，选择绘制曲线的面；然后激活“指定点”，选择面上的一些点，自动绘制成曲线。勾选“封闭”，则绘制封闭曲线。图 4-16(b) 为在圆柱面上任意绘制的两条曲线。

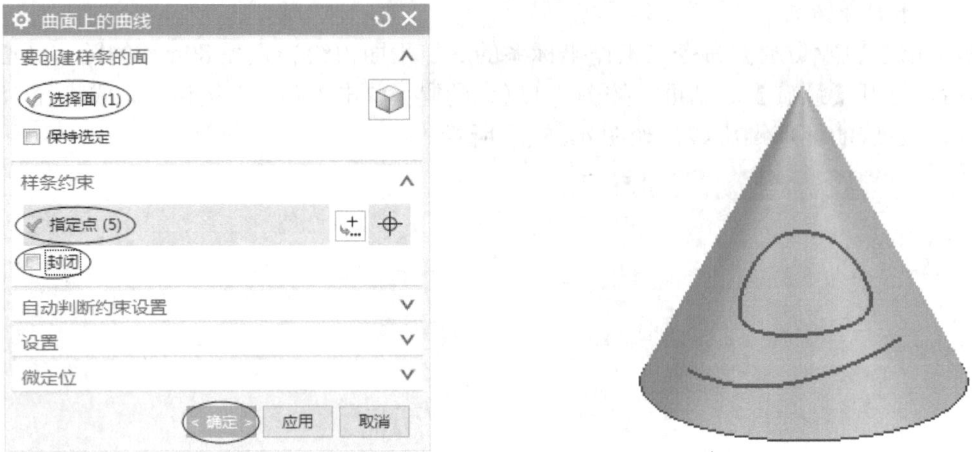

(a)　　(b)

图 4-16　曲面上的曲线绘制

4.1.9　艺术样条

单击【菜单】→【插入】→【曲线】→【艺术样条】，弹出【艺术样条】对话框，如图 4-17 所示。空间曲线的艺术样条含义与绘制方法同草图曲线艺术样条的含义与绘制方法相同，参见 2.3.10 节。由于空间曲线的艺术样条是在三维空间绘制的，其控制点可以选择在不同的平面内绘制，激活“指定平面”，可以选定已经存在平面或单击“平面对话框”按钮，新创建平面绘制艺术样条曲线。

图 4-17　【艺术样条】对话框

4.1.10 文本曲线

文本曲线是指通过空间曲线绘制的文字轮廓。输入的文本可以是英文字母、中文文字、阿拉伯数字、数学符号等，通常用于产品设计完成后在其表面刻印上产品的名称、型号、品牌等信息。文本曲线绘制成文字轮廓后，通过拉伸以及与实体相减或合并操作完成文字雕刻或凸浮效果。

单击【菜单】→【插入】→【曲线】→【文本】，弹出图4-18【文本】对话框，在“文本属性”栏输入要绘制的文本，“尺寸”栏可设置文本曲线的大小和放置位置。在“类型”栏中设置文本放置的位置与方位，有3种方式可选。

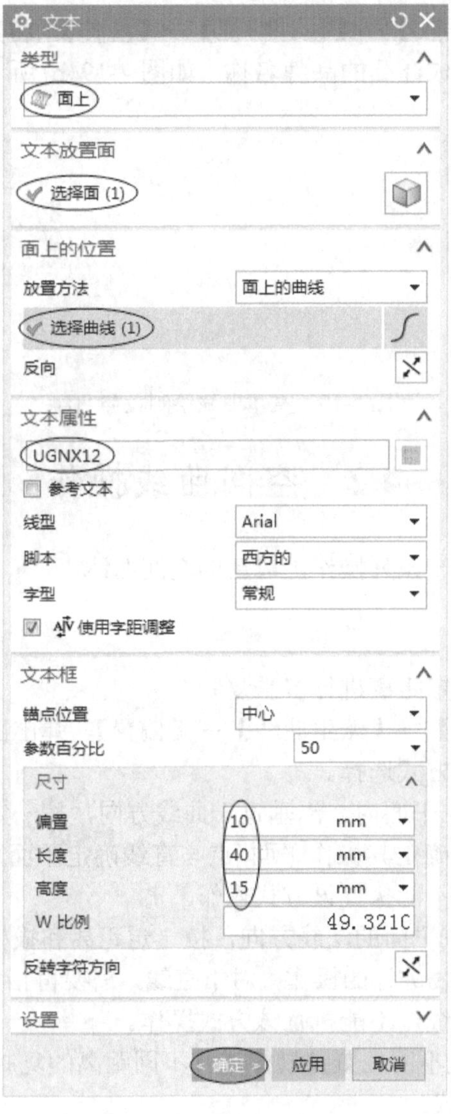

图4-18 【文本】对话框

(1) 平面副：是选择或新创建基准坐标系以其坐标平面作为文本放置平面。

(2) 面上：是在选择的曲面上绘制文本曲线，该曲面可以是平面，可以是曲面，也可以是实体的表面。

(3) 曲线上：是沿着选择的曲线上绘制文本曲线。

应用案例 4-4　实体表面雕刻品牌名称

(1) 打开【长方体】对话框，绘制 50mm×30mm×20mm 的长方体。

(2) 单击【菜单】→【插入】→【曲线】→【文本】，打开【文本】对话框，按图 4-18 进行选择与设置，激活“文本放置面”栏，选择长方体的顶面，激活“选择曲线”，选择沿着顶面下边线的方向放置文本，在“尺寸”栏调整文本大小和在顶面内的位置，单击“确定”按钮，完成文本曲线的绘制，如图 4-19 (a) 所示。

(3) 单击【菜单】→【插入】→【设计特征】→【拉伸】，将文本曲线拉伸成 3mm 实体并与长方体求和，文本曲线变成浮凸的品牌名称，如图 4-19 (b) 所示。

(a)　　(b)

图 4-19　文本曲线绘制拉伸凸浮

4.2　空间曲线操作

对已有的空间曲线通过一系列操作生成新的空间曲线。

4.2.1　偏置

将曲线沿一定方向按一定距离进行多重复制。

单击【菜单】→【插入】→【派生曲线】→【偏置】，弹出图 4-20【偏置曲线】对话框，在“偏置类型”栏中有 4 种方式选择。

(1) 距离：是在曲线所在平面内，沿垂直于曲线方向，按一定距离对曲线进行多重复制。对于直线，需要再指定一点确定其操作平面(点与直线确定平面)，对于不在同一平面的空间曲线，如不共面样条曲线，不能执行该方式操作。

(2) 拔模：是沿曲线所在平面的法线方向，按一定距离和拔模角度对曲线进行多重复制。通常是对圆、圆弧或共面曲线进行的操作，对于直线，需要再指定一点确定该直线所在平面，对于不在同一平面的空间曲线，不能执行该方式操作。

(3) 规律控制：是对曲线不同位置按规律进行不同距离的复制，偏置距离通常选择“恒定”“线性”“根据方程”3 种方式。

(4) 3D 轴向：是按任意指定的方向对曲线进行偏置，该方向可以是坐标轴的方向，也可以是直线的方向。

偏置曲线的正反方向可单击“反向”按钮进行切换。

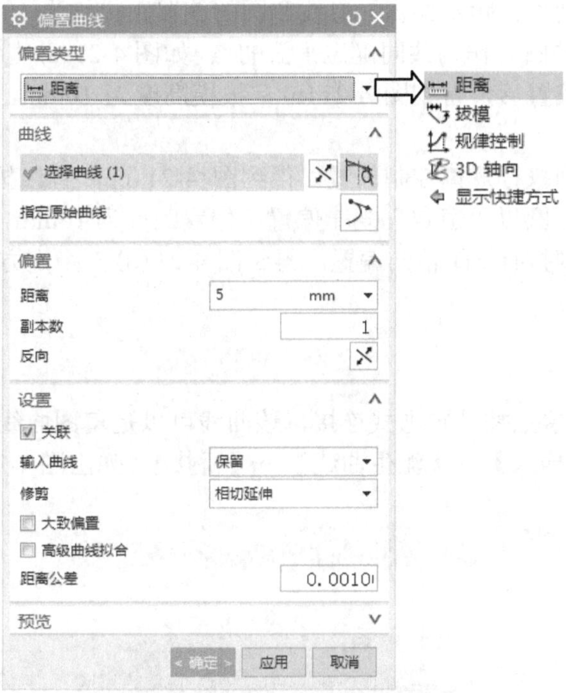

图 4-20　【偏置曲线】对话框

应用案例 4-5　曲线偏置

(1) 单击【菜单】→【插入】→【曲线】→【直线】，打开【直线】对话框，在基准坐标系 XY 坐标平面内任意位置绘制长度 100mm 的直线。单击【菜单】→【插入】→【曲线】→【圆弧/圆】，打开【圆弧/圆】对话框，在基准坐标系 XY 坐标平面内任意位置绘制直径 50mm 的圆，如图 4-21 原直线与原圆曲线，对其进行偏置操作。

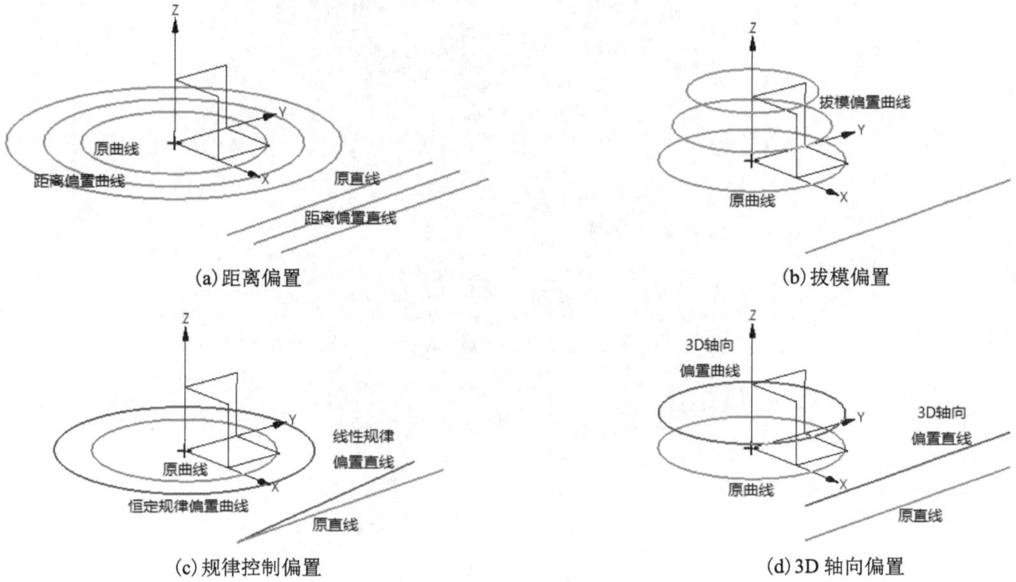

图 4-21　曲线偏置操作

(2) 对直线与圆分别执行距离偏置，直线和圆的偏置距离均为 10mm，副本数为 2，对直线偏置时，需要单击圆的圆心作为共同确定平面的点，如图 4-21 (a) 直线与圆的距离偏置曲线。

(3) 对圆执行拔模偏置后，得到图 4-21 (b)，拔模高度为 10mm，拔模角度为 20°，副本数为 2。

(4) 对直线和圆分别执行规律控制偏置，得到图 4-21 (c)，直线按“线性”规律偏置，起点为 0，终点为 10mm；圆以“恒定”规律偏置，偏置距离为 10mm，副本数均为 1。

(5) 对直线和圆分别执行 3D 轴向偏置，得到图 4-21 (d)，指定方向选择 Z 轴，偏置距离为 10mm。

4.2.2 桥接

将两曲线指定的位置点按一定方式连接，该曲线可以是草图曲线，也可以是空间曲线。

单击【菜单】→【插入】→【派生曲线】→【桥接】，弹出图 4-22【桥接曲线】对话框，对曲线进行桥接操作。

图 4-22　【桥接曲线】对话框

应用案例 4-6 桥接曲线

单击【菜单】→【插入】→【曲线】→【直线】，对任意绘制的两空间直线进行桥接，如图 4-23 所示。

打开图 4-22【桥接曲线】对话框，在“起始对象”栏中，选择左侧直线，单击靠近上方或下方决定是选择直线的上端点还是下端点桥接，然后激活“终止对象”，选择右侧直线，此时会出现桥接曲线的形状，根据“连接性”栏的选项不同而变化，其中“开始”是针对第一条直线连续方式的设置，“结束”是针对第二条直线连续方式设置，共有 4 种连续方式可供选择。

(1) G0(位置)：是指桥接曲线在该点处是与原直线直接相连，如图 4-23(a)所示。

(2) G1(相切)：是指桥接曲线在该点处与原直线相切，即斜率相等，如图 4-23(b)所示。

(3) G2(曲率)：是指桥接曲线在该点处与原直线的曲率半径相等，如图 4-23(c)所示。

(4) G3(流)：是指桥接曲线与原直线在桥接点处以更加流畅的方式连接，这是由 UG 内部设计程序确定的，如图 4-23(d)所示。

对话框“形状控制”栏中的“相切幅度”通常设定为 1，当输入值接近 0 或拖动接近 0 时，相当于 G0(位置)连续方式。图 4-23(d)是相切幅度为 2 时的桥接曲线样式。

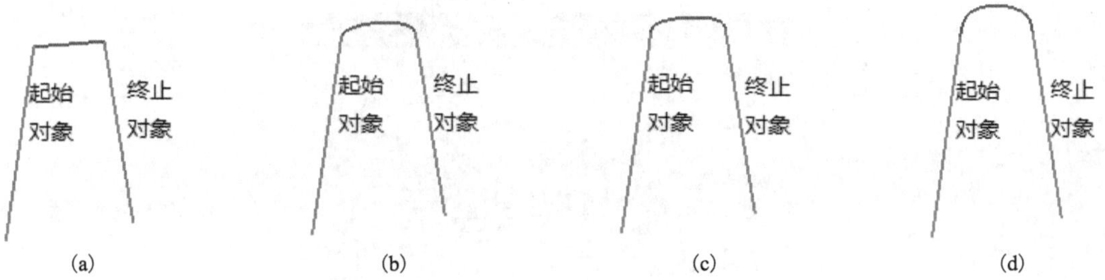

图 4-23 曲线桥接操作

4.2.3 投影曲线

将曲线或点按一定方位向面上进行投影，该曲线可以是草绘曲线或空间曲线，投影的面可以是平面、曲面、实体表面、基准平面或坐标平面等。

单击【菜单】→【插入】→【派生曲线】→【投影曲线】，弹出图 4-24【投影曲线】对话框，首先选择要投影的曲线或点，然后激活“要投影的对象”栏中的“选择对象”或“指定平面”，选择投影面，最后单击“确定”按钮，完成曲线投影。

图 4-24 【投影曲线】对话框

应用案例 4-7 投影曲线

通过【长方体】命令(参见 3.2.1 节)和【孔】命令(参见 3.4.1 节)任意绘制一长方体中间打孔，如图 4-25(a)所示，对实体的边线进行投影。

打开图 4-24【投影曲线】对话框，选择长方体顶面边线和圆孔顶圆作为投影曲线，激活“指定平面”，选择基准坐标系的 XY 坐标平面作为投影平面，单击“确定”按钮完成曲线投影，隐藏实体后投影曲线如图 4-25(b)所示。

(a)　　(b)

图 4-25　长方体顶面边线投影

4.2.4　镜像曲线

镜像曲线是将曲线按镜像平面进行对称复制。

单击【菜单】→【插入】→【派生曲线】→【镜像】，弹出【镜像曲线】对话框，如图 4-26 所示，按提示栏操作即可。其中镜像平面可以选择坐标平面、基准平面、实体的表平面或单独绘制的平面等，也可以新创建一个平面作为镜像平面。

图 4-26　【镜像曲线】对话框

4.2.5　相交曲线

生成曲面之间的相交曲线，曲面可以是平面、曲面、实体表面、基准平面或坐标平面等。

单击【菜单】→【插入】→【派生曲线】→【相交曲线】，弹出图 4-27【相交曲线】对话框，按提示栏操作生成曲面的相交曲线。

应用案例 4-8　求两实体表面的相交线

首先在坐标原点位置分别绘制直径为 100mm 的球体和边长为 100mm 的立方体，二者相交，如图 4-28(a)所示。

打开图 4-27【相交曲线】对话框，选择球体球面作为“第一组”面，然后激活“第二组”栏，选择长方体体表面作为“第二组”面，单击“确定”按钮，完成相交曲线操作，隐藏圆柱体和立方体之后相交曲线如图 4-28(b)所示。

图 4-27　【相交曲线】对话框

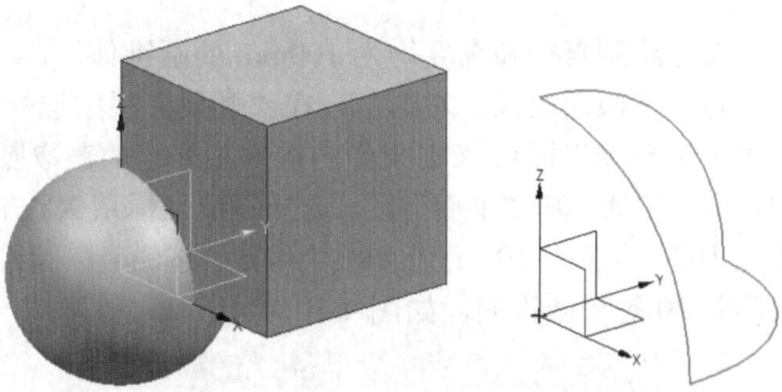

(a)　(b)

图 4-28　长方体表面与球体表面相交曲线操作

4.2.6　截面曲线

截面曲线是以平面截取曲面生成的曲线。

单击【菜单】→【插入】→【派生曲线】→【截面】，弹出【截面曲线】对话框，有 3 种常用的生成截面曲线方式，在“类型”栏中选择。

(1) 选定的平面：是选定一个平面截取曲面生成截面曲线。

应用案例 4-9　截取圆柱体两条母线

首先绘制直径和高度均为 100mm 的圆锥体。

打开【截面曲线】对话框，在“类型”栏中选择“选定的平面”方式，如图 4-29 (a) 所示，在“要剖切的对象”栏中，选择圆锥体圆锥面，激活“剖切平面”栏，选择基准坐标系的 XZ 坐标平面，单击“确定”按钮，生成两条圆锥体母线，如图 4-29 (b) 所示。

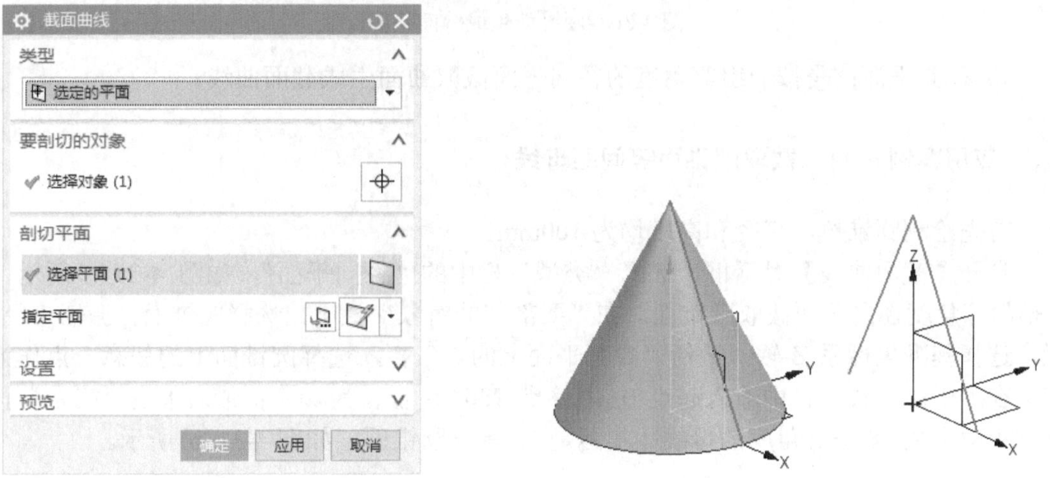

(a)　(b)

图 4-29　圆锥面生成两条母线

(2) 平行平面：是选定等距的一组平行平面截取曲面生成截面曲线。

应用案例 4-10　截取圆锥面等间距圆环线

首先绘制直径和高度均为 100mm 的圆锥体。

打开【截面曲线】对话框，在“类型”栏中选择“平行平面”方式，如图 4-30 (a) 所示，以平行于基准坐标系 XY 平面的等间距平行面截取圆锥面。在“要剖切的对象”栏中，选择圆锥面；激活“基本平面”栏，选择基准坐标系 XY 坐标平面；在“平面位置”栏输入起点 0，终点 100，步长为 10，最后单击“确定”按钮，在圆锥面上生成 10 条平行的截面曲线圆环线，实际是 10 等分圆锥面，如图 4-30 (b) 所示。

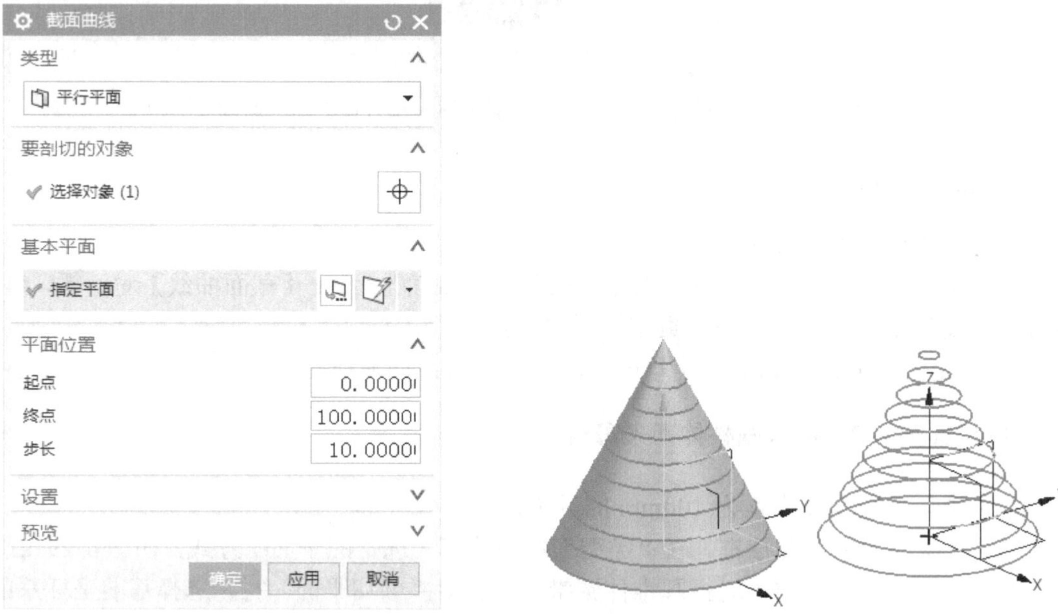

(a)　　(b)

图 4-30　圆锥面生成等间距圆环线

(3) 径向平面：是按一组等角度的径向平面截取曲面生成截面曲线。

应用案例 4-11　截取圆锥面等间距母线

首先绘制圆锥体，直径和高度均为 100mm。

打开【截面曲线】对话框，选择“类型”栏中的“径向平面”，如图 4-31 (a) 所示，以绕 Z 轴的等角度径向平面截取圆锥面。在“要剖切的对象”栏中，选择圆锥面；激活“径向轴”栏，选择基准坐标系 Z 轴；激活“参考平面上的点”栏，选择圆锥面上的任意一点作为起始点；在“平面位置”栏中输入起点 0°，终点 180°，步长为 20°；最后单击“确定”按钮，在圆锥面生成 18 条等角度的母线，实际是 18 等分圆锥面，如图 4-31 (b) 所示。

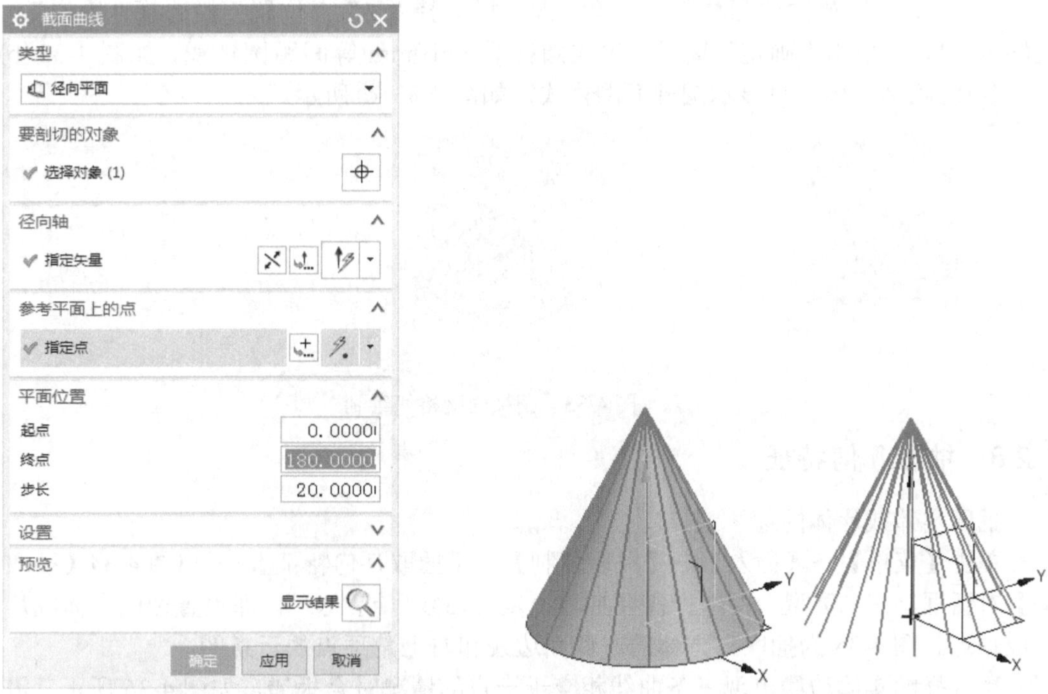

(a)　　　　(b)

图 4-31　圆柱面生成等间距母线

4.2.7　等参数曲线

等参数曲线是指沿曲面的 U 向、V 向生成多条曲线，U 向可理解成水平方向或横向；V 向可理解为竖直方向或纵向，生成曲线的曲面可以是平面，可以是空间曲面，也可以是实体的表面。

单击【菜单】→【插入】→【派生曲线】→【等参数曲线】，弹出图 4-32【等参数曲线】对话框，选择曲面，再在“方向”栏中选择是沿 U 向，还是 V 向，或 U、V 两个方向同时生成曲线；“位置”栏确定这些曲线是在整个选择面内均匀布置还是在某个范围内均匀布置，也可以按点确定曲线；在“数量”栏输入生成曲线的条数；最后单击“确定”按钮，即可完成等参数曲线的绘制。

图 4-32　【等参数曲线】对话框

应用案例 4-12　圆柱面网格曲线绘制

(1) 绘制底圆直径 100mm，高 100mm 的圆柱体。

(2) 打开图 4-32【等参数曲线】对话框，选择圆柱体圆柱面，在“方向”栏选择“U”，在“位置”栏选择“均匀”，在“数量”栏输入“19”，单击“应用”按钮，生成角度增量 20° 的等间距母线，如图 4-33(a) 所示。

(3) 再次选择圆柱体圆柱面，在“方向”栏选择“V”，“位置”栏选择“均匀”，“数量”栏输入“11”，单击“确定”按钮，生成圆柱面上 10mm 等间距圆环线，如图 4-33 (b) 所示。

(4) 隐藏圆柱体，只显示圆柱面网格线，如图 4-33 (c) 所示。

(a)　　(b)　　(c)

图 4-33　圆柱面网格线绘制

4.2.8　抽取几何特征

抽取实体或片体的边线或点。

单击【菜单】→【插入】→【关联复制】→【抽取几何特征】，弹出图 4-34【抽取几何特征】对话框，在“类型”栏选择需要抽取“复合曲线”或“点”，即设置抽取实体或片体的边线或顶点。图 4-35 为抽取立方体的左侧面边线和右上角顶点的示意图。

当选择的实体边线出现三条曲线相交于一点的情况时会报错，如图 4-36 所示，需要取消某条边线的选择，然后通过多次操作完成对需要边线的抽取。

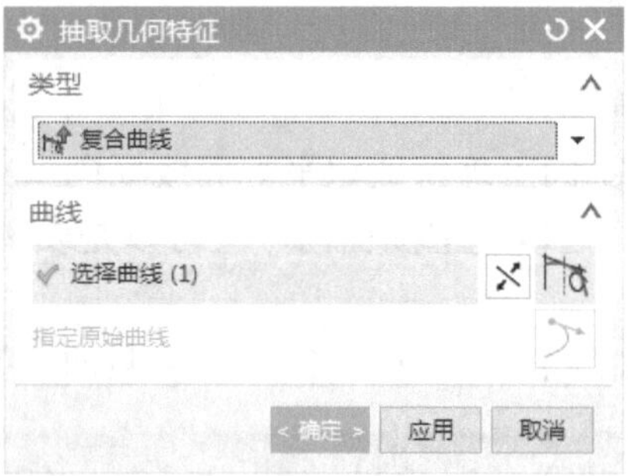

图 4-34　【抽取几何特征】对话框

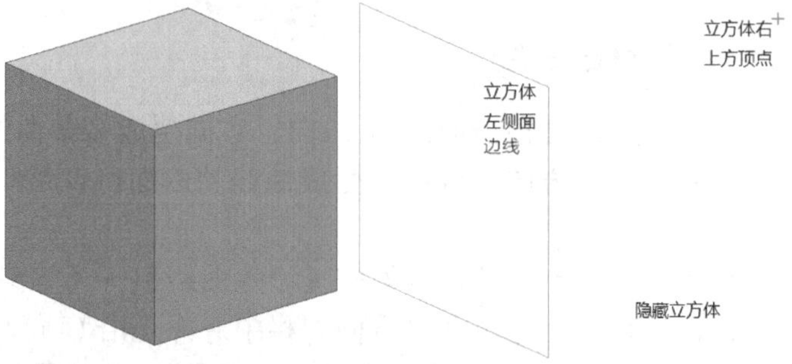

图 4-35　抽取立方体左侧面边线和右上角顶点

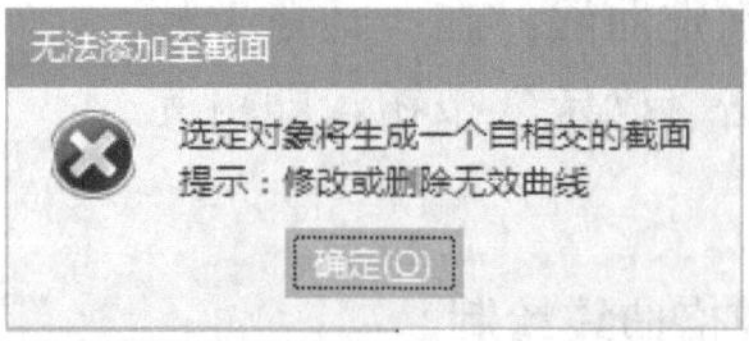

图 4-36　【无法添加至截面】提示框

4.3　空间曲线编辑

空间曲线的编辑是对曲线修改参数，按边界修剪或延伸，分段等操作。

单击【菜单】→【编辑】→【曲线】，弹出空间曲线编辑子菜单，如图 4-37 所示。

1. X 型

对曲线任意变形。

图 4-37　空间曲线编辑子菜单

应用案例 4-13　曲线 X 型编辑

图 4-38(a)为通过空间曲线命令任意绘制的一条直线(参见 4.1.2 节)，对其进行 X 型编辑。

打开【X 型】对话框，如图 4-39 所示。将“次数”任意设置为“3”，则直线变成 3 阶次曲线，共有 4 个极点控制曲线变化，通过鼠标任意移动 4 个极点可以使其任意变形，如图 4-38(b)所示。在对曲线进行 X 型编辑选择曲线时会弹出图 4-40【X 型】提示框，单击“是(Y)”按钮，即将原来曲线的参数去掉重新赋予变形后的参数。

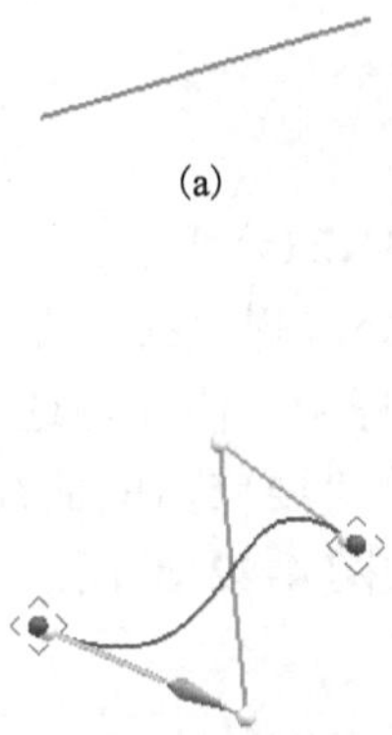

(a)

(b)

图 4-38　空间曲线【X 型】编辑

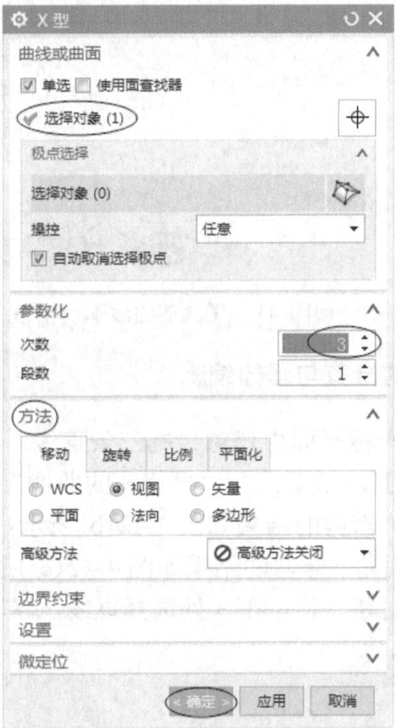

图 4-39　曲线编辑【X 型】对话框

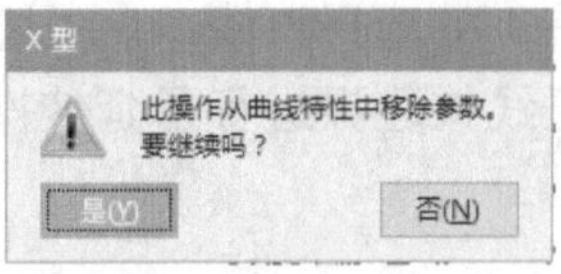

图 4-40　【X 型】提示框

2. 参数

按曲线创建时的方法进行参数编辑，该操作与双击曲线进行编辑相同。

3. 修剪

将曲线按边界进行修剪或延伸。打开【修剪曲线】对话框，如图 4-41 所示。在“要修剪的曲线”栏选择需要修剪或延伸的曲线，在“边界对象”栏选择边界曲线。要单击“放弃”按钮，这是指单击拾取需要修剪的曲线时，对拾取的曲线一侧端点进行修剪或者延伸，假如单击“保留”按钮，则是指对单击拾取的曲线的另一侧端点进行修剪或延伸。通常不勾选“关联”，修剪的曲线部分要删除掉。如果勾选“修剪边界曲线”则把边界曲线的一侧也修剪掉，该操作可以制作拐角。

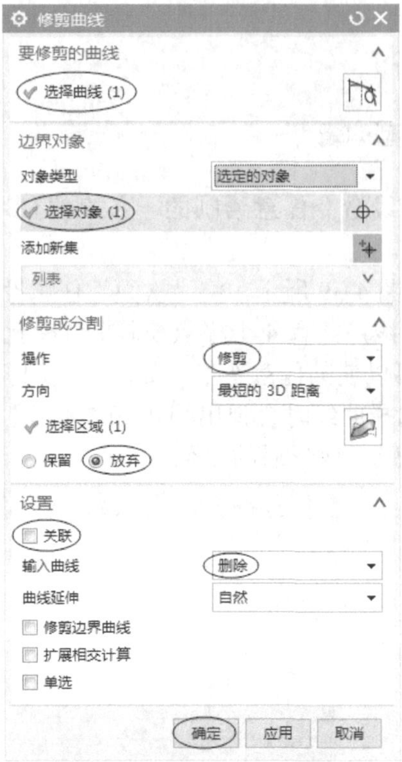

图 4-41　【修剪曲线】对话框

应用案例 4-14　曲线的修剪与延伸编辑

首先在基准坐标系 XY 坐标平面内任意绘制三条直线，式样如图 4-42(a)所示。

打开图 4-41【修剪曲线】对话框，在“要修剪的曲线”栏，在 1 处选择直线；在“边界对象”栏，在 2 处选择直线，修剪的结果如图 4-42(b)所示；在操作过程中，假如勾选“修剪边界曲线”时，可以制作成拐角，修剪的结果如图 4-42(c)所示。假如在“要修剪的曲线”栏，在 1 处选择直线，在“边界对象”栏，在 3 处选择直线，修剪的结果如图 4-42(d)所示，这是直线按边界进行了延伸操作。

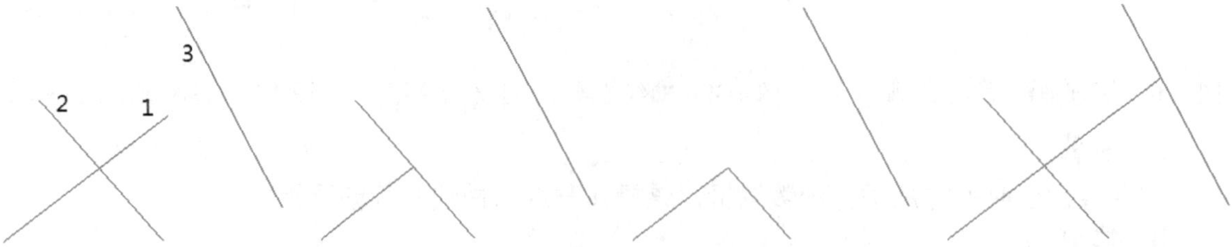

(a) 原直线　(b) 修剪操作　(c) 制作拐角　(d) 延伸操作

图 4-42　空间曲线修剪和延伸操作

4. 分割

将曲线按一定方式分割成若干段。

单击【菜单】→【编辑】→【曲线】→【分割】，打开【分割曲线】对话框，如图 4-43 所示，在“类型”栏中有 5 种分割方式可以选择。

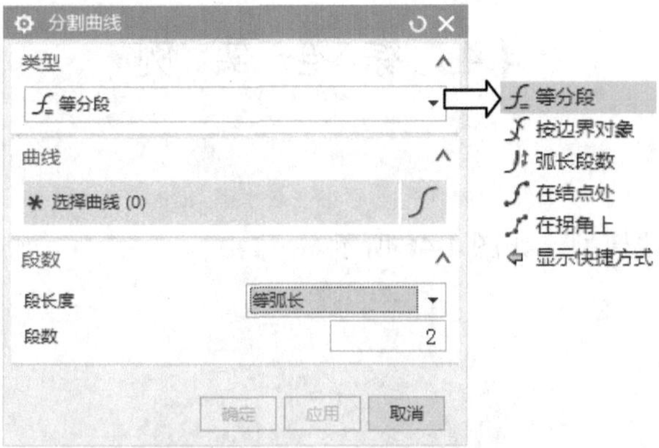

图 4-43　【分割曲线】对话框

(1) 等分段：均匀地分割曲线，选择要分割的曲线，输入分割的段数，单击“确定”按钮即可。在“段数”栏中，选择“等弧长”时，分割的每段曲线弧长长度相等；选择“等参数”时，分割的曲线弧长与曲率有关，曲率半径小，该段的曲线弧长短。

(2) 按边界对象：按提示选择要分割的曲线，然后单击边界曲线或者边界点或者边界曲面分割曲线。如果边界对象是多个，可依次选择。

(3) 弧长段数：选择要分割的曲线，输入弧长长度，此时对话框中会显示曲线分割之后的段数和最后余下部分的曲线弧长。

另外两种方法“在结点处”和“在拐角上”是针对艺术样条曲线结点或曲线拐点进行的分割。

对曲线分割操作时会出现图 4-44【分割曲线】提示框，单击“是(Y)”按钮，即将原来曲线的参数去掉，重新赋予分割后的参数。

5. 长度

长度编辑是改变曲线的长度。

单击【菜单】→【编辑】→【曲线】→【长度】，打开【曲线长度】对话框，如图 4-45 所示，选择需要编辑的曲线，在“限制”栏中输入曲线开始端点和结束端点加长(正值)或缩短(负值)的距离，单击“确定”按钮，完成曲线长度的改变。

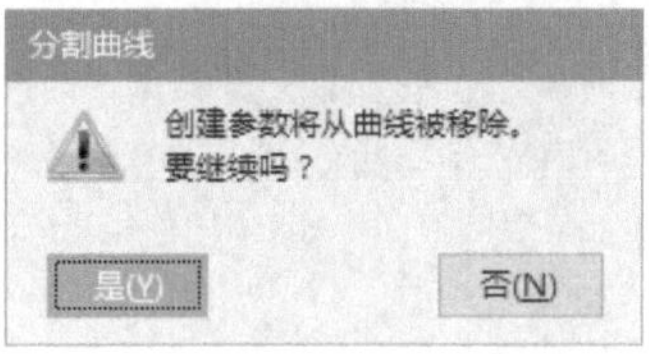

图 4-44　【分割曲线】提示框

图 4-45　【曲线长度】对话框

4.4　综合实例

设计要求

绘制 A4 活页簿曲线模型，如图 4-46 所示。

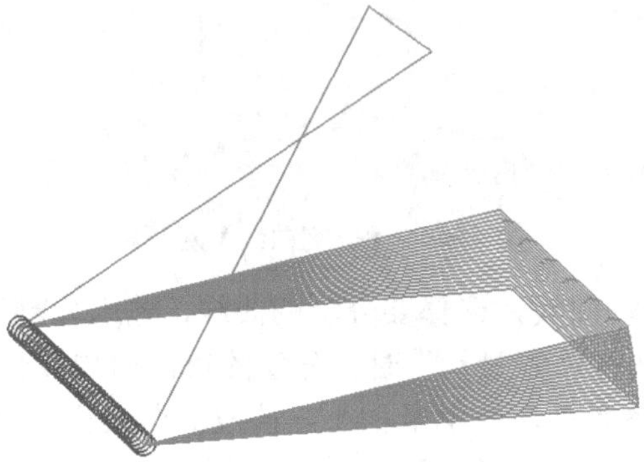

图 4-46　活页簿曲线模型

设计思路

通过空间曲线的【直线】命令绘制单活页边曲线，通过【螺旋】命令绘制活页簿中心螺旋轴线，通过两大角度活页绘制活页翻页曲线轮廓。

设计步骤

(1)绘制单活页边曲线。

单击【菜单】→【插入】→【曲线】→【直线】，弹出图 4-3【直线】对话框，选择基准坐标系的坐标原点为直线起点，沿平行于 X 坐标轴的方向绘制直线，在动态文本框中输入“297” 长度 297 mm，按 Enter 键，单击“应用”按钮，完成活页一条边线绘制。继续在【直线】对话框中，以刚才绘制直线的终点为起点，沿平行于 Y 坐标轴的方向绘制直线，在动态文本框中输入“210” 长度 210 mm，按 Enter 键，单击“应用”按钮，完成活页第二条边线绘制。同样方法绘制活页的另两条边线，最后单击“确定”按钮，退出【直线】对话框。完成 210mm×297mm 的单活边曲线，如图 4-47 所示。

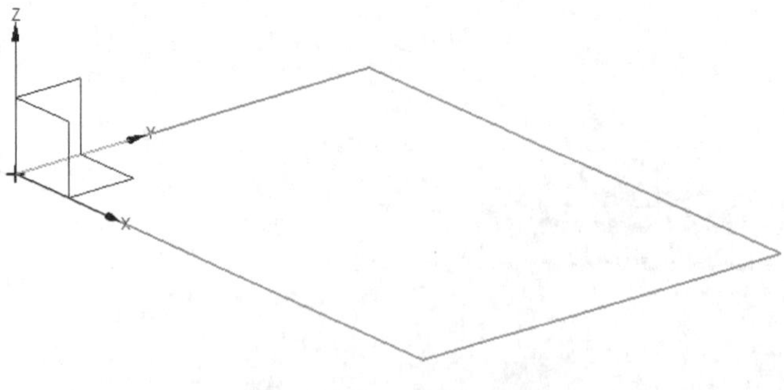

图 4-47　单活页边曲线

(2)绘制活页中心螺旋轴线。

单击【菜单】→【插入】→【曲线】→【螺旋】，弹出图 4-15(a)【螺旋】对话框，在“类型”栏中选择“沿脊线”方式，在“脊线”栏中选择重合 X 轴的活页边线，绘制直径 10mm，螺距 8mm 的活页中心螺旋轴线，如图 4-48 所示。

(3)阵列复制 19 页活页轮廓线。

单击【菜单】→【插入】→【关联复制】→【阵列几何特征】，弹出图 3-90【阵列几何特征】对话框。选择活页轴侧边线之外的三条边作为圆形阵列复制对象，旋转轴选择 X 坐标轴，旋转中心点选择坐标原点，“数量”栏输入“20”，“节距角”栏输入“0.5”，单击“确定”按钮，完成 20 页活页曲线轮廓的绘制，如图 4-49 所示。操作中假如活页曲线阵列复制方向是向下而非向上，则单击“旋转轴”栏的“反向”按钮。

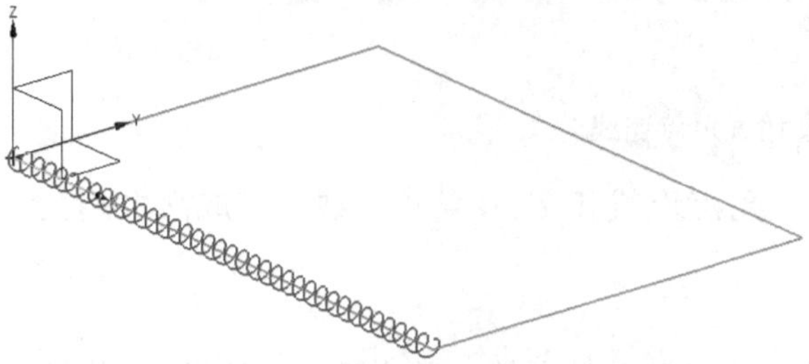

图 4-48　活页中心螺旋轴线

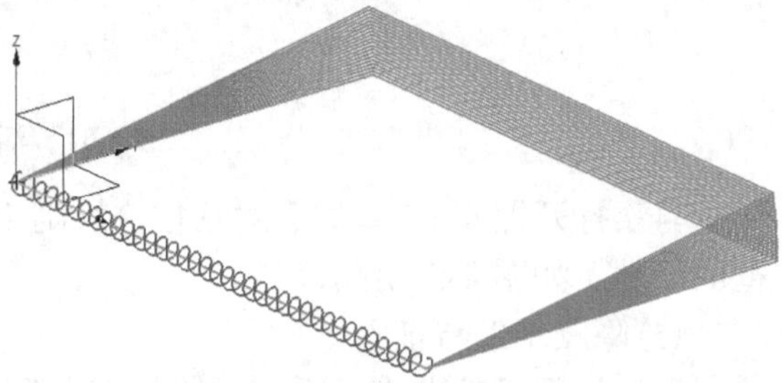

图 4-49　20 页活页曲线轮廓

(4)绘制活页翻页线框。

打开图 3-90【阵列几何特征】对话框，“数量”栏输入“3”，“节距角”栏输入“30”，其余操作同步骤(3)，单击“确定”按钮，完成 2 页大角度活页翻页曲线的绘制，如图 4-50 所示。

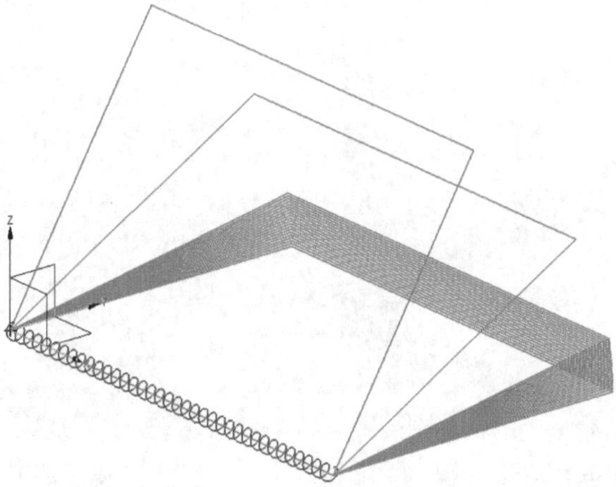

图 4-50　活页两翻页曲线线框

打开图 4-3【直线】对话框，绘制大角度活页翻页 1、2 角点连线，如图 4-51(a)所示。将鼠标放置于复制的两大角度活页，待其高亮显示时，右击在弹出的菜单中选择“隐藏”，只显示两翻页角点连线，如图 4-51(b)所示。

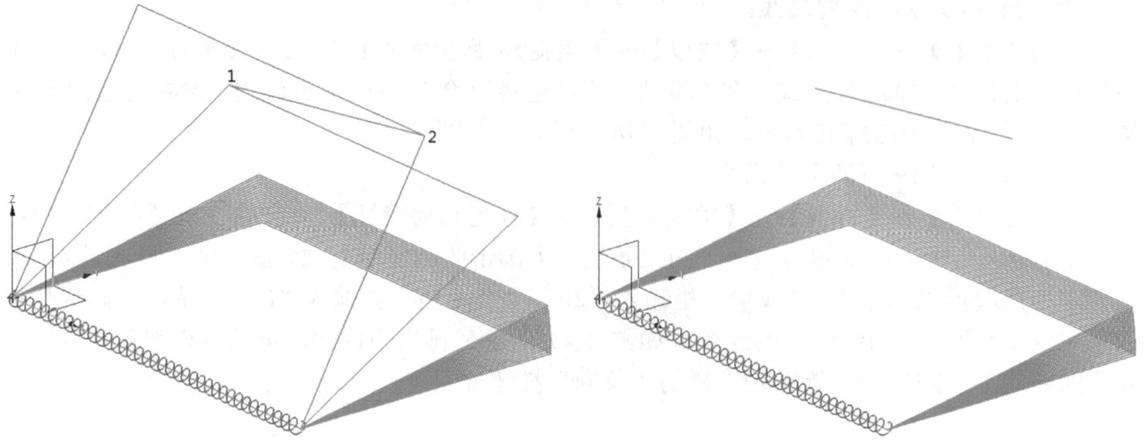

(a)　　(b)

图 4-51　活页翻页角点连线

再次打开图 4-3【直线】对话框，绘制 1、3 角点连线和 2、4 角点连线。完成活页翻页线框的绘制，如图 4-52 所示。

(5) 隐藏辅助特征。

鼠标放置于基准坐标系上，待其高亮显示时，右击在弹出的菜单中选择“隐藏”，将辅助特征基准坐标系隐藏。按住鼠标中键，旋转视图至合适的角度，完成活页簿曲线模型的创建，如图 4-46 所示。

曲线建模是实体建模和曲面建模的基础，将活页做成曲面，中心螺旋轴线赋予直径效果如图 4-53 所示。

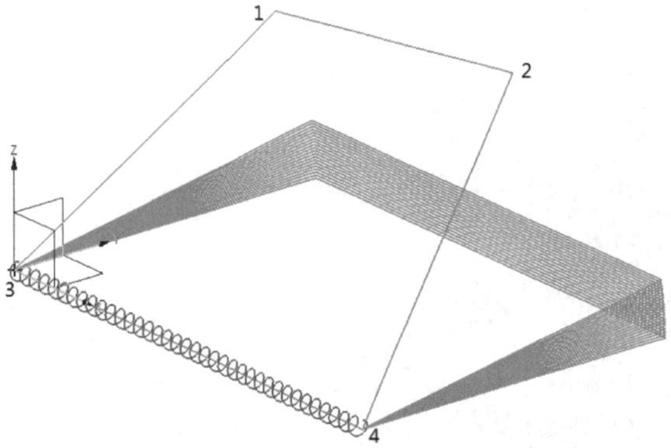

图 4-52　活页翻页线框

图 4-53　活页簿模型图

思考与练习

1. 思考题

(1) 确定一个空间点的方法有哪些？

(2) 如何理解艺术样条曲线的阶次概念？

(3) 如何绘制规律曲线？

(4) 简述绘制截面曲线的 3 种方式。

(5) 绘制文本曲线的作用是什么？

(6) 空间曲线编辑通常包括哪些内容？

2. 操作题

(1) 绘制规律曲线，曲线各点的坐标方程为

$X = 50\sin\alpha$

$Y = 50\cos\alpha$

$Z = 5\sin(20\alpha)$

α：0～360°

(2) 绘制轮胎经纬线，如图 4-54 所示，经度方向 100 等分，纬度方向 20 等分，支持文件 LX2S.prt。

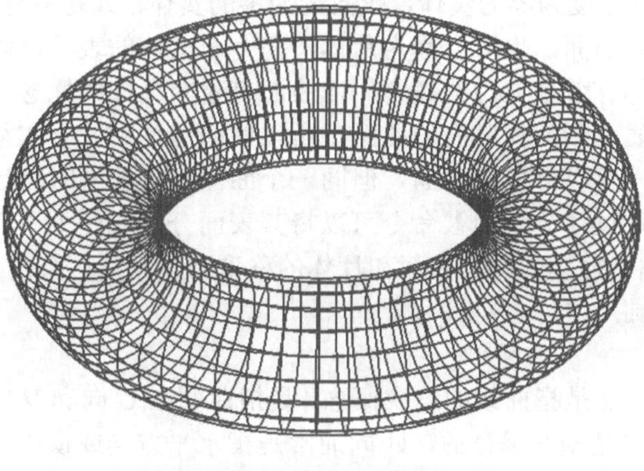

图 4-54　轮胎经纬线

第 5 章　曲 面 建 模

曲面建模是应用于工业设计，进行产品外观造型设计的重要内容。本章学习如何通过点、通过点和曲线、通过曲线以及通过扫描曲线构建曲面，学习基于曲面的特征操作，学习曲面与实体的通用操作以及曲面的编辑、修整。

5.1　曲面基本概念

1. 曲面与片体

曲面是广义的概念，比如空间弯曲的面、平面、实体的表面，都称为曲面；片体是比较特殊的概念，可认为是厚度为零的实体，或质量为零的实体，或是只有面积没有体积的实体。一个空间曲面可以称为曲面，也可以称为片体，但一个实体的表面可以称为曲面，但不能称为片体，这就意味片体有着独立性的概念，而曲面有着附属性的概念。单独的空间曲面，虽然称为曲面，但它实质是指片体表面的曲面。所以曲面总是附属于实体上或片体上的。一个片体至少有一个曲面，可以有多个曲面，但同一个曲面不可能同时跨越多个片体。比如，一条直线拉伸成平面，通过【分割面】命令可以将其表面分割成两个平面，但其整体还是一个片体。在 UG NX 中由于翻译的原因曲面和片体的称谓不是严格区分的，比如【四点曲面】命令实质是通过四点绘制片体。

2. 曲面阶次

曲面的阶次实质仍然是指曲线的阶次概念，是指曲面在 U 向和 V 向的截面曲线方程的最高幂指数。U 向、V 向是相互垂直的，U 向通常是指水平方向或横向或行的方向；V 向通常是指竖直方向或纵向或列的方向。

曲面阶次越高，曲面方程越复杂，方程的最高幂指数越高，曲面越光顺，当然对曲面成形的加工工艺要求越高。UG NX 计算能力强大，允许绘制的最高阶次为 24 的曲面。

这里要明确的是曲面建模并非设置的阶次越高越好，阶次设置偏高，曲面的光滑程度高，加工工艺复杂，加工设备精度和误差要求更加严苛，产品制造成本成倍增加，甚至是现今工艺和设备根本无法完成的。

曲面建模的阶次通常不超过 3。一方面，3 阶次曲面的光顺程度足以满足工程、生活等的需要，再高阶次的曲面在实际使用中是不必要的；另一方面，超过 3 阶次的曲面对工艺与设备的要求苛刻，难以实现。

3. 曲面补片

曲面补片是指构成曲面的片数概念。单片曲面是曲面仅仅就是一个面片，多片曲面是指曲面由多个面片组成，面片数越多，曲面越光滑、越顺畅。

曲面片数与阶次是有对应关系的，曲面的阶次就是曲面组成的最少片数。曲面阶次越高，组成曲面的最少面片数越多，反之也成立。比如曲面的行阶次是 3，说明组成曲面行方向上的面片数最少是 3 片；如果曲面的列阶次是 2，说明组成曲面在列方向上的面片数最少是 2

片，即该行阶次为 3 列阶次为 2 的曲面，最少是由 6 片面片组成。

4. 曲面连续性

曲面的连续性是指曲面与曲面在连接边处的连接关系，通常有 5 种方式。

G0：曲面与曲面在连接边处直接相连，有时也翻译成“位置”。

G1：曲面与曲面在连接边处是相切关系，即连接边任一点的斜率相等，有时也翻译成“相切”“自然相切”。

G2：曲面与曲面在连接边处各点的曲率半径相等，有时也翻译成“曲率”“自然曲率”“圆弧”。

G3：曲面与曲面在连接边处是以更加流畅的方式连接，具体由软件内部设定程序控制，有时也翻译成“流”“流畅”。

镜像：曲面与曲面是以连接边处镜像对称的。

5.2 曲 面 绘 制

5.2.1 由点绘制曲面

由点绘制曲面是通过多个空间点构建曲面。

1. 四点曲面

四点曲面是通过四个空间点绘制曲面。

单击【菜单】→【插入】→【曲面】→【四点曲面】，弹出【四点曲面】对话框，如图 5-1 所示，依次选择四个点便可构建曲面，每个点的选择可单击“点对话框”按钮，通过基准点绘制方法确定。

图 5-2 为选择一立方体的四个角点构建曲面，读者可自行试做，选择立方体相同的四个角点，顺序不一样，观察构建的曲面是否一样？

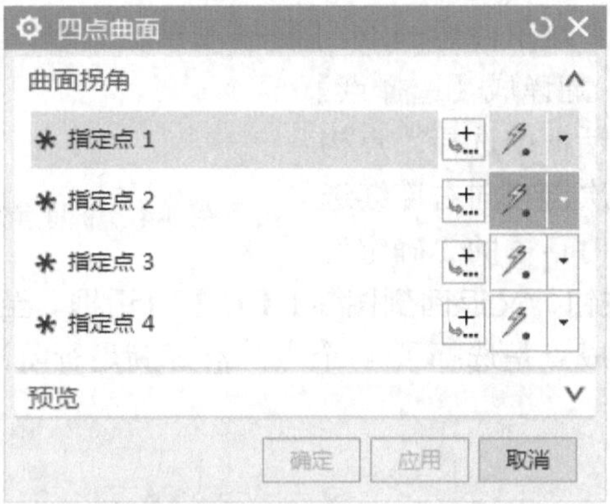

图 5-1　【四点曲面】对话框

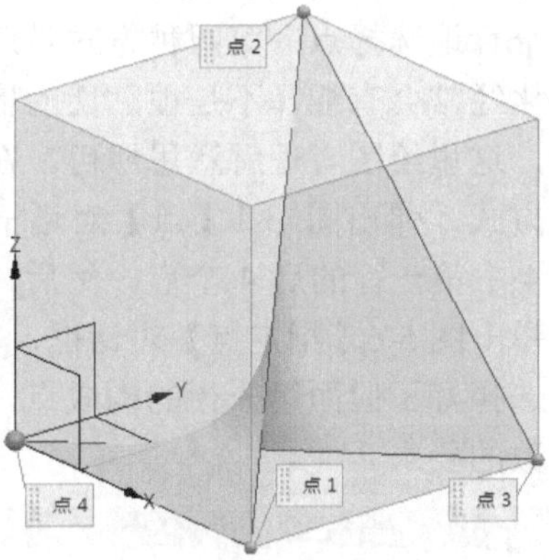

图 5-2　四点曲面绘制

2. 通过点绘制曲面

通过点绘制曲面是通过横向、纵向排列的足够多的点绘制曲面。

单击【菜单】→【插入】→【曲面】→【通过点】，弹出【通过点】对话框，如图 5-3 所示。

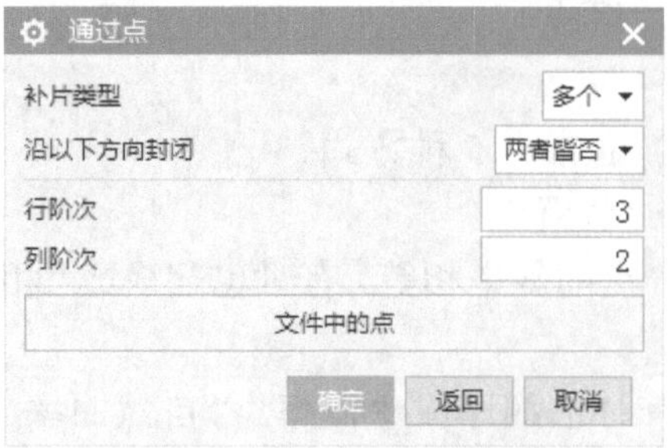

图 5-3　【通过点】对话框

在“补片类型”栏通常选择“多个”，面片数通过阶次控制。假如选择“单侧”（应翻译成“单个”），是单个面片的意思，则行阶次、列阶次栏是不必要设置的。

在“沿以下方向封闭”栏设置曲面是否封闭，通常选择“两者皆否”，即曲面在行方向、列方向均不封闭，封闭的曲面生成的是实体。

“行阶次”“列阶次”栏是设置曲面的行阶次和列阶次，行阶次和列阶次控制绘制曲面的点的个数。曲面的阶次是组成曲面的最少面片数，比如曲面的行阶次是 3，说明组成曲面行方向上的面片数最少是 3 片，即行方向的构成点数至少是 4 个；如果曲面的列阶次是 4，说明组成曲面在列方向上的面片数最少是 4 片，即列方向的构成点数至少是 5 个。由此可见，通过点绘制曲面行方向的点数至少是行阶次+1 个，列方向的点数至少是列阶次+1 个。

单击“文件中的点”按钮可通过调用点集文件绘制空间曲面。

应用案例 5-1　绘制行阶次为 3、列阶次为 2 的空间曲面

曲面的行阶次为 3，则每一行至少要有 4 个控制点；列阶次为 2，则每一列至少要有 3 个控制点，即至少要选择 3 行 4 列的点集绘制曲面。

(1) 打开支持文件 AL5-1S.prt，如图 5-4 所示，这是事先通过【点集】命令绘制好的沿圆柱面生成的 5 行 5 列点集。

(2) 单击【菜单】→【插入】→【曲面】→【通过点】，弹出图 5-3【通过点】对话框，其中在“行阶次”栏输入“3”，在“列阶次”栏中输入“2”，单击“确定”按钮，弹出【过点】对话框，如图 5-5 所示。该对话框是让绘图者选择一种确定点的方式，前三种是通过链的方式逐个行地选择点，第四种方式是逐个点地选择。这里注意一点，软件汉化经常会有翻译不是很贴切的地方，【过点】翻译成【选择点】比较好，这里绘图者理解意思即可。在【过点】对话框中选择“点构造器”方式，弹出图 3-1【点】对话框，此时，依次自左向右连续选择图 5-4 中第一行的后 4 个点。然后，单击【点】对话框的“确定”按钮，弹出图 5-6【指定点】对话框，单击“是”按钮，又返回到图 3-1【点】对话框。至此，相当于选择好了曲面第一行的构成点。第一行的构成点是选择了 4 个点，恰好满足行阶次的最少点数的要求。

图 5-4　空间点集

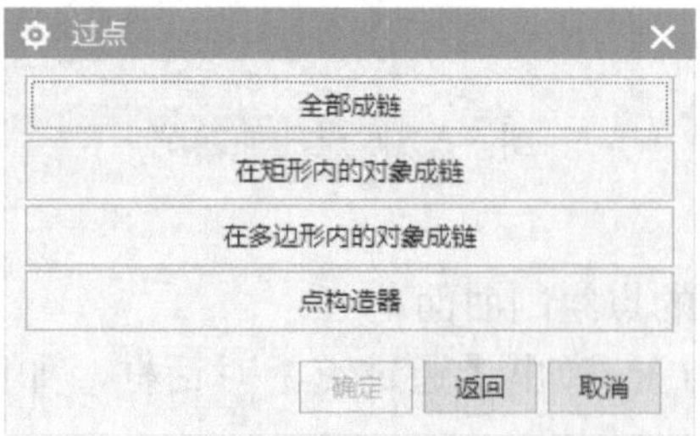

图 5-5　【过点】对话框（选择点）

图 5-6　【指定点】对话框（逐点）

(3) 在图 3-1【点】对话框的状态下继续选择第二行的点，连续选择图 5-4 第二行前 4 个点，单击“确定”按钮，又弹出图 5-6【指定点】对话框，假如这一行不止需要 4 个点，而是更多的点，比如 5 个点，这样就要单击“否”按钮，继而返回到图 3-1【点】对话框，选择图 5-4 第二行的最后一个点，单击“确定”按钮，又回到图 5-6【指定点】对话框，若不需要为第二行再选择其他点，单击“是”按钮即可。这里要注意，在【点】对话框状态下，假如一行需要的点没有选择足够数量就单击“确定”按钮，则会出现点数不满足阶次要求的【错误】提示框，如图 5-7 所示。此时单击“确定”按钮回到【点】对话框，可以再重新为该行选择足够多的点。

(4) 选择图 5-4 第三行的前 4 个点作为曲面的第三行构成点，方法如前述。在确定完成第三行点的选择，单击图 5-6【指定点】对话框的“是”按钮后，会弹出确认所有点选择的【过点】对话框，如图 5-8 所示，单击“所有指定的点”按钮是确认刚才选择的所有的点；单击“指定另一行”按钮是指还想选择更多一行的点。图 5-9 是单击“所有指定的点”按钮后生成的空间曲面，图 5-10 是单击“指定另一行”按钮后，继续选择了图 5-4 第四行所有的点之后生成的空间曲面。

图 5-7 【错误】提示框

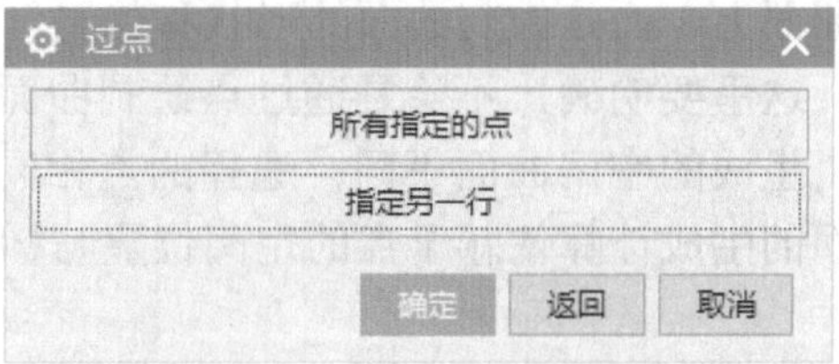

图 5-8 【过点】对话框(确认点)

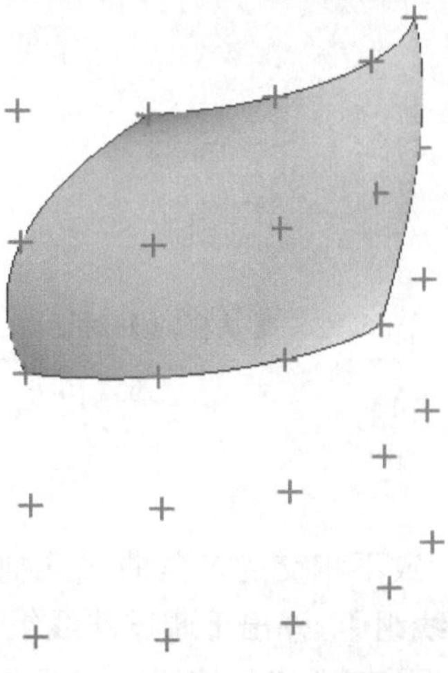

图 5-9 通过点绘制曲面(3 行点)

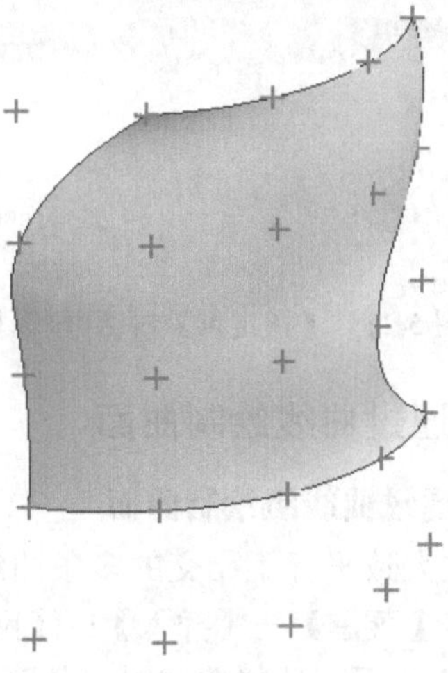

图 5-10 通过点绘制曲面(4 行点)

(5) 曲面生成后便又回到图 5-3【通过点】对话框，等待以通过点的方法绘制下一个曲面。假如不需要继续绘制曲面，单击“取消”按钮，退出通过点绘制曲面命令。

在上述例子第(2)步，选择点是逐个地选择，也可以逐行点进行选择绘制曲面，需要选择图 5-5【过点】对话框中的前三种按链选择点的方式。单击“全部成链”按钮，弹出图 5-11【指定点】对话框，此时单击一行点的起点和终点即可，该行中间的点是自动识别的。再继续选择其余各行的起点和终点，各行的中间点均自动识别。当点选择的行数满足列阶次要求时，会弹出图 5-8【过点】对话框，此时，假如按刚才选择的这些点构建曲面时，单击“所有指定的点”按钮；假如还想再选择新的一行点构建曲面时，单击“指定另一行”按钮，又弹出图 5-11【指定点】对话框，同时选择新的一行的起点和终点，中间点自动识别，接着又是图 5-8【过点】对话框，单击“所有指定的点”按钮完成曲面构建。

图 5-5【过点】对话框中的“在矩形内的对象成链”“在多边形内的对象成链”的选择点方式类似于“全部成链”。每一行的点是通过矩形框内或多边形框内选择的点构建曲面，框内的点也需要指定起点和终点，中间的点自动识别。假如某一行指定了起点和终点后，识别的行点数不满足行阶次的要求时，会弹出图 5-7【错误】提示框，需要重新选择一行的点。

3. 从极点绘制曲面

单击【菜单】→【插入】→【曲面】→【从极点】，弹出【从极点】对话框，如图 5-12 所示。

从极点绘制曲面同通过点绘制曲面的操作方法相同，不做赘述。其不同之处在于，通过点绘制的曲面是通过所选择的所有的点，而从极点绘制的曲面除了四个角点，其余的点均不在曲面上，而是控制曲面的形状和趋势。

这里要明确，不论是通过点绘制曲面还是从极点绘制曲面，选择行的点、列的点个数不同，生成的空间曲面不同；选择的点相同，但顺序不同，生成的空间曲面也不同，这是由于曲面的生成计算依赖于点的空间位置与构建顺序。

图 5-11　【指定点】对话框(逐行)

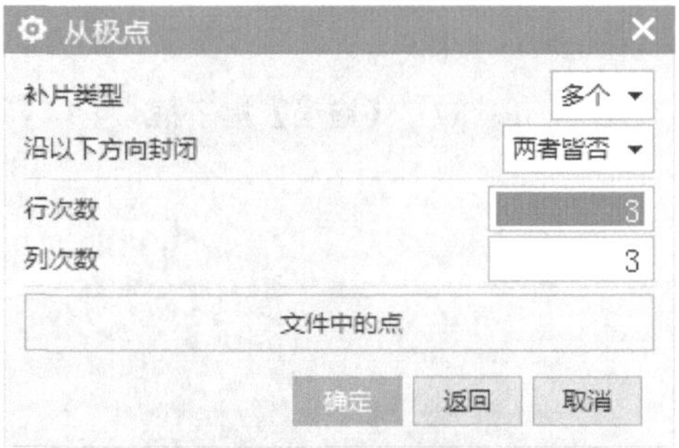

图 5-12　【从极点】对话框

5.2.2　通过曲线绘制曲面

1. 通过曲线组绘制曲面

通过大致平行不相交的多条曲线，或者是方向趋势一致不相交的多条曲线绘制曲面。

单击【菜单】→【插入】→【网格曲面】→【通过曲线组】，弹出【通过曲线组】对话框，如图 5-13 所示。选择曲线时，从第 2 条曲线开始要单击“添加新集”按钮之后再选择，否则选择的曲线会与之前选择的曲线作为一条曲线识别。构建曲面的曲线组至少要两条，每条曲线可以是单独的一条曲线段，也可以是由多条曲线段首尾相连的曲线，曲线的属性可以是草图曲线、空间曲线、曲面的边线或实体的边线。这里需要注意，构建曲面的曲线组首尾两个对象可以是点，中间的对象不能是点，这是因为构建的曲面中间不能被割裂断开。因此，【通过曲线组】命令可以通过一个点(首或尾)和多条曲线绘制曲面，也可以通过首尾两个点和中间多条曲线构建曲面。

图 5-13　【通过曲线组】对话框

应用案例 5-2　通过曲线组绘制曲面

(1) 打开支持文件 AL5-2S.prt，如图 5-14 (a) 所示，这是绘制好的 5 条曲线段，其中 2、3 线段首尾相连。

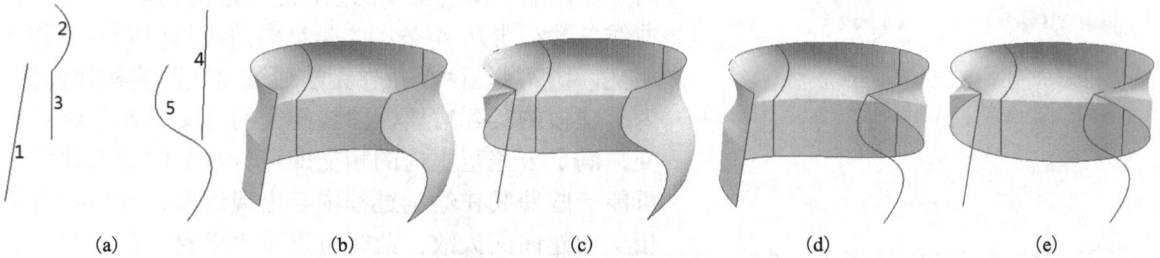

图 5-14　通过曲线组绘制曲面

(2) 单击【菜单】→【插入】→【网格曲面】→【通过曲线组】，弹出如图 5-13【通过曲线组】对话框，首先选择曲线 1 作为第 1 条曲线对象；然后单击“添加新集”按钮，连续选择首尾相连的曲线 2 和曲线 3 一起作为第 2 条曲线对象；再单击“添加新集”按钮，选择曲线 4 作为第 3 条曲线对象；再单击“添加新集”按钮，选择曲线 5 作为第 4 条曲线对象，最后单击“确定”按钮，完成曲面的创建，如图 5-14 (b) 所示。如果出现曲面扭曲现象，试着单击某条曲线的“反向”按钮即可。

(3) 在选择第一个对象时，不是直接选择曲线 1，而是在“选择曲线或点”栏，单击“点对话框”按钮，弹出图 3-1【点】对话框，按“端点”方式选择曲线 1 的上端点作为第 1 个对象。其余对象选择同上步骤(2)，绘制的曲面如图 5-14(c)所示。

(4)在选择最后一个对象时，不是直接选择曲线 5，而是在“选择曲线或点”栏，单击“点对话框”按钮，弹出图 3-1【点】对话框，按“端点”方式选择曲线 5 的上端点作为第 4 个对象。其余对象选择同步骤(2)，绘制的曲面如图 5-14(d)所示。

(5)第一个对象选择曲线 1 的上端点，最后一个对象选择曲线 5 的上端点，其余对象选择同步骤(2)，绘制的曲面如图 5-14(e)所示。

【通过曲线组】对话框中的“对齐”方式通常是选择“参数”，自动识别，曲线首尾均匀对齐构建曲面。

图 5-15 【通过曲线网格】对话框

2. 通过曲线网格绘制曲面

通过纵横交错的多条空间曲线绘制曲面。

单击【菜单】→【插入】→【网格曲面】→【通过曲线网格】，弹出【通过曲线网格】对话框，如图 5-15 所示，在“主曲线”栏中，选择一些曲线作为主曲线，然后激活“交叉曲线”栏，选择一些曲线作为交叉曲线。同【通过曲线组】命令中曲线的选择一样，选择一条新的曲线对象作为主曲线或者交叉曲线时需要单击“添加新集”按钮，否则，连续选择的曲线是作为一条主曲线或交叉曲线识别的。纵横交错的曲线选择完成后，单击“确定”按钮，完成空间曲面的绘制。

在对纵横交错的曲线选择时，哪个方向作为主曲线，哪个方向作为交叉曲线均可，不会影响到曲面绘制的结果。既然是纵横交错的曲线构建曲面，其隐含两个必要条件：一是曲线需要有纵向的和横向的，纵向至少两条，横向至少两条，这样才能构建一个网格，曲线总数至少是 4 条；二是纵向曲线与横向曲线需要相交。不满足这两个条件无法通过曲线网格构建曲面。为了建模的实际需要，曲线相交的含义不要求绝对相交，满足公差范围内的相交即可。对某些曲面建模，可能一些曲线在绘制过程中会出现误差，导致曲线不相交构建曲面失败，此时可以将“设置”栏中的“交点”处的公差值设大些以完成曲面的绘制。

应用案例 5-3 通过曲线网格绘制曲面

(1)打开支持文件 AL5-3S.prt，如图 5-16(a)所示，通过这 4 条纵横交错的空间曲线绘制曲面。

(2)单击【菜单】→【插入】→【网格曲面】→【通过曲线网格】，弹出如图 5-15【通过曲线网格】对话框，首先选择曲线 1，再单击“添加新集”按钮，选择曲线 2，以横向的 1、2 曲线作为主曲线。然后激活“交叉曲线”栏，单击曲线 3 作为第一条交叉曲线，再单击“添加新集”按钮，选择曲线 4 作为第二条交叉曲线。最后单击“确定”按钮，完成曲面的创建，如图5-16(b)所示。

(a)网格曲线　　(b)网格曲面

图5-16　通过曲线网格绘制曲面

【通过曲线网格】对话框中的“连续性”栏用于设置绘制的曲面，曲面是由选定的纵横相交的曲线构建，同时要满足一定的边界条件，即在每一条边处与边界的曲面是按G0、G1或G2的方式连接。

应用案例5-4　绘制附加边界条件的曲线网格曲面

(1)打开支持文件AL5-4S.prt，如图5-17(a)所示。

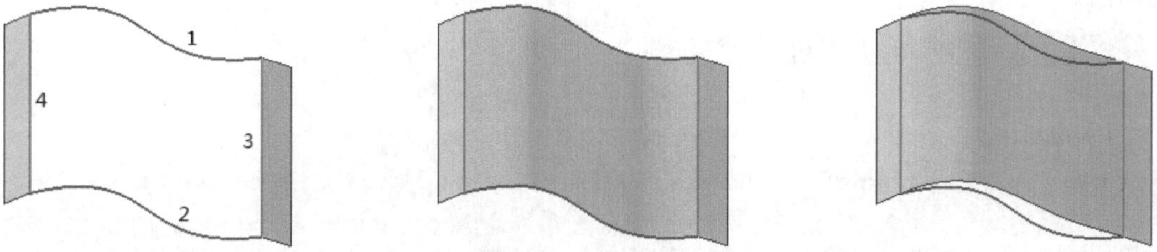

(a)附带边界曲面的曲线网格　　(b)与边界曲面G0连续的网格曲面　　(c)与边界曲面G1连续的网格曲面

图5-17　附带边界条件的网格曲面绘制

(2)通过【通过曲线网格】命令以曲线1、曲线2为主曲线，以曲线3、曲线4为交叉曲线，绘制空间曲面。当“连续性”栏全部选择“G0(位置)”方式时，生成的曲面如图5-17(b)所示，构建的曲面在交叉曲线处与边界曲面是直接相连的。

假如“连续性”栏中，在“第一交叉线串”处选择“G1(相切)”，同时选择曲线3处的平面；再在“最后交叉线串”处选择“G1(相切)”，同时选择曲线4处的平面，此时生成的曲面如图5-17(c)所示，在两条交叉曲线处均与边界曲面相切。

读者可自行试做在两条交叉曲线处连续性选择“G2(曲率)”方式时的曲面样式，细心观察连续性分别为“G0(位置)”“G1(相切)”“G2(曲率)”方式时对构建曲面的影响。

3. 有界平面

有界平面是由平面内封闭的曲线构建平面。这实际是空间曲面绘制的特例，绘制的曲面只是一个平面。有界平面的绘制需要两个必要条件：一是参与绘制曲面的曲线必须在同一平面内，二是这些曲线必须首尾相连而封闭。有界平面经常用以曲面建模的封口处理，比如生成回转容器的底平面、箱盒壳体的侧面等。

单击【菜单】→【插入】→【曲面】→【有界平面】，弹出【有界平面】对话框，如图5-18所示，选择在同一平面内首尾相连的封闭曲线即可绘制有界平面。这些曲线可以通过草图方法和空间曲线的方法绘制，请读者自行完成。

操作中，当选择的曲线不在同一平面内或未封闭时，会弹出【警报】提示框，如图 5-19(a)和(b)所示，需要对曲线进一步修改编辑。

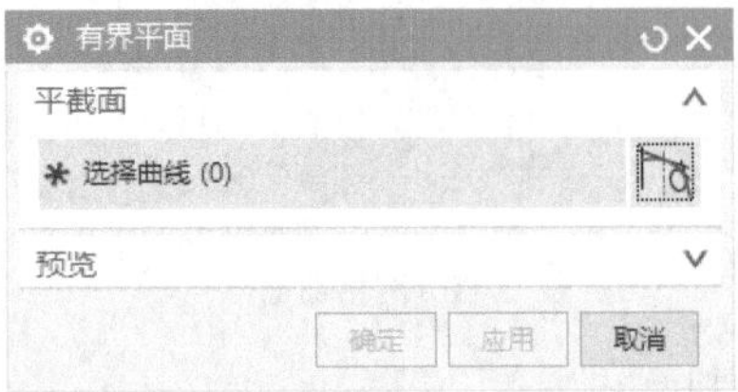

图 5-18　【有界平面】对话框

(a)

(b)

图 5-19　【警报】提示框

4．填充曲面

通过封闭的曲线构建曲面。这些曲线是需要首尾相连的，封闭的。该命令简单实用，常用于通过曲线绘制曲面后期的异形曲面封面处理。

单击【菜单】→【插入】→【曲面】→【填充曲面】，弹出【填充曲面】对话框，如图 5-20所示，选择封闭的曲线即可完成曲面的绘制。图 5-21 为对首尾相连的封闭的空间曲线构建的填充曲面。

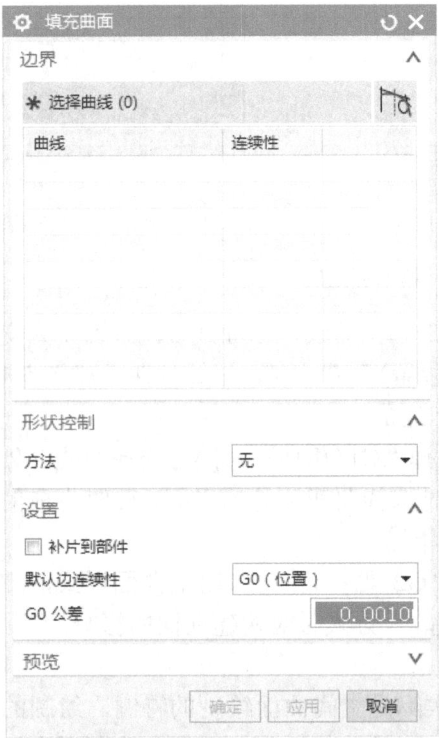

图 5-20　【填充曲面】对话框

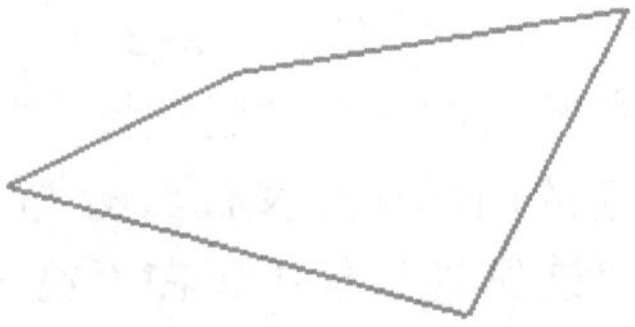

(a) 首尾相连封闭空间曲线

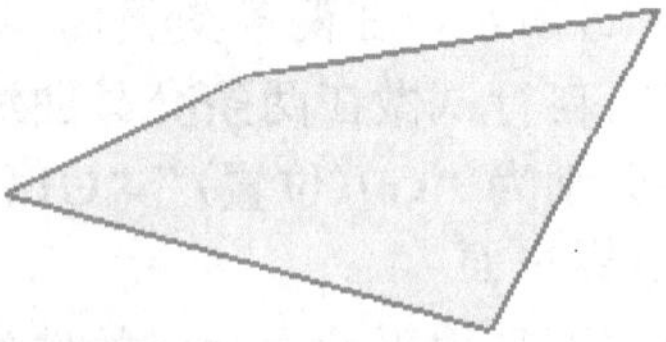

(b) 填充曲面

图 5-21　填充曲面绘制

5．N 边曲面

通过首尾相连的曲线构建曲面。

单击【菜单】→【插入】→【网格曲面】→【N 边曲面】，弹出【N 边曲面】对话框，如

图 5-22 所示。N 边曲面比填充曲面操作更加灵活，对选择的曲线要求首尾相连，但不需要封闭。图 5-23 为对不封闭的首尾相连的空间曲线绘制的 N 边曲面。

当选择的曲线不相连时弹出图 5-24【N 边曲面】提示框，需要对曲线进一步编辑修改。

图 5-22　【N 边曲面】对话框

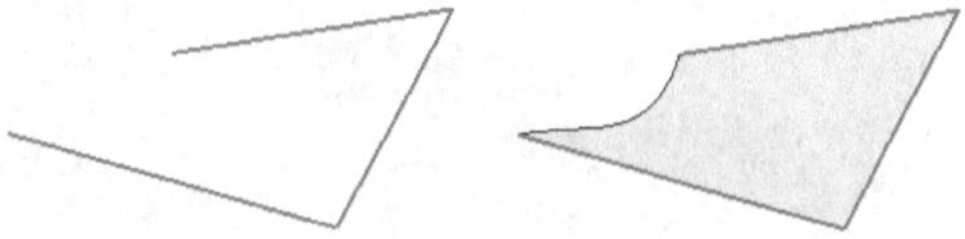

图 5-23　N 边曲面绘制

图 5-24　【N 边曲面】提示框

6. 修补开口

对曲面的缺口破损进行修补。该命令是以缺口曲面为约束条件，按缺口边界进行补面，因此，补面与原曲面相切性、过渡性均比较理想。

单击【菜单】→【插入】→【曲面】→【修补开口】，弹出【修补开口】对话框，如图 5-25 所示。选择缺口曲面，选择缺口边界曲线，再单击“确定”按钮即可完成补面处理。

图 5-25　【修补开口】对话框

应用案例 5-5　填充曲面、N 边曲面、修补开口效果比较

(1) 打开支持文件 AL5-5S.prt，如图 5-26(a) 所示，曲面中间有一缺口，通过各种方法对其进行修补。

(2) 填充曲面修补。打开图 5-20【填充曲面】对话框，选择曲面缺口 4 条边界线，单击“确定”按钮，完成曲面缺口修补，如图 5-26(b) 所示，可以观察到修补曲面中部的凹陷，这对曲面整体是一种缺陷，需要后期进一步处理。

(3) N 边曲面修补。打开图 5-22【N 边曲面】对话框，选择曲面缺口 4 条边界线，单击“确定”按钮，完成曲面缺口修补，如图 5-26(c)所示，可以观察到修补曲面顶角的较大凹陷，这也是曲面的一种缺陷，需要后期处理。

(4) 修补开口修补。打开图 5-25【修补开口】对话框，选择缺口曲面，再激活“选择边”栏，选择缺口 4 条边线，单击“确定”按钮，完成曲面缺口修补，如图 5-26(d)所示，该补面比较理想，与原曲面相切性和过渡性均较好。

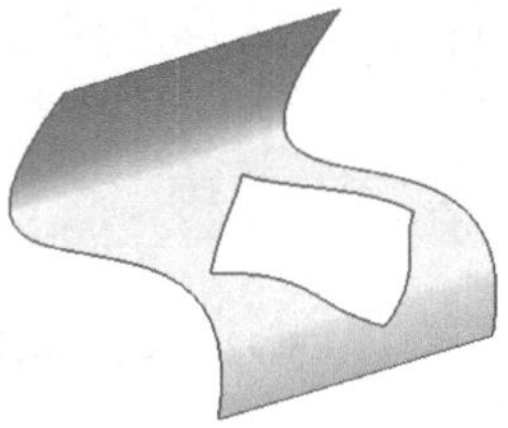

(a) 曲面缺口

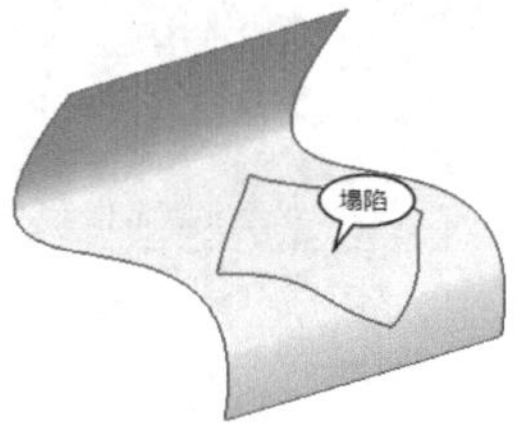

(b) 填充曲面修补缺口

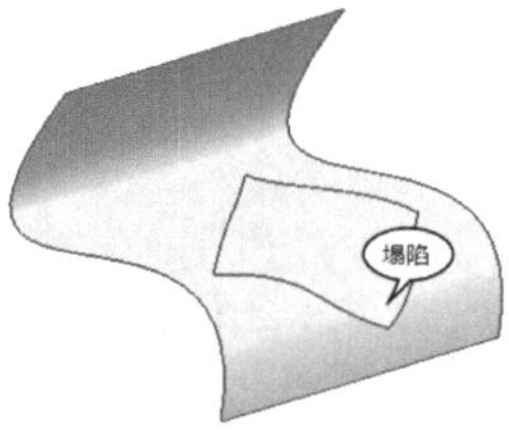

(c) N 边曲面修补缺口

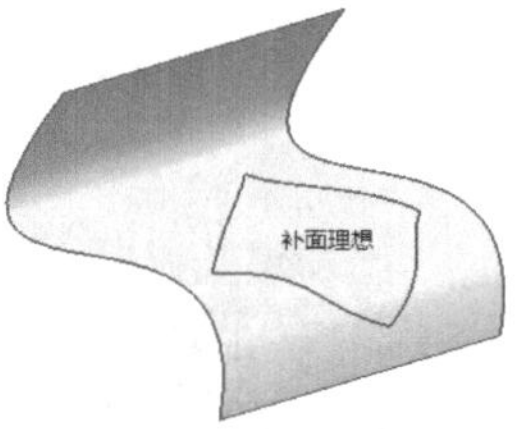

(d) 修补开口修补缺口

图 5-26　曲面缺口修补处理

5.2.3　扫描曲面

扫描曲面是对曲线按规律扫描移动，通过其运动轨迹构建曲面的方法。按不同的方式可生成拉伸曲面、旋转曲面和扫掠曲面。

1. 拉伸曲面

拉伸曲面是曲线沿某一矢量方向运动生成曲面。若拉伸的曲线为直线，则拉伸成平面；若拉伸的是曲线，则生成的是曲面。它同实体建模的拉伸操作是同一个命令，即单击【菜单】→【插入】→【设计特征】→【拉伸】，操作参见 3.5.1 节。

如图 5-27 所示，直线、矩形和曲线分别沿着 Z 轴方向拉伸生成曲面。需要注意的是，当拉伸的曲线封闭时，则要在【拉伸】对话框中设置“体类型”为“片体”才能生成曲面，否则生成的是实体。

2. 旋转曲面

旋转曲面是曲线绕某一矢量方向旋转一定角度生成曲面。它同实体建模的旋转是同一个命令，即单击【菜单】→【插入】→【设计特征】→【旋转】，操作参见 3.5.2 节。

值得注意的是，曲线在旋转时不能产生自相交运动，否则会弹出图 5-28【警报】提示框，无法完成操作。比如两条交叉线，其中一条曲线不能绕另一条曲线旋转运动生成曲面。旋转曲面是来自于对不封闭曲线绕某一矢量的旋转。假如旋转的曲线是封闭的，或者对不封闭的曲线整周旋转运动时，需要设置【旋转】对话框中“体类型”为“片体”。

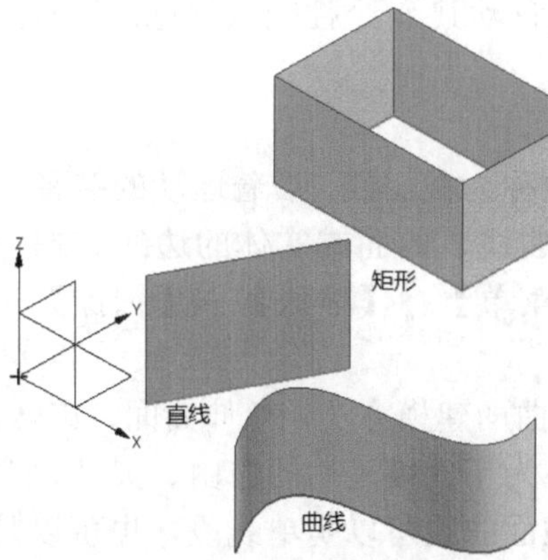

图 5-27　曲线拉伸生成曲面

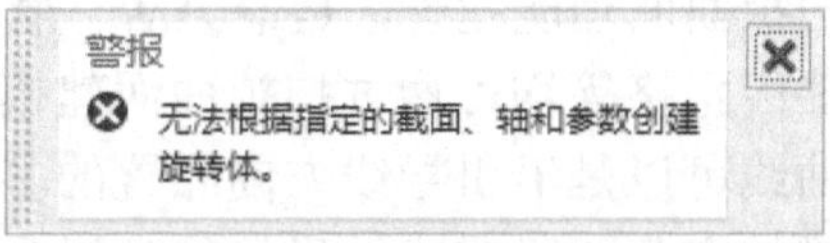

图 5-28　【警报】提示框

应用案例 5-6　花瓶外表曲面建模

(1) 单击【菜单】→【插入】→【曲线】→【艺术样条】，弹出【艺术样条】对话框。按图 5-29 设置参数，在 Z 坐标轴附近合适的位置选择 4 个点，在基准坐标系 YZ 坐标平面内绘制 3 阶次样条曲线，如图 5-30 (a) 所示。

(2) 单击【菜单】→【插入】→【设计特征】→【旋转】，弹出图 3-54【旋转】对话框。激活“选择曲线”，选择图 5-30 (a) 中的艺术样条曲线；激活“指定矢量”，选择 Z 轴为旋转矢量；激活“指定点”，再选择坐标原点为旋转点；在“限制”栏中输入开始角度“0”，结束角度“360”，在“设置”栏中将“体类型”设置为“片体”；最后单击“确定”按钮，完成花瓶外表曲面的创建，如图 5-30 (b) 所示。

图 5-29　【艺术样条】对话框

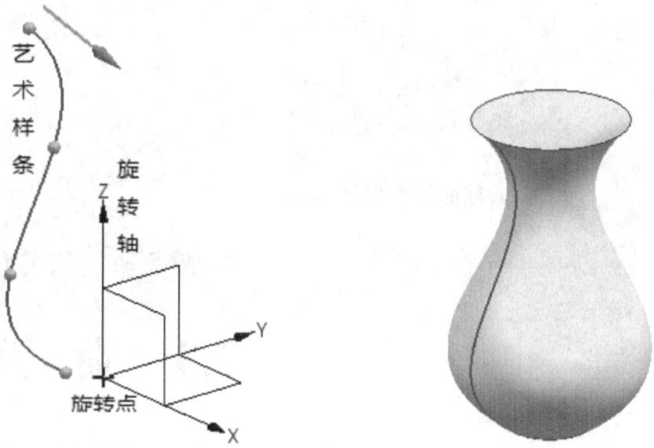

(a) 艺术样条曲线绘制　　(b) 旋转曲面绘制

图 5-30　花瓶曲面建模

假如花瓶外表曲面建模不理想，可以双击样条曲线移动其 4 个控制点位置，调整至理想位置。

3. 扫掠曲面

一条曲线沿另一条曲线运动生成曲面。运动的曲线称为截面线，沿着运动的路径曲线称为引导线，截面线与引导线均可以是草图曲线、空间曲线、曲面或实体的边线。扫掠曲面的操作同实体建模的扫掠，使用同一命令，即单击【菜单】→【插入】→【扫掠】→【扫掠】，参见 3.5.3 节。

扫掠曲面功能完善，是最灵活、最复杂、最全面的曲面建模方法，拉伸曲面、旋转曲面、通过曲线网格等均可通过扫掠曲面建模方法替代完成。为了建模表达的自由、灵活、多样，截面曲线可以是沿引导线方向布置的多条曲线，每条截面曲线可以是单线段，也可以是由首尾相连的多条线段构成。引导线可以是一条、二条，最多三条曲线。当仅一条或二条引导线时，曲面在满足该引导线限定的条件基础上，其形状结构是可变不确定的，为了消除这种自由度对建模造成的不可控，引导线增加到三条曲线。三条引导线使截面线的运动得到精确控制，因为沿引导线方位每个截面均是由三条引导线的相交点唯一确定，三点确定平面，因此三条引导线构建的扫掠曲面具有唯一性。

应用案例 5-7　工艺盒曲面建模

(1) 打开支持文件 AL5-7S.prt，如图 5-31(a) 所示，以曲线 1、2、3、4 组成一条截面线，曲线 5、6、7、8 组建另一条截面线，以曲线 9 作为引导线，通过扫掠方法构建曲面。

(2) 单击【菜单】→【插入】→【扫掠】→【扫掠】，弹出图 3-61【扫掠】对话框。激活"截面"栏，依次连续选择曲线 1、2、3、4，单击"添加新集"按钮，再依次连续选择曲线 5、6、7、8，然后激活"引导线"栏，选择曲线 9，再在"设置"栏中，将"体类型"设为"片体"，其余默认设置，单击"确定"按钮，完成曲面的构建，如图 5-31(b) 所示。

读者可以试做截面曲线线段选择其他顺序时生成不同形状的工艺盒曲面。

(a) 截面线与引导线绘制　　(b) 扫掠曲面绘制（多条截面线）

图 5-31　工艺盒曲面建模

5.3　曲 面 操 作

曲面绘制是从无到有生成曲面，曲面操作通常是指对已有的曲面通过一系列操作生成新的曲面。

5.3.1 修剪片体

修剪片体是指将曲面按曲线为边界进行修剪。该曲线可以是曲面上的轮廓线，也可以是曲面之外的草图曲线、空间曲线、曲面的边、实体的边等。

应用案例 5-8 修剪片体操作

打开支持文件 AL5-8S.prt，如图 5-32(a)所示。

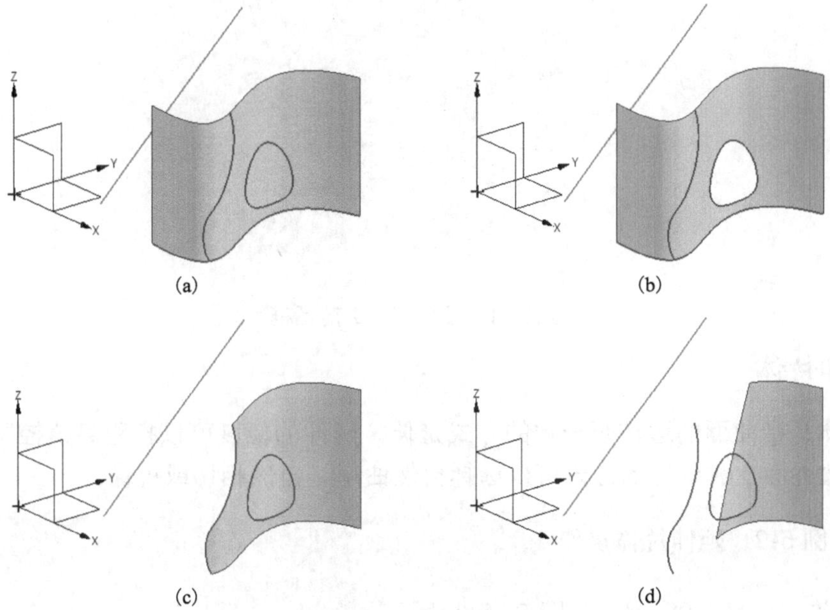

图 5-32 修剪片体操作

单击【菜单】→【插入】→【修剪】→【修剪片体】，弹出【修剪片体】对话框，如图 5-33 所示。激活“目标”栏，选择要修剪的曲面，然后激活“边界”栏，选择曲面上的封闭曲线，单击“确定”按钮，执行操作退出命令，修剪结果如图 5-32(b)所示。

此次操作是以封闭的曲线为边界将曲面内侧部分修剪掉，保留外侧部分。假如需要修剪掉外侧部分保留封闭曲线内的部分，需要在命令对话框中“区域”栏单击“保留”或“放弃”进行切换。

图 5-32(c)、(d)分别为曲面按面上的不封闭曲线和面外的空间直线为边界进行修剪的结果，请读者自行完成操作。

图 5-33 【修剪片体】对话框

5.3.2 分割面

分割面是将曲面按曲线为边界分隔开。单击【菜单】→【插入】→【修剪】→【分割面】，弹出【分割面】对话框，如图 5-34 所示。该命令操作同于修剪片体的命令，不同之处在于分割面只是把面分割成为两部分，而修剪片体是将曲面去掉一部分，保留一部分。读者可以参照修剪片体例子的支持文件 AL5-8S.prt 进行操作理解。

图 5-34　【分割面】对话框

5.3.3　延伸片体

延伸片体是指曲面的边按照一定的方式延伸。延伸的幅度可以按距离值控制，也可以延伸至某一个边界面上。延伸的方式可以选择自然曲率、自然相切或镜像。

应用案例 5-9　延伸片体操作

打开支持文件 AL5-9S.prt，如图 5-35(a)所示。

单击【菜单】→【插入】→【修剪】→【延伸片体】，弹出【延伸片体】对话框，如图 5-36 所示。选择图 5-35(a)曲面的右侧立边作为延伸边，在“限制”栏中，输入偏置值“20”，在“曲面延伸形状”栏选择“自然相切”方式，其余设置默认，单击“确定”按钮，完成曲面的延伸，如图 5-35(b)所示。

曲面延伸不按距离延伸，可按边界进行延伸，上述操作中，延伸边选择曲面左侧的立边；在“限制”栏中，选择“直至选定”，同时选择左侧的平面；在“曲面延伸形状”栏选择“自然相切”方式，其余设置默认，单击“确定”按钮，完成曲面延伸，如图 5-35(c)所示。

图 5-35(d)为选择曲面的右侧立边为延伸边，延伸距离 20mm，延伸方式为“镜像”的延伸片体操作结果。请读者自行完成曲面两侧立边按“自然曲率”方式的延伸操作。

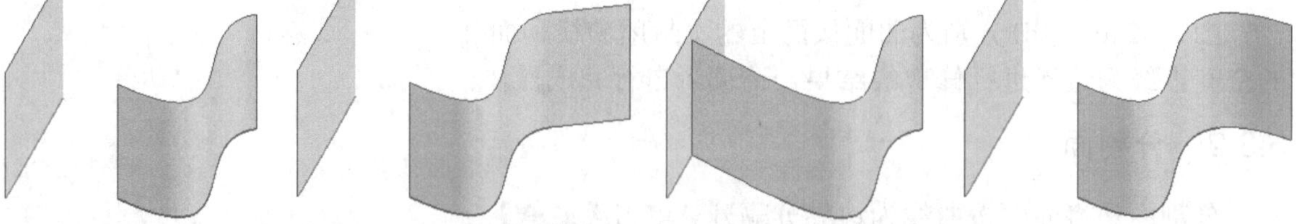

(a)空间曲面　(b)曲面按距离曲率方式延伸　(c)曲面按边界延伸　(d)曲面按距离镜像方式延伸

图 5-35　曲面延伸操作

图 5-36　【延伸片体】对话框

5.3.4　修剪与延伸

修剪与延伸是按曲面为边界对另一曲面进行修剪或延伸。

应用案例 5-10　曲面修剪与延伸操作

打开支持文件 AL5-10S.prt，如图 5-37(a)所示。

单击【菜单】→【插入】→【修剪】→【修剪和延伸】，弹出【修剪和延伸】对话框，如图 5-38 所示。激活“目标”栏，选择边 2，激活“工具”栏，选择面 1，最后单击“确定”按钮，使面 2 按面 1 为边界修剪，修剪的是边 2 部分，如图 5-37(b)所示。

假如面 2 要延伸到面 3，则在“目标”栏中选择边 2，然后在“工具”栏中选择面 3，如图 5-37(c)所示。在“设置”栏中也可以选择曲面延伸的方式“自然曲率”、“自然相切”或“镜像”，操作中读者可以动态观察其变化。

假如要对相交的面 1、面 2 去掉一个角，保留一个角，则使用该命令“修剪和延伸类型”栏中的“制作拐角”，在“目标”栏中单击选择边 1，在“工具”栏中选择边 2，结果如图 5-37(d)所示。

制作拐角操作也可在“目标”栏中和“工具”栏中都选择面，然后根据需要单击栏中的“反向”按钮，调整得到需要的拐角。

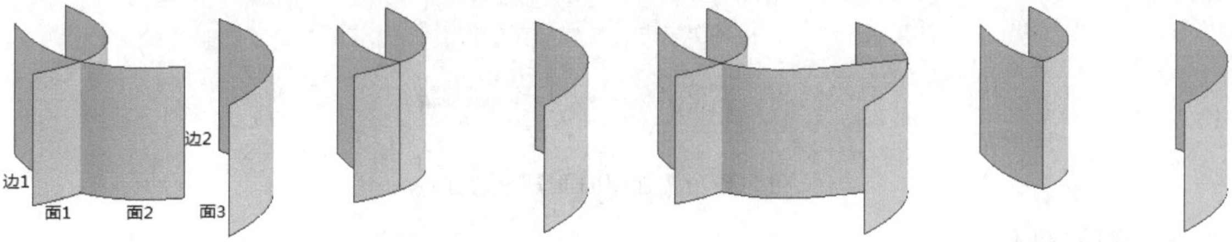

(a) 空间曲面　(b) 曲面修剪　(c) 曲面延伸　(d) 制作曲面拐角

图 5-37　曲面修剪和延伸操作

图 5-38　【修剪和延伸】对话框

5.3.5　延伸

延伸是将曲面的边按一定方式延伸一定的距离。其功能与操作类似于 5.3.3 节【延伸片体】命令，延伸的距离可以按实际长度值或者原曲面在该方向长度的百分比确定。延伸的方式有“相切”和“圆弧”两种，“相切”为 G1 连续方式，“圆弧”为 G2 连续方式。

单击【菜单】→【插入】→【弯边曲面】→【延伸】，弹出【延伸曲面】对话框，如图 5-39 所示。请读者参照应用案例 5-9 的支持文件 AL5-9S.prt 对该命令自行操作练习。在对话框的“类型”栏中，选择“拐角”类型，是指在曲面的 4 个角点处按曲面纵向和横向长度的百分比构建一个小的曲面。

图 5-39　【延伸曲面】对话框

5.3.6　规律延伸

规律延伸是将曲面的边按一定规律延伸一定的距离和角度，规律通常用到恒定、线性和根据方程 3 种方式。

(1) 恒定：是指延伸的边从开始到结束每个位置均按设定的长度和角度延伸。

(2) 线性：是指延伸的边从开始到结束其延伸的长度和角度是线性均匀变化的。

(3) 根据方程：是指延伸的边从开始到结束其延伸的长度和角度是按设定的方程变化的。

应用案例 5-11　曲面规律延伸操作

通过空间曲线命令任意绘制一条 Z 轴方向的直线，高度 50mm，然后沿 Y 轴方向拉伸 30mm 成一个平面，如图 5-40 (a) 所示，下面对该平面的立边进行规律延伸操作。

单击【菜单】→【插入】→【弯边曲面】→【规律延伸】，弹出【规律延伸】对话框，如图 5-41 所示。选择平面的左侧立边作为要进行延伸的边，激活“面”栏，选择该平面，然后在“长度规律”栏选择“恒定”输入“10”，在“角度规律”栏选择“恒定”输入“90”，即该边相对于该平面任何位置均按 90° 延伸 10mm 长，单击“确定”按钮，结果如图 5-40 (b) 所示。

对于上述操作，如果改变“长度规律”栏选择“线性”，起点输入“0”，终点输入“10”，角度规律仍然是恒定 90°，延伸结果如图 5-40 (c) 所示，即该边自上而下延伸的距离从 0 到 10mm 线性变化，但每个位置均是按 90° 延伸。如果出现延伸的长度是从下方开始为 0 到上方 10mm 时，则需要激活“曲线”栏，单击“反向”按钮，这是在最初选择该边线时按单击的位置不同默认识别的起点不同，可以根据作图需要进行反向调整。

对于上述操作，如果改变“角度规律”栏选择“线性”，起点输入“0”，终点输入“90”，长度规律仍然是恒定 10mm，延伸结果如图 5-40 (d) 所示，即该边自上而下每个位置均是延伸 10mm，但角度是自上而下从 0 到 90° 线性变化。如果出现延伸面在反方向时，则需要激活“面”栏，单击“反向”按钮进行调整。

假如加大角度的线性变化幅度，在“角度规律”栏选择“线性”，起点输入“0”，终点输入“3600”，长度规律仍然是恒定 10mm，延伸结果如图 5-40 (e) 所示，生成螺旋面，半径是 10mm，周期数是角度变化的 360 的倍数，即 10 周期，由于延伸边的高度是 50mm，因此螺旋面的螺距是 5mm。

对于上述操作，如果改变“长度规律”栏选择“线性”，起点输入“0”，终点输入“10”；改变“角度规律”栏选择“线性”，起点输入“0”，终点输入“90”，延伸结果如图 5-40 (f) 所示，即该边自上而下延伸的距离从 0 到 10mm 线性变化，延伸的角度从 0 到 90° 线性变化。

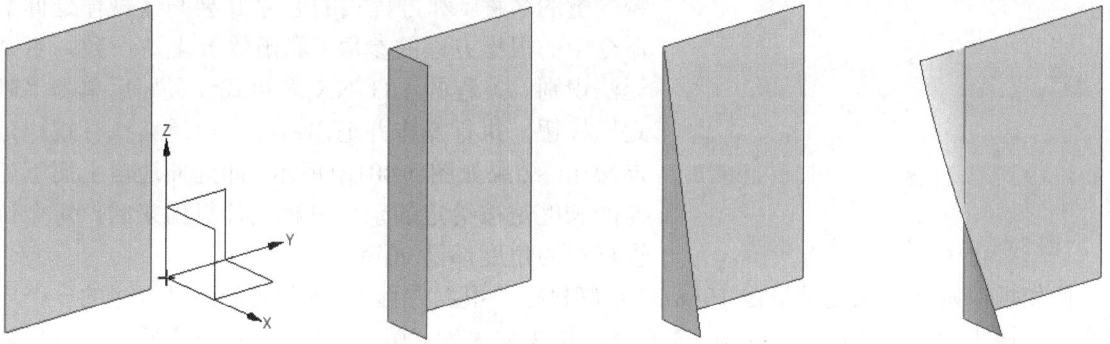

(a)　(b)　(c)　(d)

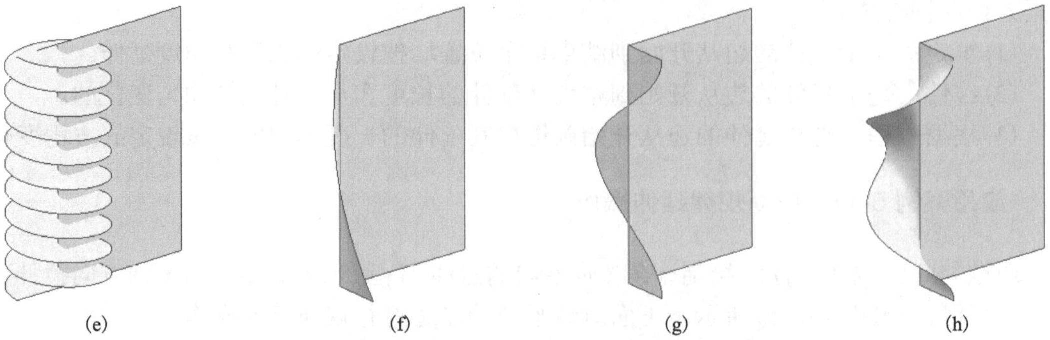

图 5-40　曲面规律延伸

图 5-41　【规律延伸】对话框

对于上述的操作，如果改变“长度规律”栏选择“根据方程”，角度规律仍然是恒定 90°，需要首先设定方程。设长度规律按余弦规律变化，变化范围为一个周期，方程式为 $L = 10\cos\alpha$（α：0～360°）。

根据该方程在 UG NX 中设置表达式，单击【菜单】→【工具】→【表达式】，弹出【表达式】对话框，如图 5-42 所示。

首先设置系统变量 t，单击最上方第一行“名称”栏，输入“t”；单击第一行“公式”栏，输入“1”。这一步是设置了系统变量 t 由 0～1 变化。然后设置方程的表达式，该表达式是以刚设定的系统变量 t 为变量描述长度规律余弦方程式的。单击【表达式】对话框左侧栏“新建表达式”按钮，这时在右侧出现空白的第二行。单击第二行“名称”栏，输入“ft”；单击第二行“公式”栏，输入“10*cos(360*t)”。这一步是设定 ft 是 t 的函数，什么样的函数呢？是 10*cos(360*t)。UG NX 表达式中以*表示乘号，这里把原来方程式中的角度 α 写成了 360*t，恰好通过系统变量 t 表达了 α 在 0～360° 变化的范围要求。这里要注意系统变量的名称 t 和方程式的名称 ft 要与【规律延伸】命令中的根据方程的参数 t 和函数 ft 名称一致，否则无法识别。方程的 UG NX 表达式设置好后单击“确定”按钮，执行操作并退出命令。再重新执行规律延伸操作，结果如图 5-40(g) 所示，即延伸边自上而下延伸的长度是按给定的余弦方程式计算出来的，每个位置延伸的角度都是 90°。

假如规律延伸的长度是恒定 10mm，角度执行“根据方程”，方程式仍然是上述的一个周期余弦规律为 $A = 90\cos\alpha$（α：0～360°），振幅放大为 90。请读者自行完成操作，结果如图 5-40(h) 所示，即延伸边自上而下延伸的角度是按给定的余弦方程式计算出来的，最小处为

0，最大处为 90°，每个位置延伸的长度都是 10mm。

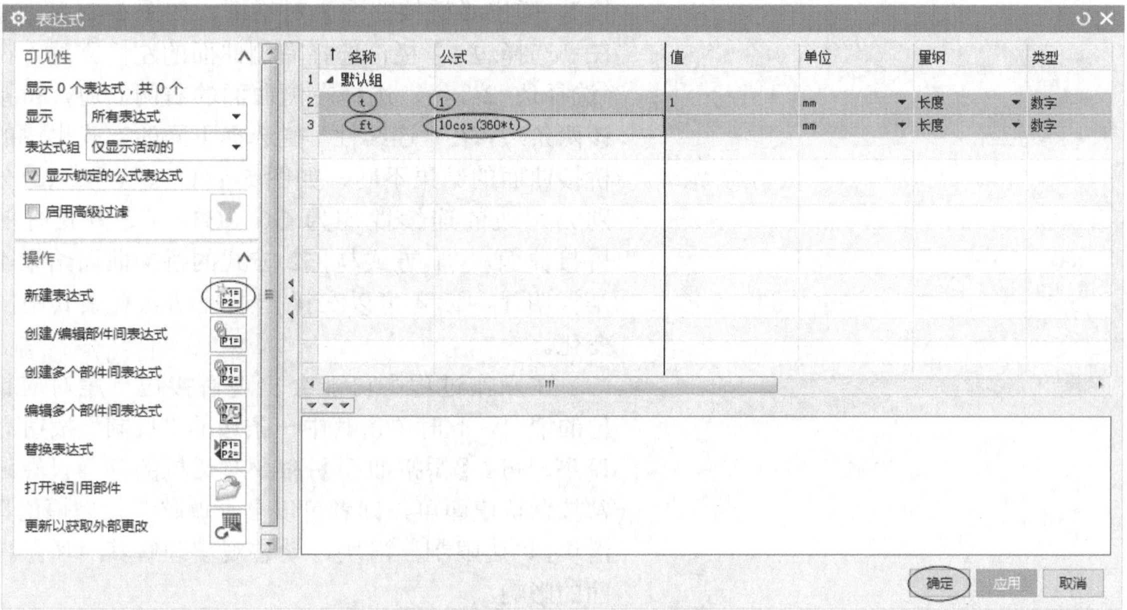

图 5-42 【表达式】对话框

5.3.7 桥接曲面

桥接曲面是指将两个曲面的边按照一定的方式连接，连接方式有 G0(位置)、G1(相切)和 G2(曲率)3 种。

应用案例 5-12 桥接曲面操作

通过【空间曲线】命令，在基准坐标系 XY 平面内随意绘制两条曲线，沿 Z 轴方向拉伸成曲面，如图 5-43(a)所示，对两曲面进行桥接操作。

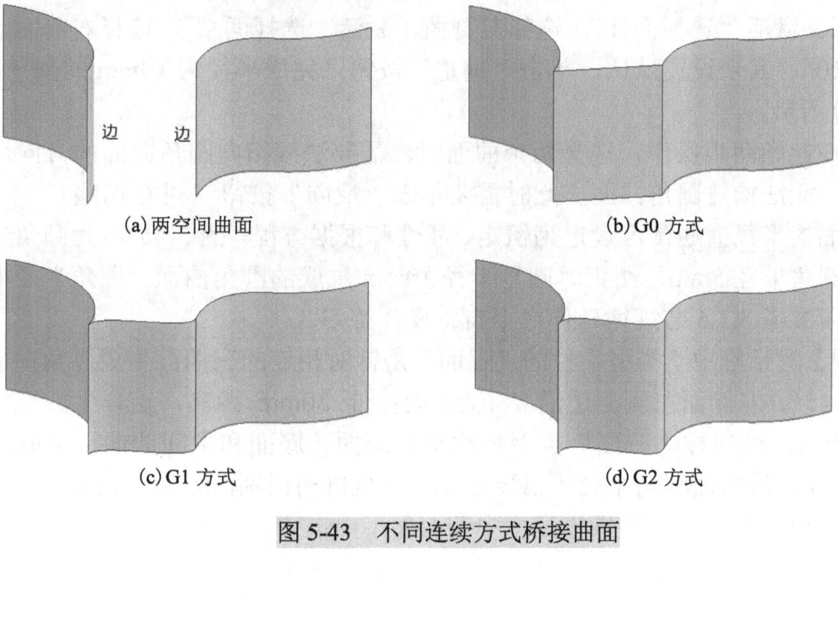

(a)两空间曲面 (b)G0 方式

(c)G1 方式 (d)G2 方式

图 5-43 不同连续方式桥接曲面

图 5-44　【桥接曲面】对话框

单击【菜单】→【插入】→【细节特征】→【桥接】，弹出【桥接曲面】对话框，如图 5-44 所示。在“选择边 1”栏，选择右侧曲面的左侧立边，在“选择边 2”栏，选择左侧曲面的右侧立边，桥接该两条边，在“连续性”栏选择不同的方式生成的桥接曲面的结果不同，如图 5-43(b)、(c)、(d)分别为两边的连续性均为 G0、G1、G2 方式时的桥接曲面。G1 方式与 G2 方式的桥接曲面结果不是很明显，读者可以在操作过程动态观察其中的变化。

在操作过程中可能会出现桥接边首尾对应错位的情况，此时单击其中一条边的“反向”按钮调整即可。【桥接曲面】命令对话框的其余设置通常按默认值即可，读者可以自行调整“相切幅值”滑块，“边限制”滑块，动态观察理解其对桥接曲面的影响。

5.3.8　面倒圆

面倒圆是按圆角半径生成相交曲面的圆角曲面。

应用案例 5-13　面倒圆操作

通过空间曲线命令任意绘制一条 50mm 长的 Z 轴方向的直线，然后将该直线分别沿 X 轴方向和 Y 轴反方向拉伸 30mm 生成两个相交平面，如图 5-45(a)所示。

单击【菜单】→【插入】→【细节特征】→【面倒圆】，弹出【面倒圆】对话框，如图 5-46 所示。激活“选择面 1”，选择左侧面，激活“选择面 2”，选择右侧面，在“半径”栏内输入“10”，其余设置默认，单击“确定”按钮，完成半径为 10mm 的圆角曲面的绘制，如图 5-45(b)所示。

注意：在起始两步操作，选择两个曲面时，需要法线指向圆角曲面的方向，假如法线方向识别有误，无法构建圆角曲面，此时需要单击“反向”按钮进行调整。

圆角曲面的半径值通常可设定为恒定、线性和根据方程。图 5-45(c)为圆角半径值设为线性时，起始圆角半径 5mm，结束时圆角半径 10mm 生成的圆角曲面。圆角半径根据方程使用较少，读者可参考 5.3.6 节规律延伸命令自行操作练习。

【面倒圆】对话框中“类型”栏的“三面”是针对相连的三曲面生成圆角曲面的情况。例如，将图 5-45(a)左侧面左侧立边沿 X 轴方向拉伸 30mm 距离，这样生成三相连曲面，如图 5-45(d)所示。然后按“三面”类型依次选择顶面、底面和中间曲面，生成的圆角曲面如图 5-45(e)所示。该曲面圆角半径不需要设定，而是自动识别，因为生成曲面要同时与三曲面相切，其半径值是唯一的。该操作注意中间曲面不要选错。

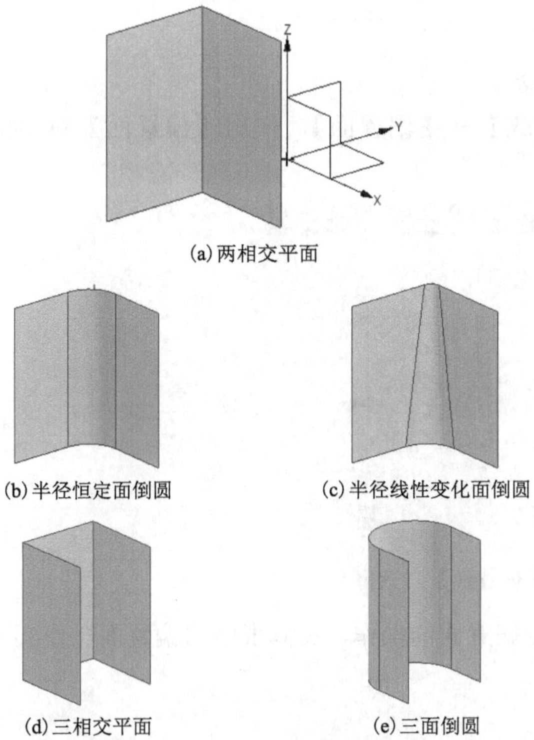

(a) 两相交平面

(b) 半径恒定面倒圆　　(c) 半径线性变化面倒圆

(d) 三相交平面　　(e) 三面倒圆

图 5-45　面倒圆操作

图 5-46　【面倒圆】对话框

5.3.9　偏置曲面

偏置曲面是沿曲面法线方向对曲面进行偏移复制。

单击【菜单】→【插入】→【偏置/缩放】→【偏置曲面】，弹出【偏置曲面】对话框，如图 5-47 所示。选择曲面，输入偏置距离，单击“确定”按钮，即可完成曲面的偏置。单击“反向”按钮可以调整曲面偏置的正负法线方向。

图 5-48 为对单独曲面和圆柱体顶面进行偏置曲面的操作。

图 5-47　【偏置曲面】对话框

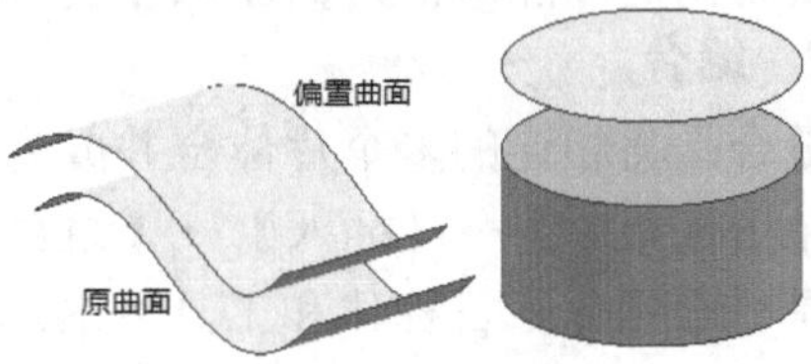

图 5-48　偏置曲面操作

5.3.10　偏置面

偏置面是对曲面沿法线方向偏移一定距离。

单击【菜单】→【插入】→【偏置/缩放】→【偏置面】，弹出【偏置面】对话框，如图 5-49 所示，操作同偏置曲面。

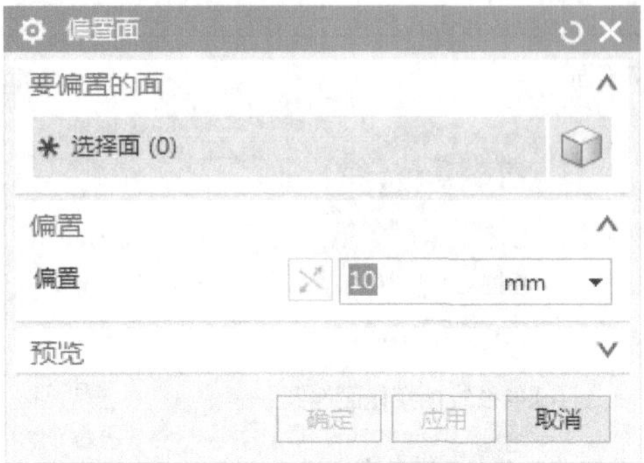

图 5-49　【偏置面】对话框

图 5-50 为对单独曲面和圆柱体顶面进行偏置面的操作，实体表面的偏置面操作实现了对实体在该面法线方向的缩放处理。

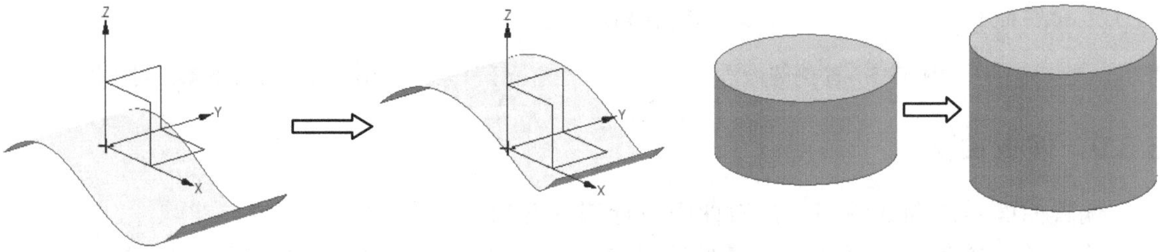

(a) 单个曲面进行偏置面　　(b) 实体表面进行偏置面

图 5-50　偏置面操作

5.3.11　曲面与实体关联操作

曲面通过相关操作可以变成实体，实体通过相关操作可以获取曲面。

1. 加厚

曲面通过加厚操作变成实体。

单击【菜单】→【插入】→【偏置/缩放】→【加厚】，弹出【加厚】对话框，如图 5-51 所示。偏置操作中注意，“偏置 1”是指定曲面加厚的厚度值，“偏置 2”是指曲面偏移原来位置一定距离后的加厚值，曲面加厚的方向通过“反向”按钮调整控制。

2. 缝合

缝合是将相连的多个片体合并成为一个片体，封闭的片体缝合后转变成实体。

单击【菜单】→【插入】→【组合】→【缝合】，弹出【缝合】对话框，如图 5-52 所示。由于是缝合操作，目标体和工具体的选择对计算结果无影响，对连接在一起的多个片体，可以选择其中一个片体作为目标体，其余片体作为工具体。

图 5-51 【加厚】对话框

图 5-52 【缝合】对话框

3. 取消缝合

取消缝合是对缝合操作的逆操作，是将片体从缝合后的片体中分解开来。

单击【菜单】→【插入】→【组合】→【取消缝合】，弹出【取消缝合】对话框，如图 5-53 所示。对选择需要分解出来的片体，可以按面选择，也可以按边选择，按边选择时，需要选择其全部的轮廓边。

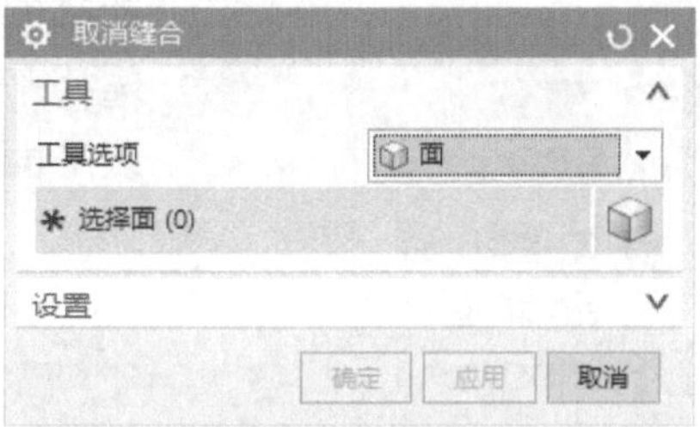

图 5-53 【取消缝合】对话框

4. 抽取几何特征

抽取几何特征是将实体的表面分离出来，可以按单个面、面链或实体的全部外表面进行分离。

单击【菜单】→【插入】→【关联复制】→【抽取几何特征】，弹出【抽取几何特征】对话框，如图 5-54 所示。选择面时，可以按“单个面”方式挨个选择面；可以按“面与相邻面”方式选择一个面，同时与之相邻接的面全部选中；可以按“体的面”方式选择实体，则其外表面全部选中；也可以按“面链”方式，选择的多个相连的曲面作为一个片体被分离出实体。

如图 5-55 所示，对圆柱体抽取圆柱面，然后将实体特征隐藏。

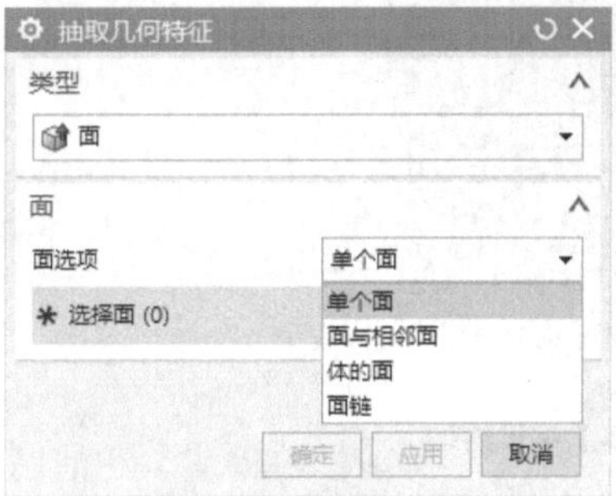

图 5-54 【抽取几何特征】对话框

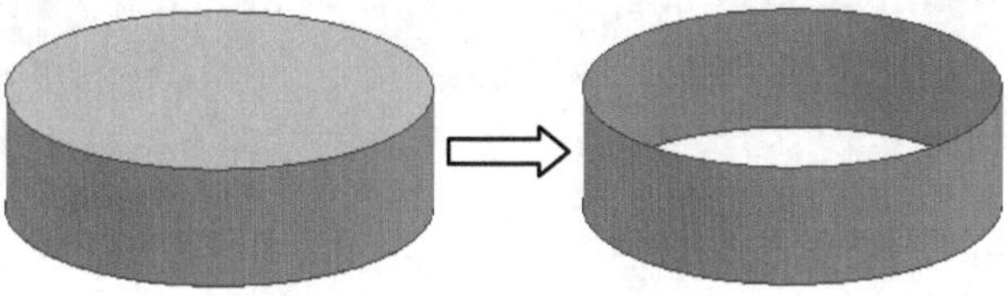

图 5-55 抽取圆柱体圆柱面

5.3.12　曲面与实体通用操作

对于第 3 章实体建模中学习的【移动对象】、【镜像特征】、【镜像几何体】、【阵列特征】、【阵列几何特征】、【缩放体】命令同样可以对曲面(实质是片体)进行操作，完成片体的移动、镜像复制、阵列复制、缩放等操作。

5.4　曲 面 编 辑

对绘制完成的曲面可以对其参数进行编辑。

单击【菜单】→【编辑】→【曲面】，弹出曲面编辑子菜单，如图 5-56 所示，这些全部是对曲面进行编辑的命令。编辑曲面可以对曲面进行整体平移、旋转、缩放、扭曲、歪斜、更改阶次等操作，也可以局部地对曲面进行按行修整、按列修整，甚至按点修整。编辑曲面使曲面在创建之后的修改完善更加自由、灵活、高效、万能。读者可以在对 UG NX 持续地学习使用过程中慢慢领略 UG NX 曲面建模的强大功能。

比如，【X 型】编辑是对曲面进行的任意变形。首先任意绘制一直线拉伸成平面，如图 5-57(a)所示。打开【X 型】对话框，如图 5-58 所示，其与空间曲线的【X 型】编辑是通用一个命令对话框，可以对曲线编辑，也可以对曲面编辑，根据选择的对象不同显示不同的参数设置。单击选择拉伸的平面，在“次数”栏中设置行阶次和列阶次，在“方法”栏中选择旋转或移动等编辑方式，此时平面处于编辑状态，如图 5-57(b)所示。单击选择平面上的控制点，可以进行各种方式的编辑。图 5-57(c)为对该平面控制点进行 X 轴方向移动的编辑结果。

图 5-56　曲面编辑子菜单

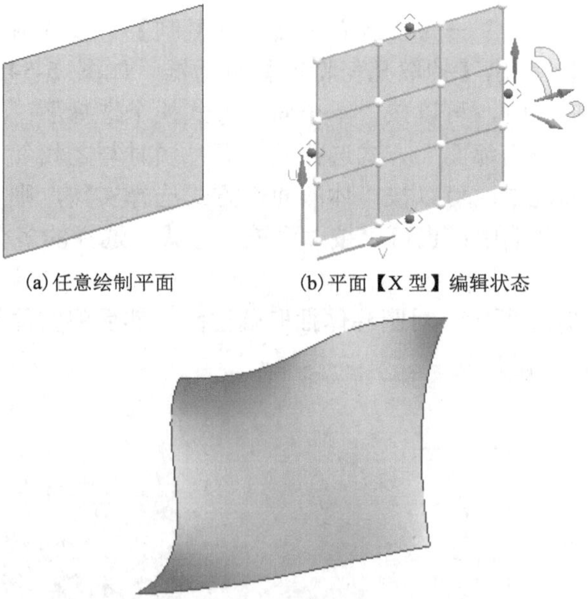

(a) 任意绘制平面　(b) 平面【X 型】编辑状态

(c) 平面【X 型】编辑结果

图 5-57　曲面【X 型】编辑

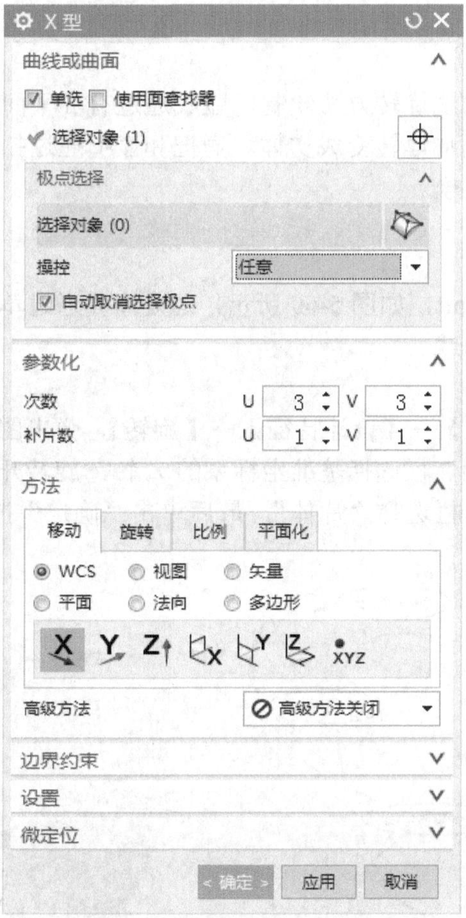

图 5-58　曲面编辑【X 型】对话框

5.5　综 合 实 例

设计要求

完成茶壶建模，如图 5-59 所示。

图 5-59　茶壶实体模型

设计思路

茶壶壶身外表面通过曲线旋转方法绘制，壶底通过有界平面封口，各部曲面制作完成后缝合成一个整体，然后曲面加厚转变成实体。壶把和壶嘴通过扫掠方法制作，最后壶身、壶嘴和壶把求和完成茶壶的建模。

设计步骤

(1) 打开支持文件 ZLS.prt，如图 5-60 所示，这是事先通过草图曲线和空间曲线的方法绘制的用于茶壶实体建模的曲线。

(2) 绘制壶身曲面。

单击【菜单】→【插入】→【设计特征】→【旋转】，弹出图 3-54【旋转】对话框。选择壶身旋转母线，然后在“轴”栏选择基准坐标系的 Z 轴，旋转开始角度与结束角度分别输入“0”和“360”，在“设置”栏选择“片体”，最后单击“确定”按钮，完成壶身曲面的绘制，如图 5-61 所示。

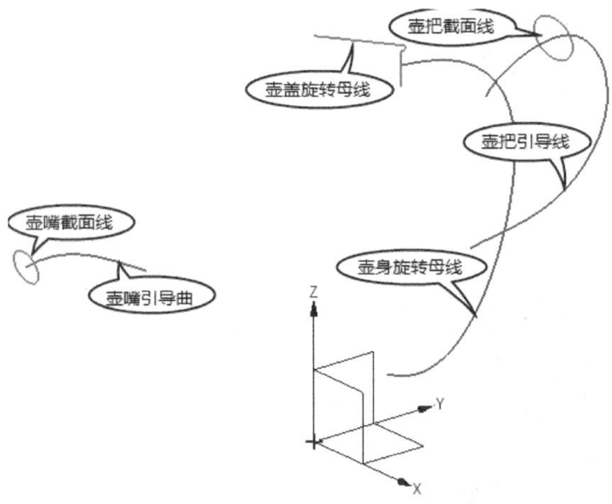

图 5-60　茶壶建模辅助曲线

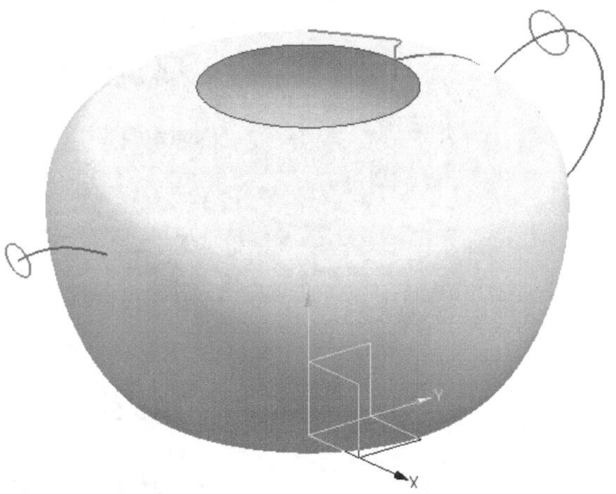

图 5-61　茶壶壶身曲面绘制

(3) 绘制壶把。

单击【菜单】→【插入】→【扫掠】→【扫掠】，弹出图 3-61【扫掠】对话框。在“截面”栏选择壶把截面线，在“引导线”栏选择壶把引导线，在“设置”栏选择“实体”，其余默认设置，单击“确定”按钮。

单击【菜单】→【插入】→【修剪】→【修剪体】，弹出图 3-78【修剪体】对话框。选择绘制的壶把作为目标体，选择壶身曲面作为工具体，单击“确定”按钮。将壶把多余的部分以壶身曲面为边界修剪掉。假如修剪掉的是壶把部分，需要单击“反向”按钮。壶把绘制完成，如图 5-62 所示。

(4) 绘制壶嘴。

打开图 3-61【扫掠】对话框。在“截面”栏选择壶嘴截面线，在“引导线”栏选择壶嘴引导线，在“设置”栏选择“实体”，在“缩放方法”栏按图 5-63 设置，其余默认设置，单击“确定”按钮退出【扫掠】对话框。

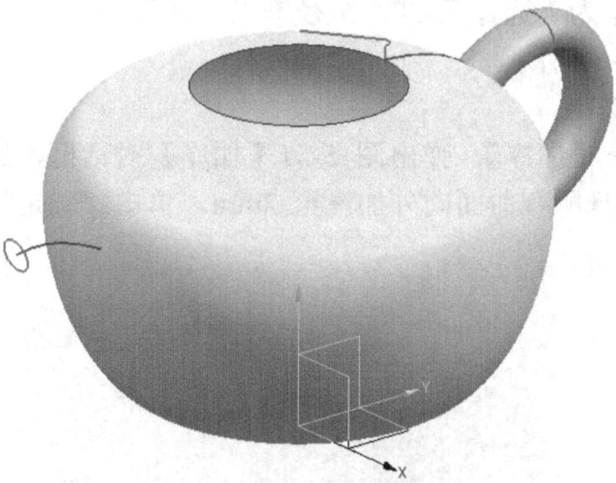

图 5-62 茶壶壶把绘制

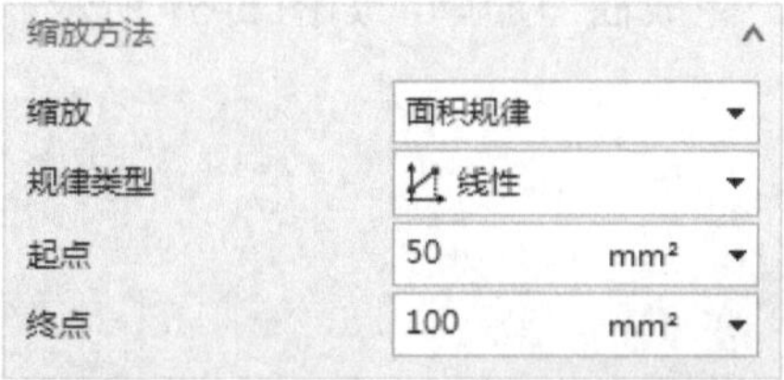

图 5-63 壶嘴绘制【扫掠】对话框中缩放方法设置 1

打开图 3-78【修剪体】对话框。选择绘制的壶嘴作为目标体，选择壶身曲面作为工具体，单击“确定”按钮。将壶嘴多余的部分以壶身曲面为边界修剪掉。假如修剪掉的是壶嘴部分，需要单击“反向”按钮。

再次打开图 3-61【扫掠】对话框。在“截面”栏选择壶嘴截面线，在“引导线”栏选择壶嘴引导线，在“设置”栏选择“实体”，在“缩放方法”栏按图 5-64 设置，其余默认设置，单击“确定”按钮退出【扫掠】对话框。

单击【菜单】→【插入】→【组合】→【减去】，弹出图 3-11【求差】对话框。选择初次扫掠生成的壶嘴作为目标体，选择刚扫掠生成实体作为工具体，单击“确定”按钮完成壶嘴的绘制，如图 5-65 所示。

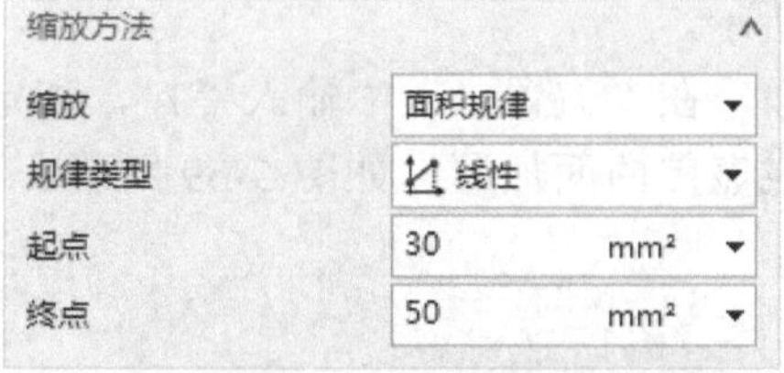

图 5-64 壶嘴绘制【扫掠】对话框中缩放方法设置 2

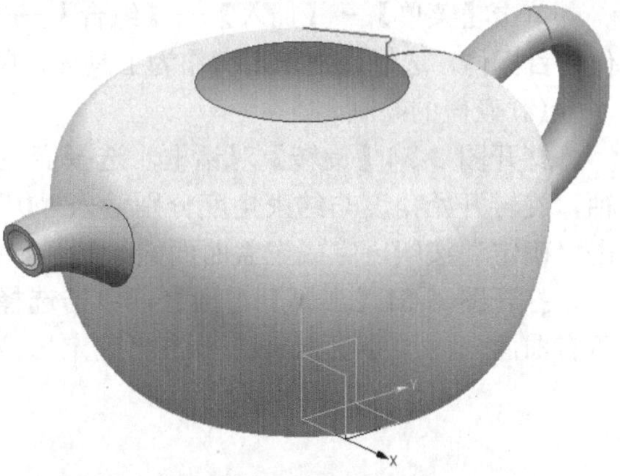

图 5-65 茶壶壶嘴绘制

(5) 壶身底部封口处理。

单击【菜单】→【插入】→【曲面】→【有界平面】，弹出图 5-18【有界平面】对话框，选择壶身底部圆曲线，单击“确定”按钮将壶身底部封口。

单击【菜单】→【插入】→【组合】→【缝合】，弹出图 5-52【缝合】对话框，单击壶身曲面作为目标体，选择底部平面作为工具体，单击“确定”按钮，完成壶身曲面和壶底平面的缝合。

单击【菜单】→【插入】→【细节特征】→【面倒圆】，弹出图 5-46【面倒圆】对话框，单击壶身曲面作为“选择面 1”，单击壶底平面作为“选择面 2”，半径输入“10”，单击“确定”按钮，完成壶身底部封面圆角处理，如图 5-66 所示。

(6) 壶身曲面加厚成实体。

单击【菜单】→【插入】→【偏置/缩放】→【加厚】，弹出图 5-51【加厚】对话框，选择壶身曲面，在“偏置 1”中输入“2”，指定壶身所有曲面向外加厚至 2mm。单击“确定”按钮，完成曲面加厚，如图 5-67 所示。

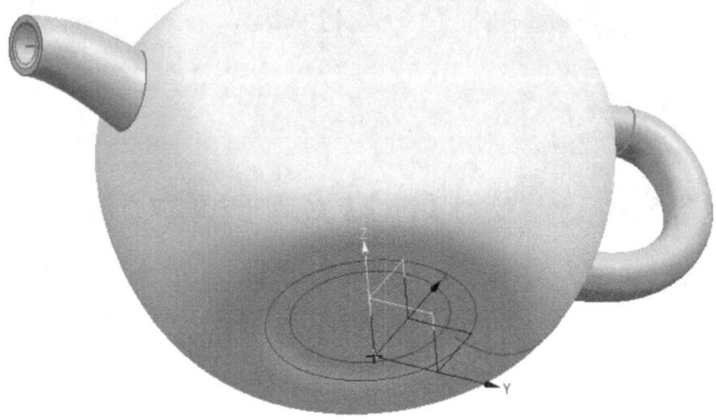

图 5-66　壶底封面处理

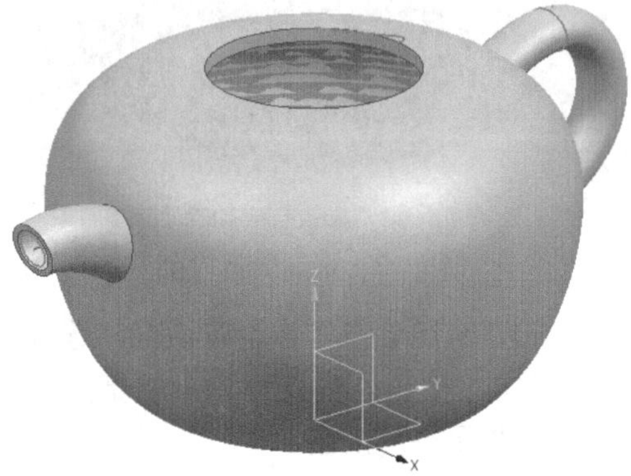

图 5-67　壶身曲面加厚处理

这里会发现杯子内表面发花，因为曲面是从里向外加厚的，所以杯子内侧是曲面和加厚生成的实体重合的位置。操作中，在【加厚】对话框中单击“反向”按钮，可以使曲面由外侧向里侧加厚，这时表现为壶身外表面发花。

(7) 壶身与壶把、壶嘴合并为一个实体。

单击【菜单】→【插入】→【组合】→【合并】，弹出图 3-10【合并】对话框。选择壶身作为目标体，选择壶把和壶嘴作为工具体，单击“确定”按钮，完成壶身与壶把、壶嘴的合并。

(8) 壶盖的绘制。

打开图 3-54【旋转】对话框。选择壶盖旋转母线，然后在“轴”栏选择基座坐标系的 Z 轴，旋转开始角度与结束角度分别输入“0”和“360”，在“设置”栏选择“片体”，最后单击“确定”按钮，完成壶盖曲面的绘制，如图 5-68 所示。

打开图 5-51【加厚】对话框，单击选择壶盖曲面，在“偏置 1”中输入“1”，指定壶盖所有曲面向内加厚至 1mm。单击“确定”按钮，完成壶盖曲面加厚，如图 5-69 所示。

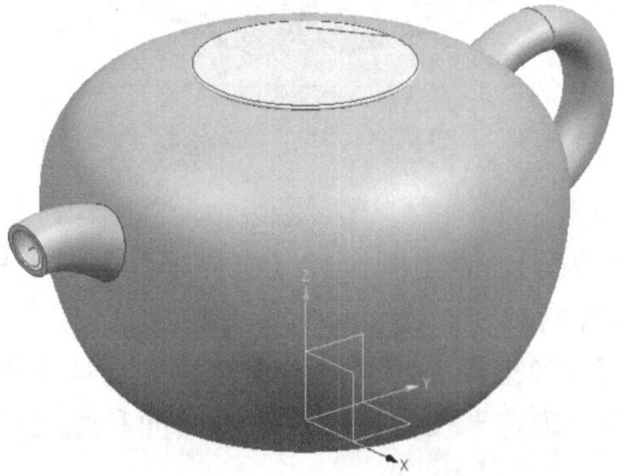

图 5-68　壶盖曲面绘制

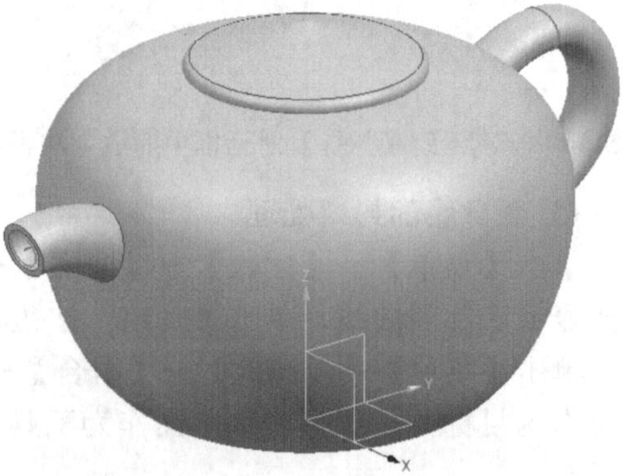

图 5-69　壶盖曲面加厚处理

单击【菜单】→【插入】→【设计特征】→【球】，弹出图 3-9【球】对话框。在“中心点”栏，单击“点对话框”按钮，弹出图 3-1【点】对话框，输入坐标值(0, 0, 60)，单击“确定”按钮，返回到【球】对话框，直径输入“8”，在“布尔”栏选“合并”，选择旋转生成的壶盖，单击“确定”按钮，退出【球】对话框。

完成的壶盖绘制如图 5-70 所示。

(9) 壶把、壶嘴根部倒圆。

单击【菜单】→【插入】→【细节特征】→【边倒圆】，弹出图 3-41【边倒圆】对话框，单击选择壶把和壶嘴的根部圆曲线，半径输入“30”，单击“确定”按钮，完成壶把、壶嘴根部倒圆处理，如图 5-71 所示。

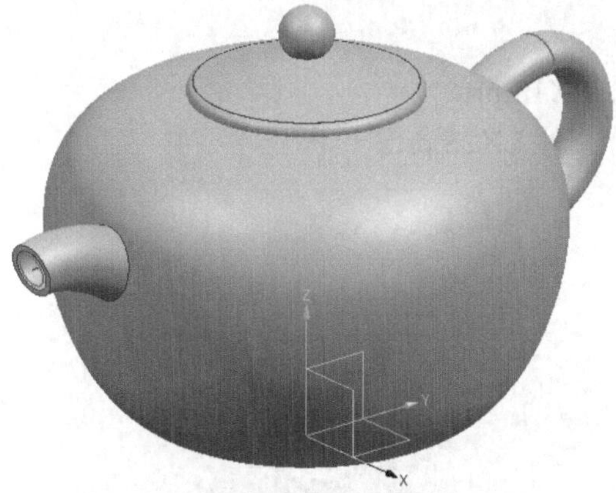

图 5-70 壶盖绘制

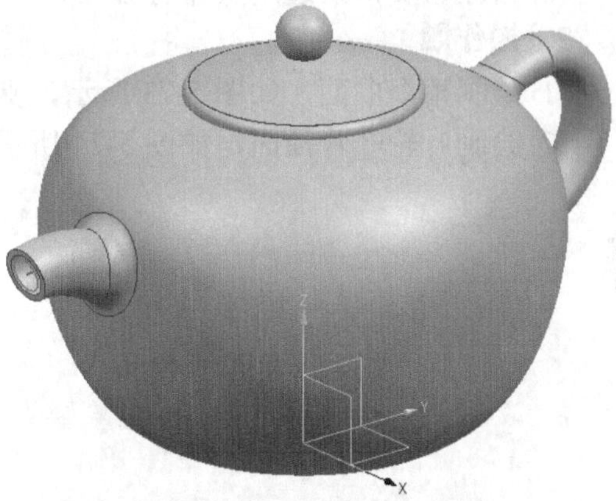

图 5-71 壶把、壶嘴根部圆角处理

(10) 隐藏辅助特征。

单击【菜单】→【编辑】→【显示和隐藏】→【显示和隐藏】，弹出图 1-20【显示和隐藏】对话框，单击基准、曲线、草图、片体后面的减号“ — ”，使这些类型的对象全部隐藏起来，只显示实体模型，如图 5-72 所示。此时茶壶是以“带边着色”样式显示，可以将鼠标放置于视窗空白处，右击“着色”显示，如图 5-59 所示，茶壶的边线不再显示。

壶身和壶盖是两个独立的实体，隐藏壶盖可看到壶身内腔，隐藏壶身可看到壶盖。

图 5-72 茶壶实体模型(隐藏辅助特征，带边着色)

思考与练习

1. 思考题

(1) 曲面与片体有何区别？

(2) 如何理解曲面阶次概念？

(3) 有哪几种通过点绘制曲面的操作？

(4) 扫描曲面建模有哪几种方法？

(5) 【偏置面】与【偏置曲面】命令操作有何区别？

(6) 曲面与实体的通用操作有哪些？

2. 操作题

(1) 绘制雨伞曲面，如图 5-73 所示，支持文件 LX1S.prt。

(2) 绘制叶轮叶片曲面，如图 5-74 所示，支持文件 LX2S.prt。

图 5-73　雨伞

图 5-74　叶轮

第 6 章　装 配 设 计

机械零件设计好后，按照一定的关联条件组装到一起，形成一个有机的整体，实现一定的功能，这就是装配设计。装配设计包括组件的装配方法、组件的装配约束、爆炸装配图以及拆装动画等内容。

6.1　装 配 方 法

机械零件安装到机械装备中，成为整个装配体的一部分，通常被称为装配组件，简称组件。装配组件可以是单独的一个机械零件，也可以是几个机械零件预先装配起来的小型装配体，用作进一步的装配或者更高一级的装配，这种小型装配体通常称为子装配。

UG NX 提供了 3 种装配方法进行机械零件的组装。

1. 自底向上装配

自底向上装配是将各个零件单独设计保存成文件，然后逐个调用组装的方法。

自底向上的装配方法是模拟现场的工况，设备零件逐一加工完成，放置于零件库中，装配时逐个取出加以安装，装配过程清晰明了，有条不紊。

应用案例 6-1　自底向上方法装配组件

单独设计 4 个零件，大方板、小方板、螺栓和螺母，通过自底向上的方法装配到一起，如图 6-1 所示。

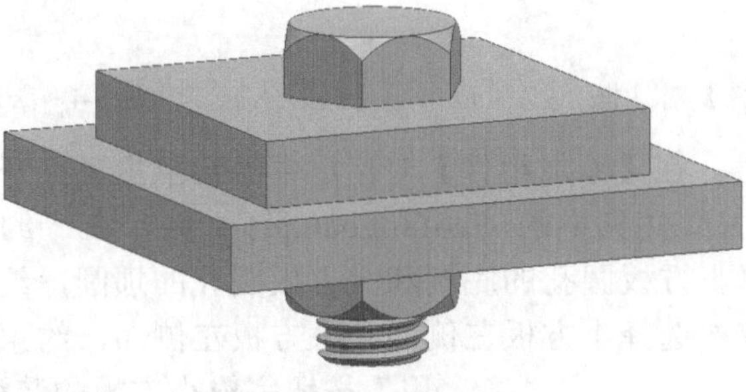

图 6-1　方板紧固件装配

(1) 在建模状态下新建一模型文件，命名 AL6-1F.prt。

(2) 装配大方板组件。单击【菜单】→【装配】→【组件】→【添加组件】，弹出【添加组件】对话框，如图 6-2 所示。单击“打开文件”按钮，找到数字资源 Chapter 6\AL6-1 文件夹中的 dafangban.prt 文件，单击“应用”按钮，弹出图 6-3【创建固定约束】对话框，单击“是(Y)”按钮，完成大方板组件的装配，如图 6-4 所示。大方板是第一个组件，为了防止装配过程中发生移动，通常对其设置“固定”约束。

图 6-2　【添加组件】对话框

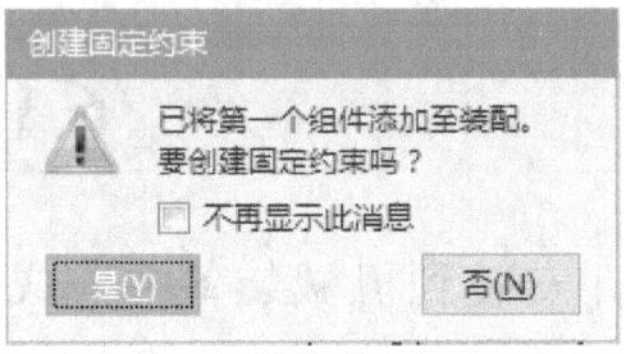

图 6-3　【创建固定约束】提示框

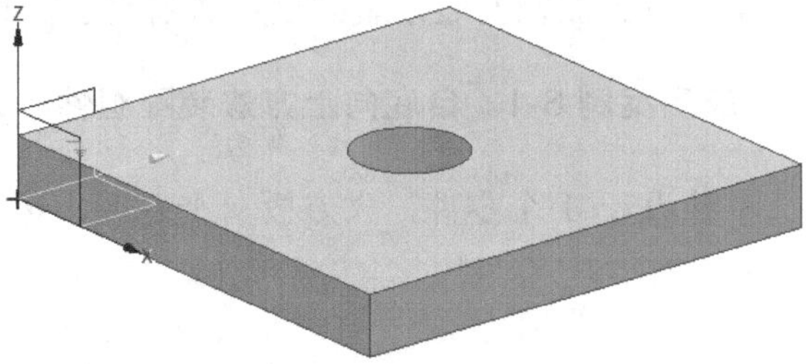

图 6-4　装配大方板

(3) 装配小方板组件。在【添加组件】对话框中继续单击“打开文件”按钮，找到数字资源 Chapter 6\AL6-1 文件夹中的 xiaofangban.prt 文件，在“约束类型”栏中选择“同心”约束◎，依次选择小方板圆孔的底圆和大方板圆孔的顶圆，约束两圆圆心重合。再选择“平行”约束，依次选择小方板左侧面和大方板左侧面，约束两侧面平行。单击“应用”按钮完成小方板的装配，如图 6-5 所示。

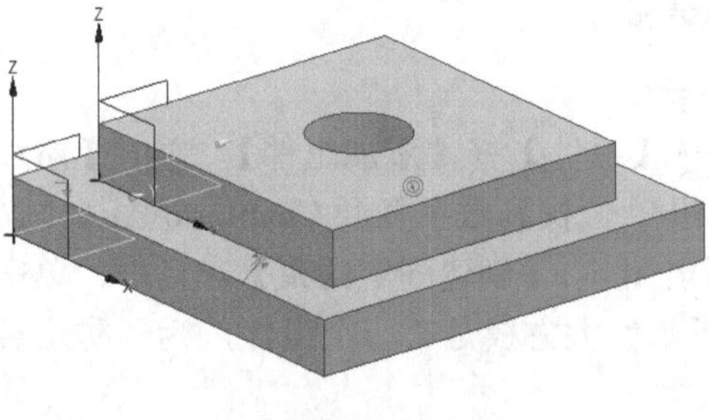

图 6-5　装配小方板

(4) 装配螺栓组件。在【添加组件】对话框中继续单击“打开文件”按钮，找到数字资源 Chapter\6AL6-1 文件夹中的螺栓支持文件 luoshuan.prt，在“约束类型”栏中选择“同心”约束◎，依次选择螺栓头的底圆和小方板圆孔的顶圆，约束两圆圆心重合。单击“应用”按钮完成螺栓的装配，如图 6-6 所示。

(5) 装配螺母组件。在【添加组件】对话框中继续单击“打开文件”按钮，找到数字资源 Chapter 6\AL6-1 文件夹中的 luomu.prt 文件，在“约束类型”栏中选择“同心”约束◎，依次选择螺母顶圆和大方板圆孔的底圆，约束两圆圆心重合。单击“确定”按钮，完成螺母的装配并退出对话框，如图 6-7 所示。

(6) 隐藏辅助特征。单击【菜单】→【编辑】→【显示和隐藏】→【显示和隐藏】，弹出图 1-20【显示和隐藏】对话框，单击基准和装配约束后面的减号“ ━ ”，将基准坐标系和约束符号隐藏，只显示装配组件，如图 6-1 所示。

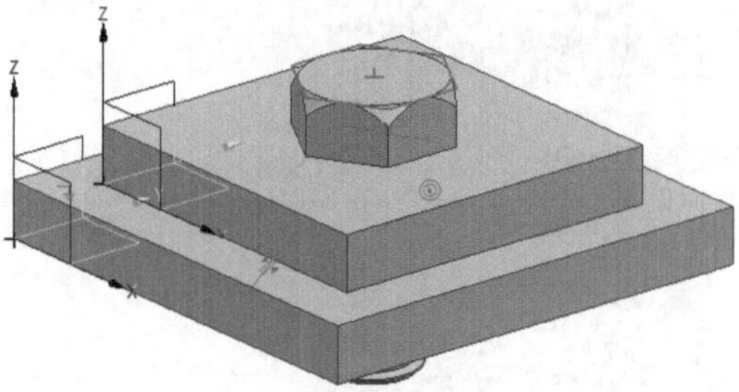

图 6-6　装配螺栓

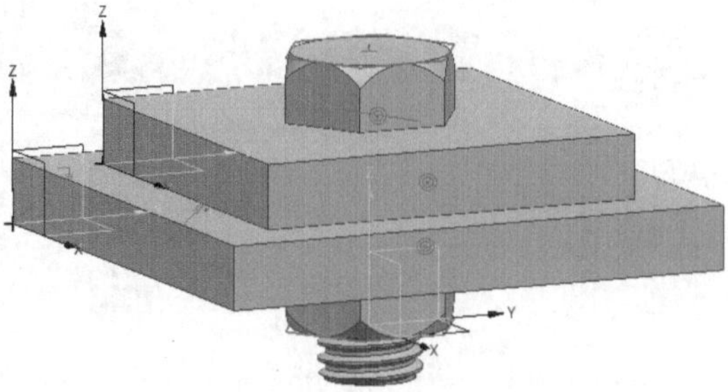

图 6-7　装配螺母

2. 自顶向下装配

自顶向下装配是将所有零件集中设计于一个文件中，然后转变成组件，统一调整组装的方法。

自顶向下装配方法体现了新装置的开发设计思路，依据客户要求，从功能分解出发，遵循设计理念，从顶层的抽象概念到基层的具体细节，化整为零，边设计，边修改，边装配，逐步完成新产品的研发设计任务。

应用案例 6-2　自顶向下方法装配组件

(1) 打开数字资源 Chapter 6\AL6-2 文件夹中的 AL6-2S.prt 文件，如图 6-8 所示，在一个建模文件中一起设计好 3 个零件：螺纹轴、方板和螺帽。通过自顶向下的装配方法把方板通过螺帽与螺纹轴紧固在一起。

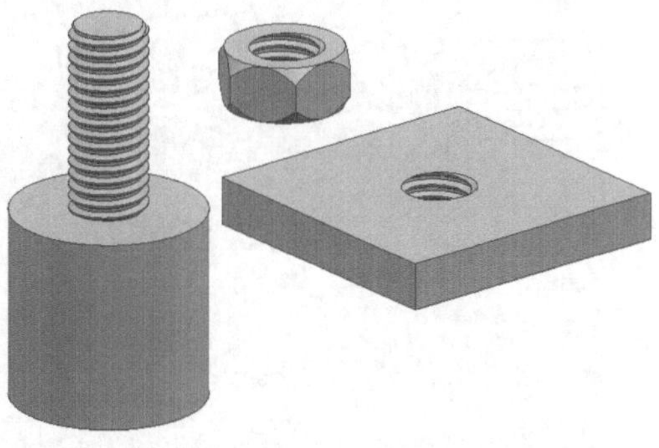

图 6-8　一个建模文件中设计 3 个零件

(2) 将 3 个零件转变成装配组件。单击【菜单】→【装配】→【组件】→【新建组件】，弹出【新组件文件】对话框，如图 6-9 所示，设置新组件的名字为“luowenzhou.prt”，选择存放路径，单击“确定”按钮，弹出图 6-10【新建组件】对话框，选择螺纹轴，单击“确定”按钮，完成螺纹轴装配组件的定义。同样操作将方板和螺帽分别转变成装配组件 fangban.prt、

luomao.prt。

图 6-9　【新组件文件】对话框

图 6-10　【新建组件】对话框

(3) 以螺纹轴为基础组件，对其设置“固定”约束。单击【菜单】→【装配】→【组件位置】→【装配约束】，弹出【装配约束】对话框，如图 6-11 所示，在“约束类型”栏选择“固定”约束，选择螺纹轴组件，对其施加“固定”约束。注意观察螺纹轴上的“固定”约束符号标记。此时，【装配约束】对话框仍然保留，等待继续操作。

(4) 将方板装配到螺纹轴上。在【装配约束】对话框中，选择“约束类型”栏的“同心”约束，选择方板螺纹孔的底圆和螺纹轴的螺纹根部大圆，这样通过“同心”约束将方板装配到了螺纹轴上，如图 6-12 所示。操作过程中假如出现实体干涉，方板落在了螺纹轴实体内部，单击【装配约束】对话框中的“反向”按钮。

图 6-11　【装配约束】对话框

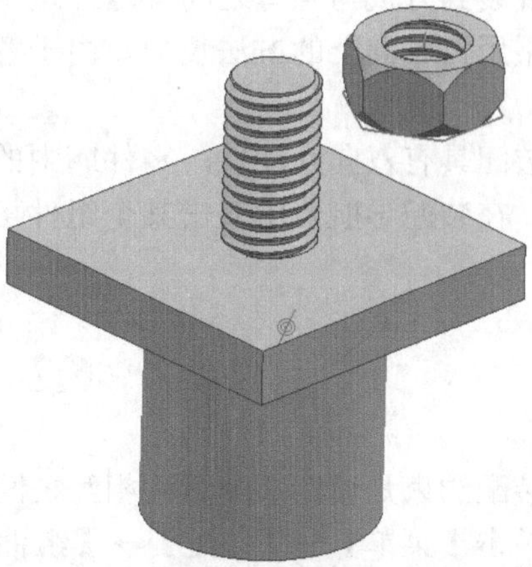
图 6-12　螺纹轴和方板转变成组件并装配

(5) 将螺帽装配到螺纹轴上固定方板。在【装配约束】对话框中，选择“约束类型”栏的“同心”约束，选择螺帽端部大圆和方板螺纹孔顶圆，这样通过“同心”约束将螺帽装配到了螺纹轴上固定方板，如图 6-13 所示。操作过程中假如出现实体干涉，方板和螺帽相交了，单击【装配约束】对话框中的“反向”按钮。

(6) 隐藏辅助特征。单击【菜单】→【编辑】→【显示和隐藏】→【显示和隐藏】，弹出图 1-20【显示和隐藏】对话框，单击“草图”、“基准”和“装配”约束后面的减号“ ━ ”，将基准、草图曲线和装配约束符号隐藏，只显示装配组件，如图 6-14 所示。

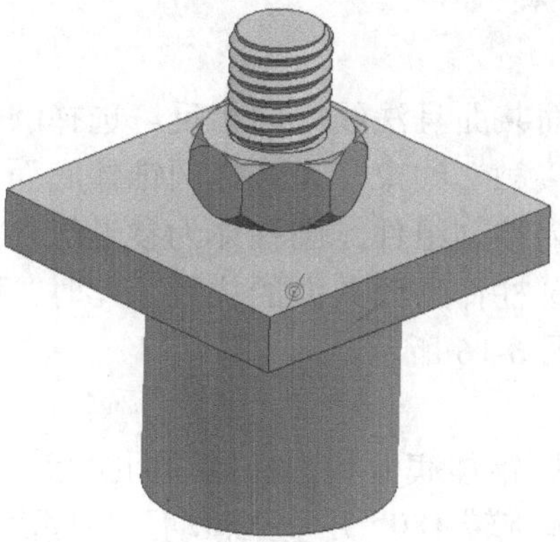
图 6-13　螺母转变成组件并装配

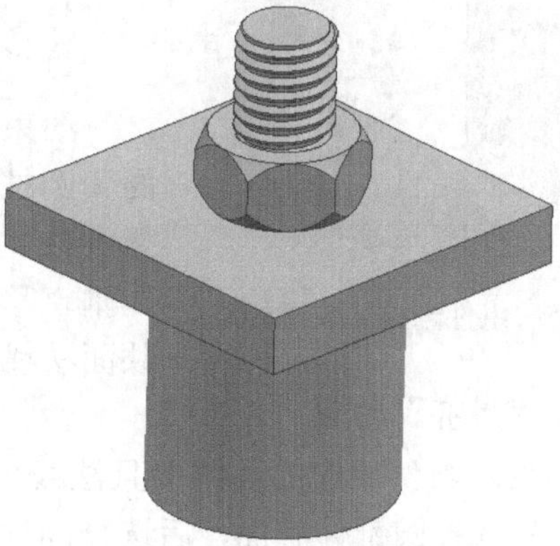
图 6-14　螺纹轴紧固件装配

3. 混合装配

装配过程中部分组件采用自底向上方法装配，部分组件采用自顶向下的方法装配。

机械零件的安装尽量采用自底向上的方法装配，自顶向下的装配方法可以作为辅助的装配。比如现场装配过程中，由于设计的原因或者加工的原因，某个小零件没有加工，不在零件库中，需要现场紧急加工制作，不再运放到零件库中，而是直接在现场安装到设备上。应用案例 6-1 中，在螺母与方板之间应该放置垫片防止松动，但由于疏忽没有设计加工垫片，零件库中没有该零件，那么在装配文件中，临时设计垫片零件，然后将其转变成装配组件，直接安装到方板与螺母之间。这样这个装配体即是采用了混合装配的方法完成安装，主体工作是采用自底向上的方法装配，由于意外情况、突发情况，小部分零件采用自顶向下的装配方法。

装配具有双向互动性，零件库中的零件单独编辑修改，那么装配体中该组件也跟着完成修改。在装配导航器中双击某个组件可以对其编辑修改，那么其零件库中的零件也跟着自动修改。

6.2 装 配 约 束

装配约束是设定装配组件相互之间的位置关系。

单击【菜单】→【装配】→【组件位置】→【装配约束】，弹出【装配约束】对话框，如图 6-11 所示。“约束类型”栏中共有 11 种约束方法，选择其中一种，然后选择组件相应的点、线、面作为约束对象，单击“确定”按钮，完成装配组件相互之间位置关系的约束。

装配过程中有参考组件和移动组件，先选择的对象组件作为移动组件，后选择的对象组件作为参考组件。参考组件位置固定不变，移动组件是按最短的距离或最简便的方式移动到满足约束条件的位置上。通常将装配体中基础类、底座类、中心类、大型类的零件作为参考组件，其余零件作为移动组件。装配约束时为防止参考组件的误动(比如选择约束对象时顺序选错)，需要预先将参考组件施加“固定”约束。

图 6-15　组件未施加装配约束

随意绘制长方体、圆柱体与圆锥体，如图 6-15 所示，将其转变成组件，对其施加装配约束。

1. “接触对齐”约束

1)“接触”约束

约束两组件相应的面共面且法线方向相反。选择圆锥体底面和圆柱体顶面执行“接触”约束，先选择圆锥体底面，后选择圆柱体顶面，圆锥体为移动组件，圆柱体为参考组件，圆锥体垂直移动到使底面与圆柱体顶面共面的位置，此时，两平面共面法线方向相反，如图 6-16 所示。

2)“对齐”约束

约束两组件相应的面共面且法线方向相同。选择圆锥体底面和圆柱体顶面执行“对齐”约束，先选择圆锥体底面，后选择圆柱体顶面，圆锥体旋转 180° 并垂直移动到使底面与圆柱体顶面共面的位置，此时，两平面共面法线方向相同，如图 6-17 所示。

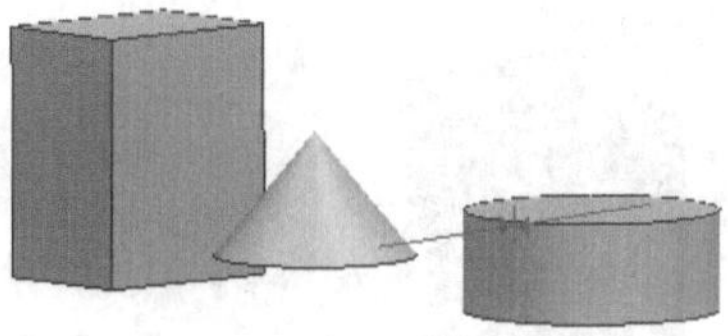

图 6-16 “接触”约束

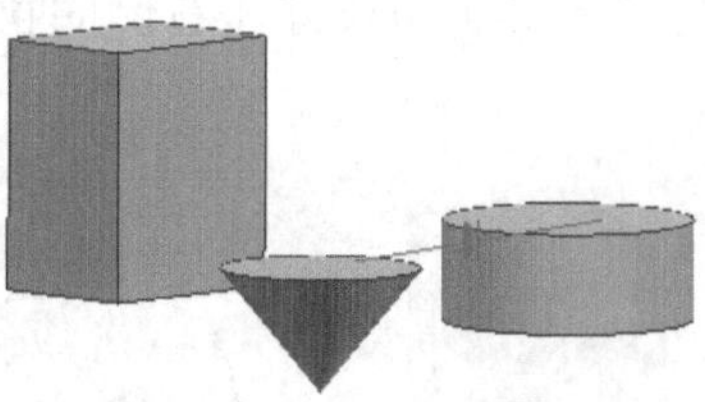

图 6-17 “对齐”约束

3)“自动判断中心/轴”约束

约束两组件相应的轴线或者边线共线。图 6-18 为选择圆锥体中心轴线和圆柱体中心轴线执行“自动判断中心/轴”约束。图 6-19 为选择圆锥体中心轴线和长方体右侧边线执行“自动判断中心/轴”约束。

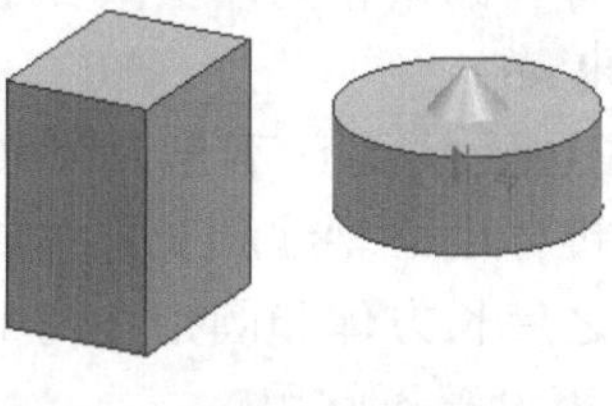

图 6-18 “中心线共线”约束

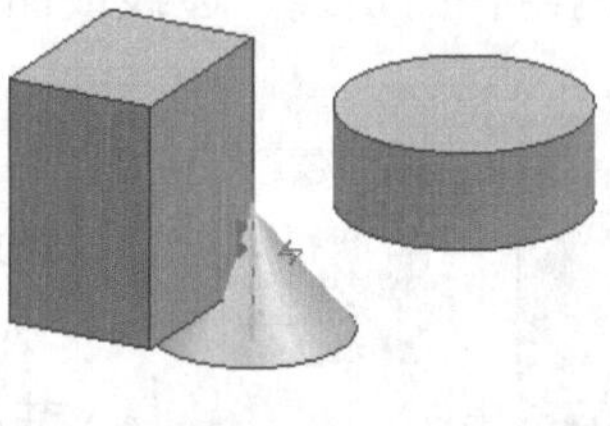

图 6-19 “中心线与边线共线”约束

2. “同心”约束

约束两组件相应的圆心重合。图 6-20 和图 6-21 为选择圆锥体底圆和圆柱体顶圆执行“同心”约束，两圆的圆心重合，满足两圆圆心重合的位置要求可以是圆锥体正置，也可以是圆锥体倒置，根据需要单击“反向”按钮。

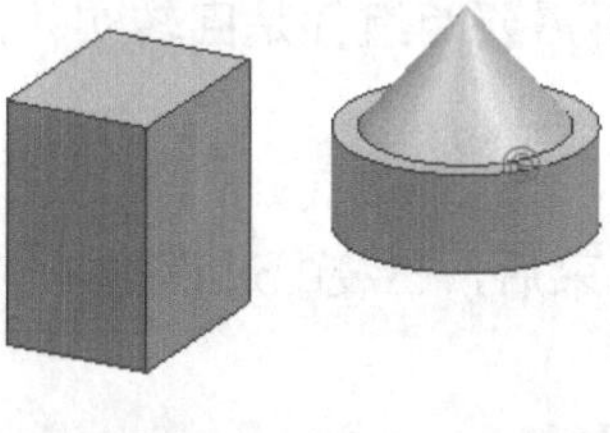

图 6-20 正向“同心”约束

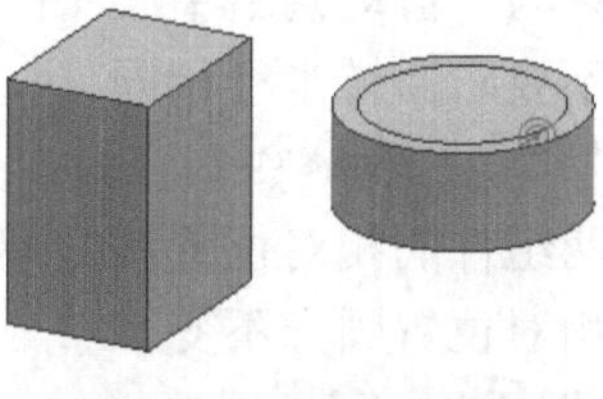

图 6-21 反向“同心”约束

3. “距离”约束

约束两组件平行的轴线、边线或面成一定距离，假如其轴线、边线或面起先不平行，则约束后变得平行，然后成一定的距离。图 6-22 为选择长方体顶面和圆柱体顶面执行 20mm 的“距离”约束，距离正负值控制组件的正反向移动。

4. “固定”约束

约束某一组件位置固定不变。通常是对参考组件，比如基础组件、中心组件等，在装配过程中不希望移动，对其设置“固定”约束。

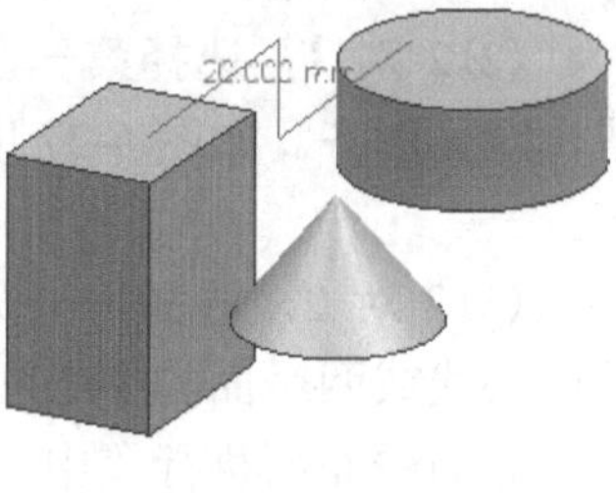

图 6-22 “距离”约束

5. “平行”约束

约束两组件的轴线、边线或面相互平行。图 6-23 为选择圆柱体中心轴线和长方体顶部左侧边线执行“平行”约束。图 6-24

为选择圆锥体底面和长方体右侧面执行“平行”约束。

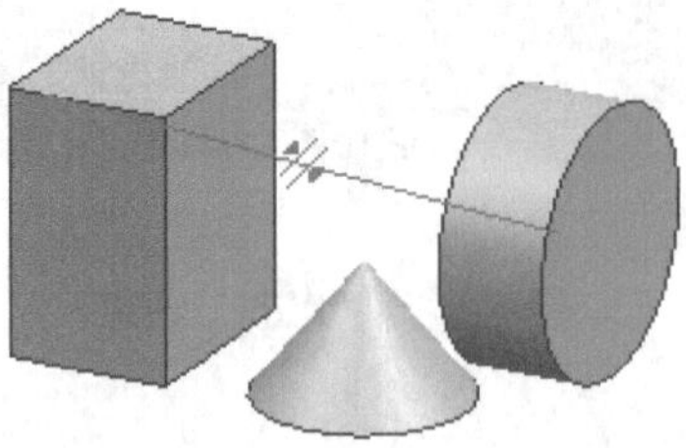

图 6-23　中心线与边线“平行”约束

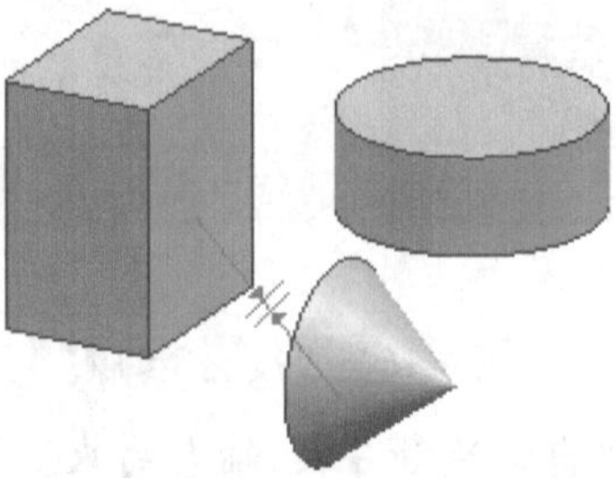

图 6-24　面与面“平行”约束

6. **“垂直”约束**

约束两组件的轴线、边线或面相互垂直。操作与“平行”约束相同，不做赘述。

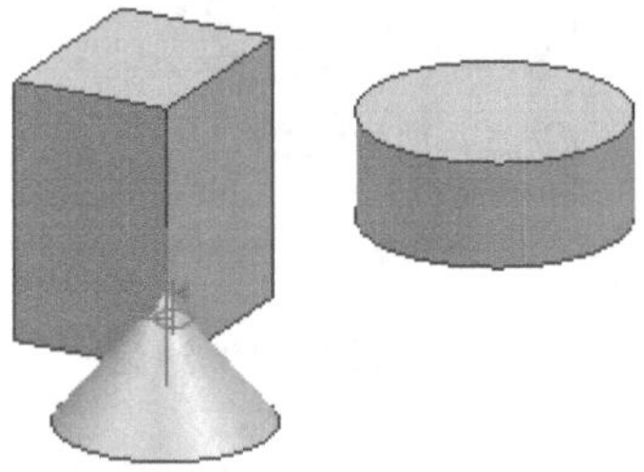

图 6-25　“对齐/锁定”约束

7. **“对齐/锁定”约束**

约束两组件的轴线或边线共线且不允许绕共线矢量相对转动。图 6-25 为选择圆锥体中心轴线和长方体前立边执行“对齐/锁定”约束，约束之后长方体和圆锥体均不能再绕其共线轴线方向旋转，该约束设置不常用。

8. **“适合”约束** =

约束具有相同回转半径的两实体的中心轴线共线。选择圆锥体的底圆和圆柱体的顶圆执行“适合”约束时由于其回转半径不同，位置关系无法执行，约束符号以红色显示。假如圆锥体的底圆半径和圆柱体的回转半径相同，可以执行“适合”约束。适合约束设置不常用，该约束与“自动判断中心/轴”约束的区别在于后者不需要两组件是回转实体，如果是回转实体也不要求回转半径相同。

9. **“胶合”约束**

约束两组件的相对位置固定不变。两组件施加胶合约束后，在装配过程中是一起移动的，以确保其相对位置固定不变。

10. **“中心”约束**

约束两组件的轴线、边线或面的中心对齐。该中心可以是两条线的中心线，也可以是两个平面的中心平面。

(1) 1 对 2，选择第一个组件的一条线或一个面与第二个组件的两条线的中心线或两个面的中心面对齐。如图 6-26 所示，选择圆柱体的中心线与长方体的左侧面的两条立边中心线执行“中心”约束。

(2) 2 对 1，选择第一个组件的两条线的中心线或两个面的中心面与第二个组件的一条线或一个面对齐。如图 6-27 所示，选择长方体上下底面中心面与圆锥体的底面执行“中心”约束。

(3) 2 对 2，选择第一个组件的两条线的中心线或两个面的中心面与第二个组件的两条线的中心线或两个面的中心面对齐。如图 6-28 所示，选择圆柱体的上下底面中心面与长方体的上下底面中心面执行“中心”约束。

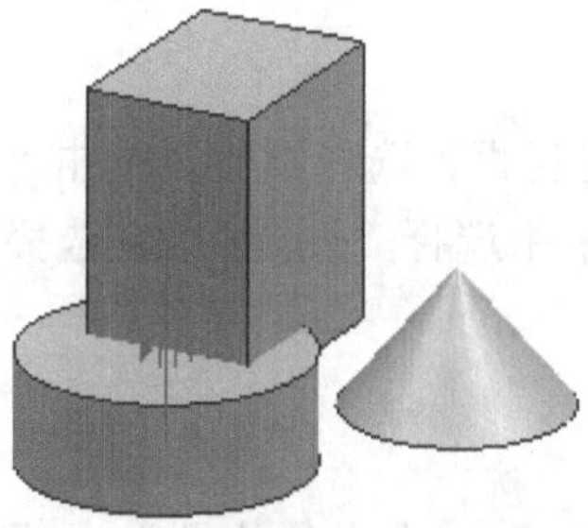

图 6-26　“1 对 2 中心”约束

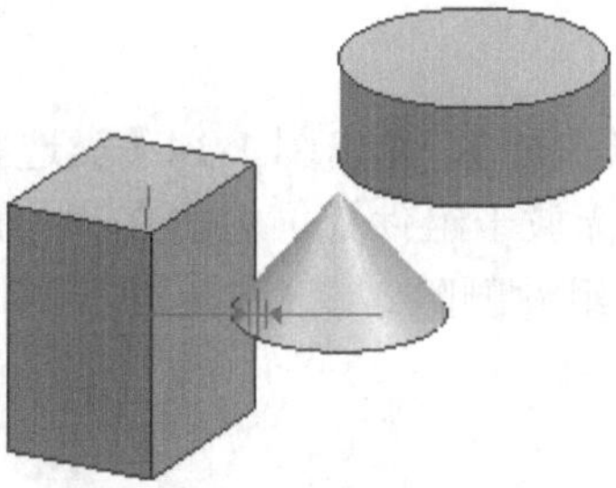

图 6-27　“2 对 1 中心”约束

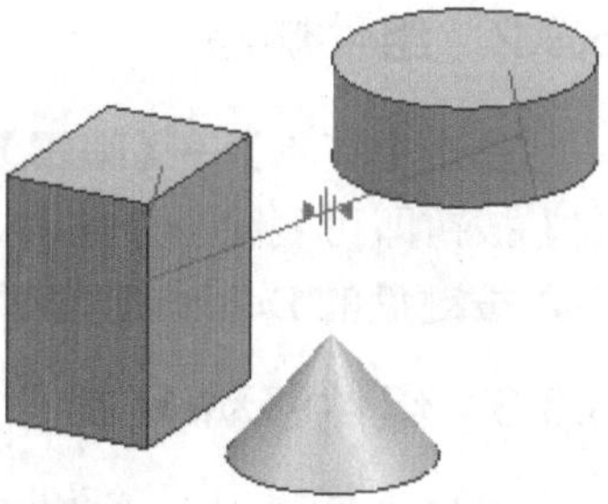

图 6-28　“2 对 2 中心”约束

11. “角度”约束

约束两组件的轴线、边线或面成一定的角度。图 6-29 为选择圆柱体顶面与长方体顶面成 45° “角度”约束。图 6-30 为选择圆锥体中心轴线与圆柱体中心轴线成 90° “角度”约束。

组件的装配通常是多个约束同时作用完成的，方法也不唯一。比如将图 6-15 的圆锥体放置于长方体的顶面中央的位置，先选择圆锥体的底面和长方体的顶面执行“接触”约束，然后选择圆锥体的中心线和长方体的两对角边执行“中心”约束，如图 6-31 所示。

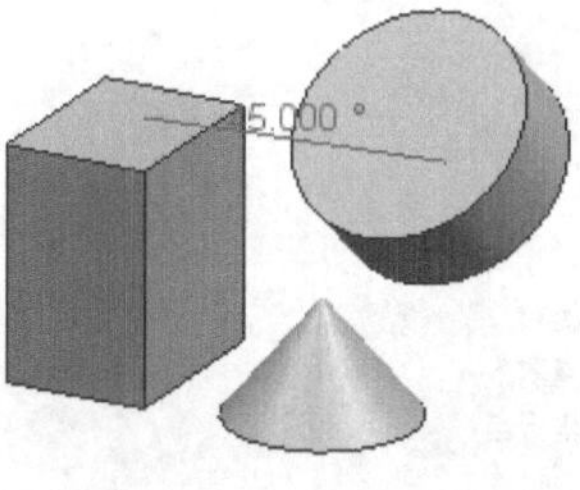

图 6-29　45° “角度”约束

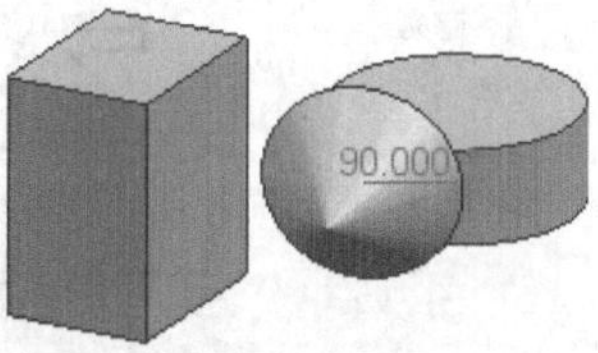

图 6-30　90° “角度”约束

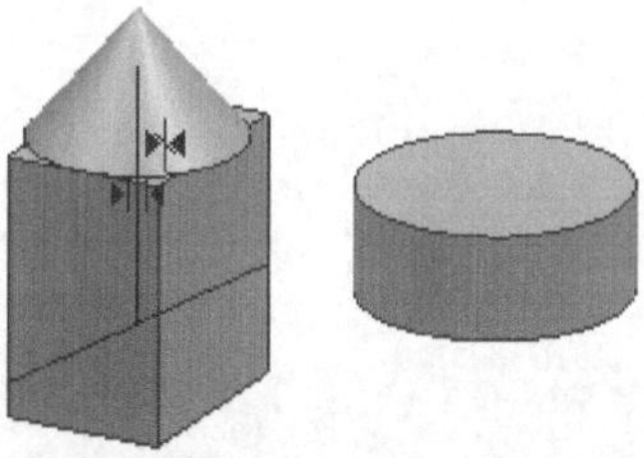

图 6-31　“接触”约束和“中心”约束

执行装配约束之后，便在装配组件上添加了蓝色约束符号，假如约束符号呈红色，则表示该约束与已经存在的约束有冲突，无法满足条件，比如约束了两个面平行，又要约束其垂直关系，这显然无法同时满足，需要在资源条的装配导航器中检查删除不需要的或错误的约束。

双击装配约束符号或者在装配导航器中双击装配约束可以对其编辑修改，比如重新选择约束对象，方向、角度、距离等参数。

不需要的装配约束可以选择其符号右击删除或按 Delete 键删除。

6.3　组件编辑与操作

6.3.1　组件编辑

打开资源条的装配导航器，选择某个组件右击编辑，或者双击进行编辑，或者不用打开装配导航器而直接双击装配体文件中的某个组件对其进行编辑。编辑组件时该组件高亮显示，其余组件变成灰色，编辑完成后，在装配导航器中双击装配体的顶层文件，退出组件编辑，重新显示装配体文件。

6.3.2　组件删除

单击【菜单】→【编辑】→【删除】，弹出图 1-14【类选择】对话框，选择组件，单击“确定”按钮即可删除一个组件。鼠标放于组件处，右击在弹出的菜单中选择“删除”；或选择组件，按键盘的 Delete 键也可以将组件删除。

6.3.3　组件移动/复制

对组件按一定方式移动或者多重复制。单击【菜单】→【装配】→【组件位置】→【组件移动】，弹出图 6-32【移动组件】对话框，在“复制”栏中选择“不复制”是对组件进行移动；选择“复制”是对组件进行多重复制；“手动复制”是对组件手动控制复制。组件移动命令共有 10 种运动方式，可在“变换”栏中选择：距离、角度、点到点、根据三点旋转、将轴与矢量对齐、坐标系到坐标系、动态、根据约束、增量 XYZ 和投影距离。

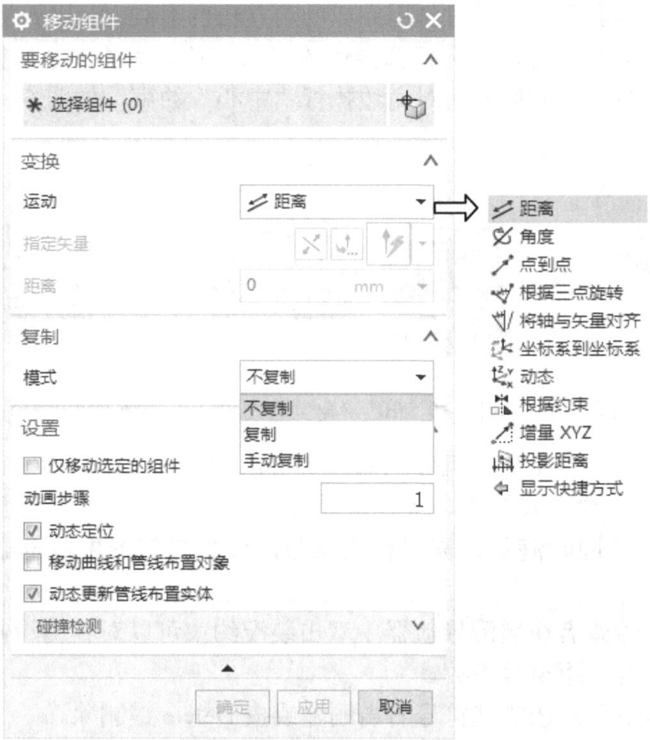

图 6-32　【移动组件】对话框

组件移动操作类似于实体建模的【移动对象】命令，参考 3.6.1 节，不做赘述。

6.3.4　组件阵列

按规律对组件进行多重复制。

单击【菜单】→【装配】→【组件】→【阵列组件】，弹出图 6-33【阵列组件】对话框，可对组件进行线性阵列或圆形阵列复制。

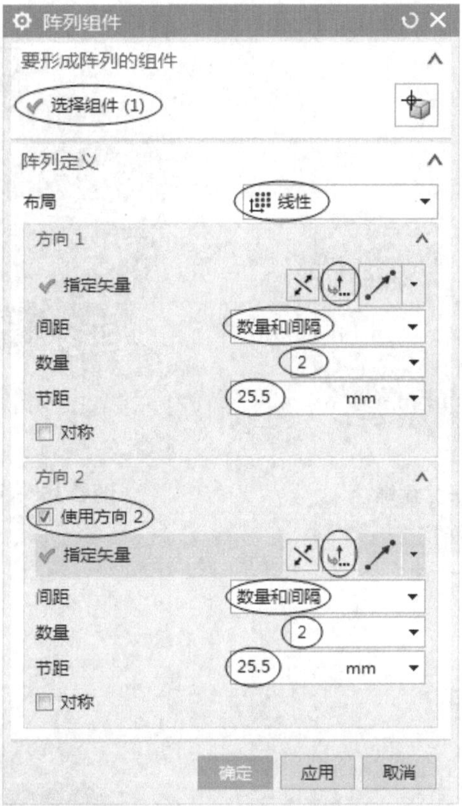

图 6-33　【阵列组件】对话框(线性)

应用案例 6-3　组件阵列复制

打开数字资源 Chapter 6\ AL6-3 文件夹中的 AL6-3S.prt 文件，如图 6-34 所示，法兰盘上装配 1 个螺栓，法兰盘的 4 个孔是通过圆形阵列特征复制而成，需要在法兰盘的另外 3 个孔处阵列复制 3 个螺栓。

1. 线性阵列复制

在图 6-33【阵列组件】对话框中，在“要形成阵列的组件”选择螺栓，在“布局”选择“线性”，在“方向 1”栏中，单击“矢量对话框”按钮，弹出图 1-53【矢量】对话框，“类型”选择两点方式 两点，依次选择 1、2 处圆心点，单击“确定”按钮，这样指定了 1、2 处圆心点的连线方向作为线性阵列复制的第一个方向。勾选“使用方向 2”，同样的方法确定 1、3 处圆心连线方向作为线性阵列复制的第二个方向。其余的“数量”“节距”等按图 6-33 设置。最后单击“确定”按钮，完成法兰盘其余 3 个孔处螺栓的复制，如图 6-35 所示，图中显示线性阵列的标记。

2. 圆形阵列复制

图 6-33【阵列组件】对话框，在“布局”方式选择“圆形”，对话框变成图 6-36 式样。在“要形成阵列的组件”选择螺栓，在“指定矢量”选择法兰盘的圆柱面，确定圆柱面的中心轴作为圆形阵列的旋转矢量，在“指定点”选择法兰盘顶圆圆心，其余的“数量”“节距”等按图 6-36 设置。最后单击“确定”按钮，完成法兰盘另外 3 个孔处的螺栓圆形阵列复制，如图 6-37 所示，注意其圆形阵列标记与图 6-35 线性阵列标记的区别。

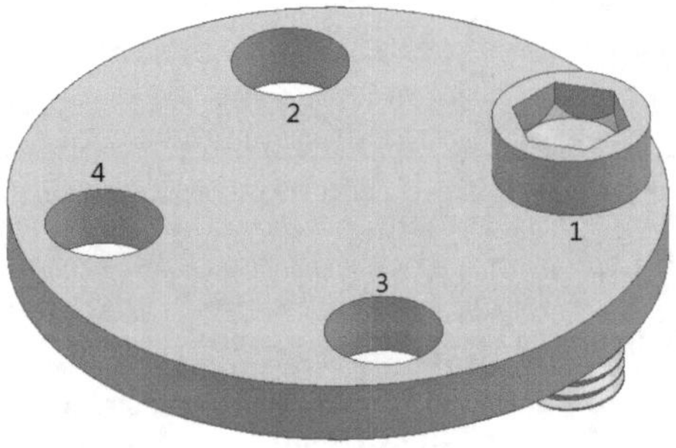

图 6-34　阵列复制前法兰盘螺栓

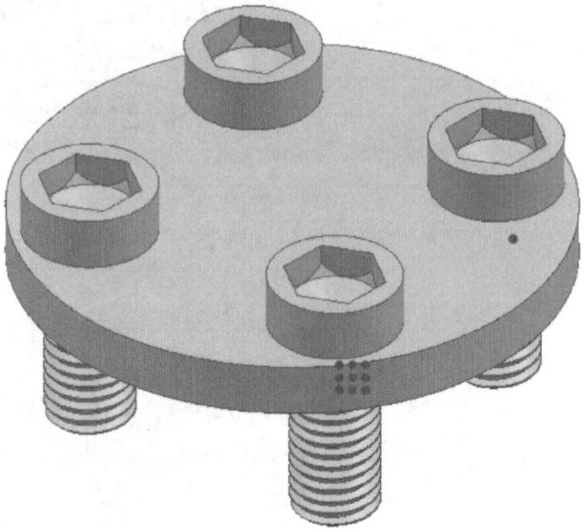

图 6-35　线性阵列复制法兰盘螺栓

图 6-36　【阵列组件】对话框(圆形)

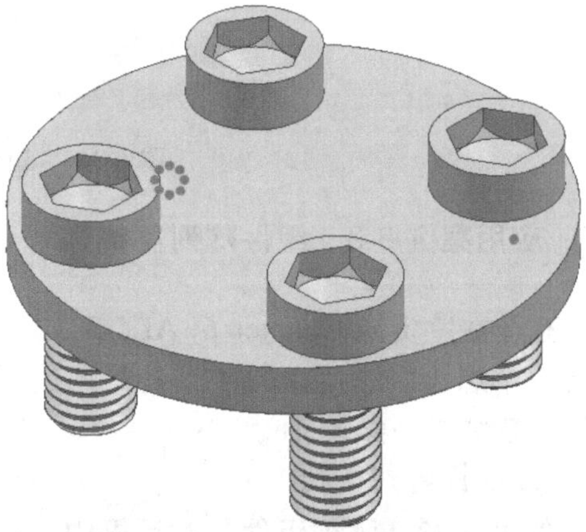

图 6-37　圆形阵列复制法兰盘螺栓

3. 参考阵列复制

图 6-33【阵列组件】对话框，在“布局”方式选择“参考”，对话框变成图 6-38 式样。在“要形成阵列的组件”选择螺栓，在“选择阵列”项选择法兰盘的阵列复制生成的孔，这样就指定以法兰盘孔的圆形阵列复制方式阵列复制螺栓组件。“选择基本实例手柄”项选择此时显示在螺栓孔处的一个小圆点作为开始复制的位置，单击“确定”按钮，完成法兰盘另外 3 个孔处螺栓的参考阵列复制，如图 6-39 所示，注意观察其阵列标记与图 6-35 阵列标记的细微差别。

双击阵列标记或者在装配导航器中双击组件阵列步骤可以对阵列方式进行编辑，编辑组件阵列复制的方向、个数、距离、角度等参数。

组件阵列可以编辑也可以删除。选中阵列标记后右击，在弹出的菜单中选择“删除”，或按 Delete 键删除，或者通过装配导航器选中删除。阵列删除时弹出【删除组件阵列】提示框，如图 6-40 所示，单击“是(Y)”按钮是将阵列方式和阵列复制的组件全部删除；单击“否(N)”按钮只是把阵列方式删除，阵列复制的组件仍保留，根据需要进行选择，通常是选择“否(N)”按钮只删除阵列方式，保留阵列复制的组件。

图 6-38　【阵列组件】对话框(参考)

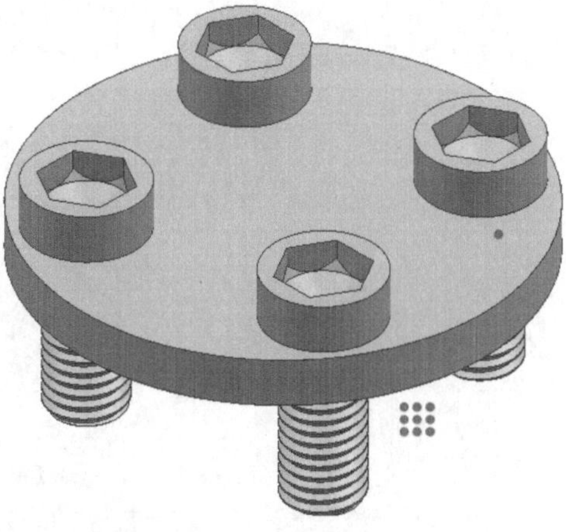
图 6-39　参考阵列复制法兰盘螺栓

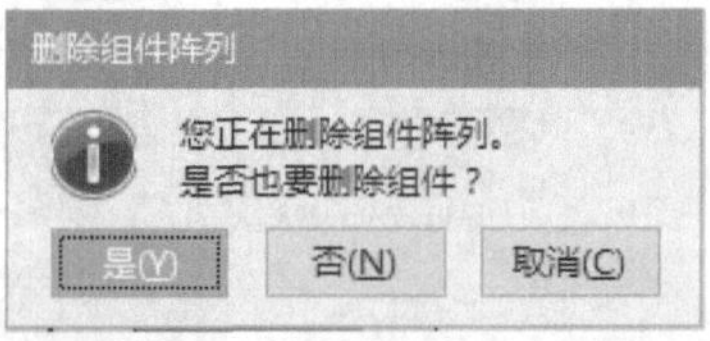

图 6-40　【删除组件阵列】提示框

6.3.5　组件镜像

按镜像平面对称复制组件，镜像平面可以选择基准坐标系的坐标平面。

应用案例 6-4　组件镜像复制

打开数字资源 Chapter 6\ AL6-4 文件夹的 AL6-4S.prt 文件，如图 6-41 所示，单击【菜单】→【装配】→【组件】→【镜像装配】，弹出图 6-42(a)【镜像装配向导】欢迎界面，单击“下一步”按钮，弹出图 6-42(b)【镜像装配向导】选择组件界面，选择 2 个螺栓，单击“下一步”按钮，弹出图 6-42(c)【镜像装配向导】选择镜像平面界面，选择基准坐标系的 XZ 坐标平面，单击“下一步”按钮，弹出图 6-42(d)【镜像装配向导】命名组件界面，默认镜像组件名称即可，单击“下一步”按钮，弹出图 6-42(e)【镜像装配向导】类型选择界面，无须操作，单击“下一步”按钮，弹出图 6-42(f)【镜像装配向导】完成界面，观察镜像的组件方位是否合适，选择需要调整方位的组件，然后单击“循环重定位结算方案”按钮 ，直到调整到合适的方位，最后单击“完成”按钮，完成组件的镜像对称复制，如图 6-43 所示。

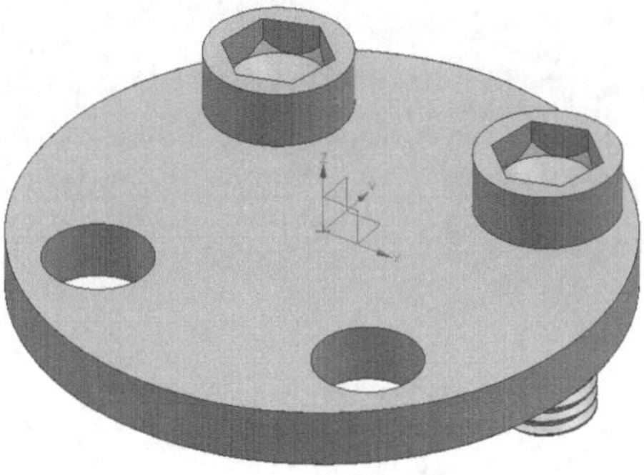
图 6-41　镜像复制前法兰盘螺栓

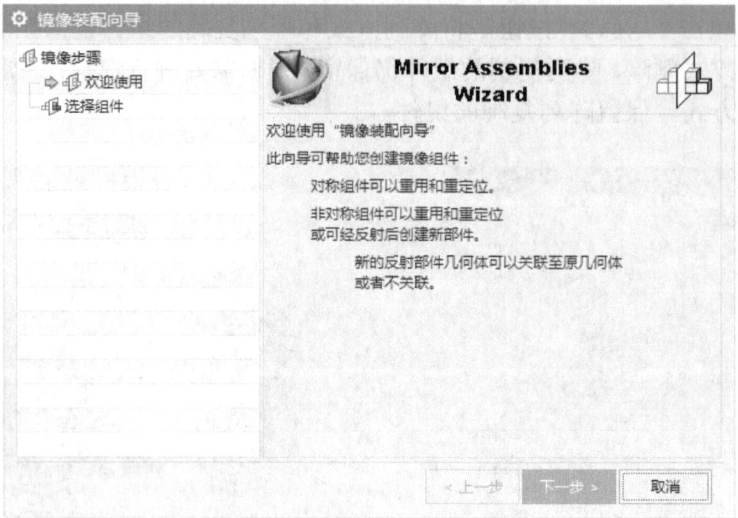

(a)【镜像装配向导】欢迎界面

(b)【镜像装配向导】选择组件界面

(c)【镜像装配向导】选择镜像平面界面

(d)【镜像装配向导】命名组件界面

(e)【镜像装配向导】类型选择界面

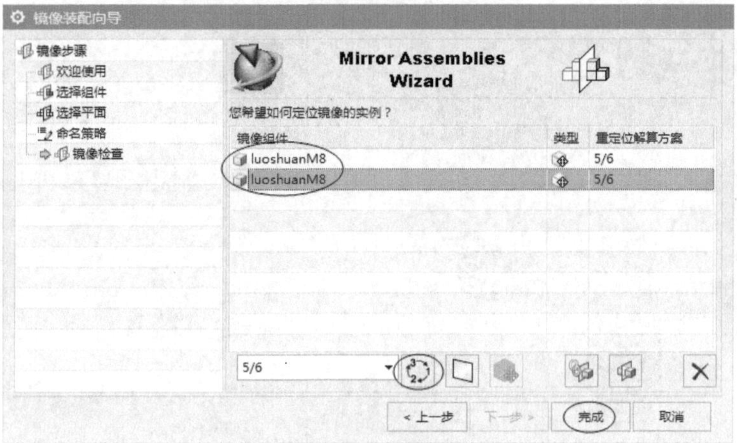

(f)【镜像装配向导】完成界面

图 6-42 【镜像装配向导】对话框

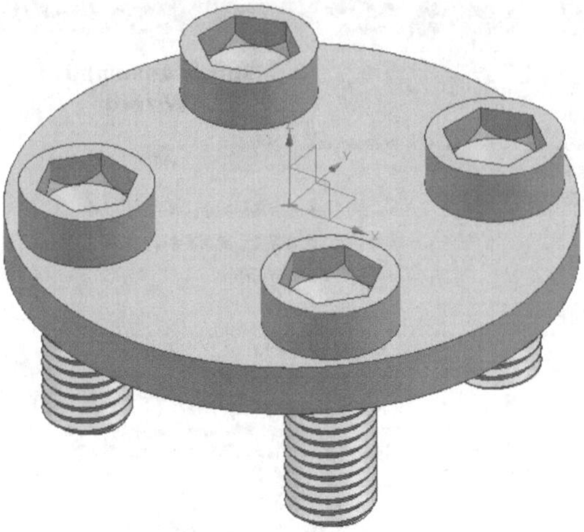

图 6-43　法兰盘螺栓镜像对称复制

6.3.6　组件替换

按相同的约束条件替换组件。

应用案例 6-5　组件替换

打开数字资源 Chapter 6\AL6-5 文件夹中的 AL6-5S.prt 文件，如图 6-44 所示，将 4 个 M8-20 短螺栓换成 M8-30 长螺栓。

单击【菜单】→【装配】→【组件】→【替换组件】，弹出图 6-45【替换组件】对话框，选择 4 个短螺栓作为要替换的组件，单击“替换件”栏，单击“打开文件”按钮，选择 AL6-5 文件夹中的 luoshuanM8-30.prt 长螺栓文件，最后单击“确定”按钮完成 4 个螺栓的替换，如图 6-46 所示。

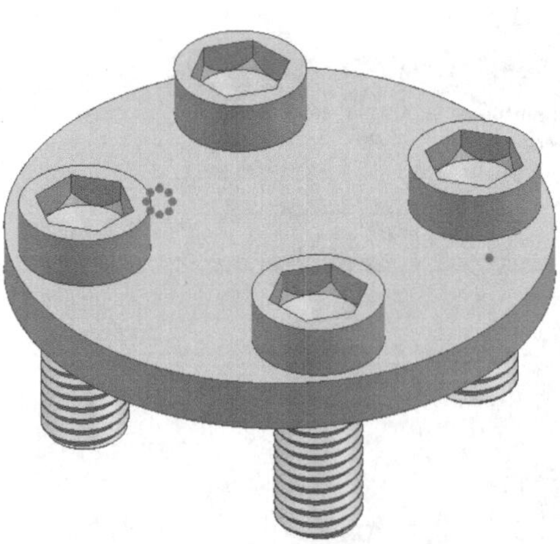

图 6-44　替换前法兰盘短螺栓

图 6-45　【替换组件】对话框

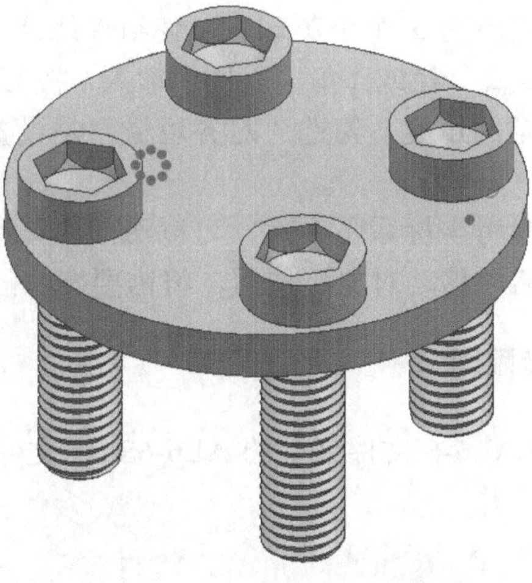

图 6-46 替换法兰盘螺栓为长螺栓

6.4 爆炸装配图

为了查看设备各个零部件的相互装配关系，可将装配组件偏离原来位置一定距离和角度生成爆炸图。单击【菜单】→【装配】→【爆炸图】，调出子菜单命令，如图 6-47 所示，这些命令可以对爆炸图进行创建、编辑与管理。

1. 创建爆炸图

单击【菜单】→【装配】→【爆炸图】→【新建爆炸】，弹出图 6-48【新建爆炸】对话框。在“名称”栏中输入要创建的爆炸图名称，单击“确定”按钮完成装配体文件爆炸图的创建。一个装配体文件可以创建多个爆炸图，首次创建爆炸图，UG NX 默认的名称是“Explosion1”，第二个、第三个为“Explosion2”“Explosion3”，通常默认爆炸图的名称即可。新创建的爆炸图仍然显示原来装配体的状态，这是因为还没有具体将各个组件分离开来，需要执行编辑爆炸图。

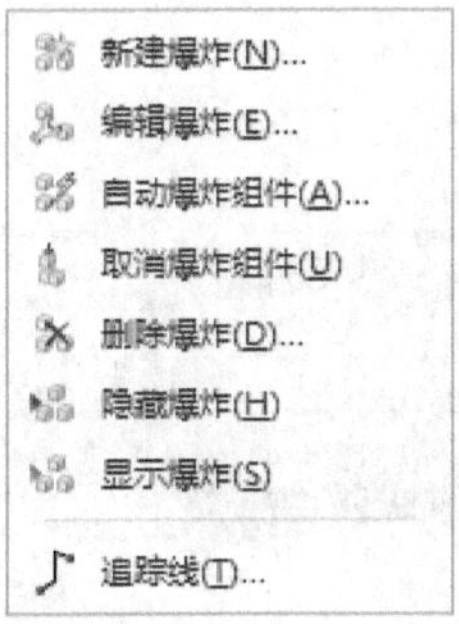

图 6-47 “爆炸图”子菜单

图 6-48 【新建爆炸】对话框

2. 编辑爆炸图

单击【菜单】→【装配】→【爆炸图】→【编辑爆炸】，弹出图 6-49【编辑爆炸】对话框。激活“选择对象”按钮，选择需要爆炸分离的组件，激活“移动对象”按钮，爆炸图中显示出组件移动参考坐标系 ，选择坐标轴的三个黄色箭头可以使组件沿该坐标轴的方向移动

一定的距离，选择绕坐标轴旋转的 3 个小黄球可以使组件绕该坐标轴旋转到一定的角度。移动的距离或旋转的角度在“距离”栏或“角度”栏中输入，按 Enter 键；或者按住鼠标左键拖动至一定的距离或旋转至一定的角度。勾选“对齐增量”是设置鼠标动态移动组件时的步进距离或步进角度。

假如移动组件时显示的参考坐标系不合适，可以激活“只移动手柄”按钮，先调整参考坐标系的方位，然后再次激活“移动对象”按钮，将需要爆炸的组件移动到合适的位置。

应用案例 6-6　爆炸装配图

打开数字资源 Chapter 6\AL6-6 文件夹中的 AL6-6S.prt 文件，如图 6-50 所示，需要将齿轮、轴、传动键 3 个零件爆炸开。

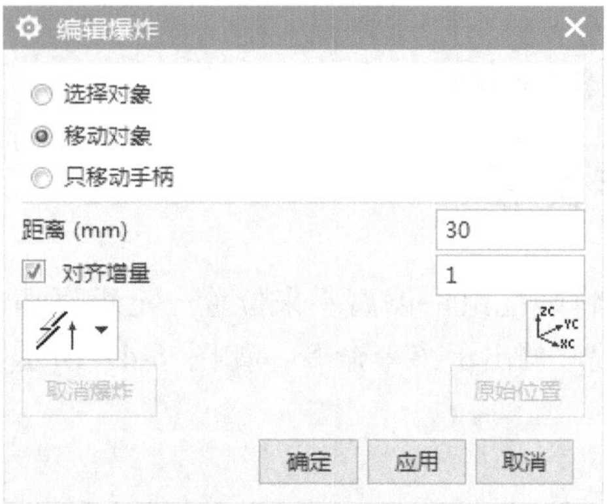

图 6-49　【编辑爆炸】对话框

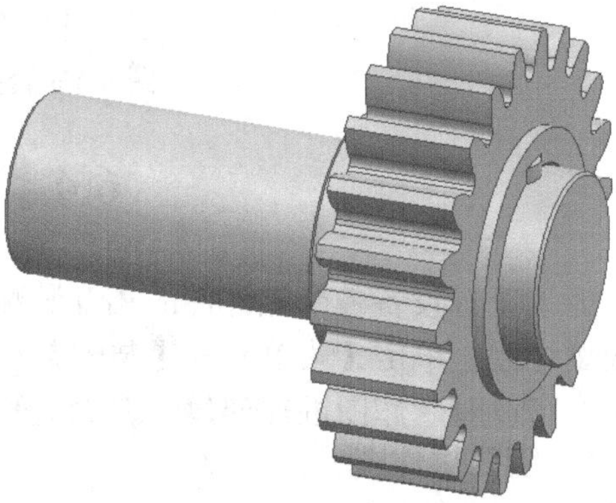

图 6-50　齿轮传动组件

打开图 6-48【新建爆炸】对话框，默认爆炸图的名称“Explosion1”，单击“确定”按钮完成爆炸图的创建。打开图 6-49【编辑爆炸】对话框，激活“选择对象”按钮，选择齿轮，激活“移动对象”按钮，显示参考坐标系，如图 6-51 所示，激活 Z 坐标轴，在【编辑爆炸】对话框的“距离”栏中输入“50”，按 Enter 键，齿轮便沿 Z 坐标轴右侧移动 50mm 爆炸开，如图 6-52 所示。

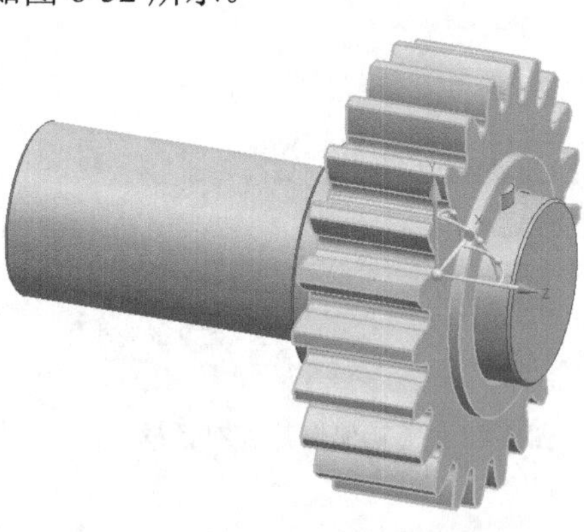

图 6-51　齿轮爆炸显示参考坐标系

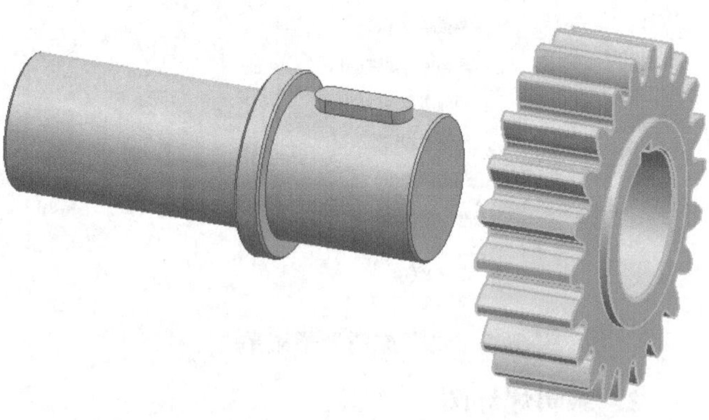

图 6-52　齿轮爆炸

再次激活“选择对象”按钮，选择传动键，此时需要同时按住 Shift 键单击齿轮取消对齿轮的选择；激活“移动对象”按钮显示参考坐标系；激活 Y 坐标轴，在【编辑爆炸】对话框的“距离”栏中输入“20”，按Enter键，传动键便沿Y坐标轴向上移动20mm爆炸开，如图6-53所示。

最后单击【编辑爆炸】对话框中心“确定”按钮，完成齿轮传动组件的爆炸退出命令。

3. 隐藏爆炸图

在爆炸图状态时，执行图6-47子菜单的“隐藏爆炸”命令，则爆炸图隐藏，显示组件装配状态。

4. 显示爆炸图

当装配体文件已经创建有爆炸图时，执行图6-47子菜单的“显示爆炸”时，则直接显示爆炸图。当存在多个爆炸图时，则弹出图6-54【爆炸图】对话框，选择其中一个爆炸图，单击“确定”按钮，显示出该爆炸图。

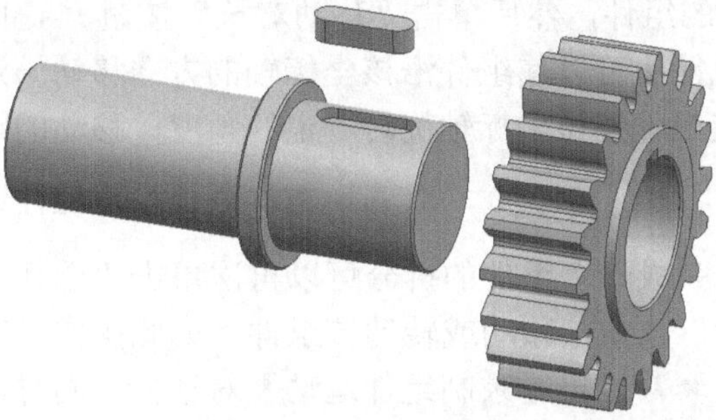

图6-53 传动键爆炸

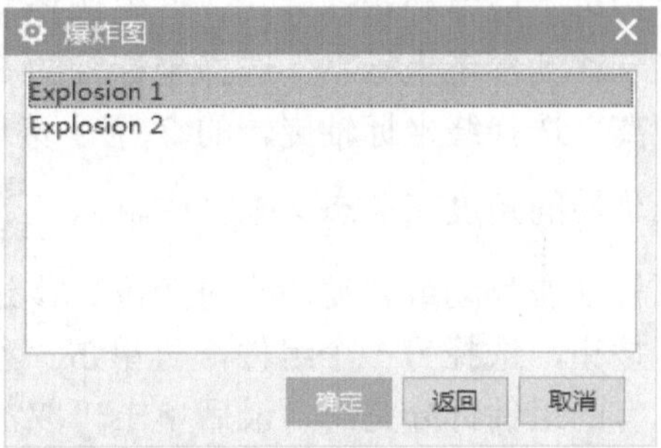

图6-54 【爆炸图】对话框

5. 删除爆炸图

当爆炸图不再需要时则删除，执行图6-47子菜单的“删除爆炸”时，则弹出图6-54【爆炸图】对话框，选择其中需要删除的爆炸图，单击“确定”按钮。

6. 自动爆炸组件

按照装配体文件自身的关联约束条件，对装配组件自动识别爆炸的方位。执行子菜单的“自动爆炸”，弹出图1-14【类选择】对话框，单击“全选”按钮⊞，单击“确定”按钮，弹出图6-55【自动爆炸组件】对话框，输入爆炸的距离值，单击“确定”按钮完成自动爆炸。图6-56为将装配体文件AL6-6S.prt齿轮传动组件(图6-50)按50mm距离值执行自动爆炸的结果。由于各个组件自动爆炸的方位和距离很难同时满足工程实际的需要，通常很少采用组件的自动爆炸方式。

既然自动爆炸是按照装配体文件自身的关联约束条件识别爆炸方位的，那么装配组件间必须有装配约束存在时，才能执行自动爆炸。

图6-55 【自动爆炸组件】对话框

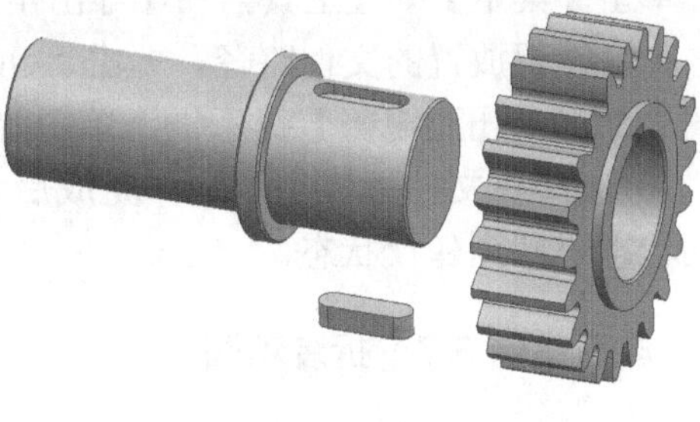

图6-56 自动爆炸法兰盘螺栓

6.5 拆 装 动 画

拆装动画可以动态观察装配组件的相对位置关系和拆装顺序。创建拆装动画之前要把装配约束和存在的阵列全部删除，否则会存在关联运动。

创建拆装动画执行以下步骤。

(1) 单击【菜单】→【装配】→【序列】，由建模状态进入装配序列状态。

(2) 单击【菜单】→【任务】→【新建序列】，创建一个运动序列，一个装配体文件可以创建多个运动序列，通常是以“序列 1”“序列 2”……命名。

(3) 单击【菜单】→【插入】→【运动】，弹出图 6-57【录制组件运动】对话框，一个运动序列可生成多种运动方式。首先选择需要拆分的组件，然后单击“移动对象”按钮，此时显示移动参考坐标系，选择坐标轴的 3 个黄色箭头可以使组件沿该坐标轴的方向移动一定的距离，选择绕坐标轴旋转的 3 个小黄球可以使组件绕该坐标轴旋转一定的角度，移动的距离或旋转的角度在动态文本框中输入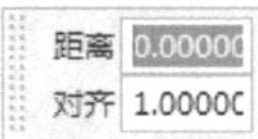

、

，“对齐”文本框是设置组件通过鼠标动态移动或转动的步进距离、步进角度。完成一个组件的拆分可以再次单击“选择组件”按钮，选择另一个组件，再单击“移动组件”按钮，移动或转动该组件。如此操作，直至所有的组件拆分完毕，最后单击“取消”按钮 ✖，退出【录制组件运动】对话框，同时，建立了组件拆装运动过程。

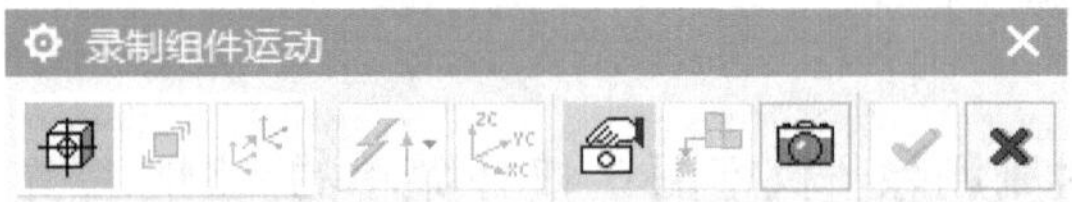

图 6-57　【录制组件运动】对话框

“只移动手柄”按钮，是先设置合适的参考坐标系，然后再拆分移动组件到合适的位置。

需要注意，组件的拆分尽可能遵循现场零件装配的反顺序和拆装方位，先前装配的组件后续拆分，后续装配的组件先行拆分。拆分的路径避免出现斜线，要依照参考坐标系的坐标方位横平竖直方向运动。相同的组件要按组一起拆分，比如法兰盘的连接螺栓要一起拆分，紧固螺母要一起拆分。

(4) 单击【菜单】→【工具】→【向后播放】，观察组件的装配过程。播放完毕，可以再观察组件的拆分过程，单击【菜单】→【工具】→【向前播放】。

(5) 组件拆装过程可以录制成视频文件进行播放。

单击【菜单】→【工具】→【导出至电影】，弹出图 6-58【录制电影】对话框，命名视频的名称，设置放置的文件路径，单击“OK”按钮，开始录制组件的拆装过程。录制完成，弹出图 6-59【导出至电影】提示框，单击“确定”按钮完成视频文件的录制。

(6) 装配体文件拆装动画制作完成后，单击【菜单】→【任务】→【完成序列】，由装配序列状态返回到建模状态。

应用案例 6-7　拆装动画

打开数字资源 Chapter 6\AL6-6 文件夹中的 AL6-6S.prt 文件，如图 6-50 所示。

图 6-58　【录制电影】对话框

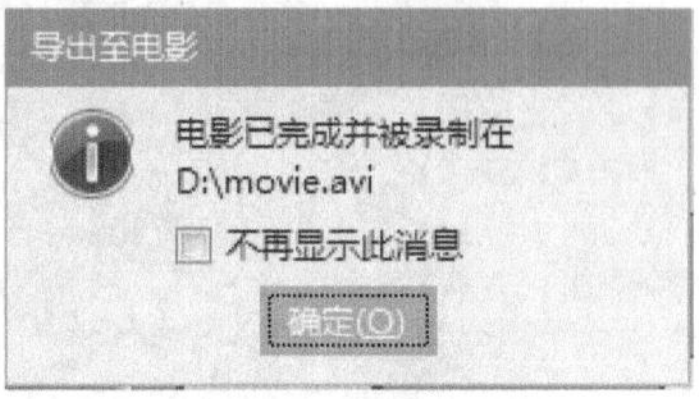

图 6-59　【导出至电影】提示框

首先，将齿轮装配组件中的装配约束全部删除。

然后，按照创建拆装动画步骤制作拆装动画，将齿轮沿+Z 轴方向拆分开 50mm，传动键沿+Y 轴方向拆分开 20mm。

将齿轮组件安装与拆分过程分别录制成“齿轮组安装”与“齿轮组拆分”视频文件。

读者也可以针对该齿轮装配文件试着创建其他拆装方位与距离的拆装动画。

6.6　综 合 实 例

设计要求

按照现场工况进行冲压模具装配，如图 6-60 所示。

设计思路

冲压模具所有组件均采用自底向上的方法装配，首先装配上模具子装配和下模具子装配，然后调用子装配进行冲压模具总装配。装配具有回转特性的组件采用“同心”约束一步定位，同类组件采用移动复制或者阵列复制的方法完成。

设计步骤

1. 新建装配文件

新建 3 个模型文件：shangmoju.prt、xiamoju.prt、chongyamoju.prt，操作参见 1.3.1 节。shangmoju.prt 和 xiamoju.prt 分别为上模具和下模具子装配，最后由子装配装配成总装配文件 chongyamoju.prt。

2. 装配上模具子装配

(1) 打开上模具子装配文件 shangmoju.prt。

(2) 装配上模座。

单击【菜单】→【装配】→【组件】→【添加组件】，弹出图 6-2【添加组件】对话框，单击“打开文件”按钮，打开数字资源 Chapter 6\ZL 文件夹中的 shangmozuo.prt 文件，单击“应用”按钮，弹出图 6-3【创建固定约束】对话框，单击“是(Y)”按钮，对上模座设置“固定”约束，完成第一个组件的装配，如图 6-61 所示。

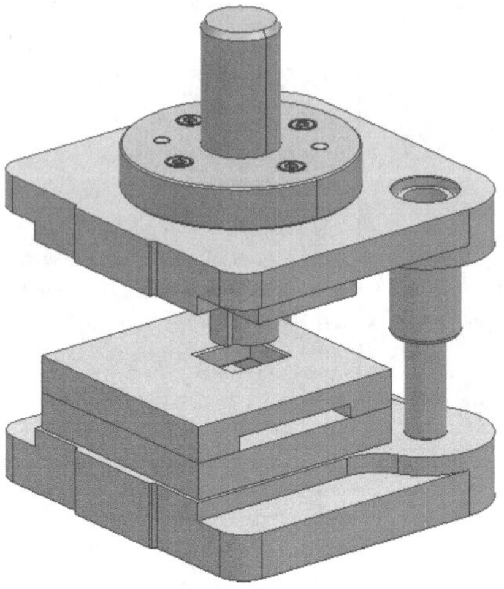

图 6-60　冲压模具总装配

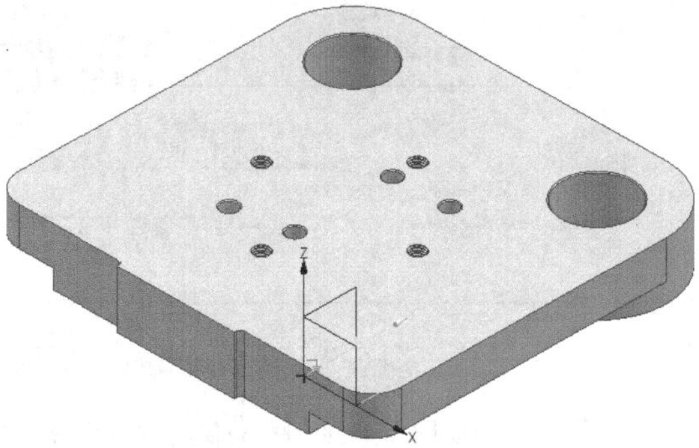

图 6-61　上模座装配

(3) 装配模柄。

在【添加组件】对话框中，单击“打开文件”按钮，打开数字资源 Chapter 6\ZL 文件夹中的 mobing.prt 文件，选择“同心”约束◎，依次单击图 6-62 中的圆 1、圆 2、圆 3、圆 4，单击“应用”按钮，完成模柄组件的装配，如图 6-63 所示。

按“同心”约束装配时组件若出现重叠装配或反向装配，可以单击“反向”按钮调整。

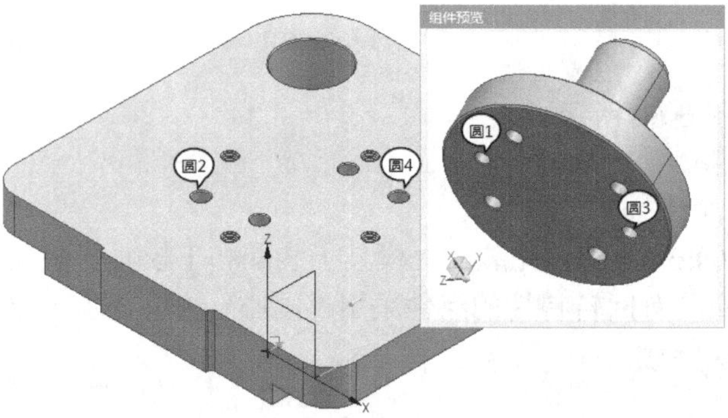

图 6-62　装配模柄“同心”约束

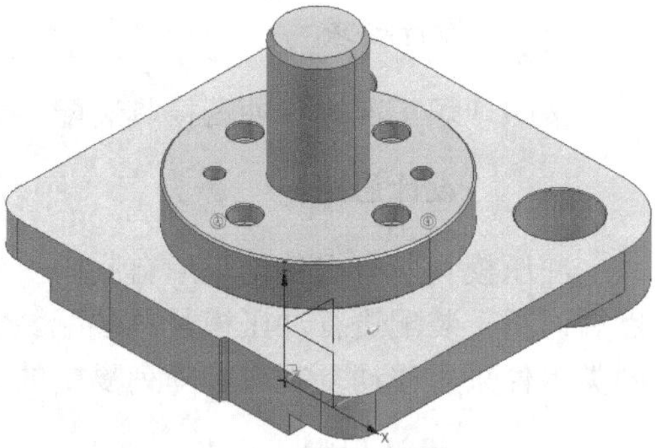

图 6-63　模柄装配

(4) 装配模柄定位销。

在【添加组件】对话框中，单击“打开文件”按钮，打开数字资源 Chapter 6\ZL 文件夹中的 dingweixiao.prt 文件，选择“同心”约束◎，依次单击图 6-64 中的圆 1、圆 2，单击“确定”按钮，退出【添加组件】对话框，完成一侧定位销的装配，如图 6-65 所示。

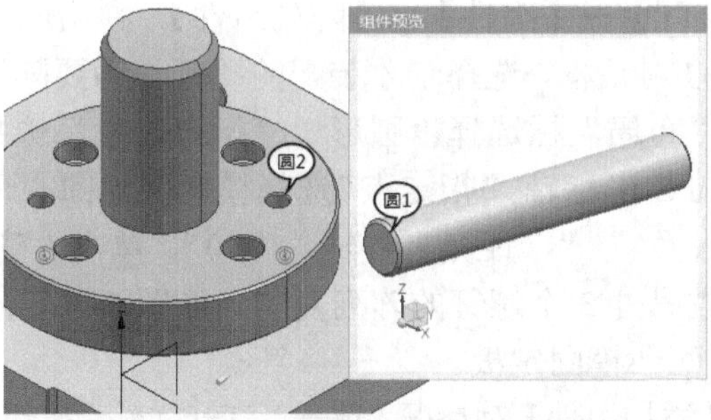

图6-64 装配模柄定位销“同心”约束

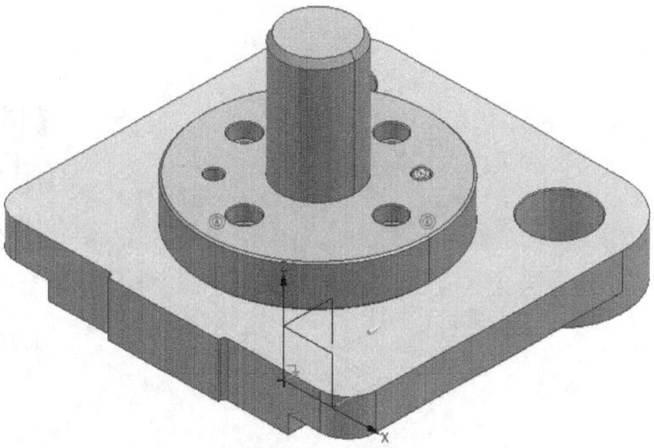

图6-65 装配模柄定位销装配(1个)

通过移动复制完成另一侧定位销的装配。单击【菜单】→【装配】→【组件位置】→【移动组件】，弹出图6-32【移动组件】对话框，选择刚才装配的定位销作为要移动的组件，在“运动”栏选择“点到点”方式，“模式”栏选择“复制”，“副本总数”输入“1”，然后在图6-66中选择圆心1作为出发点，选择圆心2作为目标点，单击“确定”按钮，完成另一侧定位销的移动复制，如图6-67所示。

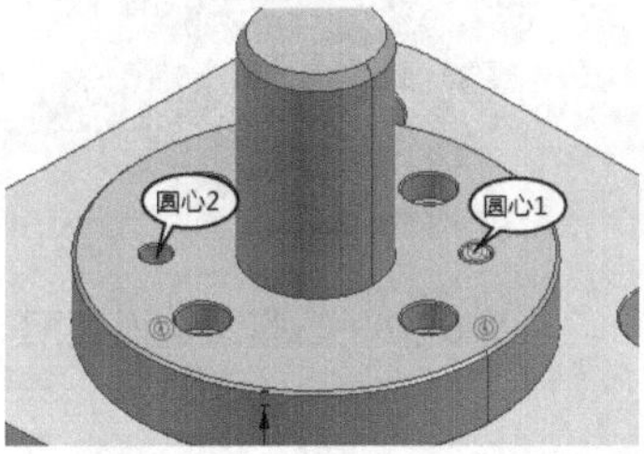

图6-66 移动复制模柄定位销

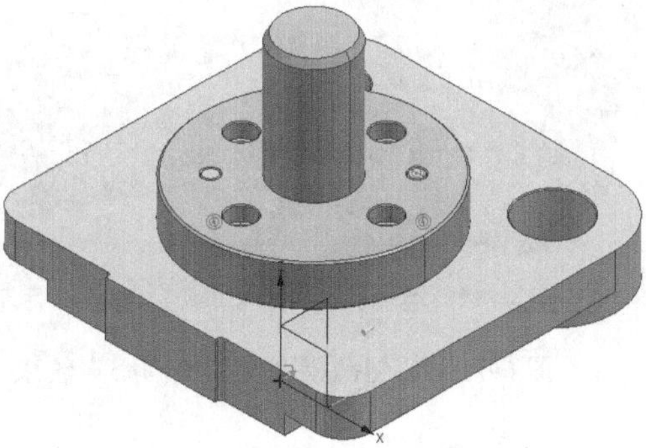

图6-67 模柄定位销装配(2个)

(5)装配模柄紧固螺钉。

打开【添加组件】对话框，单击“打开文件”按钮，打开数字资源Chapter 6\ZL文件夹中的luoding M8.prt文件，选择“同心”约束◎，依次单击图6-68中的圆1、圆2，单击“确定”按钮，退出【添加组件】对话框，完成1个模柄螺钉的装配，如图6-69所示。

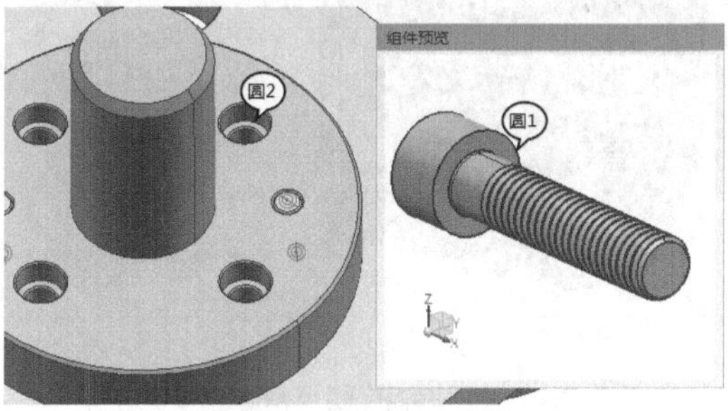

图6-68 装配模柄螺钉“同心”约束

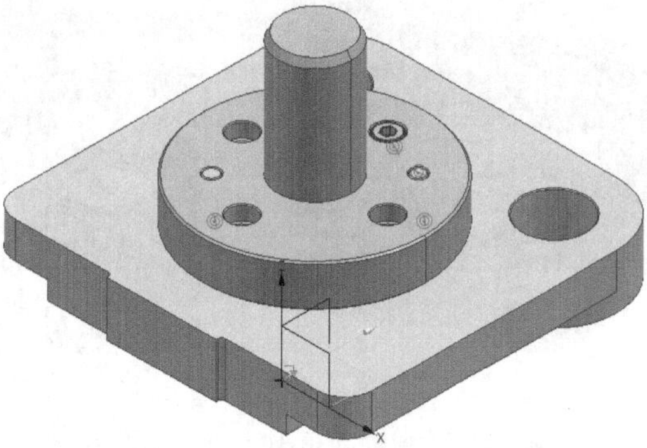

图6-69 模柄紧固螺钉装配(1个)

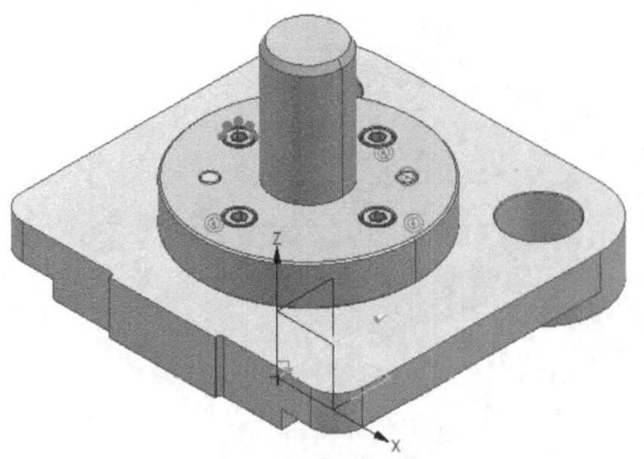

图 6-70　阵列复制模柄紧固螺钉

通过阵列复制完成其余 3 个螺钉的装配。单击【菜单】→【装配】→【组件】→【阵列组件】，弹出图 6-36【阵列组件】对话框，选择刚才装配的螺钉作为要阵列的组件，在“布局”栏选择“圆形”，“指定矢量”选择基准坐标系的 Z 坐标轴，“指定点”选择模柄圆盘圆心，“数量”栏输入“4”，“节距角”栏输入“90”，单击“确定”按钮，完成另外 3 个螺钉的阵列复制，如图 6-70 所示。

(6) 装配凸模固定板。

打开【添加组件】对话框，单击“打开文件”按钮，打开数字资源 Chapter 6\ZL 文件夹中的 tumogudingban. prt 文件，选择“同心”约束◎，依次单击图 6-71 中的圆 1、圆 2、圆 3、圆 4，单击“应用”按钮，完成凸模固定板的装配，如图 6-72 所示。

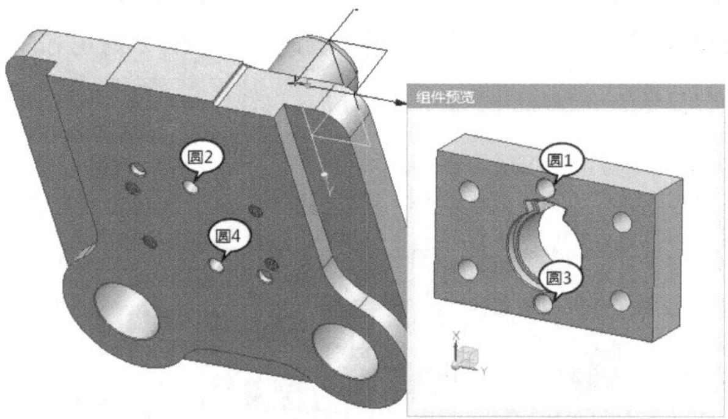

图 6-71　装配凸模固定板“同心”约束

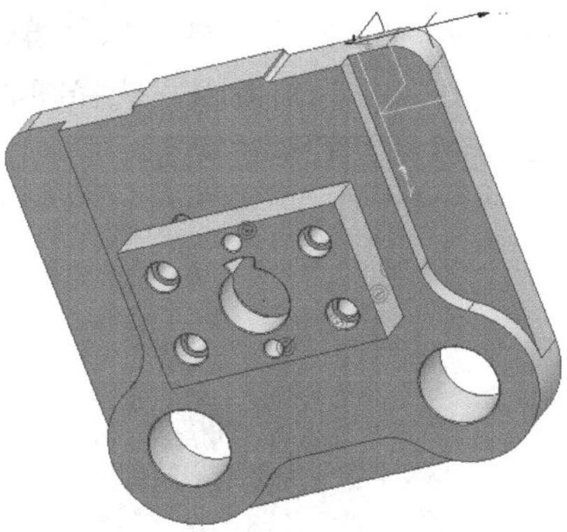

图 6-72　凸模固定板装配

(7) 装配凸模。

在【添加组件】对话框中，单击“打开文件”按钮，选择数字资源 Chapter 6\ZL 文件夹中的 tumo.prt 文件，选择“接触对齐”约束，“方位”栏选择“自动判断中心/轴”，依次选择图 6-73 中的中心线 1、中心线 2；然后“方位”栏选择“接触”约束，依次选择图 6-74 中的端面 1、端面 2；再选择“中心”约束，“子类型”选择“2 对 2”方式，依次选择图 6-75 中的线 1、线 2、线 3、线 4，最后单击“应用”按钮，完成凸模固定板的装配，如图 6-76 所示。

图 6-73　装配凸模中心线共线约束

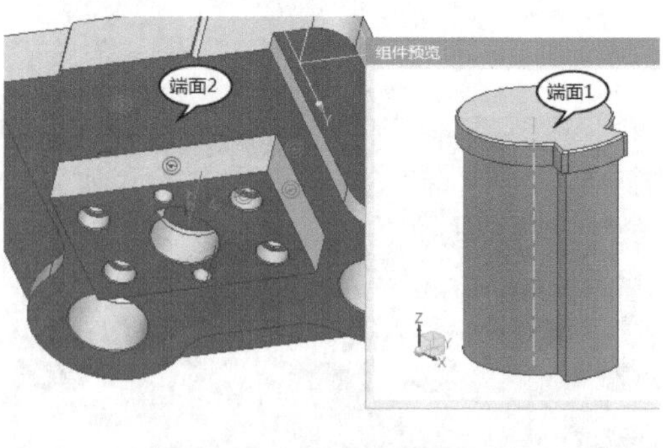

图 6-74 装配凸模“接触”约束

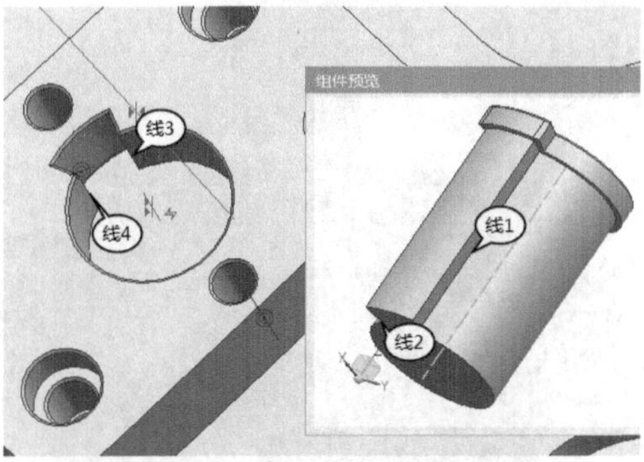

图 6-75　装配凸模“中心”约束

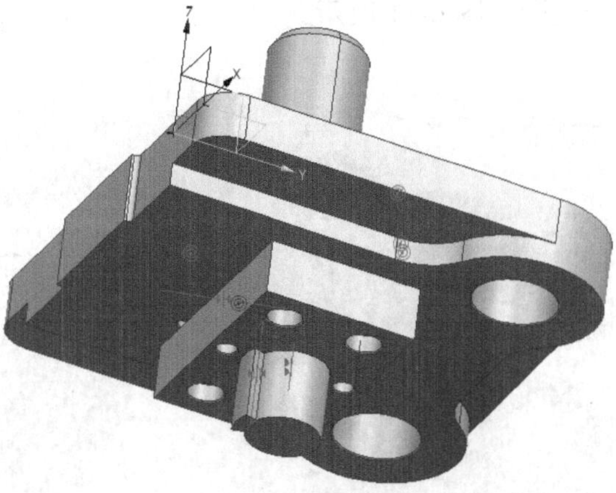

图 6-76　凸模装配

(8)装配凸模固定板定位销。

方法同于步骤(4)，定位销 dingweixiao.prt 安装后如图 6-77 所示。

(9)装配凸模固定板紧固螺钉。

方法同步骤(5)，一个螺钉安装后，其余螺钉采用线性阵列复制，螺钉 luoding M8 安装后如图 6-78 所示。

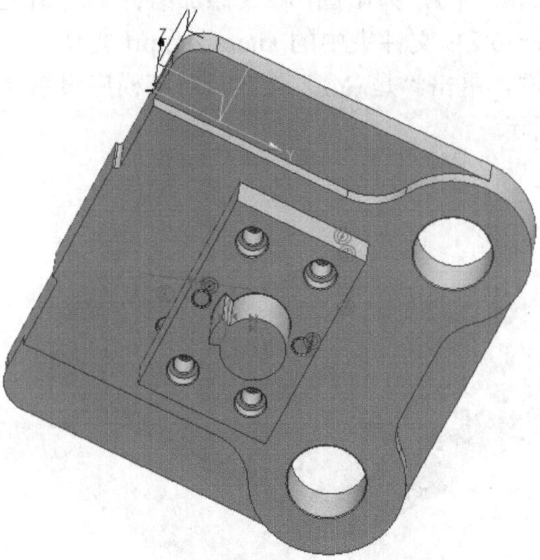

图 6-77　凸模固定板定位销装配

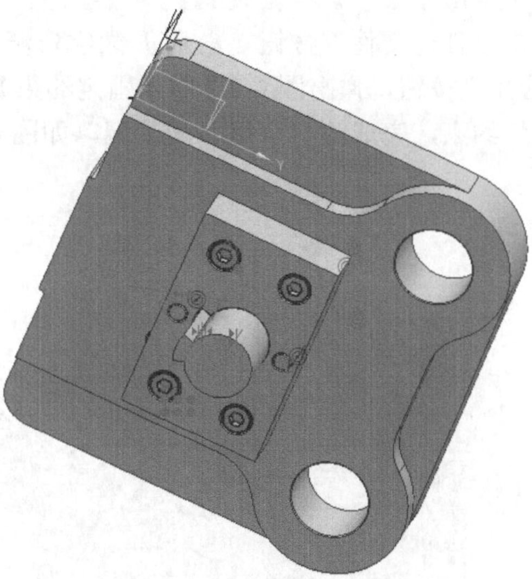

图 6-78　凸模固定板紧固螺钉装配

(10)装配导套。

打开【添加组件】对话框，单击“打开文件”按钮，打开数字资源 Chapter 6\ZL 文件夹中的 daotao.prt 文件，选择“同心”约束◎，依次单击图 6-79 中的圆 1、圆 2，单击“确定”按钮，完成一侧导套的安装，另一侧导套的安装可用【移动组件】命令复制完成，如图 6-80 所示。

(11)隐藏辅助特征。

单击【菜单】→【编辑】→【显示和隐藏】→【显示和隐藏】，弹出图 1-20【显示和隐藏】对话框，单击草图、曲线、基准和装配约束后面的减号“－”，将辅助特征隐藏，显示上模具子装配如图 6-81 所示。

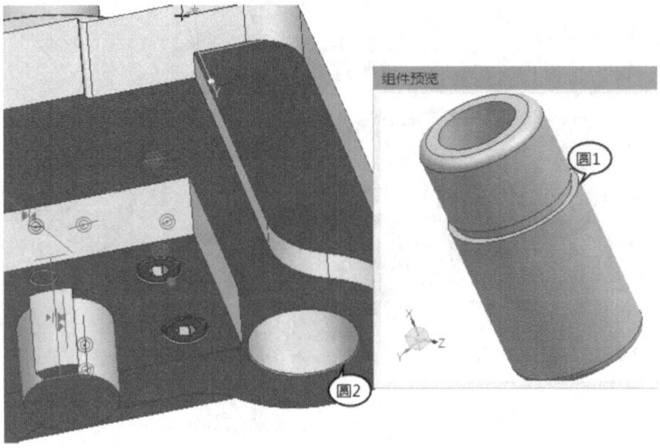

图 6-79　装配导套“同心”约束

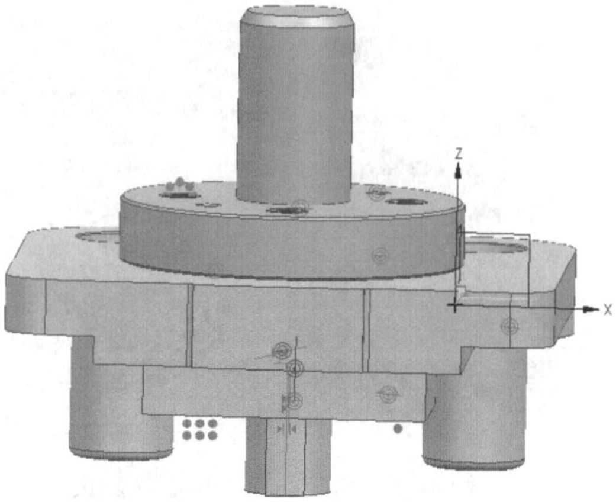

图 6-80　导套装配

3. **装配下模具子装配**

(1) 打开下模具子装配文件 xiamoju.prt。

(2) 装配下模座。

单击【菜单】→【装配】→【组件】→【添加组件】，弹出图 6-2【添加组件】对话框，单击“打开文件”按钮，打开数字资源 Chapter 6\ZL 文件夹中的 xiamozuo.prt 文件，单击“应用”按钮，弹出图 6-3【创建固定约束】提示框，单击“是(Y)”按钮，对下模座设置“固定”约束，完成第一个组件的装配，如图 6-82 所示。

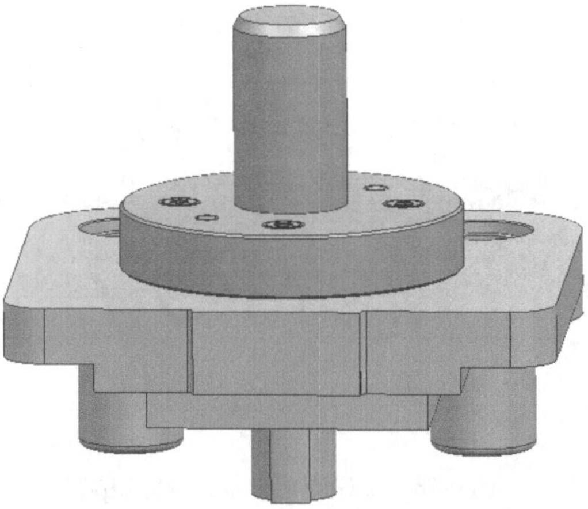

图 6-81　上模具子装配

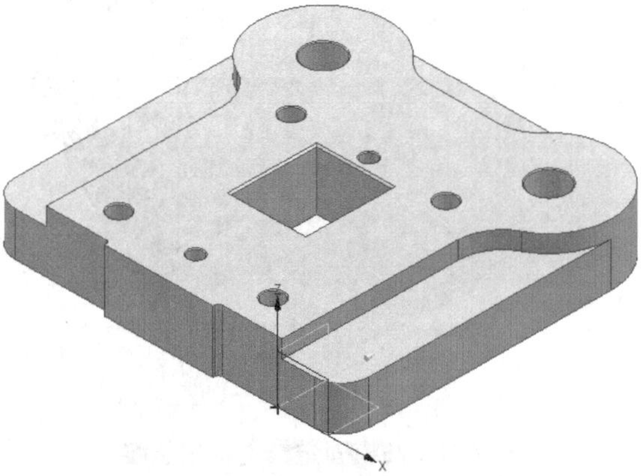

图 6-82　下模座装配

(3) 装配凹模。

在【添加组件】对话框中，单击“打开文件”按钮，打开数字资源 Chapter 6\ZL 文件夹中的 aomo.prt 文件，选择“同心”约束◎，依次单击图 6-83 中的圆 1、圆 2、圆 3、圆 4，单击“应用”按钮，完成凹模组件的装配，如图 6-84 所示。

(4) 装配凹模定位销。

方法同上模具装配的步骤(4)，定位销 dingweixiao.prt 安装后的效果，如图 6-85 所示。

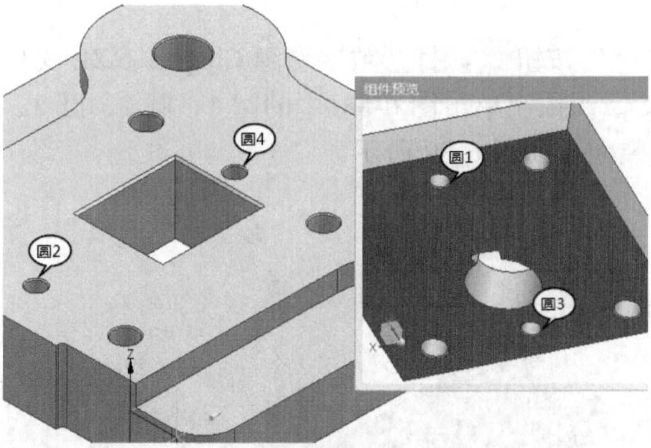

图 6-83 装配凹模“同心”约束

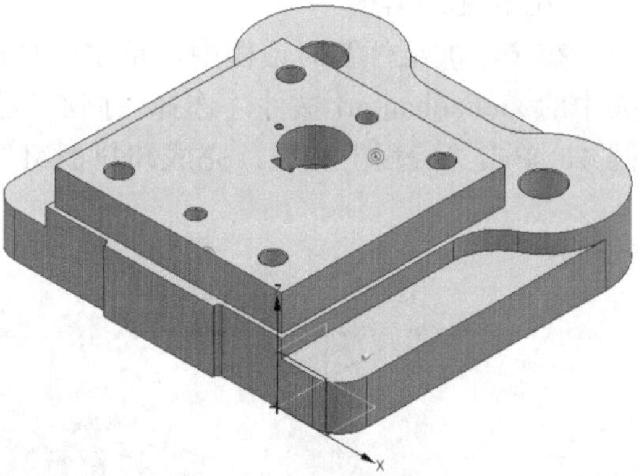

图 6-84 凹模装配

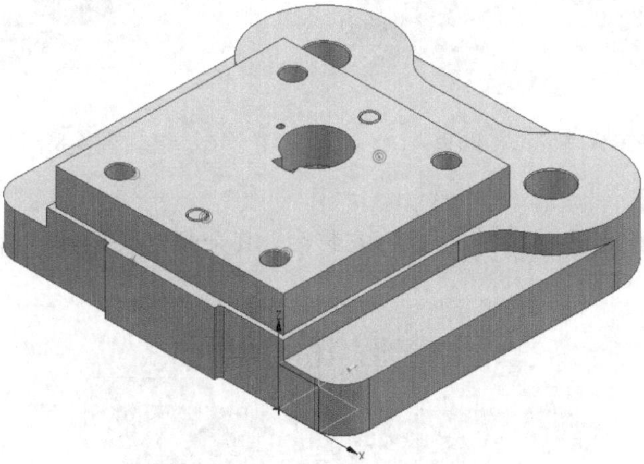

图 6-85 凹模定位销装配

(5) 装配挡料销。

打开【添加组件】对话框，单击“打开文件”按钮，打开数字资源 Chapter 6\ZL 文件夹中的 dangliaoxiao.prt 文件，选择“同心”约束◎，依次单击图 6-86 中的圆 1、圆 2，单击“应用”按钮，完成挡料销组件的装配，如图 6-87 所示。

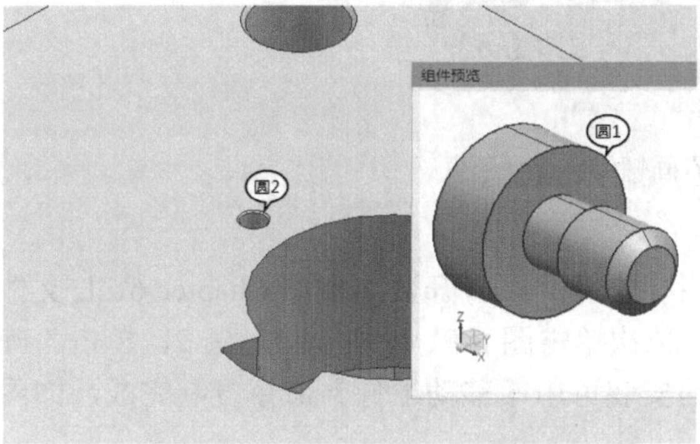

图 6-86 装配挡料销“同心”约束

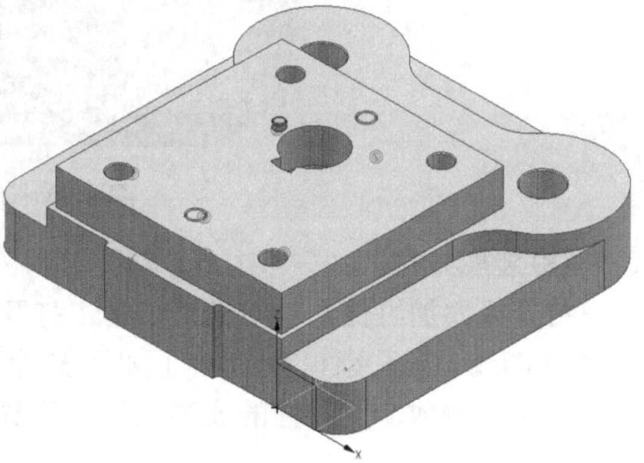

图 6-87 挡料销装配

(6) 装配卸料板。

在【添加组件】对话框中，单击“打开文件”按钮，打开数字资源 Chapter 6\ZL 文件夹中的 xieliaoban.prt 文件，选择“同心”约束◎，依次单击图 6-88 中的圆 1、圆 2、圆 3、圆 4，单击“应用”按钮，完成卸料板组件的装配，如图 6-89 所示。

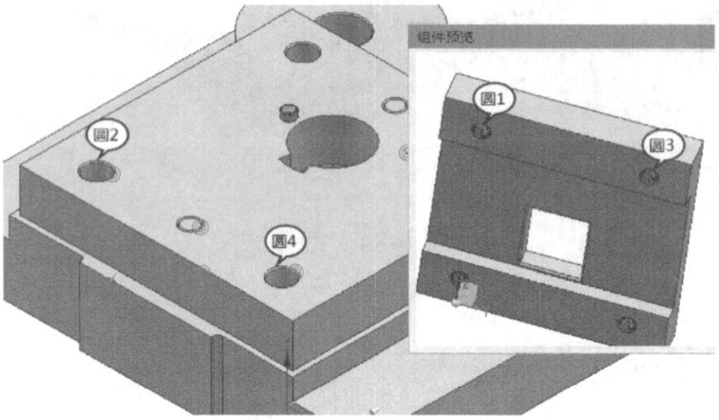

图 6-88　装配卸料板“同心”约束

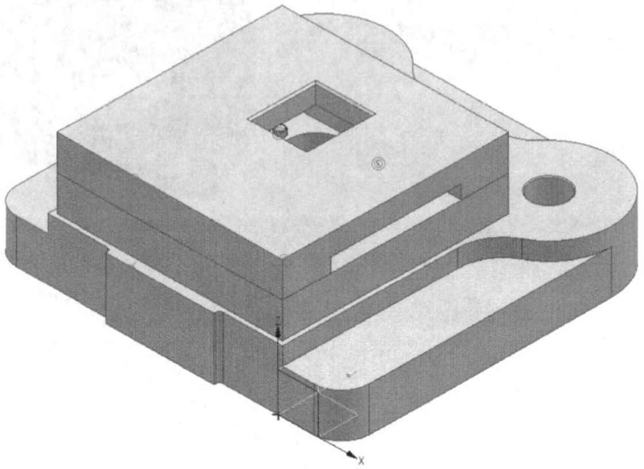

图 6-89　卸料板装配

(7) 装配下模螺钉。

方法同上模具装配步骤(5)，一个螺钉安装后，其余螺钉采用线性阵列复制，螺钉 luoding M10 安装后如图 6-90 所示。

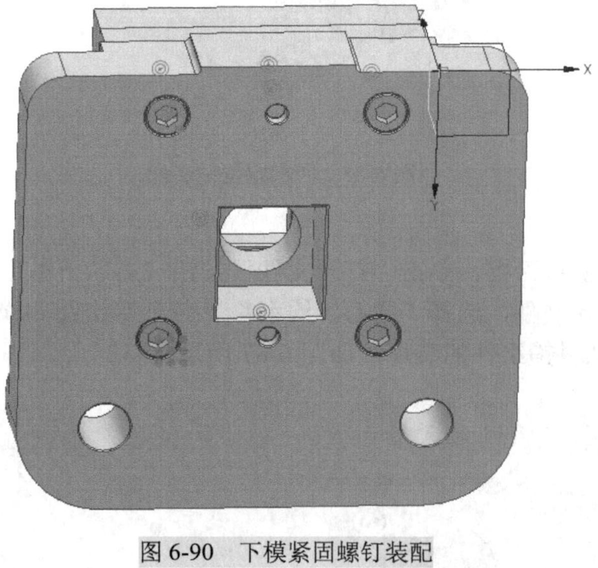

图 6-90　下模紧固螺钉装配

(8) 装配导柱。

打开【添加组件】对话框，单击“打开文件”按钮，打开数字资源 Chapter 6\ZL 文件夹中的 daozhu.prt 文件，选择“同心”约束◎，依次单击图 6-91 中的圆 1、圆 2，单击“确定”按钮，完成一侧导柱的安装，另一侧导柱的安装可用【移动组件】命令复制完成，如图 6-92 所示。

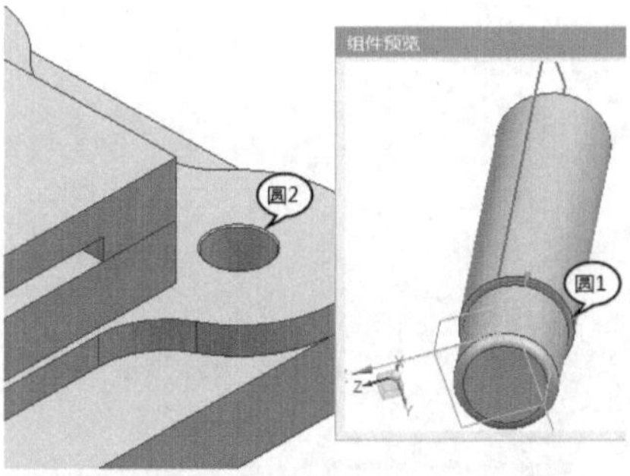

图 6-91　装配导柱“同心”约束

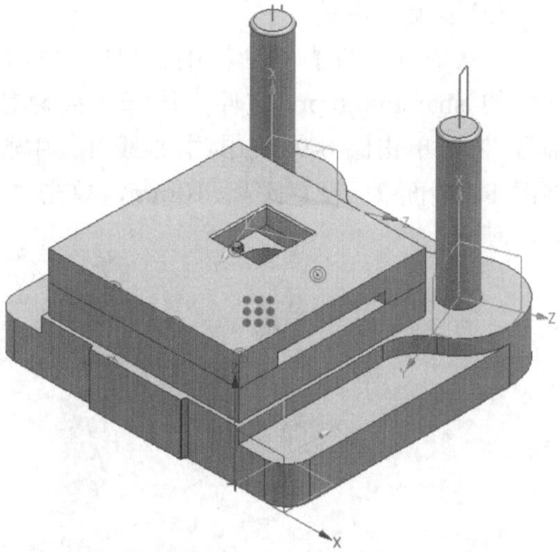

图 6-92　导柱装配

(9) 隐藏辅助特征。

单击【菜单】→【编辑】→【显示和隐藏】→【显示和隐藏】，弹出图 1-20【显示和隐藏】对话框，单击草图、曲线、基准和装配约束后面的减号“ − ”，将辅助特征隐藏，显示下模具子装配，如图 6-93 所示。

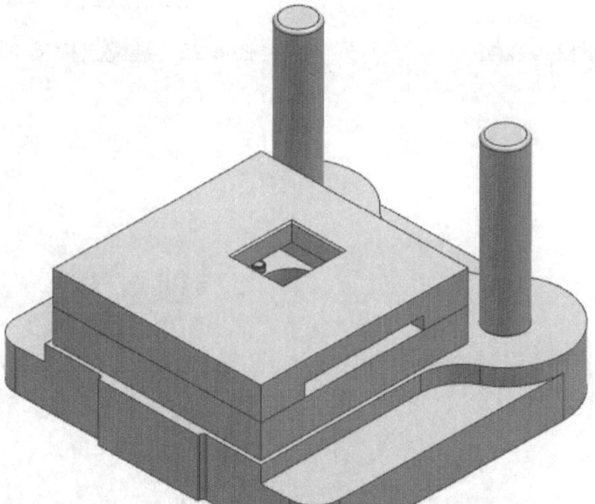

图 6-93　下模具子装配

4．冲压模具总装配

(1) 打开冲压模具装配文件 chongyamoju.prt。

(2) 装配下模具。

打开【添加组件】对话框，单击“打开文件”按钮，打开数字资源 Chapter 6\ ZL 文件夹中的 xiamoju.prt 文件，单击“应用”按钮，弹出图 6-3【创建固定约束】对话框，单击“是 (Y)”按钮，对下模具设置“固定”约束，如图 6-94 所示。

(3) 装配上模具。

在【添加组件】对话框中，单击“打开文件”按钮，打开数字资源 Chapter 6\ZL 文件夹中的 shangmoju.prt 文件，选择“接触对齐”约束，在“方位”栏选择“自动判断中心/轴”，依次单击图 6-95 中的中心线 1、中心线 2；再选择“距离”约束，依次单击图 6-96 端面 1、端面 2，设置距离-10mm，单击“确定”按钮，完成冲压模具上下模具的装配，如图 6-97 所示。

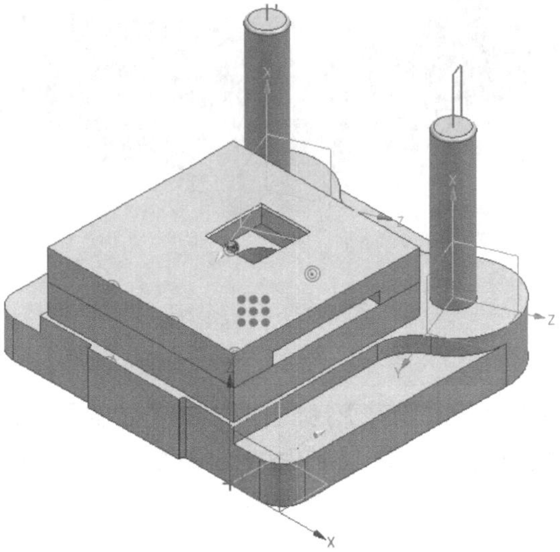

图 6-94　下模具装配

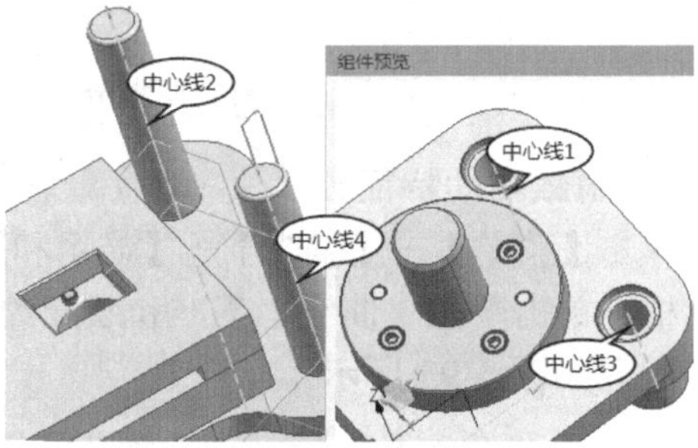

图 6-95　装配上模具下模具“中心线共线”约束

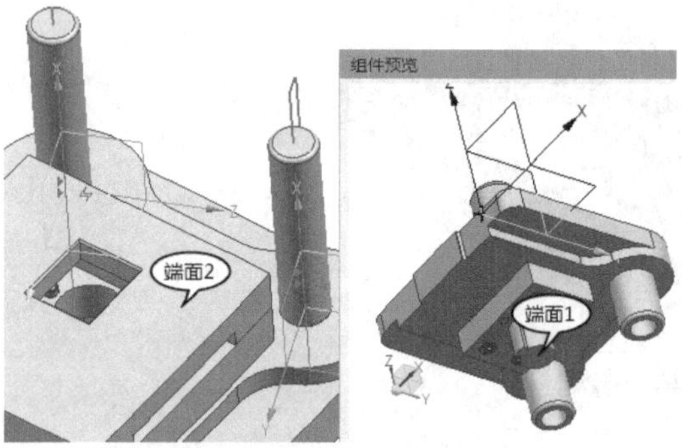

图 6-96　装配上模具下模具“距离”约束

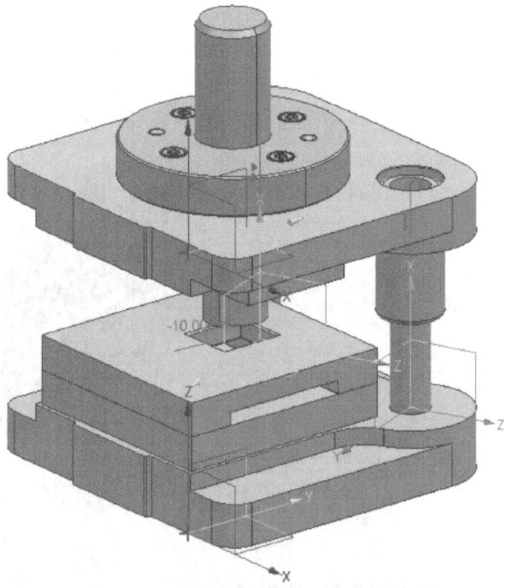

图 6-97　上模具下模具装配

(4) 隐藏辅助特征。

单击【菜单】→【编辑】→【显示和隐藏】→【显示和隐藏】，弹出图 1-20【显示和隐藏】对话框，单击草图、曲线、基准和装配约束后面的减号“－”，将辅助特征隐藏，显示冲压模具总装配实体模型，如图 6-60 所示。

思考与练习

1. 思考题

(1)什么是自底向上的装配方法？

(2)装配约束有哪些类型？

(3)如何爆炸装配图？

(4)如何制作拆装动画？

(5)【阵列组件】操作是否可以用【移动组件】操作代替？

(6)装配约束符号颜色代表什么含义？

2. 操作题

(1)完成一级减速器装配，如图 6-98(a)、(b)所示，支持文件在数字资源 Chapter 6\LX1 文件夹中。

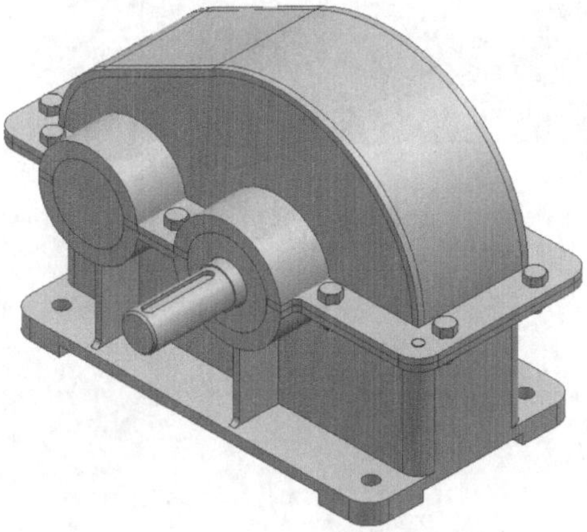

(a)一级减速器装配图

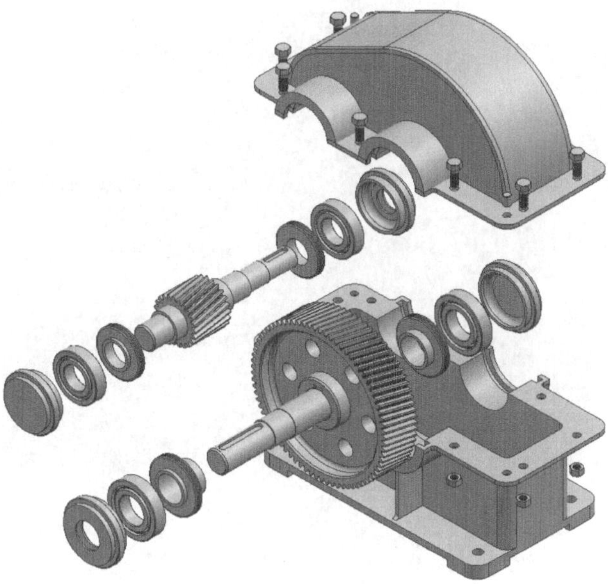

(b)一级减速器爆炸图

图 6-98　一级减速器装配示意图

(2) 制作传动架手动爆炸图，如图 6-99 所示，支持文件在数字资源 Chapter 6\LX2 文件夹中。

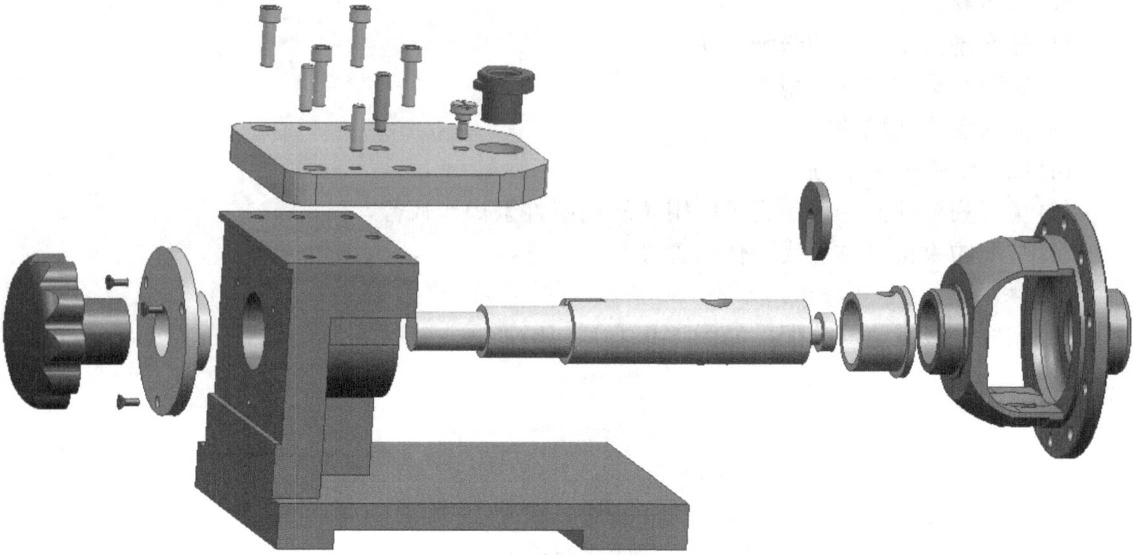

图 6-99　传动架爆炸图

第 7 章　工程图设计

实体模型设计完成之后要付诸生产制造，工程图是实体模型在加工制造过程中使用的图纸。工程现场根据图纸的尺寸、公差、工艺要求等信息，订制工艺，安排工序，生产出低成本且符合精度要求的产品。工程图设计包括图纸的创建与管理、视图的创建与管理、图纸的标注、图纸模板的制作与调用等内容。

7.1　图纸创建与管理

绘制工程图，首先要选用图纸，如何生成一张图纸，对生成的图纸如何编辑，以及进行图纸的复制、粘贴、删除等均是图纸创建与管理的内容。

7.1.1　新建图纸

新建一张图纸，确定图纸的名称、图幅、比例、单位、投影方式。

单击工具栏【应用模块】→【制图】，将工作界面由建模模块切换到制图模块。假如工具栏中没有“应用模块”，需要将鼠标放于工具栏空白处右击，在弹出的菜单中选择“应用模块”。图纸创建完成后可以单击工具栏【应用模块】→【建模】，将工作界面由制图模块返回到建模模块。

单击【菜单】→【插入】→【图纸页】，弹出【工作表】对话框（“工作表”应翻译成“图纸页”），如图 7-1 所示。在最上方的“大小”栏中，确定图幅大小，通常单击使用“标准尺寸”，有 5 种规格：“A0”“A1”“A2”“A3”“A4”分别代表国标的 0 号、1 号、2 号、3 号、4 号图纸。假如绘制的图纸比较特殊，需要细长形或方正形等图纸式样出图，则选择“定制尺寸”，在“高度”和“长度”栏中输入尺寸值。如果选择“使用模板”，可以选用 UG NX 自带的一些图纸模板，有针对零件图的，仅带有标题栏的图纸；有针对装配图的，带有标题栏和明细栏的图纸。图纸模板大小和式样根据需要选择。

图纸的比例可根据需要按给定的选项选择，如果超出给定的范围，可选择“定制比例”，输入需要的比例值。

图纸的“名称”栏信息可自行设定，通常一个模型文件不会有很多张图纸，不会太乱，该选项默认即可。

图纸的单位通常选用公制“毫米”，对于欧美国家习惯使用“英寸”。

图纸的投影方式分“第一角投影”⊟◎和“第三角投影”◎⊟，这涉及三维立体模型转换成二维平面图纸的成像法则，具体参看机械制图教材。其主要区别在于，“第一角投影”方式为：右视图是实体模型从左侧向右侧投影获得，左视图是实体模型从右侧向左侧投影获得；而“第三角投影”方式恰好相反，右视图是实体模型从右侧向左侧投影获得，左视图是实体模型从左侧向右侧投影获得。我国和俄罗斯等国的制图标准采用“第一角投影”方式，欧美国家制图标准采用“第三角投影”方式。因此，我们的工程图纸通常都是选择“第一角投影”方式，当然，假如是涉及欧美国家的工程项目，根据需要图纸选择“第三角投影”方式。

图 7-1　【工作表】对话框

7.1.2　图纸编辑

一张图纸创建好后，假如有设置不合适的地方，可以进行编辑。将鼠标放置于图纸的边框处，待边框高亮显示时，双击鼠标，又回到【工作表】对话框，可以重新对这张图纸的图幅、比例、名称、单位、投影方式进行设置。

编辑图纸还可以将鼠标放置于图纸边框处，高亮显示后，右击在弹出的菜单中选择“编辑图纸页”；或者通过【菜单】→【编辑】→【图纸页】进行操作，当然在工具栏中也有编辑图纸命令。

7.1.3　图纸打开/切换

一个实体模型其二维工程图纸的表达方式是多样的，可以通过主视图、俯视图、右视图表达，也可以通过主视图、俯视图、左视图表达；内部结构可以使用全剖视图或者半剖视图；对于图纸的大小、比例，制图工程师是依据自己偏好选择。因此，同一个模型文件允许制作多张二维工程图纸，这些工程图纸之间的选择切换是通过资源栏的部件导航器进行的。

单击视窗左侧资源栏“部件导航器”按钮，弹出【部件导航器】对话框，如图 7-2 所示。在“图纸”目录下有图纸“SHT1”和“SHT2”，表示该模型文件目前有两张图纸，名称分别为“SHT1”和“SHT2”。图纸“SHT1”后面写着“工作的-活动”，表示“SHT1”图纸当前是激活状态、工作状态，也是显示状态，目前所进行的图纸绘制、图纸编辑等操作都是针对该张图纸进行的。假如要打开或是切换到“SHT2”图纸，只需要双击“SHT2”图纸即可，此时图纸“SHT2”后面会写着“工作的-活动”，同时，图纸“SHT2”在窗口中显示出来，处于激活状态、工作状态，可以对其进行图纸编辑、视图布置等操作。

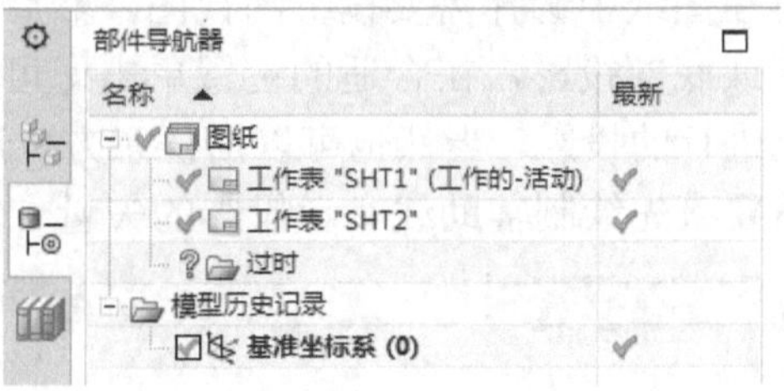

图 7-2　【部件导航器】对话框

7.1.4　图纸复制与粘贴

一张图纸绘制完成后需要修改，又要保存副本，这就要进行图纸的复制与粘贴。图纸的复制与粘贴可以在部件导航器中进行，打开图 7-2【部件导航器】对话框，选择需要复制的图纸，右击在弹出的菜单中选择“复制”，然后再右击，在弹出的菜单中选择“粘贴”，这时在导航器图纸根目录下多了一张图纸，这张图纸便是复制的那张图纸。

图纸的复制与粘贴还可以将鼠标放置于图纸边框处，高亮显示后，右击在弹出的菜单中选择“复制”，然后鼠标放置于图纸空白处，右击在弹出的菜单中选择“粘贴”，可以从部件导航器中查看到多了一张粘贴的图纸。

也可以通过菜单栏复制与粘贴图纸。首先单击图纸边框，边框高亮显示，然后单击【菜单】→【编辑】→【复制】，再单击【菜单】→【编辑】→【粘贴】，完成图纸的复制与粘贴。

7.1.5　图纸删除

若某张图纸不需要或作废可以将其删除。删除图纸比较简单，单击图纸边框高亮显示后，按 Delete 键，或右击在弹出的菜单中选择“删除”，或者在部件导航器中选中需要删除的图纸右击在弹出的菜单中选择“删除”，或者单击图纸边框选中图纸，单击【菜单】→【编辑】→【删除】，删除图纸。

7.2　视图的创建与管理

图纸设置好后，开始布置视图、编辑视图，完整、简洁、合理地表达实体模型，这就是视图的创建与管理。

7.2.1　基本视图

UG NX 共提供了 8 种基本视图类型备选：“前视图”“后视图”“左视图”“右试图”“俯视图”“仰视图”“正等测图”“正三轴测图”，前六种是平面视图，后两种是立体视图，其投影成像原理参看机械制图教材。

单击【菜单】→【插入】→【视图】→【基本】，弹出【基本视图】对话框，如图 7-3 所示。在“模型视图”栏中选择所需的一种视图，然后移动鼠标单击放置于图纸中合适的位置。

7.2.2　投影视图

投影视图是在已有视图的基础上，通过一定角度的投影获得的视图。

单击【菜单】→【插入】→【视图】→【投影】，弹出【投影视图】对话框，如图 7-4 所示。激活“父视图”栏，再在图纸中选择需要投影的视图，然后移动鼠标动态观察需要左侧投影、右侧投影、顶部投影或底部投影，在合适的位置单击即可。投影视图通常是对已有视图在水平方位或竖直方位上进行的投影，当然也可以沿任意方位进行投影，可以选择“方法”栏中的一种方式，必要时需要事先绘制辅助线参考投影的矢量方向。

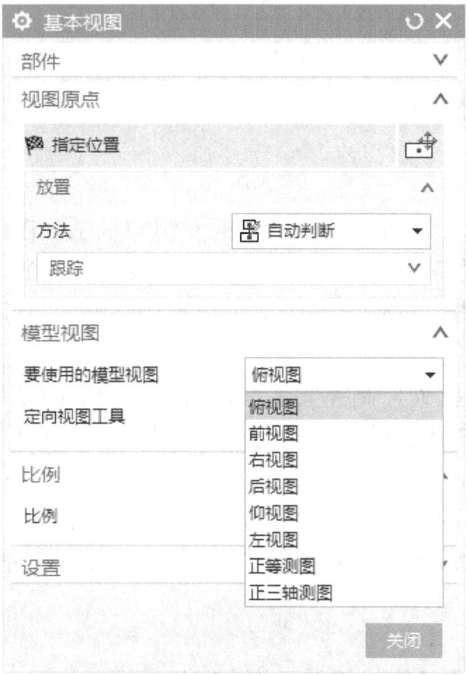

图 7-3　【基本视图】对话框

图 7-4　【投影视图】对话框

7.2.3　自定义视图

假如实体模型的 8 种基本视图，以及通过投影生成的视图都不能满足模型结构信息表达的需要，则可以使用自定义视图，操作步骤如下。

(1) 单击工具栏的【应用模块】→【建模】，视窗界面由制图模块返回到建模模块。通过鼠标对实体模型进行缩放、旋转、平移等操作，调整到适合表达其结构信息的状态。

(2) 单击【菜单】→【视图】→【操作】→【另存为】，弹出【保存工作视图】对话框，如图 7-5 所示，在“名称”栏中输入该自定义视图的名字，比如“zidingyi”，单击“确定”按钮，完成操作并退出命令。

(3) 单击工具栏【应用模块】→【制图】，再切换到工程制图模块。单击【菜单】→【插入】→【视图】→【基本】，弹出【基本视图】对话框，此时在“模型视图”栏中除了 8 种基本视图外，又多了“zidingyi”视图，如图 7-6 所示。选择该视图，通过移动鼠标放置于图纸的合适位置。

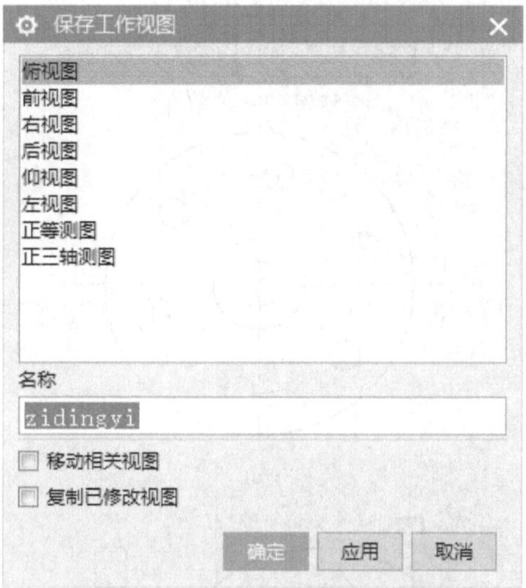

图 7-5　【保存工作视图】对话框

图 7-6　【基本视图】对话框

7.2.4　剖视图

为反映实体模型内部的孔腔结构，需要对其进行剖切观察，实体模型剖切之后的视图称为剖视图。经常用到的剖视图有全剖视图、半剖视图、阶梯剖视图、旋转剖视图、局部剖视图、立体剖视图、立体半剖视图、立体阶梯剖视图。

1. 全剖视图

应用案例 7-1　全剖视图制作

(1) 打开支持文件 AL1S.prt，如图 7-7 所示为对接盘俯视图。

(2) 单击【菜单】→【插入】→【视图】→【剖视图】，弹出【剖视图】对话框，如图 7-8 所示。选择“截面线”栏的“方法”为“简单剖/阶梯剖”，激活“父视图”栏，选择图纸中的法兰盘俯视图为进行剖切的视图。

(3) 激活“截面线段”栏指定剖切位置点，选择对接盘中心孔的圆心点，然后移动鼠标将全剖视图放置于垂直上方的位置，如图 7-9 (a) 所示。

这里要明确，全剖视图强调的是一刀切的概念，不一定是在中心位置全剖，只需要选择一个剖切位置点，该点可以是中心位置点，也可以是任意其他位置点，然后按照水平方位或竖

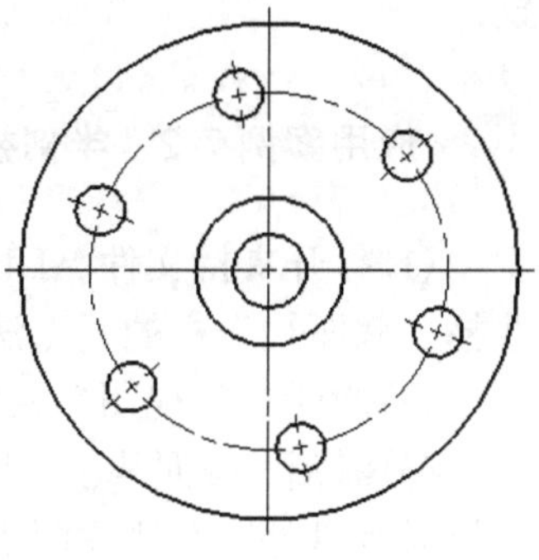

图 7-7　对接盘俯视图

直方位或其他指定的一个方位剖切实体模型获得的视图。比如，图 7-9(b)是选择对接盘左上方小孔的圆心作为剖切位置点，然后右侧投影的全剖视图，请读者自行操作练习。

图 7-8　【剖视图】对话框

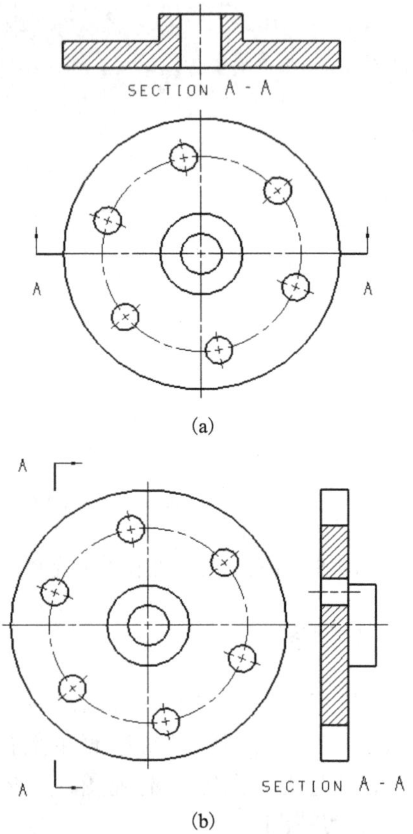

图 7-9　法兰盘全剖视图

2. 半剖视图

半剖视图操作类似于全剖视图，关键在于选择两个点：剖切开始位置点、剖切结束位置点。

应用案例 7-2　半剖视图制作

(1) 打开支持文件 AL1S.prt，显示图 7-7 对接盘俯视图。打开图 7-8【剖视图】对话框，选择“截面线”栏的“方法”为“半剖”。

(2) 激活“父视图”栏的“选择视图”，选择图纸中的法兰盘俯视图为进行半剖的视图。

(3) 激活“截面线段”栏的“指定位置”，单击“点对话框”按钮，通过象限点的方式选择对接盘外圆左侧象限点(操作参见 3.1.1 节)为剖切开始位置点，再选择中心孔圆心为剖切结束位置点。

(4) 激活“视图原点”栏的“指定位置”，然后移动鼠标将半剖视图放置于垂直上方的位置，如图 7-10 (a) 所示。

半剖视图不一定恰好是实体模型一半的剖切，其强调的是部分剖切的概念，只要指定剖切开始位置点和剖切结束位置点即可确定半剖视图。如图 7-10 (b) 是剖切开始位置点选择最上方小孔的圆心点，剖切结束位置点选择中心孔圆心点，向右侧投影的半剖视图，请读者自行操作练习。这里请读者思考，虽然剖切开始位置点没有选择在法兰盘的外圆边缘上，但是剖刀是从法兰盘顶部入切的，因此，该边缘点可以依据指定的剖切开始位置点自动识别出来。

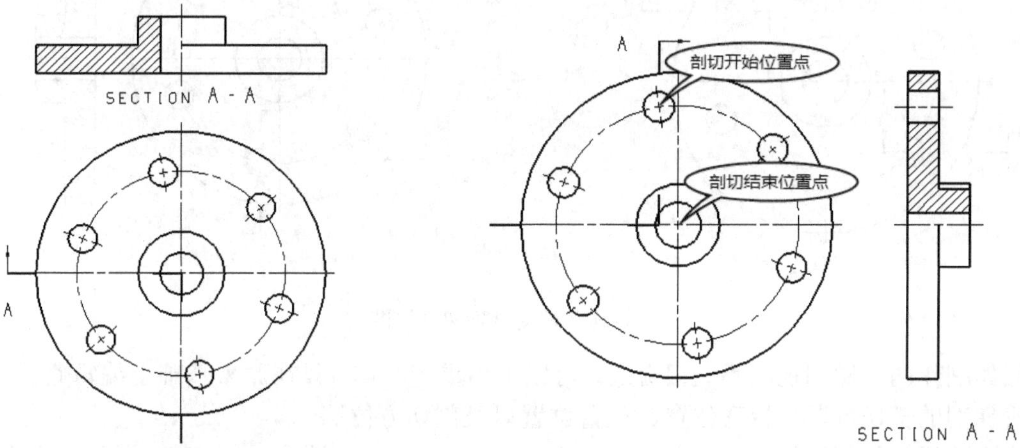

(a)　　(b)

图 7-10　法兰盘半剖视图

3. 阶梯剖视图

阶梯剖与全剖使用同一个命令，操作更加细化。

应用案例 7-3　阶梯剖视图制作

(1) 打开支持文件 AL1S.prt，显示图 7-7 对接盘俯视图。打开图 7-8【剖视图】对话框。选择“截面线”栏的“方法”为“简单剖/阶梯剖”。

(2) 激活“父视图”栏，选择图纸中的法兰盘俯视图为进行阶梯剖切的视图。

(3) 激活“铰链线”栏的“矢量选项”，选择“已定义”，单击“指定矢量”右侧下拉菜单，选择工作坐标系 X 轴，注意观察剖切线的放置箭头，可以单击“反转剖切方向”按钮，调整阶梯剖视图是放于上方位置，还是下方位置。这一步是定义剖刀的剖切方位为水平方向，假如是竖直方位剖切需要选择工作坐标系的 Y 轴。

这是关键一步，定义阶梯剖切线的方位是水平方向还是竖直方向，如果不事先定义，在阶梯剖切的过程中，靠自动识别不易控制，剖切方位经常出现歪斜。

(4) 激活“截面线段”栏，指定法兰盘左下侧小孔的圆心为第一个剖切位置点，再一次激活“截面线段”栏，指定法兰盘中心孔的圆心为第二个剖切位置点，再选择法兰盘右上侧的小孔圆心为第三个剖切位置点。

这是不同于全剖操作的重要一步，完成了多个剖切位置点的选择。

(5) 激活“视图原点”栏的“指定位置”，移动鼠标将阶梯剖视图放置于垂直上方的位置，如图 7-11 (a) 所示。

图 7-11 (b) 是选择法兰盘最上方小孔圆心、中心孔圆心、最下方小孔圆心三个剖切位置点，竖直剖切右侧投影生成的阶梯剖视图，请读者自行操作练习。

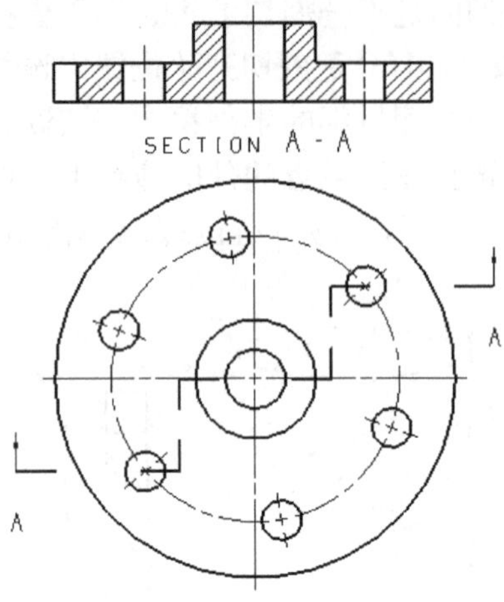

(a)

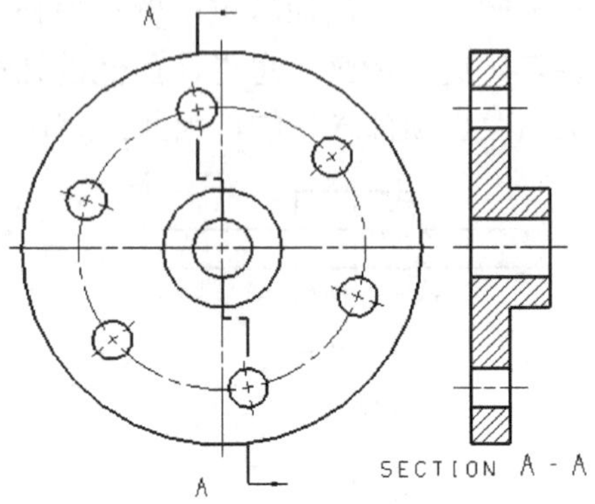

(b)

图 7-11　对接盘阶梯剖视图

假如制作的阶梯剖视图不是很合适，可以不用重新制作，只在原来基础上编辑修改即可，编辑阶梯剖的剖切位置、折弯位置、放置位置以及剖切方位等。

双击阶梯剖的剖切线，或者选中剖切线并右击，在弹出的菜单中选择“编辑”，弹出【剖视图】对话框，如图 7-12 所示。激活“铰链线”栏的“指定矢量”可以编辑阶梯剖的剖切方位；激活“截面线段”栏的“指定位置”，可以改变剖切线的剖切位置和折弯位置；激活“视图原点”栏的“指定位置”，可以改变阶梯剖视图的放置位置。

以图 7-11 (a) 阶梯剖为例进行编辑修改。双击图 7-11 (a) 法兰盘俯视图的剖切线，剖切线激活并在其剖切位置和折弯位置显示出灰黄色圆点，如图 7-13 所示。点 1、3、5、7 为折弯位置点，点 2、4、6 为剖切位置点。将鼠标放置于某个圆点上，折弯位置点会动态显示出黄色的水平箭头，表示该点只能水平方向移动，按住鼠标左键水平移动可改变该处的折弯位置点；剖切位置点会动态显示出黄色的竖直箭头，表示该点只能竖直方向移动，按住鼠标左键竖直移动可改变该处的剖切位置点。假如需要增加剖切位置点，则激活图 7-12“截面线段”栏的“指定位置”，选择一个新的剖切位置点即可；假如删除某个剖切位置点，则单击该位置点，右击，在弹出的菜单中选择“删除”。

需要注意的是，剖切位置点和折弯位置点均可移动其位置，但只有剖切位置点可以单击增加或删除，而折弯位置点是不支持单独的增加和删除的，因为它是跟着某一个剖切位置点的删除而自动删除其折弯位置；同时，又跟着某一新的剖切位置点的增加而自动识别一个新的折弯位置，如果自动识别的折弯位置不合适，可以单击该点鼠标动态移动调整其位置。

在阶梯剖的编辑过程中，剖切方位的变化、剖切位置点的改变、折弯位置点的改变等对阶梯剖视图的变化影响是动态即时显示的，读者在操作练习中注意观察。

4．旋转剖视图

对于具有回转特性的模型，表达内部结构信息通常使用旋转剖切。

图 7-12　【剖视图】对话框

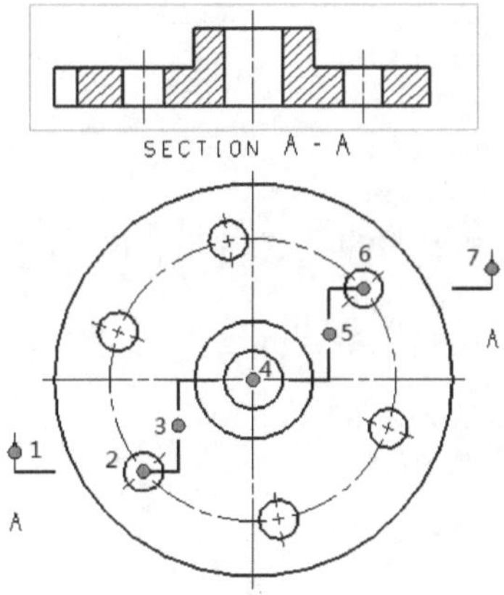

图 7-13　剖切线激活状态

应用案例 7-4　旋转剖视图制作

(1) 打开支持文件 AL1S.prt，显示图 7-7 对接盘俯视图。打开图 7-8【剖视图】对话框，选择“截面线”栏的“方法”为“旋转”，此时对话框变成图 7-14 式样。

(2) 单击激活“父视图”栏的“选择视图”，单击选择图纸中的对接盘俯视图为进行旋转剖的视图。

(3) 单击激活“截面线段”栏的“指定旋转点”，单击选择法兰盘中心孔的圆心作为旋转中心点，单击最左方小孔圆心点作为旋转剖的第一角边点，单击选择右下方孔的圆心点作为旋转剖的第二角边点，然后移动鼠标将旋转剖视图单击放置于垂直上方的位置，如图 7-15 所示。

5. 局部剖视图

对于模型局部的内部细节结构信息表达需要使用局部剖视图。

应用案例 7-5　局部剖视图制作

(1) 将要生成局部剖的视图转变为活动草图状态。

打开支持文件 AL1S.prt，显示图 7-7 对接盘俯视图。鼠标放置于俯视图的边框位置，高亮显示时，右击在弹出的菜单中选择“添加投影视图”，将投影的主视图放置于正上方，如图 7-16 所示。再将鼠标放置于主视图边框处，高亮显示时右击，在弹出的菜单中选择“活动草图视图”。

这是生成局部剖视图的关键步骤，这使得下一步绘制的局部剖切范围线是属于主视图内部的曲线，曲线能够被视图所识别。如果不做这一步，直接绘制局部剖切范围线，它是处于主视图之外的曲线，即曲线与视图是并列关系，它们之间相互独立，视图并不识别曲线，曲线也无法充当局部剖切范围线。

图 7-14　【剖视图】对话框(旋转剖)

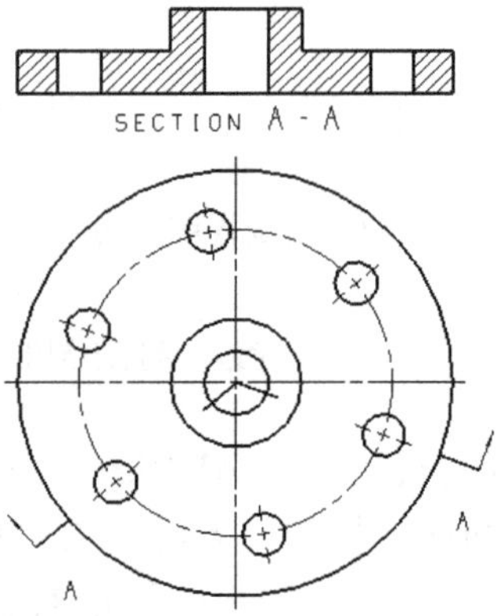

图 7-15　法兰盘旋转剖

(2) 绘制局部剖切范围线。

单击【菜单】→【插入】→【草图曲线】→【艺术样条】，弹出图 2-28【艺术样条】对话框，在“次数”输入“2”，勾选“封闭”，然后在要生成局部剖的位置处单击 3 个点围成封闭曲线，封闭曲线的范围即是生成局部剖的区域，如图 7-17 所示。

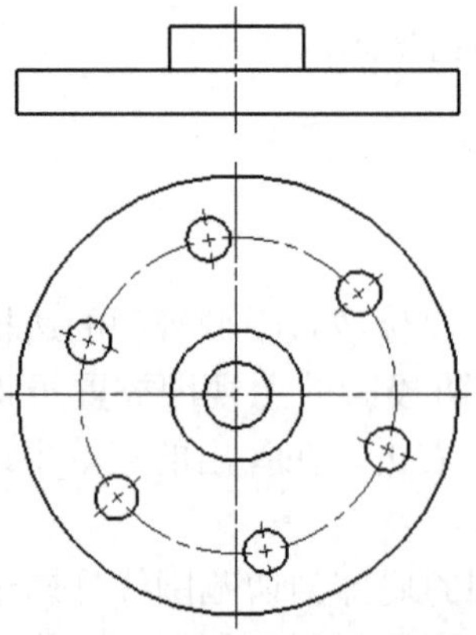

图 7-16　对接盘主视图与俯视图

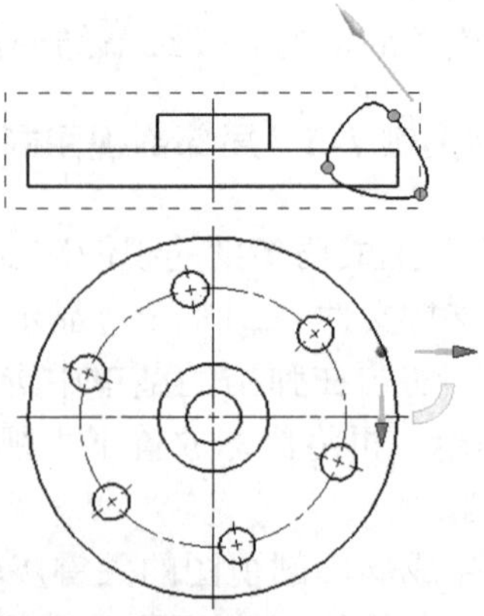

图 7-17　局部剖切范围线绘制

(3) 单击【菜单】→【插入】→【视图】→【局部剖】，弹出【局部剖】对话框，选择要生成局部剖的主视图，对话框变成图 7-18 式样。

图 7-18　【局部剖】对话框

(4) 定义基点，即确定剖切位置点。

在俯视图中选择最右侧孔圆心点。

这一步不容易理解，要反映俯视图最右侧孔的内部结构时，需要剖切，剖切的信息不在俯视图中表达，而在另一个视图，即主视图中表达。只表达一个孔的内部结构，局部剖切即可。那么要剖切最右侧的孔，剖切位置点在哪里呢？即剖刀入切的位置在哪里呢？应该在孔的圆心点比较理想，此时剖在孔的直径方向，能够将孔剖切全。所以这一步确定的剖切位置点是在俯视图中确定，而无法在生成局部剖视图的主视图中确定。假如选择的剖切位置点偏离了最右侧孔的圆心位置，但仍在孔的内部，则生成的局部剖视图反映孔的边缘线将会变窄，读者可自行试做观察。

(5) 在【局部剖】对话框中，单击“选择曲线”按钮，然后在主视图上选择刚才绘制的局部剖切范围线，单击“应用”按钮，完成局部剖视图制作，如图 7-19 (a) 所示。最后单击“取消”按钮，退出命令。

图 7-19 (b) 是生成的法兰盘最上方孔的局部剖视图，请读者自行操作练习。

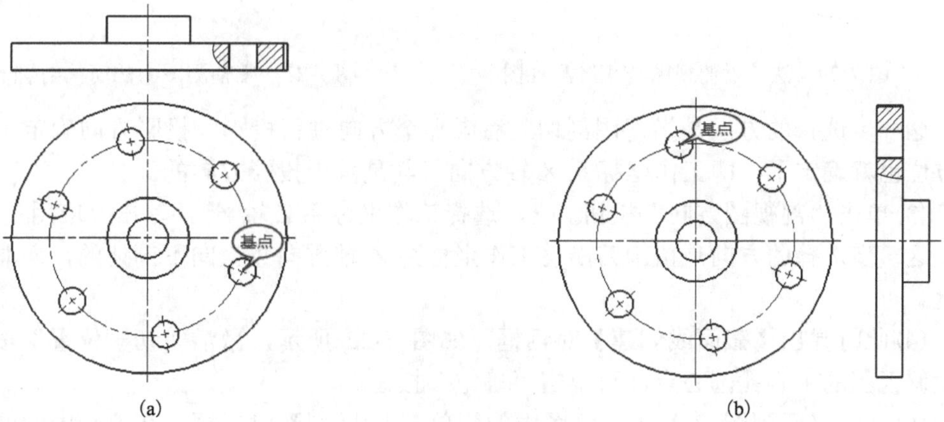

图 7-19　法兰盘局部剖视图

6. 立体全剖视图

应用案例 7-6　立体全剖视图制作

(1) 打开支持文件 AL1S.prt，显示图 7-7 对接盘俯视图。新建一个用于生成立体剖视图的正等测视图(或正三轴测视图)。单击【菜单】→【插入】→【视图】→【基本】，弹出图 7-3【基本视图】对话框，在“模型视图”栏中选择“正等测图”放置于法兰盘俯视图的正右侧，如图 7-20 所示。

(2) 单击【菜单】→【插入】→【视图】→【轴测剖】，弹出【轴测图中的简单剖/阶梯剖】对话框，如图 7-21 所示。选择法兰盘俯视图，再单击“剖视图方向”按钮，选择工作坐标系 Y 轴 YC，再单击“应用”按钮。

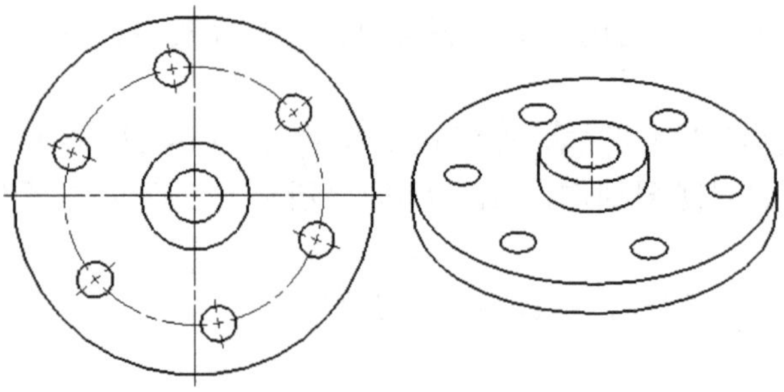

图 7-20　法兰盘俯视图与正等测视图

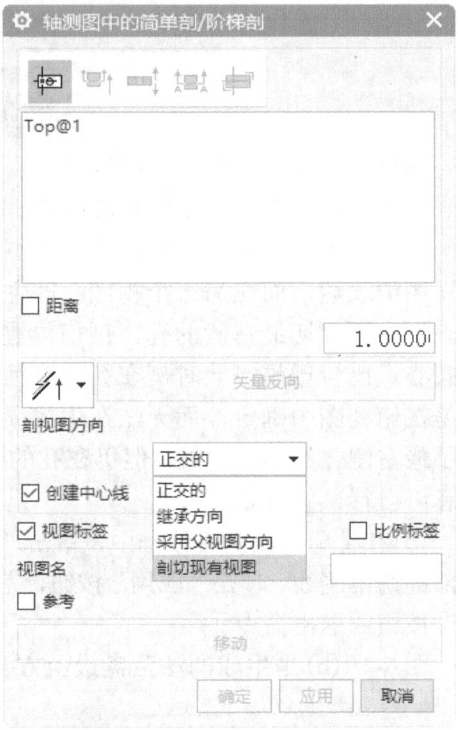

图 7-21　【轴测图中的简单剖/阶梯剖】对话框

这一步选择的方向是指视图剖切之后向那个方向进行投影，投影方向确定了，实际上剖切方位也就确定了，即工作坐标系 X 轴方向，其是垂于投影方向的。

(3) 单击“剖视图方向”按钮，选择工作坐标系 Z 轴 ZC，单击“应用”按钮。

这一步选择的方向是指剖刀沿着工作坐标系 Z 轴方向竖直向下剖切的，而非倾斜一定的角度。

(4) 此时弹出【截面线创建】对话框，如图 7-22 所示，激活“切割位置”按钮，选择法兰盘俯视图的中心孔圆心点，再单击“确定”按钮。

(5) 此时又回到图 7-21【轴测图中的简单剖/阶梯剖】对话框，在位于中间的选择栏中选择“剖切现有视图”，再选择最初新建的正等测视图，完成立体视图的剖切，如图 7-23(a) 所示。最后单击“取消”按钮退出【轴测图中的简单剖/阶梯剖】对话框。

立体视图的剖切操作复杂一些，要理解掌握，其制图技巧是“在二维视图中操作，在三维视图中生成”。初学者要注意投影方位、剖切方位、下切位置的选择以及正反向，操作中可以在视图中带着基准坐标系便于理解。

图 7-23(b)为剖切中心点位置，投影方位-XC 轴，剖切方位 YC 轴，剖刀下切方向 ZC 轴的立体全剖视图，请读者自行操作练习。

图 7-22　【截面线创建】对话框

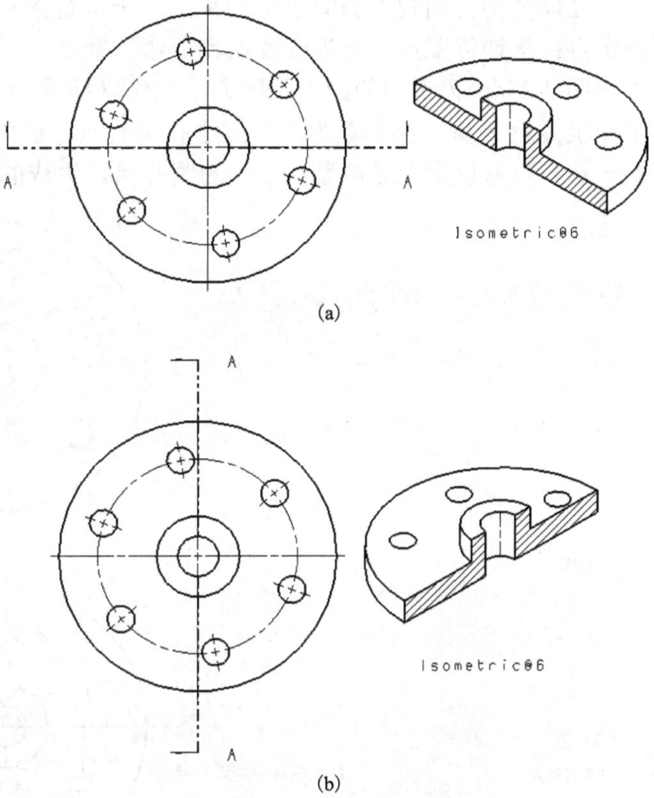

图 7-23　法兰盘立体全剖视图

7. 立体半剖视图

应用案例 7-7　立体半剖视图制作

(1)打开支持文件 AL1S.prt，显示图 7-7 对接盘俯视图。同于应用案例 7-6，新建一个用于生成立体剖视图的正等测视图，如图 7-20 所示。

(2)单击【菜单】→【插入】→【视图】→【半轴测剖】，弹出【轴测图中的半剖】对话框，如图 7-24 所示。选择法兰盘俯视图，再单击“剖视图方向”按钮，选择工作坐标系 Y 轴，再单击“应用”按钮。

这一步确定视图剖切之后的投影方向为工作坐标系 Y 轴正向，同时，与之垂直的方向 X 轴为剖切方位。

(3)单击“剖视图方向”按钮，选择工作坐标系 Z 轴，单击“应用”按钮，确定剖刀入切方向为工作坐标系 Z 轴方向。

(4)此时弹出图 7-22【截面线创建】对话框，激活“切割位置”，选择法兰盘俯视图右上方小孔圆心点；再激活“箭头位置”，单击刚才选择的圆心点水平偏离对接盘边缘外的一点即可；再激活“折弯位置”，单击对接盘中心孔圆心点，再单击“确定”按钮。

(5)此时又回到图 7-24【轴测图中的半剖】对话框，在位于中间的选择栏中选择“剖切现有视图”，再选择最初新建的正等测视图，完成立体视图的半剖切，如图 7-25(a)所示。最后单击“取消”按钮退出【轴测图中的半剖】对话框。

立体半剖视图制作类似于全剖视图，全剖视图只需确定剖切位置点，半剖视图需要确定三个点：剖切位置点、箭头位置点和折弯位置点。

图 7-25(b)为选择的剖切投影方位工作坐标系-X 轴，即剖切方位为 Y 轴，剖刀下刀方位工作坐标系 Z 轴，剖切点为左下方小孔圆心点，箭头位置在左下小孔向下偏离法兰盘边缘外的一点，折弯位置于对接盘中心孔的圆心点，生成的立体半剖视图。请读者自行操作练习。

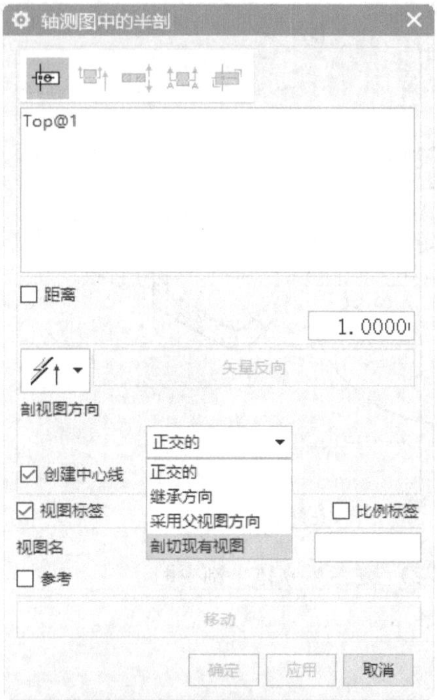

图 7-24　【轴测图中的半剖】对话框

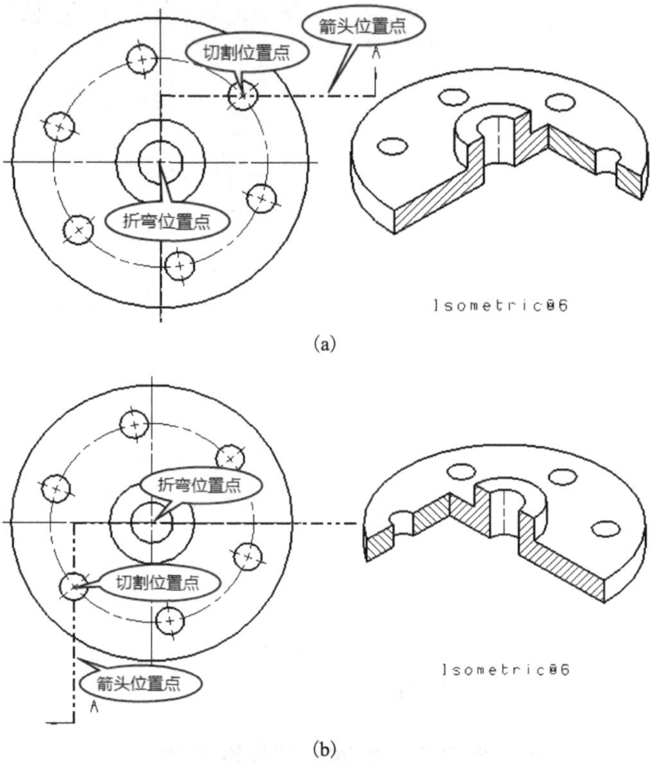

图 7-25　法兰盘立体半剖视图

8. 立体阶梯剖视图

应用案例 7-8　立体阶梯剖视图制作

仍使用立体全剖视图制作的例子支持文件 AL1S.prt。立体阶梯剖同立体全剖使用同一命令，与应用案例 7-6 操作步骤相同，在第(4)步操作较为复杂：在显示图 7-22【截面线创建】对话框状态下，激活“切割位置”，选择图 7-26 所示的法兰盘俯视图 2 处孔的圆心点，激活“箭头位置”，单击 1 处一点；激活“折弯位置”，单击 3 处一点；激活“切割位置”，单击 4 处中心孔圆心点；激活“折弯位置”，单击 5 处一点；激活“切割位置”，单击 6 处孔圆心点；激活“箭头位置”，单击 7 处一点；最后单击“确定”按钮，完成阶梯剖切线的设置。其余步骤与全剖视图的制作相同，不做赘述。

图 7-26 为制作完成的法兰盘立体阶梯剖视图。

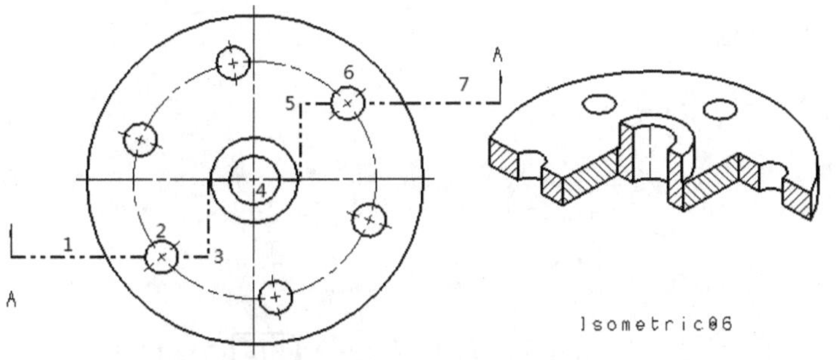

图 7-26　法兰盘立体阶梯剖视图

7.2.5　局部放大图

为了看清图纸较细微的局部细节，经常使用局部放大图。

单击【菜单】→【插入】→【视图】→【局部放大图】，弹出【局部放大图】对话框，如图 7-27 所示。在视图中选择需要局部放大的细节范围，可以圆形选择，也可矩形选择，再设置放大的比例，然后将局部放大图单击放置到图纸合适的位置。

图 7-27　【局部放大图】对话框

7.2.6　断开视图

对于细长杆形状零件，按比例实际出图时，图幅过大，造成图纸浪费。因此，对于径高比、纵深比、长宽比过大的轴类、杆类零件，通常采用断开视图，将中间相同信息特征的部分省略掉，通过标注尺寸表达即可。

应用案例 7-9　断开视图绘制

(1) 打开支持文件 AL2S.prt，如图 7-28 所示。单击【菜单】→【插入】→【视图】→【断开视图】，弹出【断开视图】对话框，如图 7-29 所示。

(2) 选择该螺栓杆视图，在“断裂线 1”栏处通过曲线/边上的点的方法，在细长杆边线靠近左侧单击一点；再在“断裂线 2”栏处通过曲线/边上的点的方法，在细长杆边线靠近右侧单击一点，最后单击“确定”按钮，完成断开视图的绘制，如图 7-30 (a)、(b) 所示。不同的断开视图表现形式是在“设置”栏里确定，通过改变调整断开线的式样、宽度、长度等参数获得，请读者试做观察。

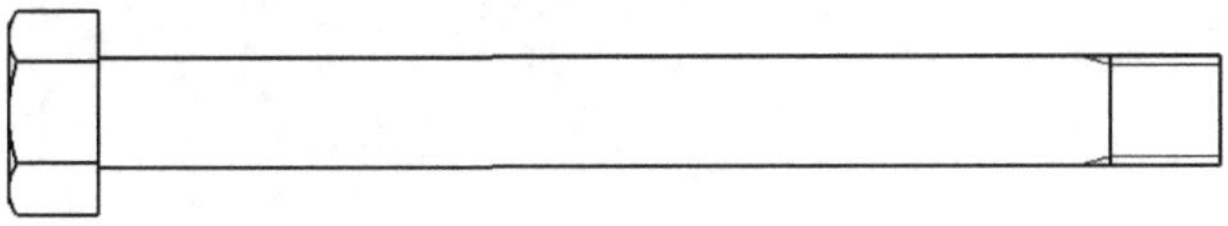

图 7-28　螺栓杆

图 7-29　【断开视图】对话框

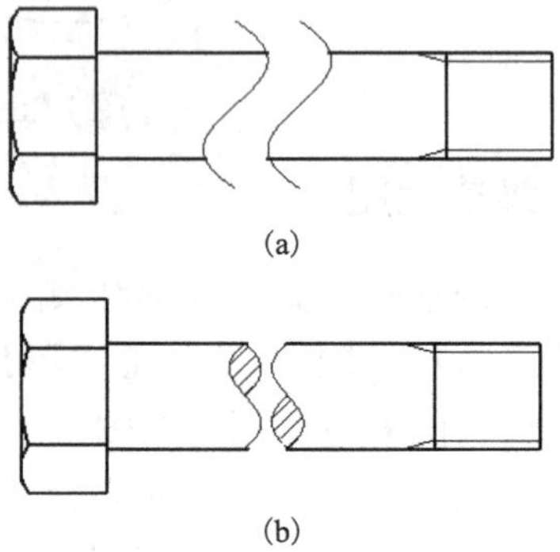

图 7-30　螺栓杆断开视图

7.2.7　视图管理

视图的管理可以对已有的视图进行式样编辑，以及复制、粘贴、删除等操作。

1. 视图式样编辑

将鼠标放置于某一视图的边缘附近，会显示出视图的边界，双击弹出【设置】对话框，如图 7-31 所示，此时可对该视图进行式样编辑，例如单击“角度”栏，可输入角度值调整视图放置的角度，视图调整角度仍遵循右手旋转法则；单击“可见线”栏，可设置可见线的线型和线宽；单击“隐藏线”栏，可设置隐藏线是否显示以及显示的线型和线宽；单击“着色”栏，可设置视图是否着色显示，等等。

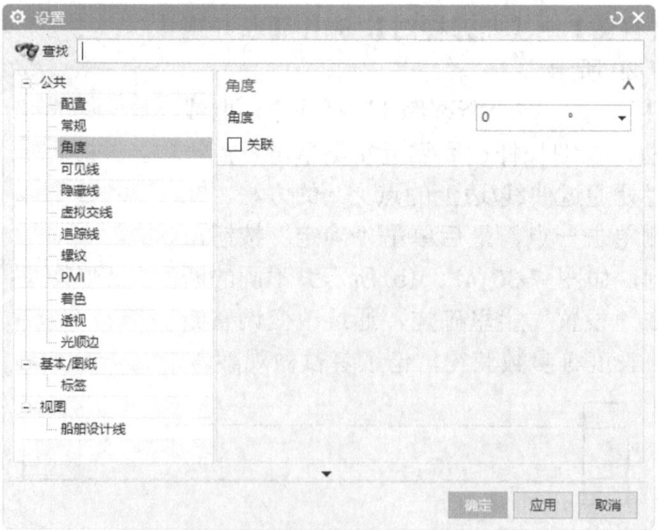

图 7-31　视图【设置】对话框

视图的式样编辑也可以选中视图边界，右击在弹出的菜单中选择“设置”，或单击【菜单】→【编辑】→【设置】进行编辑。

2. 视图复制与粘贴

在视图边界右击，在弹出的菜单中选择“复制”，再在图纸空白处右击，在弹出的菜单中选择“粘贴”，可实现对视图的复制与粘贴操作。视图复制后可以在本张图纸中粘贴，也可以在该实体模型中的另一张图纸中粘贴，这样大大方便了视图编辑修改前的副本保存以及图纸之间对不同视图的参考引用。

视图的复制与粘贴也可以通过单击【菜单】→【编辑】→【复制】/【粘贴】完成。

3. 视图删除

单击视图边界，按 Delete 键，或右击在弹出的菜单中选择“删除”，也可以单击【菜单】→【编辑】→【删除】，删除该视图。

7.3　图 纸 标 注

图纸标注包括尺寸标注、形位公差标注、粗糙度标注、文本标注、标题栏制作等内容。

7.3.1　尺寸标注

单击【菜单】→【插入】→【尺寸】，弹出尺寸子菜单，如图 7-32 所示，共有 9 种尺寸标注方法可选择，可以标注水平、竖直、径向、角度、弧长等尺寸。

比如进行线性尺寸标注，打开【线性尺寸】对话框，如图 7-33 所示。在“参考”栏中选择标注的起始点和终止点；在“原点”栏中选择尺寸放置的位置；在“测量”栏选择尺寸标注的方式，比如水平或竖直等；在“设置”栏单击“设置”按钮，弹出【线性尺寸设置】对话框，如图 7-34 所示，可以对该尺寸进行式样调整、添加前后缀、添加公差、添加文本等操作。

图 7-32　尺寸子菜单

图 7-33　【线性尺寸】对话框

图 7-34　【线性尺寸设置】对话框

尺寸标注完成之后，如果不合适，双击尺寸可以回到原来尺寸标注的命令状态，进行位置、方式、公差、前后缀等的调整修改。

尺寸标注中，尺寸的数值是根据实体模型参数自动识别的，尺寸标注和通常的双击编辑是不能改动尺寸数值的。假如图纸中有的尺寸数值确实需要修改，又不想改动实体模型的实际尺寸，可以进行尺寸数值的强制修改。

单击【菜单】→【编辑】→【注释】→【文本】，弹出【文本】对话框，如图 7-35 所示。单击需要修改的尺寸，改动文本栏中的数值即可。在修改尺寸时会弹出【尺寸值关联】提示框，如图 7-36 所示，单击“确定”按钮即可。

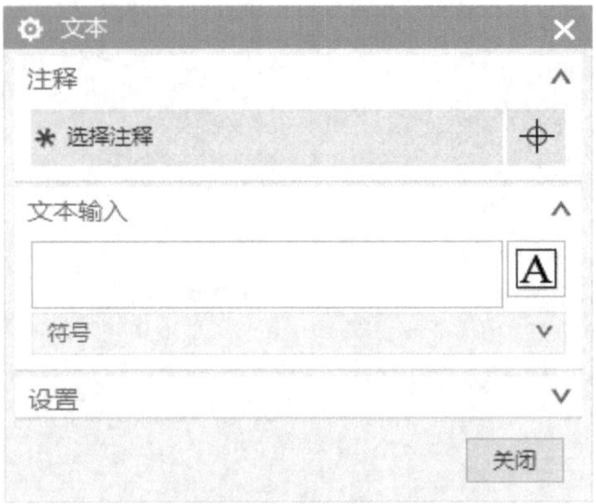

图 7-35　【文本】对话框

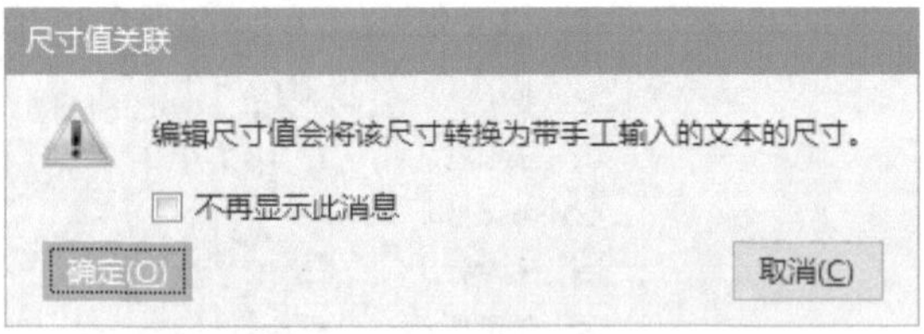

图 7-36　【尺寸值关联】提示框

对尺寸的强制修改不建议使用，一方面，尺寸的修改使图纸标注不能真实地反映实体模型的尺寸参数，容易产生识图误解；另一方面，尺寸修改使与之相关的尺寸关联和尺寸驱动功能失效，降低工程制图的智能性。

7.3.2　形位公差标注

形位公差标注是对视图进行形状公差和位置公差的标注。形状公差有直线度、平面度、圆柱度等类型；位置公差有对称度、同轴度、垂直度、平行度等类型。

单击【菜单】→【插入】→【注释】→【特征控制框】，弹出【特征控制框】对话框，如图 7-37 所示。在“特性”栏中选择一种形状公差或者位置公差，在“公差”栏中输入公差值，如果是回转实体形状要注意公差值前应带有“ϕ”或“Sϕ”；对于位置公差还要设定参考的基准；然后将形位公差框拖动到合适的位置，按住鼠标左键不松开，将形位公差框拉出至合适的位置释放左键，再一次单击即可。

对于位置公差标注，首先要确定参考基准。单击【菜单】→【插入】→【注释】→【基准特征符号】，弹出【基准特征符号】对话框，如图 7-38 所示，输入基准符号，将基准符号拖动到需要标识的位置，按住鼠标左键不松开，将基准符号拉出至合适的位置释放左键，再一次单击即可标注该位置基准。基准符号可以设定，也可以按顺序识别默认。

图 7-37　【特征控制框】对话框

图 7-38　【基准特征符号】对话框

7.3.3　粗糙度标注

零件图纸中粗糙度是不可缺少的一项标注，其标记零件表面不同的加工要求，决定不同的加工工艺。

单击【菜单】→【插入】→【注释】→【表面粗糙度符号】，弹出【表面粗糙度】对话框，如图 7-39 所示。在“属性”栏中选择表面去除材料的方法，输入“下部文本(a2)”值，其余文本根据需要选择输入。根据不同表面的标注，需要在“设置”栏中调整粗糙度大小、放置的方向角度，以及是否反转文本等，各项设置调整完成后将其放置于图纸合适的位置。

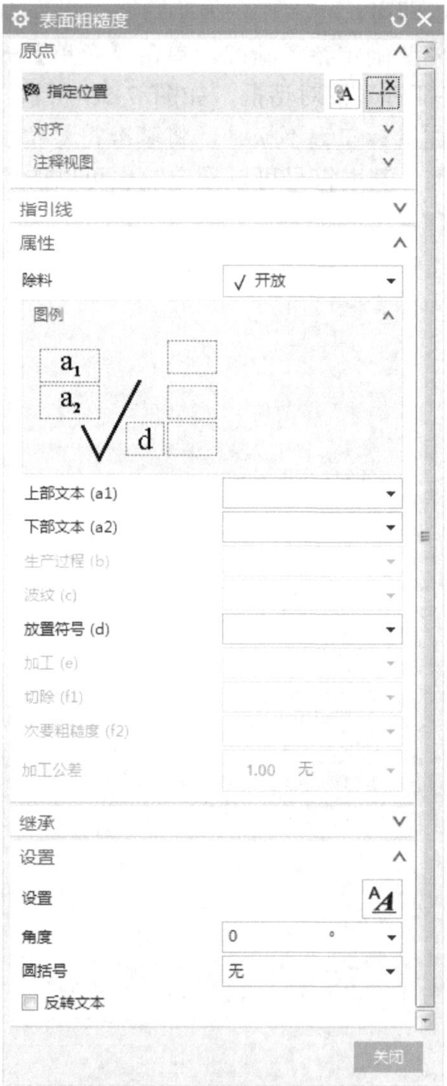

图 7-39　【表面粗糙度】对话框

7.3.4　中心线

图纸中经常需要添加中心线做参考。

单击【菜单】→【插入】→【中心线】，弹出中心线子菜单，如图 7-40 所示，可以对单个圆、圆周布置的多个圆、两条边线的中心、回转实体的中心等添加中心线。

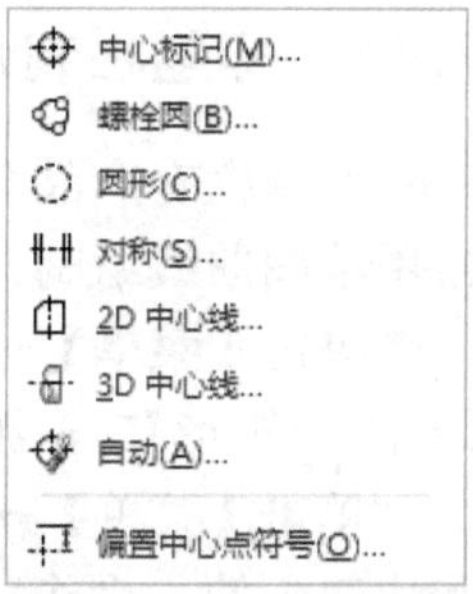

图 7-40　中心线子菜单

7.3.5　文本标注

图纸中的技术要求、文字说明，图纸的标题栏文字以及明细栏文字都需要文本标注。

单击【菜单】→【插入】→【注释】→【注释】，弹出【注释】对话框，如图 7-41 所示。在“格式设置”栏中选择一种文本格式，通常选择 chinese*的四种能够支持中文的格式。然后在文本框中输入需要标注的文本，单击放置于图纸中合适的位置。文本的式样、大小等可以单击“设置”按钮进行调整。

图 7-41　【注释】对话框

7.3.6　标题栏制作

标题栏有产品名称、材料、公司名称、图纸设计人员、装配零件明细等信息，其表格通常用草图曲线绘制。

单击【菜单】→【插入】→【草图曲线】，弹出草图曲线绘制与操作子菜单，其中常用直线、矩形、派生直线命令。

单击【菜单】→【编辑】→【草图曲线】，弹出草图曲线编辑子菜单，常用到快速修剪和快速延伸命令。

标题栏通过草图曲线绘制编辑完成之后，单击【菜单】→【文件】→【完成草图】，完成标题栏的草图绘制并退出草图环境回到制图状态。

7.3.7　图纸模板

不同的公司企业会有自己的制图规范，制图风格，其工程图纸也会有特定的标题栏格式，并带有厂企标志，这就需要制定图纸模板，使工程出图规范化、统一化。

图纸模板制作完成后，只需调用即可，调用图纸模板也使工程制图更加方便快捷，不需要每张图纸单独绘制标题栏等统一的信息。

图 7-42　【工作表】对话框

应用案例 7-10　3 号图纸模板制作与调用

(1) 新建一个模型文件定义名称 A3.prt，所属模块为“模型”，此时进入建模环境，然后单击【应用模块】→【制图】，切换进入制图环境。

(2) 新建一张 3 号图纸。

单击【菜单】→【插入】→【图纸页】，弹出【工作表】对话框，按图 7-42 设置操作。

(3) 绘制图纸边框。

按国标 3 号图纸边框距离边缘均为 10mm。单击【菜单】→【插入】→【草图曲线】→【矩形】，在动态的坐标栏中均输入“10” 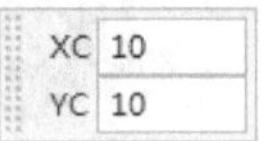

，按 Enter 键，设置矩形的起点坐标值；拖动鼠标到图纸右上角，在动态的坐标栏中输入宽度“400”、高度“277” 

，按 Enter 键。这样通过两对角点在图纸中央绘制了长、宽分别是 400mm、277mm 的矩形边框。

(4) 制标题栏。

按图 7-43 所示尺寸，通过草图曲线的直线、派生、快速修剪、快速延伸命令，在图纸右下角绘制简易标题栏。注意标题栏的线宽通过【菜单】→【编辑】→【对象显示】调整，外边框线宽 0.7mm，内部的分格线线宽 0.35mm。

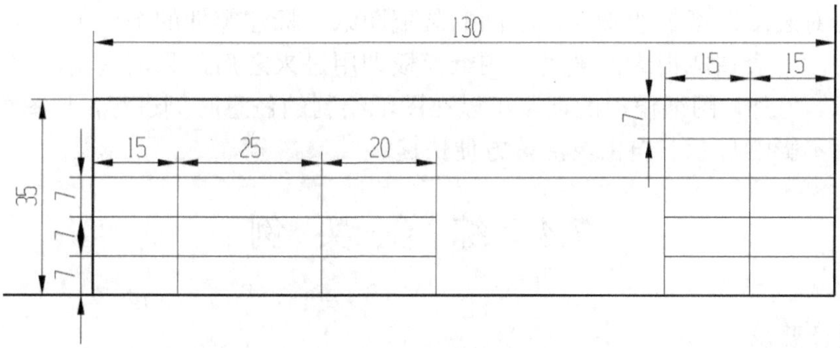

图 7-43　标题栏表格

(5)添加标题栏文本和技术要求文本。

单击【菜单】→【插入】→【注释】→【注释】，按要求在标题栏中添加文本，在图纸中添加技术要求文本，注意添加的文本大小要合适。

绘制完成的图纸模板如图 7-44 所示。

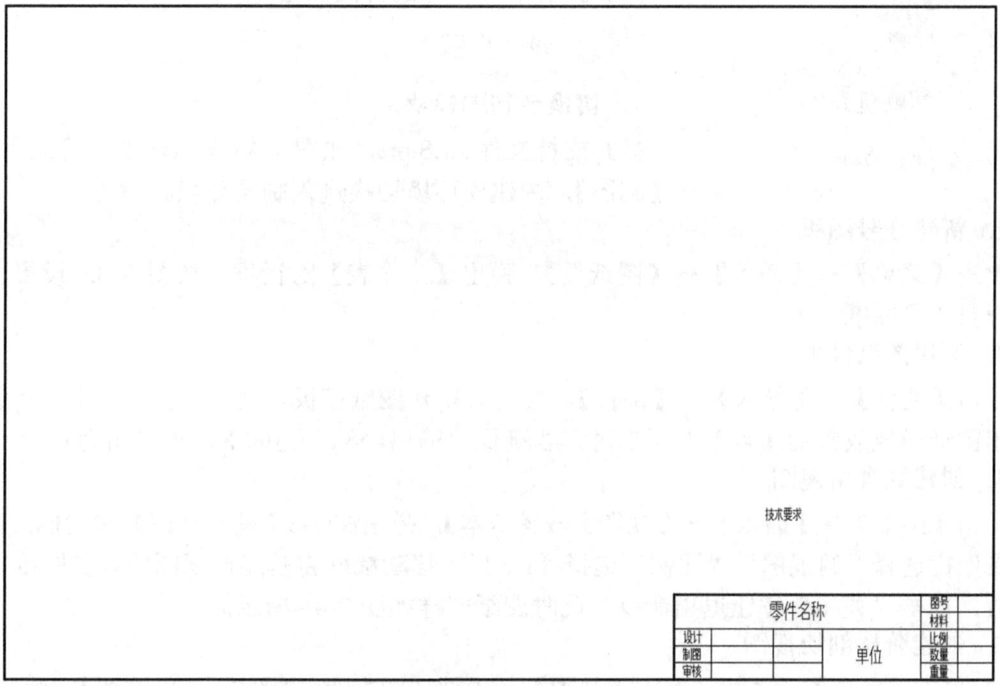

图 7-44　3 号图纸模板

(6)添加公司企业标志。

单击【菜单】→【插入】→【图像】，可选择公司企业标志，放置到单位名称处或图纸其他合适的位置。

(7)图纸模板调用。

图纸模板制作完成后保存退出。工程制图需要调用时，在相同图纸型号的状态下，单击【文件】→【导入】→【部件】，找到刚才保存的 A3.prt 图纸模板，逐一单击“确定”按钮即可。

这种图纸模板制作与调用的方法灵活、实用，最大的优点是可以对模板内容进行编辑修改，特别是针对装配图纸的明细栏，不同的装配图纸，标注零件的个数不一样，假如图纸模板不能编辑修改，会造成很大的被动。图纸模板调用进来之后，只需双击原来的内容，即可进行重新编辑。另外，图纸模板的调用可以在图纸绘制的任意时刻进行，与图纸视图等内容，无先后顺序，不影响显示，自由灵活，方便快捷。

7.4 综 合 实 例

设计要求

创建基座零件的二维工程图纸，基座零件实体模型如图 7-45 所示。

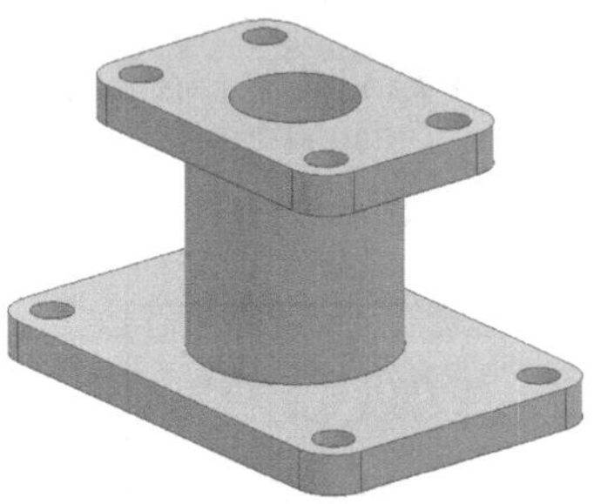

图 7-45　基座

设计思路

通过尺寸分析，基座零件大小适中可以 1∶1 的比例在 3 号图纸中放置视图。零件结构简单，具有内部孔腔特征，可以用俯视图和主视图的阶梯剖视图表达。

设计步骤

1. 切换至制图模块

打开支持文件 ZLS.prt，如图 7-45 所示，单击【应用模块】→【制图】，由建模环境切换进入制图环境。

2. 新建 3 号图纸

单击【菜单】→【插入】→【图纸页】，弹出【工作表】对话框，按图 7-42 设置操作，新建一张 3 号图纸。

3. 调用图纸模板

单击【文件】→【导入】→【部件】，找到 A3.prt 图纸模板，逐一单击“确定”按钮。其中弹出图纸模板放置的【点】对话框时，要确保“输出坐标”栏的 X、Y 值均为 0。

4. 创建底盘俯视图

单击【菜单】→【插入】→【视图】→【基本】，弹出图 7-3【基本视图】对话框，在“模型视图”栏选择“俯视图”，“比例”选择“1∶1”，移动鼠标将基座俯视图放置在图纸偏左下方位置，单击“关闭”按钮退出命令。此时图纸式样如图 7-46 所示。

5. 创建阶梯剖切视图

(1) 单击【菜单】→【插入】→【视图】→【剖视图】，弹出图 7-8【剖视图】对话框。选择“截面线”栏的“方法”为“简单剖/阶梯剖”。

(2) 激活“父视图”栏，选择图纸中的底盘俯视图为进行阶梯剖切的视图。

(3) 激活“铰链线”栏的“矢量选项”，选择“已定义”，单击“指定矢量”右侧下拉菜单，选择工作坐标系 X 轴，调整剖切线的放置箭头向上。

(4) 激活“截面线段”栏，指定基座下法兰左下方孔的圆心为第一个剖切位置点，再一次激活“截面线段”栏，指定基座上法兰左下方孔圆心为第二个剖切位置点，指定中心孔的圆心为第三个剖切位置点，指定基座上法兰右上方孔圆心为第四个剖切位置点，指定基座下法兰右上方孔圆心为第五个剖切位置点。

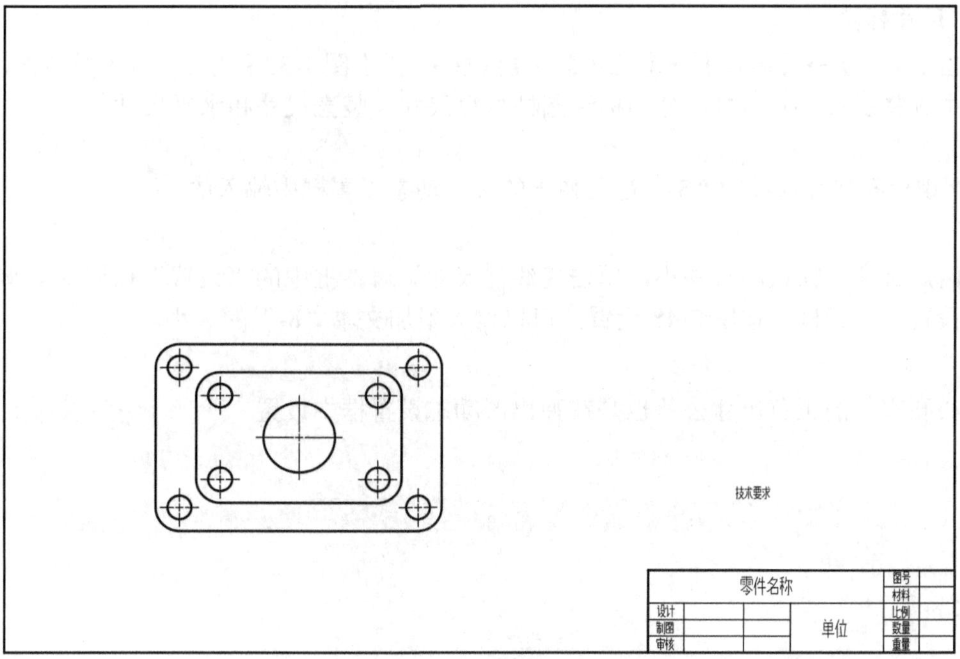

图 7-46　添加基座俯视图

(5) 激活“视图原点”栏的“指定位置”，然后移动鼠标将阶梯剖视图放置于垂直上方的位置，如图 7-47 所示。假如剖切后出现孔剖切不全时，双击剖切线进行调整，参见 7.2.4 节。剖切自带的标识文字及字母，可以右击在弹出的菜单中选择“隐藏”，这里不需要。

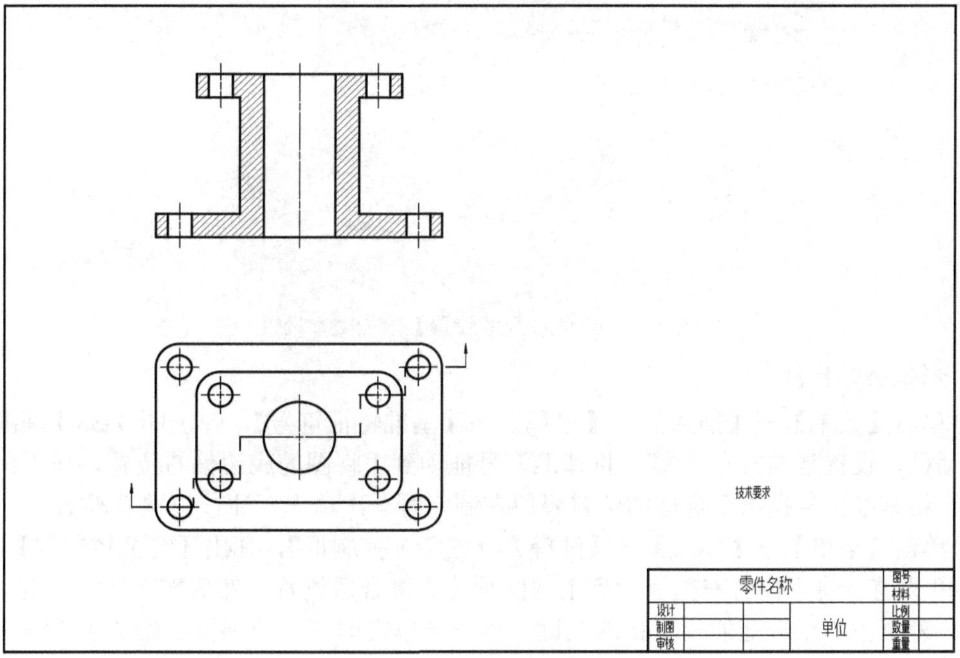

图 7-47　生成基座阶梯剖视图

6．尺寸标注

单击【菜单】→【插入】→【尺寸】→【线性】，弹出图 7-33【线性尺寸】对话框，在“方法”栏中选择、、，分别标注圆柱直径尺寸、竖直尺寸和水平尺寸。

8 个螺栓孔尺寸前标的“8-”是在弹出的尺寸动态设置框中输入的

。该标注为附属标注，默认的有些小，单击【线性尺寸】对话框中的“设置”按钮，弹出【线性尺寸设置】对话框，按图 7-48 设置，可以调大附加文本“8-”的大小。

中心孔直径的正负尺寸公差也是在弹出的动态设置框中设置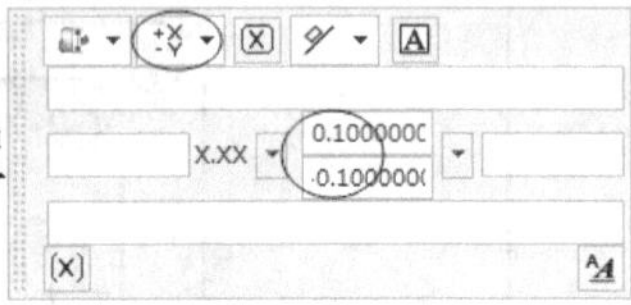

。

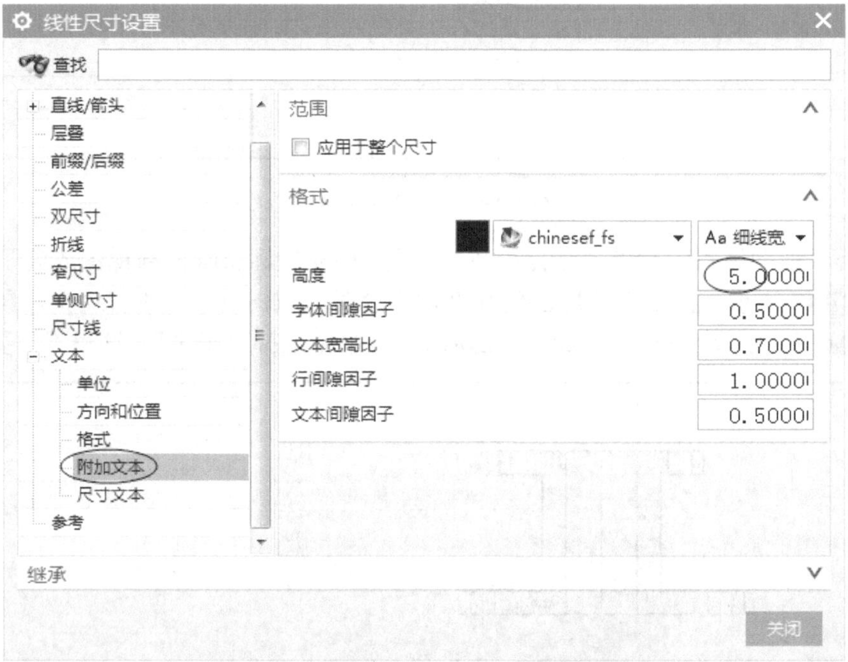

图 7-48　【线性尺寸设置】附加文本设置

7．形位公差标注

(1) 单击【菜单】→【插入】→【注释】→【基准特征符号】，弹出图 7-38【基准特征符号】对话框，设置基准符号“A”。将基准符号拖动到主视图的底边偏右位置，按下鼠标左键不松开，将基准符号拉出至合适的位置释放左键，再一次单击标注该位置基准 A。

(2) 单击【菜单】→【插入】→【注释】→【特征控制框】，弹出【特征控制框】对话框，按图 7-49 设置。将形位公差框拖动到主视图顶边右侧合适位置，然后按下鼠标左键不松开，将形位公差框拉出至合适的位置释放左键，再一次单击即可。控制框初始放置引线不正时，可以再次单击拖动调整放正。

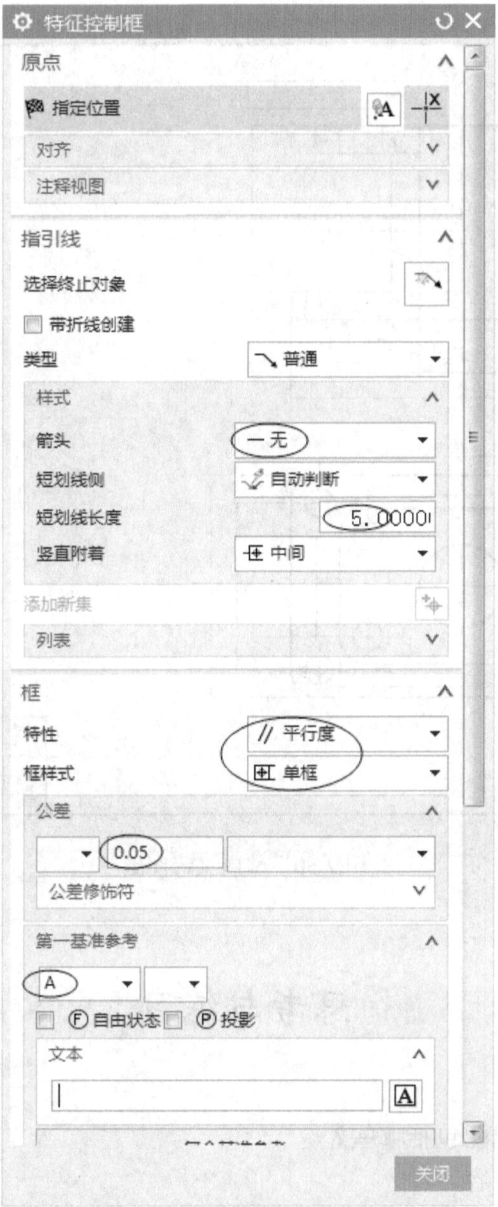

图 7-49 【特征控制框】对话框

8. 粗糙度标注

单击【菜单】→【插入】→【注释】→【表面粗糙度符号】，弹出图 7-39【表面粗糙度】对话框，标注上下底边、中心孔、小孔及其余不加工表面的粗糙度，设置过程中注意角度、文本的反转以及粗糙度大小的设置。

9. 文本标注

单击【菜单】→【插入】→【注释】→【注释】，弹出图 7-41【注释】对话框，设置中文格式，在文本框中输入“其余”，放置在图纸右上角粗糙度的左侧。同样的操作方法，添加技术要求和标题栏的零件名称、材料、比例等文本，注意文本大小的调整。

绘制完成的基座工程图纸如图 7-50 所示。

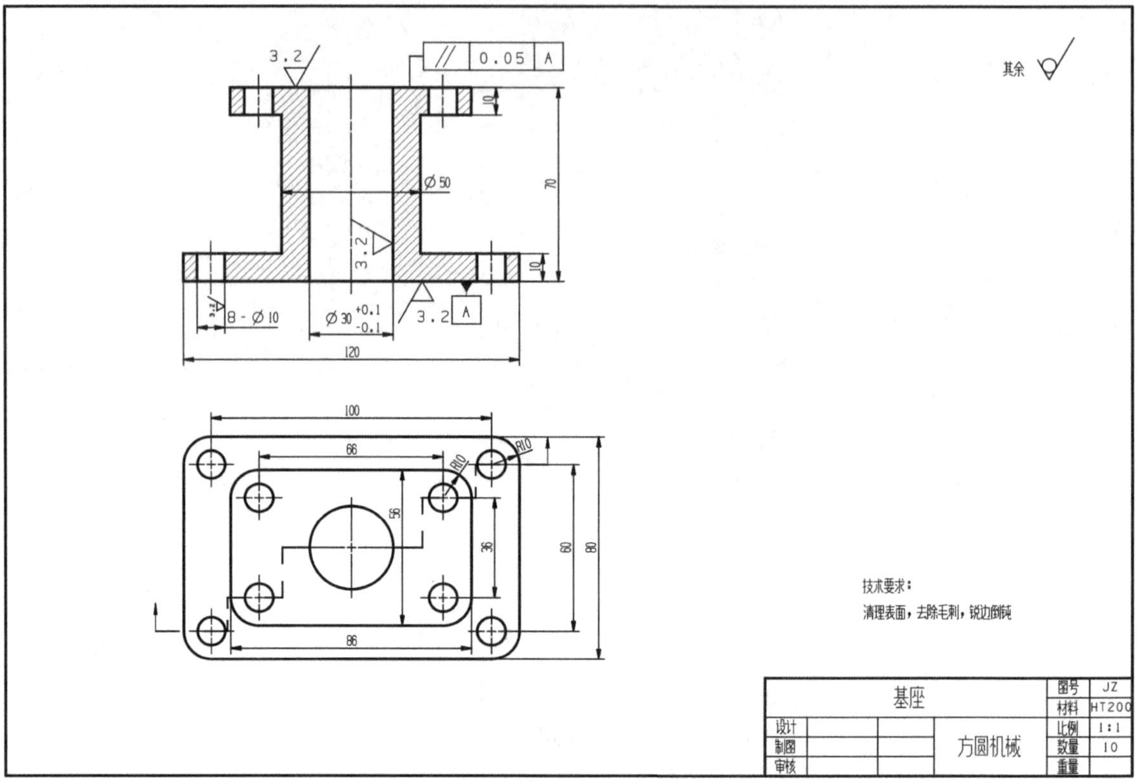

图 7-50　基座工程图纸

思考与练习

1. 思考题

(1) 实体模型的基本视图包括哪些？

(2) 简述视图管理的内容。

(3) 常用到的二维剖切视图有哪些？

(4) 如何制作实体模型的立体半剖视图？

(5) 制作立体剖切视图的技巧是什么？

(6) 简述 3 号图纸模板的制作与调用。

2. 操作题

(1) 如图 7-51(a)、(b) 为连接架实体模型和正三轴测视图，请制作立体半剖视图，如图 7-52(a)、(b) 所示，表达泵壳内部孔腔结构，支持文件 LX1S.prt。

(2) 制作如图 7-53 底座零件二维工程图纸，使用 7.3.7 节制作的图纸模板 A3.prt，支持文件 LX2S.prt。

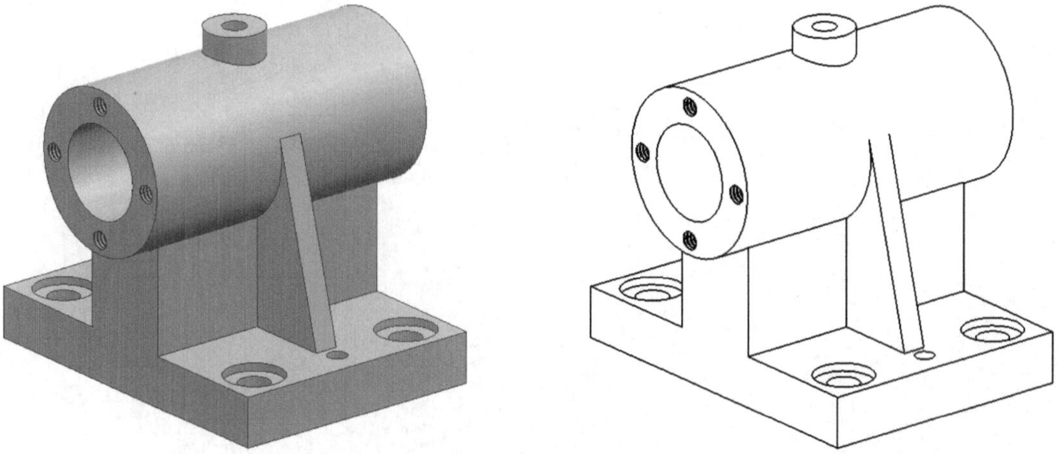

(a)　　　　(b)

图 7-51　泵壳实体模型与正三轴测视图

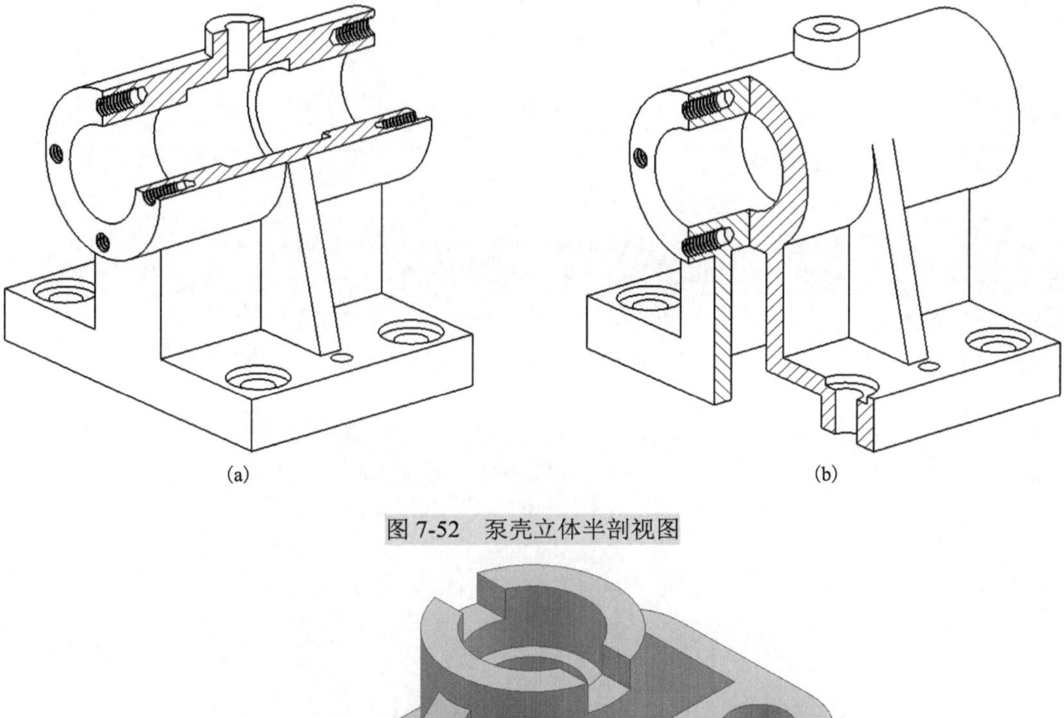

(a)　　　　(b)

图 7-52　泵壳立体半剖视图

图 7-53　底座实体模型